中国人民大学校史文库

总主编　张东刚　林尚立

吴玉章全集

第三卷

顾　问　吴本立　吴本渊
　　　　吴本浔　吴本蓉
总主编　张东刚　林尚立
主　编　王学军　周　石

中国人民大学出版社
·北京·

本书为中国人民大学科学研究基金项目成果
（项目批准号：23XNLG07）

"中国人民大学校史文库"
编纂工作委员会

《吴玉章全集》
编纂课题工作组

（以姓氏笔画为序）

于　波　马秀芹　王　丹　王宏霞　王学军　吕鹏军

刘春荣　李　珣　李贞实　李家福　杨　默　张立波

陈　卓　周　石　蒋利华　楚艳红

"中国人民大学校史文库"总序
致敬这所以"中国人民"命名的大学

2022 年 4 月 25 日，习近平总书记在中国人民大学考察调研时强调，中国人民大学在抗日烽火中诞生，在党的关怀下发展壮大，具有光荣的革命传统和鲜明的红色基因。一定要把这一光荣传统和红色基因传承好，守好党的这块重要阵地。要加强校史资料的挖掘、整理和研究，讲好中国共产党的故事，讲好党创办人民大学的故事，激励广大师生继承优良传统，赓续红色血脉。

为深入贯彻落实习近平总书记在学校考察调研时重要讲话精神，学校全面实施"'走出一条建设中国特色、世界一流大学的新路'十大工程"。其中，编写出版"中国人民大学校史文库"项目作为高等教育红色基因传承和精神品格弘扬工程的重要组成部分，包括校史编研专题、校史人物专题、学科史和院史专题等，将以正史、口述史、文集等形式，全方位、多角度展现中国共产党创办的第一所新型正规大学的艰辛与辉煌，生动再现几代人大人为中国革命、建设和改革开放事业，为中国新型高等教育的建立和发展，为新时代探索走出一条建设中国特色、世界一流大学新路所作出的独特贡献。

这是一所具有光荣革命传统和鲜明红色基因，与党和国家同呼吸、共命运的大学。中国人民大学的前身是 1937 年诞生于抗日战争烽火中的陕北公学，以及后来的华北联合大学和北方大学、华北大学。学校自陕北公学创办之始就探索建立了党团领导下的校长负责制，全面加强党的领导，履行"为党育人、为国育才"的初心使命。毛泽东曾深情地说："中国不会亡，因为有陕公。"爱国人士李公朴称赞华北联合大学是"插在敌人心脏上的一把剑"。很多校友用青春和热血诠释了"为有牺牲多壮志，敢教日月换新天"的凌云壮志。从陕北公学学员孔迈一句"妈，把我献给祖国吧"，到众多踊跃参军、南下或去西北奔赴解放战场的华北大学毕业生，这所来自战火中的大学所独有的革命传统和牺牲精神，已成为日后"万千建国干部"和"国民表率、社会栋梁"的鲜亮底色，化作全面建设社会主义现代化国家新征程中"勇当开路先锋、争当事业闯将"的勇气与信念。

这是一所在党的几代领导集体的关怀下发展壮大，担负着特殊使命的大学。毛泽东同志曾先后十次到陕北公学授课，先后六次为陕北公学题词，要求造就"革命的先锋队"。刘少奇同志出席中国人民大学开学典礼并发表讲话，指出中国人民大学"是我们中国第一个办起来的新式的大学……中国将来的许多大学都要学习我们中国人民大学的经验"。1977 年秋，在人民大学复校的关键时刻，邓小平同志给予了特别关怀，并强调了中国人民大学的定位："主要培养财贸、经济管理干部和马列主义理论工作者"。江泽民同志于 2002 年来校考察调研，强调发展繁荣哲学社会科学与自然科学同样重要，勉励学校努力成为以人文社会科学为主的世界知名的一流大学。胡锦涛同志于 2008 年、2010 年来校出席活动、考察学校，要求学校弘扬光荣传统，"办出特色、办出水平"，努力创建"人民满意、世界一流"大学。习近平同志曾于 2005 年、2006 年、2009 年、2012 年、2022 年先后五次到学校出席活动、考察工作。2017 年，习近平总书记致信祝贺学校建校 80 周年，充分肯定学校的办学成绩，明确指出中国人民大学在"我国人文社会科学领域独树一帜"，并殷切希望学校"围绕解决好为谁培养人、培养什么样的人、怎样培养人这个根本问题，坚持立德树人，遵循教育规律，弘扬优良传统，扎根中国大地办大学，努力建设世界一流大学和一流学科"。2022 年 4 月 25 日，习近平总书记专程到学校考察调研并发表重要讲话，充分肯定学校 85 年的办学成绩，对学校未来发展提出了重要的政治嘱托，要求学校坚持党的领导，坚持马克思主义指导地位，坚持为党和人民事业服务，落实立德树人根本任务，传承红色基因，扎根中国大地办大学，走出一条建设中国特色、世界一流大学的新路。

这是一所为中国革命、建设和改革开放事业作出突出贡献，在我国人文社会科学领域"独树一帜"的大学。中国人民大学在长期的办学实践中形成了"人民共和国建设者"的摇篮、人文社会科学高等教育的重镇、马克思主义教学与研究的高地的办学特色，为我国人文社会科学繁荣发展作出了奠基性、引领性贡献，新中国的经济学、法学、新闻学、马克思主义理论等诸多学科由中国人民大学首先创立并走向全国。从 1950 年至今，国家历次确立重点大学，中国人民大学始终位居其中；在国家历次重点学科和一级学科评估中，学校都取得了骄人的成绩。学校是国家"985 工程""211 工程"重点建设大学，2017 年入选国家"双一流"建设高校，14 个学科入选"双一流"建设学科。从陕北公学时期至今，学校共培养了 37 万余名高水平建设者和各行各业优秀人才，成为中国共产党探索创办新型高等教育、扎根中国大地办大学的典范和缩影。

这是一所一代代革命教育家、红色教育家、人民教育家筚路蓝缕、接续奋斗，"人师""经师"云集的大学。吴玉章、成仿吾、郭影秋等老一辈无产阶级革命家为学校的创立、发展殚精竭虑、夙兴夜寐，范文澜、李景汉、何思敬、吴景超、尚钺、许孟雄、何干之、戴世光、艾思奇、缪朗山、庞景仁、何洛、陈余年、宋涛、袁宝华、甘惜分、石峻、吴大琨、苗力田、吴宝康、佟柔、高鸿业、胡华、刘佩弦、王传纶、邬沧萍、萨师煊、孟氧、塞风、萧前、彭明、徐禾、黄达、孙国华、查瑞传、黄顺基、方生、卫兴华、钟契夫、刘再兴、彦奇、钟宇人、戴逸、方汉奇、高放、陈共、阎金锷、许征帆、周诚、何沁、罗国杰、李占祥、周升业、高铭暄、王作富、胡均、阎达五、许崇德、庄福龄、蓝鸿文、赵中孚、严瑞珍、林茂生、王思治、刘铮、赵履宽、林文益、陈先达、李秀林、夏甄陶、李文海、吴易风、方立天、胡乃武、周新城、张立文、曾宪义、郑杭生等一大批"经师"与"人师"相统一的"大先生"为党和人民的教育事业，为学校的学科发展、学术繁荣和人才培养作出了重大贡献。他们无论是在革命的战壕中，还是在教育战线上，所有的牺牲与奋斗的出发点与最终目标，都是为了祖国和人民，这是中国人民大学的鲜明特色和优良治学传统。进入新时代，全国高等教育领域仅有的两位"人民教育家"国家荣誉称号获得者卫兴华教授和高铭暄教授均出自中国人民大学。

"党办的大学让党放心、人民的大学不负人民"。如果不了解中国人民大学独特的办学历史与光荣传统，就不会理解人大人的忠诚、艰苦奋斗与实事求是的价值取向和精神追求。如果不了解中国人民大学在中国高等教育史上的独特地位和开创性贡献，就不会理解今天学校培养"复兴栋梁、强国先锋"、走出"一条建设中国特色、世界一流大学的新路"的底气与担当。

翻开人大校史，迎面而来的不单单是一所学校的发展历史和一段段感人至深的文字，还有在中国历史发生翻天覆地变化的百年间，感应时代之变、回应时代之问的一个特殊群体的贡献和一所学校所铸就的功勋。在这里，珍藏着不同时代的鲜活印记，矗立着一座座须仰视的丰碑，引人思考，催人奋进，带给我们坚定前行的力量。

校党委书记 张东刚　　校长 林尚立

2023 年 6 月 1 日

《吴玉章全集》序言
"一辈子做好事"

高山仰止，景行行止。

在中国近现代史上，有一位立德、立功、立言"三不朽"，近乎完人的人，即"延安五老"之一的吴玉章。1940年1月15日，毛泽东同志在中共中央为吴玉章补办的六十寿辰庆祝会上有感而发讲了这样一段话，对吴玉章作了高度评价："一个人做点好事并不难，难的是一辈子做好事，不做坏事，一贯的有益于广大群众，一贯的有益于青年，一贯的有益于革命，艰苦奋斗几十年如一日，这才是最难最难的啊！""我们的吴玉章老同志就是这样一个几十年如一日的人。"

吴玉章，原名永珊，字树人，1878年12月30日出生，四川荣县人，我国杰出的无产阶级革命家、教育家、历史学家和语言文字学家。他一生追求真理、献身革命，为中国人民的解放事业、为共产主义伟大理想，始终不渝、奋斗不止，贡献了自己的全部精力。从早年追随孙中山先生开展旧民主主义革命，到后来加入中国共产党，投身于伟大的新民主主义革命和社会主义革命与建设，吴玉章在中国近现代史上每一个转折关头，都站在革命的进步的一面，始终奋进在时代的最前列，被誉为"一部活的中国革命史的缩影"。

吴玉章是民主革命的伟大"先驱者"。生于外忧内患的年代，吴玉章从小对国家前途、民族命运忧心如焚，积极寻找救亡图存的道路。1903年东渡日本，1905 年加入孙中山领导的中国同盟会，积极组织反抗清政府的武装起义。1911 年，他奉命回四川领导四川人民的保路运动，发动了荣县独立和内江起义，建立了中国第一个县级革命政权，这也是同盟会真正组织和领导的第一次成功的起义，比武昌起义还早 15 天。

吴玉章是共产主义事业的忠诚"奋斗者"。他于 1925 年加入中国共产党，在中国共产党领导下，为争取民主主义和社会主义革命的胜利、为实现共产主义而不懈斗争。他参加过南昌起义并担任革命委员会委员兼前敌委员会秘书厅秘书长，起义失败后被派往苏联、法国等欧洲国家工作，参加过共产国际第七次代表大会等。1938 年回国后，担任陕甘宁边区文化工作委员会主任、鲁迅艺术学院院长等职。1945 年 12 月，随周恩来去重庆，参加政治协商会议，为新民主主义革命作出了卓越的贡献。1938年底在一次与蒋介石的会面中，蒋介石对他说：你是老同盟会、国民党的老前辈，还是回到国民党来吧。吴玉章明确表示："我加入共产党是相信马克思列宁主义的科学真理，深知只有共产主义才是社会发展的唯一正确道路，对于这一点，我是不动摇的，决不会二三其德，毫无气节的！"

吴玉章是新型文教事业的坚定"开拓者"。他笃信教育振兴中华的理念，曾表示"我一生都乐于办学校，愿为国家培养人才作贡献"。他早年倡导并组织留法俭学会，后在法国发起创办勤工俭学会和华法教育会。吴玉章青年时代就立志于文字改革，在苏联期间认真研究中国文字拼音化方案，在延安时期积极研究和推行新文字运动，新中国成立后，他领导全国的文字改革工作，制定并实施了《汉字简化方案》《汉语拼音方案》，推广普通话，成为我国文字改革的先驱，为新中国文字改革作出了开创性贡献。

吴玉章是中国人民大学的卓越"缔造者"。1937 年，党中央决定创办陕北公学，专门培养抗战人才，吴玉章深以为然并积极为其奔走筹备，是陕北公学筹备委员会的重要成员，对如何办好陕北公学提了许多宝贵意见。1948年，华北大学组建成立，周恩来致信商请吴玉章担任校长。新中国成立后，中央人民政府以华北大学为基础创办中国人民大学，毛泽东同志签发任命书请吴玉章担任校长。吴玉章担任中国人民大学首任校长达17年之久，为中国人民大学奠定的坚实基础、留下的光荣传统、形成的优良校风、塑造的办学风格，始终激励着一代又一代的人大师生不断砥砺奋进。1960年5月他以80多岁的高龄，写下一首"自励诗"："春蚕到死丝方尽，人至期颐亦不休。一息尚存须努力，留作青年好范畴。"他是这样说的，也是这样做的。88岁高龄的他还时常登上讲台给中国人民大学师生讲党史。

2022年4月25日，习近平总书记在中国人民大学考察调研并发表重要讲话，强调"要加强校史资料的挖掘、整理和研究，讲好中国共产党的故事，讲好党创办人民大学的故事，激励广大师生继承优良传统，赓续红色血脉"。今年是吴玉章同志诞辰145周年，我们特组织力量，以时为序，分类编排，广泛搜集，辑为《吴玉章全集》。所收资料起自吴玉章留学日本时期，迄止1966年去世，包括吴玉章所撰写的著述，以及由别人代笔而经他或修改、或寓目、或署名之文，乃至别人记录的演说词和谈话等，分为论著、往来函电、诗词歌赋、对联题词挽幛等。对存在不同版本的论著，予以辨析。出版《吴玉章全集》，全面反映吴玉章老校长一生追求革命、追求光明、追求真理的奋斗实践，建设新型高等教育的探索实践，领导新中国语言文字改革的创新实践，对于推进党史和校史研究，传承红色基因、赓续红色血脉，走好建设中国特色世界一流大学新路具有重要的意义。

《吴玉章全集》分6卷，分期和专题如下：第1卷，从1904年至1938年完成《救国时报》工作任务回国前（1904年5月14日—1938年）；第2卷，从1938年到武汉新华日报社工作至1946年底（1939年8月

23 日—1946 年）；第 3 卷，从 1947 年初至 1954 年出席党的七届四中全会（1947 年 1 月 1 日—1954 年 2 月 6 日）；第 4 卷，从纪念《中苏友好同盟互助条约》四周年至撰文回忆"五四"前后（1954 年 2 月 14 日—1959 年 4 月 3 日）；第 5 卷，从出席中国人民大学第七次科学讨论会至去世前的谈话（1959 年 5 月 4 日—1966 年 10 月底）；第 6 卷，往来函电、诗词歌赋、对联题词挽幛卷。

　　吴玉章的文稿，很多是在他的革命实践和教育实践中创作的。战争年代，吴玉章为革命事业而辗转各地，文稿亦随之散落于各处，由于漫长的时间和各种历史原因，许多已经散佚。此次中国人民大学启动编纂《吴玉章全集》后，编纂组尽最大可能广泛搜集了各个时期的材料，并充分参考前人整理研究成果，但是仍有待进一步发掘，尤其是吴玉章早期在苏联期间的文稿，不免还有遗漏。目前，学校正在通过多种方式积极征集，如吴玉章老校长亲友、战友、同事、学生等相关人士手中仍保存有吴玉章文稿，恳请赐赠原件或复印件，以便后续补充修订。

　　"文章合为时而著，歌诗合为事而作"，《全集》所收内容，突出表现了吴玉章"一贯的有益于广大群众，一贯的有益于青年，一贯的有益于革命"，"始终是站在时代的前面奋斗着"，代表了老一辈无产阶级革命家心系百姓、关注现实、服务国家社会的优良传统，具有其独特的史料研究价值。

　　吴玉章曾说，"能够献身于自己祖国的事业，为实现理想而斗争，这是最光荣不过的事情了"。让我们重温吴玉章的光辉思想，传承发扬红色教育家、人民教育家精神，"树雄心，立大志"，为强国建设、民族复兴而努力奋斗。

《吴玉章全集》编纂课题工作组
2023 年 5 月

代序
一辈子做好事 一贯的有益于革命 [*]
——缅怀吴玉章同志

吴玉章同志在我们党的历史以至中国近百年的历史上，是一位重要人物，他对祖国对人民有突出的功劳和卓越的贡献。他革命一生的光辉榜样，他的革命精神和高尚品德，永远是我们建设精神文明的师表。

毛泽东同志在吴玉章同志六十寿辰的祝词中说："一个人做点好事并不难，难的是一辈子做好事，不做坏事，一贯的有益于广大群众，一贯的有益于青年，一贯的有益于革命，艰苦奋斗几十年如一日，……我们的吴玉章老同志就是这样一个几十年如一日的人。"吴老一辈子做好事，一贯的有益于革命，是我们党的光荣、革命的光荣！我有幸从少年时代起，就受到他的亲切教导。几十年来，他的身传言教，他的崇高形象，我目染耳濡，深深印在脑海里。他热爱人民，热爱青年，广大人民和青年将永远纪念他。

吴老从真诚的爱国主义者，发展成为坚定的革命民主主义者，进而转变成为忠诚的共产主义者，这是我国许多杰出的老一辈无产阶级革命家所走过的共同道路。

吴老是革命的先驱者，又是著名的马克思主义教育家、历史学家和

---

* 录自《人民日报》1984年4月4日，第5版。

中国文字改革的倡导者。

吴老从青少年时代起，就是一位深切关心祖国兴亡的爱国主义者。吴老少年时代在四川自贡市读书时，出于强烈的爱国心，曾热烈拥护和宣传康、梁维新变法运动，被称为"时务大家"。吴老是孙中山领导的民主革命的积极参与者和领导骨干之一。在日本留学时，他结识了孙中山先生，成为真诚的革命民主主义者，被选为中国革命同盟会的评议员。他奋不顾身地参与了谋炸两江总督端方、谋炸珠江口水师提督李准和谋刺清朝摄政王载沣的活动，并策划和参与了 1911 年 3 月 29 日①的广州起义（黄花岗之役）。起义失败后，他潜回四川，参与领导了四川人民保路同志会的斗争。在武昌起义前两个月，他领导了四川荣县起义，宣布荣县独立。在 10 月 10 日武昌起义后，他领导了四川内江起义，成立内江军政府，任行政部长。随后到重庆，参与创建了蜀军政府。

1912 年，孙中山在南京成立中华民国临时政府，就任临时大总统，吴老受孙中山邀请，在总统府秘书处工作。

南北议和后，他拒绝了袁世凯许诺给他的高官厚禄，1913 年参加了孙中山领导的倒袁的二次革命。失败后，袁世凯下令通缉，他被迫流亡法国。1914 年，他进巴黎法科大学学习。同时，他同蔡元培、李石曾等发起组织华法教育会，积极倡导和推动留法勤工俭学运动，组织华工教育，争取华工权利，并继续进行反袁斗争。

袁世凯倒台后，吴老于 1916 年回国，随后参加孙中山组织的护法运动。1918 年受孙中山委派，作为孙中山的代表，到广州参加护法军政府的工作，同军政府中的南方地方军阀作不懈的斗争。

1920 年底，为了反对北洋军阀的"武力统一"的狂妄野心，他回四川组织和领导了四川"自治运动"。

---

① 此日期为农历。

从 1922 年开始，吴老从革命民主主义者开始转变为共产主义者。

1922 年，吴老担任成都高等师范学校校长。这时，他先后受到王维舟、恽代英的影响，拥护俄国的十月革命，开始信仰马克思主义，与杨闇公等二十多人，秘密创建"中国青年共产党"（即 YC 团），并创办了《赤心评论》，宣传革命思想。

那时，我在成都高师附中读书。当时高师是四川的高等学府，高师的校长有很高的社会地位，吴老也已经是一位德高望重的革命家和教育家了。但吴老却平易近人，积极支持进步师生的革命活动，把高师变成为一个革命中心。吴老经常到我家中找杨闇公商量工作。那时，他和杨闇公、王右木领导着成都地区的革命活动。我很尊敬他，称他"吴老伯"。他常常很和蔼亲切地给我讲一些革命道理，介绍一些革命书刊给我读，并让我为他们传书送信，当一个革命交通员。他是我的老师和革命的启蒙者。

1925 年初，中国共产党和国民党发动促成国民会议运动，孙中山为此北上。吴老和刘伯承同志也于 2 月间从四川到了北京，经赵世炎介绍正式加入了中国共产党。从此，他完成了由彻底的革命民主主义者向坚定的共产主义者的转变，成为老一辈的无产阶级革命家，对争取中国新民主主义革命的胜利，对社会主义革命和建设都作出了重要贡献。吴老入党后，成为中国共产党四川党组织的一位创建人，同时也是国共合作的中国国民党四川省党部的创建人，在第一次大革命中，他作为中国国民党中央的一位负责人，发挥了重大作用。

1925 年五卅运动后，党中央派他回四川重庆，创建、扩大四川党组织，并着手整顿四川国民党组织。他在重庆创办中法大学，作为我党的活动基地，又在莲花池组建了国民党四川省党部。这时，杨闇公和我也到了重庆，吴老和重庆的党团组织也常在我家开会，他们让我作会议的记录员，并参加文件的刻蜡版和油印等工作。吴老主持的中法大学，聘请杨闇公、漆树芬（南薰）、萧华清、杨伯恺等同志担任教职员，在师生中发展和培养了一批党团员。在四川我党的创建中，吴老、杨闇公、王右木都是创始人，杨闇公担任了第一任省委书记。吴老以他的声望和社会地位，对四川党的创建，功绩卓著。

1925 年秋，吴老和杨闇公等被选为四川省出席中国国民党第二次全国代表大会的代表，11 月到广州。1926 年 1 月，在国民党二大上，他被选为大会秘书长和中央执行委员，同国民党右派作了尖锐的斗争。吴老在延安时，曾对我讲起这段往事：国民党二大前夕，来广州开会的各省代表，稀稀拉拉到的不全，大会有开不成的样子。苏联顾问鲍罗廷同陈独秀商量，决定发挥我党的力量，把大会开起来，以发展国共合作。他们决定派吴老去筹办。吴老到国民党中央党部主持筹备工作后，依靠各省、市的共产党和国民党左派组织积极活动，很快选出了出席国民党二大的代表，大会得以胜利召开。这次大会，国民党左派占优势，战胜了西山会议派及戴季陶等右派，国共合作得到加强。

国民党二大后，他回四川。为准备北伐战争，他策动争取了川军两个旅、黔军两个师，后来编为国民革命军第九、十两军，攻下宜昌。

北伐出师后，吴老于 1926 年 7 月从四川经上海去广州。在上海逗留期间，他经常抽空到我党领导的上海大学看望师生们，对正在上海大学社会科学系学习的我和同志们多所鼓励，并带来闇公的嘱咐。吴老 8 月到广州，联合何香凝等左派同蒋介石的独裁倾向作斗争。他旋即随军到武汉。在武汉国民政府时期，他在国民党中央处于中枢地位，继续领导国共合作的北伐战争。他先是担任了国民党中央代替孙中山总理制的五人行动委员会成员。1927 年 3 月，在中国国民党二届三中全会上，他被选为中国国民党中央常委兼中央党部秘书长。在这次会议上，吴老执行我党中央意图，使这次会议通过决议，剥夺了蒋介石的中央执行委员会主席和军事委员会主席的职权。以后，他曾到宜昌为武汉国民政府筹款400万元，并保护贺龙部队开到武汉。他协助朱德、刘伯承同志发动了四川泸顺起义。这次起义是我党较早地由自己掌握一批军队的重要尝试。他在武汉截获在重庆制造"三三一"惨案同蒋介石勾结的凶手杨引之，交付革命法院处死。他在国民党中央党部，紧密联合国民党左派，为反对蒋介石和汪精卫的反动倾向和反动活动，作了坚持不懈的斗争。

在第二次国内革命战争时期，吴老参加了英雄的八一南昌起义，致力于国际共产主义运动和国际反法西斯斗争的宣传。

"七一五"汪精卫"分共"后，吴老奉党中央之命，赴九江，转南昌，参加八一南昌起义，在周恩来同志领导下，担任革命委员会委员兼秘书长。溽暑之中，千里转战，备极辛苦。起义军在潮、汕失利后，吴老等出走流沙，驾一叶之扁舟，渡浩渺之大海，漂流到香港，辗转到上海找党中央。

到上海后，党中央派吴老到苏联学习。他和林老、徐老等在莫斯科中山大学特别班学习。吴老勤奋攻读马列著作，进一步从思想上理论上武装自己。我那时也正在莫斯科中山大学学习，同吴老经常见面，继续得到他的教益。这时，他开始用马列主义观点研究中国历史，同托派展开关于中国社会性质和革命性质的论战。

1930年10月，吴老从特别班毕业，与林老等分配到海参崴远东工人列宁主义学校任教。他开始从事汉语拉丁化新文字的研究，与瞿秋白等同志对创制新文字方案作出了重要贡献。1933年夏，他调任莫斯科东方大学中国部主任，并参加驻共产国际中国代表团的工作。他在中国部讲授中国历史，编写《中国历史教程》等讲义，对中国史有许多独到的见解，对中国历史科学作出了许多贡献。

1935 年 8 月，共产国际举行第七次代表大会，吴老是中国代表团成员。在这期间，他参与起草了"八一宣言"，并在大会上作了长篇发言，报告了毛泽东同志领导的中国红军长征的英雄业绩和党的抗日民族统一战线政策。

共产国际第七次大会之后，他到巴黎创办中文的《救国时报》，宣传党的抗日民族统一战线政策。这个报纸利用国内《新生》周刊订户名单和地址，广泛寄到国内，推动了抗日统一战线，扩大了党的影响。当时上海和许多地方地下党的同志，同党中央失去联系，就是通过《救国时报》看到了我党抗日民族统一战线的纲领，才开始宣传的。

在抗日战争和解放战争时期，吴老在重庆、在武汉、在延安，为中国的民主革命事业同国民党反动派斗争，并在延安、在华北，从事党的培养干部的教育事业，积极从事文字改革工作。

七七事变爆发、国共第二次合作后，他与国民党政府代表张冲，作为中国政府代表在欧洲的巴黎、布鲁塞尔、伦敦等地，进行抗日反法西斯的国际宣传，使西欧各国支援中国抗战的运动有明显的发展。中国的抗日运动之所以能在国际上取得重大影响和热情支持，是与吴老的积极宣传分不开的。他在欧洲的演讲词，1938 年在武汉广为印行，书名是《吴玉章抗战言论选集》。

1938 年 4 月，他回到武汉，在周恩来同志领导下，先后在武汉、重庆、成都，从事抗日统一战线工作。同年 7 月，他是国民参政会的我党七名参政员之一。在 1938 和 1939 年，他先后在武汉和重庆与董必武同志等一起，同蒋介石的片面抗战路线和反共反人民的阴谋作斗争，同汪精卫的投降妥协阴谋作斗争。

1938 年 10 月，他参加了在延安召开的党的六届六中全会，被选为中央委员。

1939 年 11 月，吴老任延安宪政促进会会长。1940 年 1 月，党中央为他的六十寿辰补行盛大的庆祝会，上面讲过毛泽东同志在祝词中称赞他"一辈子做好事，不做坏事"，指出"特别要学习他对于革命的坚持性"。就在这时，我同吴老在延安再次相见，杨闇公等早已牺牲，中国革命历尽艰险，终于在毛泽东同志领导下胜利前进。在延安，我常去吴老住的窑洞里长谈，倍增亲切。

1940 年 11 月，他被选为陕甘宁边区新文字协会会长。

在延安期间，他还先后担任了鲁迅艺术学院院长、延安大学校长，为党的教育事业尽力，培养了大批干部。

延安整风期间，康生干了许多坏事。康生在莫斯科拥戴王明最积极，到延安后又摇身一变，把自己打扮成反王明的英雄。康生为了掩盖自己而恶意中伤吴老。吴老为人忠厚朴实，因在莫斯科时曾在王明领导下工作，感到说不清楚，背了黑锅，内心痛苦。在整风中，他还对这件事作过检查。建国后，1958 年中国人民大学反教条主义，也是康生挑起的，其目的还是为了打击吴老。

1945 年 4 月，吴老参加了党的第七次全国代表大会，被选为中央委员。

日本投降后，1945 年 12 月，吴老去重庆，与周恩来等同志参加政治协商会议，参与党的南方局的领导工作。以后，又担任了中共四川省委书记，在国民党反动派的心脏地区进行战斗，领导川、康、滇、黔人民的解放斗争。

1947 年 2 月 28 日，国民党反动派派兵包围了曾家岩中共四川省委驻地和红岩村新华日报社，吴老临危不惧，团结全体同志同反动派坚决斗争。他大义凛然地痛斥国民党反动派卖国内战的罪行，表现了无产阶级的浩然正气和英勇不屈的崇高气节。他的严正斗争，迫使反动派不得不有所收敛。他终于率中共驻渝全体同志胜利返回延安。

吴老撤回延安后，旋即到山西临县组织领导了四川干部训练班的工作，为解放大西南培养了大批骨干队伍。

1948 年，吴老到了党中央所在地河北平山西柏坡。1949 年 3 月，参加了党的七届二中全会。这时，吴老已是七十高龄，他还写信给毛主席"请缨杀敌"，要求中央军委允许他带一支队伍参加解放大西南的战斗！

1948 年 5 月，吴老担任了华北大学校长。12 月 30 日，当他七十寿辰时，党中央发来贺信，说："中国人民都敬爱你……这是你的光荣，也是中国人民的光荣。"华北大学召开了盛大的庆祝会。北平解放后，他参加了人民政治协商会议，参与创建新中国。以后他是历届政协的常委。

建国以后，1949 年底，吴老担任中国人民大学校长，直到 1966 年 12 月 12 日他 88 岁逝世。吴老作为人民教育家，是留法勤工俭学运动的倡导者和组织者，从中培养了一大批党的干部，蔡和森、赵世炎、邓小平、陈毅、聂荣臻等老一辈革命家都是留法勤工俭学的学生。这以后，吴老在成都高师、重庆中法大学、海参崴远东工人学校和莫斯科东方大学、延安鲁迅艺术学院、延安大学，到华北大学和中国人民大学，又为革命培养了数以万计的学生，为党输送了好几代干部，真是桃李满天下。吴老确实是当代中国文化教育事业的杰出代表。吴老作为老一辈革命家、教育家、语言文字学家、历史学家，他的著述甚丰。建国以后，吴老在党的第八次全国代表大会上当选为中央委员，一、二、三届全国人民代表大会代表和常务委员。他又是全国文字改革委员会主任。他在二十年代末，就在苏联远东地区，试用北方话拉丁化新文字为中国华侨扫盲。四十年代，他在延安又主持并亲自用拼音文字在农村进行扫盲试验。建国后，他到各省积极试验，推行文字改革工作，不遗余力。

吴老为革命立下那么大的功劳，但却始终那样谦逊谨慎，艰苦朴素。

吴老是一个勤于思索而又慎于言行的人。在延安和北京参加中央各种会议时，他都是经过深思熟虑才发表意见。他爱同刘伯承等同志谈心。有时也同我谈一些，交流思想。他在生活上艰苦俭朴，进北京后依然保持着艰苦奋斗的作风。他对人民大学的师生无比关心，不顾自己高龄，还亲自去听课、讲课、查铺。我觉得他自奉太薄，过于辛劳，曾劝他说："您年岁太高，身体又不好，有些事可以少管些。"可是，他说："不去不行啊！心里放不下！"这是一位多么好的长者、师长啊！

吴老从参加辛亥革命起，一生坚持革命，总是站在革命斗争的最前列，不断跟着时代前进。他一生勤奋工作和学习，孜孜不倦，从不松懈。他作风民主，和蔼可亲，十分关心爱护干部。他全心全意为人民服务，一贯有益于革命，是我们的光辉榜样，是建设社会主义精神文明的楷模。他的名字将与人民同在。

杨尚昆

1984 年 4 月 4 日

凡　例

一、本全集所收，起吴玉章留学日本时期，迄 1966 年吴玉章去世，涵括迄今所见的吴玉章所撰写的著述，以及由别人代笔而经他或修改、或寓目、或署名之文，乃至别人记录的演说词和谈话等。

二、本全集包括论著、往来函电、诗词歌赋、对联题词挽幛等内容。

三、本全集所收，或录自手稿（含复印、影印件），或录自吴玉章手订、手校的较早出版品，或录自最早刊载其著作的书籍报刊，亦有录自后人所编结集。

四、本全集所收，一般依所据底本的标题，底本无标题的，则由编者根据内容酌加。

五、本全集所收，按时排序。首为撰写时间，凡有撰写时日可稽，或经查考大体可以确定的，以撰写时间为序。次为出版时间，发表在报刊上、公开出版的，按照出版时间编次。不能确定撰写、出版时间的，列于各部分之末。

六、本全集所收，一般不做他校；引文明显舛误影响句意的，校勘注明；无法辨认或缺字，以□标出。

七、本全集所收，均分段、标点。原文的繁体、古体和异体字，除有特殊含义者保留外，皆依通用规范汉字处理。

八、本全集内的外国国名、地名、人名及其他外来语的翻译，皆依所据底本照录。

目　录

元旦献辞 *

（1947 年 1 月 1 日）

过去这一年，是新时代在战斗中前进的一年。

自从前年世界反法西斯大战胜利后，德、意、日三个法西斯国家虽然消灭了，而法西斯残余和新的帝国主义份子又重新结合起来，企图挑起第三次世界大战。

过去一年中，在国际的反动派进行了激烈的反苏反民主的阴谋。在中国的反动派与美国反动派联合，则翻云覆雨，假惺惺的召集政治协商会议，又千方百计破坏政治协商会议；口唱民主、"还政于民"，却极力破坏民主、屠杀人民；甚至召集一党包办的"国大"，来制定伪宪，以伪装民主；而一面则利用美国的援助，大打其内战。但是，无论国内外的反动派如何花样翻新、诡计百出，终于被新时代的新兴的广大人民的力量，把他们的凶焰压下去了，把他们的鬼脸揭穿了，把他们的军队打败了。这就证明了新时代的潮流是不可阻挡的。谁要阻止它，谁就会自遭毁灭。

当然，反动势力还没有死亡，还相当强大。我们虽然坚决相信，最后的胜利是我们新时代进步的广大人民的。但是我们的斗争是残酷的、艰苦的、曲折的，不是一帆风顺的。我们要毫不松懈，不怕困难，不辞

---

* 录自《新华日报》1947 年 1 月 1 日，第 3 版。

艰险，胜不骄，败不馁，小心翼翼，不屈不挠，依靠广大的人民，很快的打倒这时代必归于灭亡的反动势力。让我们吹起前进的号角来：勇敢！勇敢！！再来一个勇敢！！！

纪念辛亥革命　要打倒中山先生的叛徒蒋介石 *

（1947 年 10 月 12 日）

　　正当我人民解放军大举反攻的胜利声中，来纪念辛亥革命三十六周年，显得有特殊的意义。我愿借此机会向我全国同胞谈一谈中国过去革命的历史和中国革命的现状。

　　在辛亥革命以前，由于满清专制政府的黑暗腐败与无能，闹得民不聊生，割地赔款，丧权辱国，国家已败坏得不成样子了。当时志士仁人纷起革命，以挽救国家民族的危亡。我于一九〇五年参加了中山先生所领导的同盟会，为当时所提出的"驱除鞑虏，恢复中华，建立民国，平均地权"的目标而奋斗，希望实现一个民族独立、民权自由与民生幸福的新中国。经过十多次的起义，终于在一九一一年十月十日武昌起义胜利推翻了满清政府，建立了中华民国，结束了中国几千年来的专制制度，在中国历史上留下了光辉灿烂的一页。

　　可惜由于中国资产阶级的软弱性，辛亥革命的果实被帝国主义所扶持的封建军阀袁世凯所窃取了。经过讨袁和"五四运动"到中国共产党的产生，才真正地肩负起了反帝反封建的大旗，给中国革命开辟了一条新的道路。同时由于俄国十月革命的成功及中国共产党的成立，中山先生认定了：中国革命应"以俄为师"，及吸收新血液以改造国民党。他决

---

　　* 录自《人民日报》1947 年 10 月 12 日，第 1 版。

心与共产党合作，并接受共产党的建议，于一九二四年改组国民党，提出联俄、联共、扶助农工三大政策，丰富了三民主义的内容。

国共两党合作以后，中国革命的面貌为之一新，削平了广东反动势力，巩固了革命根据地之后，在一九二六年进行北伐战争，打倒了吴佩孚、孙传芳等北洋军阀，占领了长江流域及黄河流域，并给帝国主义以严重打击，震惊了全世界，使中国革命向前进了一大步。正当革命在蓬勃发展的时候，钻入国民党组织内来的上海交易所出身的流氓蒋介石，却背叛了革命，投降军阀，勾结帝国主义，在上海举行政变，并在南京成立反革命的政府，破坏了国共合作，到处逮捕屠杀共产党人及其他民主份子和工农群众，杀害共产党人特别厉害。未被杀死的共产党人，如毛泽东同志所说："从地下爬起来，擦干净身上的血迹，掩埋好同伴的尸体，他们又继续战斗了。""八一"南昌起义虽然失败了，但是组成了人民的军队——工农红军。一九二八年以后，红军取得了湘赣边的井冈山作为根据地，其他许多省份的红军，也在边境地方建立了根据地，领导农民进行土地革命。蒋贼在德日帝国主义的扶持下，发动反共反人民的内战，动员了百万军队，进行了五次"围剿"，打了将近几乎十年，结果招来了日本帝国主义的侵略，占领了东北四省。而当日军进攻沈阳的时候，蒋介石却宣布"不抵抗主义"。但同时在人民军队占领的地方，则进行残酷的"围剿"，并与日本帝国主义订《塘沽协定》。随后当华北十分危急的时候，蒋介石却高唱"中日亲善""经济提携"，而对高涨的"一二·九"学生救亡运动，则实行残酷的镇压，颁布所谓《维持治安紧急治罪法》，并与日本帝国主义再订《何梅协定》。日寇的侵略由东北而华北，节节深入，国家危殆极了。这时候我党为了挽救民族国家的危亡，发表了"八一宣言"，号召全国人民团结起来，结成民族统一战线，一致抵抗蛮横的日寇。但是蒋贼仍怙恶不悛，继续内战。经过一九三六年

"双十二"的西安事变，他才在全国人民压力之下，不得不被迫抗日。可是，"七七"抗战以后，他仍未放弃妥协的阴谋。首先是汪精卫投敌，而蒋介石却在国民党五中全会上宣布："抗战到底，为恢复芦沟桥事变以前的状态。"这是他不要东北的确证。一九四一年皖南事变时，国民党军配合敌伪围攻我新四军，此后敌伪陆续派畑俊六、陶希圣、吴开先等秘密谈和。而我党则在抗战时间再三号召国人："坚持抗战，反对妥协；坚持团结，反对分裂；坚持进步，反对倒退。""打到鸭绿江边去！"把抗日民族革命战争的大旗紧紧掌握着，并在敌后依靠人民力量坚持抗日，收复了失地，开辟了广大的解放区，把敌人逼在点线之中，抵抗了百分之六十的日军与百分之八十的伪军，解放区已肃清了帝国主义的势力，没有民族压迫，让少数民族自治，消除封建残余，实行土地改革，建立民主政权，解放农民，发展生产事业，使人人有工作、有饭吃、有衣穿，没有失业与乞食的现象，工农商学兵各得其所，团结一致；真正实行了中山先生的三民主义，承继并发扬了中山先生的革命精神。而蒋介石却从东北华北一直退到贵州，他不仅消极抗战、积极反共，而且实行个人独裁，压制民主运动，屠杀弱小民族及爱国青年；让美军到处横行，奸淫虐杀；不顾人民生活，征实、征借，十室九空，抓丁、抓伕，鸡犬不宁；特务横行，抢收窃夺，党横官贪，暗无天日；使人民陷于水火之中。和解放区相比，真是一个天堂一个地狱。

抗战胜利之后，我党为使抗战八年的人民得有一个休养生息的机会，委屈求全，主张和平建国，实现民主，我党主席毛泽东同志曾飞重庆谈判，成立了《双十协定》，照协定所规定召开了庄严的政治协商会议，成立了为全国人民所拥护的政协五项决议；但是蒋介石却玩弄了表面一套里面又一套的把戏，一心一意要反革命到底。他不顾全国人民的反对，毁弃《双十协定》、四项诺言、停战协定、政协决议，发动全国大内战，召开伪国大，制定伪宪法，联合封建余孽集团民社党、汉奸狮子狗青年党进行所谓"改组政府"，一面签订卖国的中美商约，勾结美国军队驻扎中国，出卖领土、领空、领海，大借美债，大买军火，开放对日贸易，不惜迎合美国战争贩子，使日寇军阀死而复生，使中国民族工商业倒闭。一面驱逐中共代表团，占领延安，镇压要和平要饭吃的青年学生，残杀上海、台湾等地和平人民，封闭主张和平民主的报纸，逮捕暗杀民主人士及新闻记者，起用日寇战犯冈村宁次指挥内战，下"总动员令"，违背停征诺言，重新征粮、征实、征借、征丁，加重捐税，滥发纸币，使物价高涨数万倍，使人民无法生活下去。这一切的一切，把辛亥革命所创造的中华民国践踏和出卖，比满清的罪恶行为还要超过千万倍。但卖国贼蒋介石却开口"总理"闭口"三民主义"，把"革命"一名词叫得很响，而他所做所为，完全背叛了中山先生，侮辱了三民主义，沾污了革命。他在国内联合封建余孽汉奸，在国外勾结美帝国主义共同鼓吹战争，企图以中国为第三次世界大战之战场，使中国土地作原子弹的试验场，中国人民作无谓的牺牲品。蒋贼这样的卖国殃民，真是千古未有的中华民族的罪人。

现当我人民解放军东起苏北、西至陕西、南抵长江、北至东北，各路大军深入蒋匪统治区大举反攻的时候，革命已进入了新的阶段，翻了身的人要前进，没有翻身的人要翻身，我们有千千万万的人民拥护，我们敢于胜利，我们一定要胜利。

蒋贼的末日已经到来了，清算蒋贼罪行的日子已经到来了。我同盟会的老同志、中山先生的真正信徒们，能坐视中山先生革命诸先烈和我们手创的中华民国沦为美帝国主义的殖民地吗？全国要和平、要民主、要饭吃、要生存及一切爱国的同胞们，能忍受蒋贼卖国殃民的暴行而不自救救人吗？在纪念辛亥革命的今天，大家惊醒起来，一致团结起来，继承辛亥革命的光荣传统，打倒卖国殃民的蒋介石，驱逐美国帝国主义战争贩子出中国！为建立独立、自由、民主、统一与富强的新中国而奋斗！最后我大声疾呼：起来！同志们！同胞们！新时代的光明已照耀着咱们，勇敢前进啊！

重庆工作的回顾 *

（1947 年）

一、外部环境

中国共产党四川省委员会于一九四六年在重庆开始筹备，四月二十二日，董老同志和我们开会，宣布正式成立（但尚未公开）。四月三十日，周恩来同志在离渝之前的最后一次招待新闻记者会上正式公开，介绍了我是正书记，王维舟同志是副书记，给大家见面。省委公开后，我同王老各处拜客，所有党政军民机关、民主人士方面，应该去的都去了。这时，正是国民政府搬家，要人纷纷离开重庆，我们的代表团也准备搬家。重心转移了，估计可能有重大变化，重庆要变为次要的地方了，我们最要紧的工作是地方工作，特别是报馆工作；同时报纸也要变为地方报了。省委公开之初，国民党并未重视。国民党的官吏，行营主任张群来来去去的，只有张笃伦（时以重庆市长代理行营主任）常在，我们和他拉得很好，请客，我们请他们，他们也请我们。

当时（五月）四平街战斗激烈，我军在那儿坚决抵抗，尤其十八、九号那几天，表现我们的力量非常强大，许多人都以为我们能固守。后来四平街我军撤退，紧接着，公主岭撤退，长春撤退，撤退得很快，许

---

* 录自《重庆文史资料选辑》1982 年第 15 辑，第 1～17 页。本文由吴玉章口述，邵子南笔录。

多人又替我们耽心，以为我们不行。五月二十三日，那天下大雨，我感觉得重庆的革命空气要消沉下去了，找王老商量，要洪沛然出去动员民主人士开一个要求和平的座谈会，利用那时罗隆基等尚未走的时机（邓初民、史良等都在），要他们在座谈会上讲一讲话，并发表一个要求和平反对内战的宣言。二十六日会就开了，罗隆基、邓初民、史良等都讲了话，在《宣言》上签名的有八九十人。当时《宣言》没有发表，是想争取更多的人签名，打算等到六月十日才发。殊知民盟机关报《民主报》在二十九日就先发表了，而其他各报均未送去。这个运动这次没有作好。但，这时要求和平反对内战的空气在广大人民中还是非常浓厚，需要重搞。于是，重新布置，全体动员。这一次，重庆各党派、各团体、各界都起来了，签名的就有三千多人了。要求和平，反对内战，这个运动于我们有利，也是适合群众的要求。实业界、银行界都参加，而且由他们自己搞，签名都很认真，发给蒋介石和毛主席的是同样的一个电报，表示不偏袒。当时是作得好的，连所有教会都动员起来了。佛教会做了三天道场，基督教、回教、天主教都举行了和平祈祷。各党派、各团体、各阶层、各界成立和平促进会，并推出请愿代表鄢公复、黄墨涵、黄次咸、徐崇林、王卓然等，王卓然并被推为派赴南京的代表去到南京。这次运动是成功的，和上海的和平运动（二十三日上海十万人示威）及下关惨案配合起来了。反蒋反内战的空气澎湃全国各地，逼得蒋介石不得不在六月三日下停战令，并二次延期。这就很惹起国民党对我们省委的注意。同时，即在四平街正激战之时，五月十九日，张自忠殉难纪念会在北碚开会，我作了一副对子："已使日寇灭亡，忠魂可慰；再令生灵涂炭，人民何堪？"下署"中国共产党四川省委员会"。对子拿去，布置会场的人把它挂在大会灵堂公众大对联旁很显著的地位，非常引人注意。各报，特别是国民、大公、新民等报在报道中指出：最引人注意的是这副对子。《国民公报》还登了对子全文。这引人注意有两种解释：一是对子内容，把反对内战的意思说得沉痛；一是共产党四川省委的招牌公开拿出来了。这样一来就惹起国民党的注意，国民党重庆市党部打电报给国民党中央，说："为什么允许他们公开了？"国民党中央党部令重庆行营查复。当时张群不在，由代理主任张笃伦于六月三日来找我，说他奉令查复此事，他说："你们公开我们是知道的"，"但手续不周到……"。他的意思是手续上没办好，如交涉、登记之类。他说："该如何电复中央？"我说："第一，蒋介石在政协开幕时说各党派可以正式公开，'四项诺言'有此一条，我们公开是有根据的。第二，中国共产党是有组织的党，我们有办事处有报馆在这里，有党员，应有党的组织。第三，我们公开，就是在重庆有这个必要，其他地方无组织也不搞组织。我想，理由是很充足的。"他说："很好，我将以此回复中央。"这番压迫无效，反而在事实上对我党之公开似乎官方已正式承认。我们就更大胆地公开活动起来了。国民党于是天天造谣，说什么"川北有匪呀！""王维舟作匪运呀！""王维舟匪股呀！"各特务报纸都捣起乱来，说我们要暴动呀！等等。在两次停战令满期之前，国民党加岗戒严，军警林立，要搞我们。我们很沉着的应付他们，我告诉张笃伦说："你们要注意，我们是不暴动的，是他们（指特务）要搞，对地方上是不利的。"后来听说国民党各机关曾开会讨论此事，有人提议搞掉我们，张笃伦说："没有中央指令，不能搞。"把要搞我们的压下去了。

第二次停战令期满，六月三十日是最紧张的一天。

停战令满期，另一方面，中原战事又发动了，国民党要消灭我们第五师，李先念跑到四川边界，国民党更为恐慌，于是谣言更多，小报天天在骂我们。七月十一日，昆明李公朴被刺，十五日，闻一多又被刺，重庆空气紧张万分，民主人士很恐怖。我们很稳重，认为不把反动气焰打下去，革命的空气稳不下来，因此，非给以回答不可，决定要筹备召开一个盛大的追悼会。当时，各阶层的人都很不平，这个机会正好利用。恰好这时张群又来重庆，我们想如果只由民主人士和我们发起，许多人不敢参加，把张群拉来作发起人则参加的人就会多。我要邓初民和史良、鲜特生去找张群，请他作发起人和主席。当初筹备中，别人要把我的名字放在前头，我恐有阻碍大会进行，没有答应。用谁呢？谁也不恰当，张群来了就成了个好对象。史良对此很下功夫。张群当时亦不满意特务的行动，蒋要他去昆明查李闻案件，他不去，当时他要装点面子。邓、史、鲜去说了两次，张群答应了，愿作主席和发起人。再者，当时重庆国民党市党部与三青团之间爆发内讧，邓发清和刘野樵之争正闹得火热，对外不集中，我们利用了这个机会，二十八日就开了会。这次追悼大会规模盛大，对联很多（我们要争取如"四八烈士追悼会"一样热烈，是作到了的），张群、胡子昂、周炳琳、史良、邓初民和我都讲了话。因张、胡等参加，张作主席并是发起人的头名，参加的人就更自由了些。胡子昂在会上三呼"要和平"，博得热烈掌声，又因陶行知七月二十五日在上海愤激而死，使得大会情绪更加悲愤。后来陶的追悼会开得也好，提高了革命空气。

八月十八日成都李闻追悼会，特务捣乱，打了张澜，群情愤激。张群在重庆知道了，也生气，骂了特务一顿。民主运动蓬勃发展起来，民盟要张澜去上海。双十节前，张澜到了重庆，开了个欢迎会，这会开得很好。以后，各民主人士有了定期的集会，大家关系也很密切，各党派，各界，工商界、青年、新闻界，都更加团结得好。这时，国民党抛弃了复员军人，复员军人很不满。国民党封闭劳协捉人，明明是国民党以流氓军警去抢劫劳协机关财产，却反诬他们与共产党密谋暴动，大众对国民党的反动行径都很愤激。十一月，我军撤出张家口，国民党大吹其胜利，单独下令擅自召开"国大"。民盟张澜大怒，以蒋介石破坏政协，坚决不去南京。张在重庆作用很大，常开会，我们对他的帮助也很大，使得他在民盟内部外部的声望都提高了起来，和我们更接近了。此时，苏北战事大打，我军七战七捷，鼓励了这批民主人士。十一月十二日，"国大"正延期三日就要开了，邵从恩来到重庆，想去南京。我得中央与董老电报，要稳住邵从恩。他一到，我去见他（我和他有旧交），他告诉我："去了也不出席国大，是要去说服蒋恢复谈判，拥护政协。"他说他有个办法去和蒋说。我对他说："去了，不好谈，要你出席不好办了。"他说"我绝不去出席"。我说"他替你把名报了呢？"他表示绝不报名。我劝他稍为等等，他表示要我致电毛主席，他要给和谈尽一点力量。我应允并表示感谢，并力劝他不要去南京。张澜也劝他说："我们同路去。"才把他留住了。"国大"一天天开得不成样子，我们的报纸和其他有些报纸都大量批评嘲笑。我和邵从恩等天天见面谈话，谈时局形势，谈蒋介石这个流氓是不能以一介书生去同他谈解决问题的办法。邵从恩是有正义感的老先生，逐渐认清了问题，决定不去，于十二月下旬回成都去了。这是开"国大"中的情形。我们揭露了"国大"的假面目，民盟坚决不动摇，把民盟的地位抬高，这是好的。张澜在重庆时，我们来往很密切。在民主人士中，我们的影响很大，一切事情没有我们的人参加就没有精神；有了我们，胆子就大了，办法也有了。育才，社大，一些民主刊物，照样办起来，民主人士并未消沉下去，马哲民特地由成都来渝担任西南学院教务长，黎又霖等接办了华侨工商学院，一般的继续了政协开会期间那种工作情形。总的说来，这段时间的工作我们是作得不坏的。

十二月，伪宪法制订出来了。因为我们有以上准备，它未起任何影响，谁也瞧不起它。国民党正要庆祝伪宪，恰好北平发生美军强奸沈崇案件。三十日消息传到重庆，学生马上愤怒起来。一月六日举行了一万五千人的游行示威，规模盛大，秩序很好，是少见的。事先，国民党庆祝伪宪和放假去了，假期完毕，又不敢出面制止。只有中工数百人单独游行，个别地方有特务活动。当时大家都很努力，青年组、记者、报馆都很努力。我们做青年、学生、妇女工作的同志，以及报馆的采访都很努力，国民党不敢镇压。学运又扩大起来，利用旧历年假扩大到农村宣传，一直延到阴历正月十五（二月五日）·的"反对美军暴行周"。当中以抗暴联合会为核心，把全体学生组织起来，进行了可歌可泣的斗争。直到发生"二五""二八"惨案，学生更加激怒，进行宣传、罢课、请愿。八日夜，孙元良来找我，口气是说，这些运动是我们搞起来的，一方面表示他已知道，并说我报鼓动风潮；一方面表示请求我们不要再搞。我表示，不是我们搞的，我们不能制止。制止是不行的。打人不是学生坏，是特务坏，把特务压下去，答应学生要求才是好办法。孙元良不得结果而去，第二天张笃伦又来，说气话，说学生逼得他受不住了，并说有我们报馆的工人参加在学生里面。他很不满，以为是我们在和他们捣乱，似乎总是要搞出乱子来，并又指责我们报纸鼓动学生的言论消息太多。二月二十二日，国民党想利用学生纪念去年"二二二"反苏来搞我们（此事我们早就料到，以扩大延长反美暴行来抵制）。国民党中有人表示："中央有整个计划，不要乱搞。"这所谓整个计划，恐怕就是指的后来封报馆、强迫我们撤退。对此我们也感到紧张，但沉着处理。司徒雷登发表有关我们撤退的声明，民主人士恐慌，问我们要不要撤退，我们坚决的告诉他们："没有此事。我们是政府请来的，是合法的。除非政府明令要我们撤退，我们党中央命令我们撤退，才能撤退。司徒是外国人，管不了我们国家内部的事，更管不了我们党内的事。"过了两天，《大公报》曾敏之打电话给我，说南京有我们撤退的消息，我亦作同样表示。《大公报》登了不撤退的谈话，而未登撤退的消息。那时山东打得很好，莱芜之战歼敌五万，报纸登出来后，市面上在我贴报专栏周围围观的群众异常兴奋,许多人认为国民党有即刻崩溃的可能。金融、实业各界表示同情我们,希望我们不要忘掉他们。自从取消新闻检查,我们报纸可以自由登载消息,天天有向人民说话及报道时局真象的机会。国民党非常恨它,成了他们的眼中钉。接着,二月二十七日晚上三点,国民党派出军警,把我们的报馆、机关都围起来,用武力驱逐我们。关于被迫撤退的情形,已见《解放日报》三月十五日报导和《晋绥日报》三月十七日报导,这里就不多谈了。

二、统一战线及群众工作

多年来,在周恩来同志和董老、若飞等同志的领导下,重庆地区的统战工作和群众工作很有基础,郭沫若等文化人也起了很大作用。虽然因为国民党政府还都,大批重要人物走了,但基础还在。不久,一批新起的人物又出来了。这一时期,这一方面的工作我们作得还好,尤其前方胜利消息不断传来,更加提高了我党的威信。凡有什么事情,大家都要看看我们的态度,愿意我们去领导,接受我们的领导。我们去了,则成功;不去,便拿不出办法、找不出头绪。社会上的广大群众,实际上需要我们去领导,一方面是国民党太腐化、太恶劣,一般人都讨厌;一方面是我们的政策、主张、行动切合国家的需要、大家的需要,使我们感到党的力量发展很大,尤其是政协以来在蒋管区的公开活动。政协会议的成功,使得进步人士、广大群众,感到只有共产党有办法,跟着我们和政协路线走,中国就有救了。我这里所要说的,是大家工作都很积极,虽然有小的错误和缺点,但大的方面是正确的,有成绩的。在党的领导下,大家团结一致,才能有如此成绩。所以常常有人向我说:"你们共产党员讲的和作的都差不多。"又说:"你们大家都是一致的。"我党的主张、言论,在报上公开出来,使人感到共产党的政策才是救国救民的唯一指南。

三、报馆工作

我们在蒋管区最大的武器是报纸。《新华日报》有长久的历史和威信，尤其政协以后，国民党的反动势力一抬头，就开始了宣传战线的斗争，《新华日报》就成了很重要的武器。在注重国共合作的情形下，在宣传工作上，我们往往多所顾虑，反不好办；在斗争的情形下针锋相对，看谁骂得恰当痛快，反倒好办些了。尤其在取消了新闻检查之后，在言论上得到了些自由，虽然国民党用各种方法和我们斗，但我们有了报纸这个武器，每天就和他们进行激烈斗争。这主要是党中央的路线政策指示和宣传方针，完全正确。《解放日报》的社论我们经常转载，使我们获得完全优势，使敌人抬不起头，让人民看到，我们的敌人没资格和我们交战，不论从那个方面，只是暴露了他们的恶劣。

报纸这条战线我们取得了胜利。我军前线胜利的消息天天传播，得到广大群众的拥护，尤其把我军俘虏的蒋家军官公开介绍，号召其家属朋友和他们通信，国民党感到非常之头痛。一般人和俘虏的家属，对这很感兴趣，我党的威信也大大提高。报纸反映了各阶层，工农、乡村与城市各种痛苦与斗争的消息，使穷苦受压迫的人把《新华日报》看成是他们的喉舌。反对征粮征兵，更得到广大人民的拥护。工商界、中小工业，我们替他们呼吁，他们把《新华日报》看成是他们的报纸。因为我们替广大群众说出了心里的话，为人民服务，为人民拥护，也就有了战斗力。

《新华日报》不仅人民拥护，就是比较中立的报纸在言论上也跟着我们走。尽管《商务日报》不是我们办的，但言论和我们相合。《民主报》就更不用说了。其他如新民、国民以至大公渝版，这些报纸比较明白、开通，知道不这样作不行，不然没有人看。我们同各报馆的人也拉得很好，经常聚餐、交换意见等等，作得很好。其他比较反动的报纸，也有一些好的记者或编辑在里边；除了国民党的机关报《中央日报》《和平日报》以及个别特务小报外，其他各个报馆里面都有我们的朋友。有七八十人能受我们影响，成了无形的组织，经常给以教育，在一定的时机，搞签名、发宣言。《新华日报》不仅具有宣传作用，而且还有组织作用。如在各地方工作的党员和进步的群众，对于我们党的主张和时局形势，都能了解得不错，工作都能作得差不多，其原因是报纸发挥了很大的作用。列宁说：我们的报不仅是宣传者，而且是组织者。这话得到了证明。此外，我们还印了许多书刊如《中国的四大家族》、《中国革命的理论与实践》（把毛主席的《中国革命与中国共产党》和刘少奇同志的修改党章的报告及党章汇编而成）等，在群众中非常销得，许多退伍军人也争着买，从而报馆的力量也就一天比一天的壮大起来。

国民党政府还都之后，最初我们估计《新华日报》要变成地方报了，作用要相对缩小，后因上海、南京的《新华日报》都不能出版，我们在国统区只有这唯一的一张公开的日报，它又变成全国性的报纸了。蒋政府初迁南京之后，重庆各报的销数都减少一点，八至九月我报销数就陆续增加，因为它是蒋管区内我党唯一的报纸。我们把各方面的斗争都在我们报上表现出来，敌人恨死我们，天天都想封闭它。去年四月八日我们登了《驳蒋介石》那篇文章，国民党的报纸说我们侮辱元首，要想查封或捣毁报馆不成，后来又想出方法，捏造一些团体，到法院去告我们；并在柳州、开封都告。柳州法院把案子转移到出事地点重庆。我们在律师界的朋友如崔国翰等，和法院有些关系。重庆法院写了一段批文："法律上无侮辱元首这条，如是毁谤罪，要本人起诉。"尽管国特用心狠毒，但未搞出名堂。但他们并不因此罢休，天天造谣，说什么我们要暴动！有军火！等等。用了一团人把报馆给监视起来，架起机枪对着报馆，常常殴打我们的通讯员和报丁。政协开会时，我们在重庆成立了新华社，发出稿子国民党不叫登，后来因为有打仗的胜利消息，《大公报》等就改头换面作为本馆的"南京专电"登了出来，其他如《民主报》、《新民报》、《国民公报》、《商务日报》甚至《世界日报》也常常直接采用。从此新华社也慢慢地发挥了威力，公认为消息可靠，非国民党的造谣社可比。社会局好几次要想查封新华社，我们一方面请求登记批准，一方面通过私人（张笃伦）关系和当局谈，一方面自己照常发行。国民党痛骂我们"共匪吴玉章蛮不讲理……"，我们不理，还是继续工作。

去年二月二十二日国民党特务打了报馆营业处，我们并未动摇，不怕。我们的工作同志、报丁，仍然英勇斗争，城里城外巍然屹立，继续存在。危险固然危险，大家抱着拼的决心，打就打，最多是英勇牺牲。特务和特务小报天天搞我们骂我们："共匪头子吴玉章组织暴动呀！煽动工潮呀！学潮呀……"这段期间，张群不在，张笃伦（市长）和萧毅肃（行营参谋长）还起了一点作用。我们和他们拉关系，邓初民经常同张笃伦谈时局，力说打内战国民党必败。我们利用这些关系来保护《新华日报》。我们的报馆遭受威胁不只一次。抗暴后，《新华日报》成了抗暴学生的机关报，反动派恨死我们，说抗暴是我们搞的。前线胜利的消息和骂蒋文章，《新华日报》天天登载。新华社、《解放日报》及本报的专稿文章，有声有色，人人争看，它像一把刺刀插在他们心上。国民党中有人说："世界上那有这样的事，在打仗的时候，容许敌人在自己地区发战报、宣言和广播。"于是办起一些小报来混淆视听；特别是那个《新华时报》，天天骂我，好像一切反蒋和主持正义的事都是我作的，这反而把我身价提高，我们的报纸在那儿，甚如百万雄兵。一月十一日是报馆的成立九周年纪念日，我们请了几百来宾（我们原定只约请少数朋友，但大家都要求来，后来增加），开宴会、作讲演、扭秧歌，很热闹。我们报纸大张旗鼓的宣传几乎统治了整个重庆，国民党就问："究竟重庆是谁管？真是太无法无天了！"我们就是无法无天，我们统治就统治！省委的存在就是为了保护报馆这个阵地，我们一定要坚持下去。而他们不搞掉我们却不甘心，但又不敢公开查封我们报馆，就是武力驱逐我们回延安时，孙元良答记者问也不敢说是封闭《新华日报》，只能说是中共人员撤退，中共人员撤退之后，中共党报当然也就无人办理了。可见《新华日报》是一面千千万万人所拥护的大旗，其威力、信仰存在于人民群众之中，最近的将来如果取得胜利，报馆一定要重现在他们眼前。记得在我们被拘禁的八九天中，看见敌人报纸的造谣诬蔑，无法回答，更觉得无一说话的机关，真如哑子吃黄连有苦说不出，更认识到报纸的重要。

四、党的工作情形

四川省委的成立，目的是争取党的公开，作更大的合法斗争，从四川开始，逐渐把各省的省委都公开起来。去年三四月份后，国民党的反动愈彰，有了困难，但四川省委的公开成立，是一个胜利，任务是宣传党的政策，团结民主人士，公开与国民党斗争，保护报馆和地方工作，团结各阶层群众等等，使党的工作深入到各个方面。省委成立时，国民党的反动现象增多，看出将来不会和平，因此，一开始就投入斗争，准备他们破坏，准备流血，大家都像在战场上一样，随时准备被捕，编好口供，保持气节等。

中央决定我担任省委正书记意义有二：第一，假使政协局面还能继续，还要协商、开会，我准备去到南京，实际工作由王老担任，我负名义对外。另外，虽未明说，我自己也打算到，我是参政员、政协代表，国民党要搞我也不容易；同时，我同中国革命历史关系较深，同四川的老革命党人有关系，同张群、张笃伦也有交情，如有什么事情，可以顶一下。我也有这个决心，出了乱子由我去顶住，顶多是牺牲，牺牲也值得，我应该负起这个责任，不怕。有了这个武器，文可以拉，武可以拼，可以壮胆。开始，我即有此决心，要坚持住。因此常和大家讲，要大家也坚持下去，什么也不要怕。

五月底，小报《新蜀夜报》登出来王维舟在川北领导土匪暴动的消息（每有风吹草动都要造谣言），后来《大公报》也登了一个成都消息，说川北动乱邓锡侯派杨晒轩去剿匪。中央，恩来、董老要重庆组织缩小，疏散一下。尤其六月底，国特几次要搞我们，王老在渝恐有危险，来电报叫王老到南京去，并说，别的也可疏散。七月初我们向行营要飞机位子给王老去南京，久无回信，十三日张群到渝，我去见他，谈到川北谣言，他说："你不要紧，王是现役军人。"我说，王要到南京等了好久得不到飞机票，张说："我叫他们快给。"第二天，就送了几张十七日的飞机票来，王老同魏传统、李介眉等就去南京。当五月底《新蜀夜报》初次登出王老消息说他搞暴动，王老、魏传统同志问我是否要辟谣。我说，辟谣反与敌报以扩大宣传的机会，最好不去理他。理由是，这些小报没有信用的，不用理他，理了他，他会越闹越凶。后来《大公报》也登了"王维舟股匪"等等。我将这些情形告诉董老，董老叫王老去到南京。魏传统、李介眉同志也走，因他们是和王老一道来的。当风声紧时，王老和江震同志商量，不要让敌人一网打尽，决定程子健和杨超二同志到成都去。董老来电，认为程子健不能去成都，要是在重庆不能再住下去，就去南京或延安。后来问程子健愿到那里，他说回延安，就回延安去了。以后，周文、傅钟二同志也陆续走了。他们走后，省委缺了一半，我们还是坚持工作。当初南京、延安来电要我们疏散时，我们去电中央：

"无论如何，坚持到底，不能自行撤退，要保存这一敌后堡垒。"危险是危险，至多不过牺牲，我们不怕牺牲。中央和董老都赞成，所有留下的同志都很坚定而安心工作。我军撤出张家口后，风声鹤唳，中央来电，除了我和张友渔同志外，尽量走。要江震、杨超走，我还舍不得，想让他们到乡下去工作，隐蔽起来，不是很好吗？回去之后，再要出来是很不容易。但又想，中央不是不希望江震同志等到农村中去作更重要的工作，而是因为他们是已经公开了的，不易隐蔽，先回去报告并讨论政策，再秘密出来也可以。于是我就赞成江、杨等大批同志回到延安，这样一来省委就更缩小了。

十一月十二日（伪国大开会日）大批同志返回延安，省委又搬了家。搬家，开初董老来电要我们退还房子，我不同意，要支持这块招牌，以团结民主人士，稳定人心。后因重庆警备司令孙元良要和我们换房子，我们乘此机会答应了，曾家岩混住的人要他为我们迁出。外表上也看不出缩小，而人员大部疏散，也觉更加安全。

附带补充两点。（一）当去年（一九四六年）八月，国民党通告各军办事处限期撤销，我们的红岩十八集团军办事处向来被他们监视、包围，造谣说我们有武器，是组织暴动的机关。我们在他们限期以前，正式通告行营，撤销十八集团军办事处，红岩房屋交还主人，有的交与育才学校使用，并向行营声明，以后一切交涉，即由中共代表团留渝办事处办理。这又一次让省委成为公开的同政府来往的一个机关。

（二）今年（一九四七年）二月十四日，昆明警备司令部封闭了新华日报馆分销处，十八日，我曾去见张群，当面请渠电告昆明当局启封分销处恢复营业，他叫我补一个公文，萧参谋长后来说已经转去。二十八日，我党重庆办事处被迫撤退时，昆明分销处的同志也被迫集中重庆返延，因未及时赶到，后来改由汉口经沪返延，近闻已安全到达解放区，可以说我们是全师而还了。

五、简单的自我检讨

在将近一年的工作过程中，我们处在尖锐的斗争环境之下，由于同志们的负责、努力，立场坚定，团结一致，不怕困难，不避危险，始终以极高的热忱艰苦奋斗，而且有一番欣欣向荣之气。这表示了我党力量的伟大，毛主席同中央领导的成功，各个同志在广大群众中起了很大作用，国民党（包括张群在内）认为我党在重庆有一千多党员，遍布在每一个角落，力量很大，所以这次（六月）被捕也是一千多人，以凑足数目。其实，我们的党员并没有这样多，而且就现在所知道的被捕的人很少是我们的党员。这可以说是我们党的光荣，以前俄国少数派的马尔托夫曾经说过：他希望每一个被捕的工人都是党员。列宁马上驳斥他说：我希望每一个被捕的都不是我们的党员。这就是说如果每一个被捕的都是党员，那就证明只是党员在活动；相反，如果每一个被捕的不是党员，那就证明党的路线正确，能动员群众，党在群众中有很大的威信与作用，而且党的主张动员了群众，适合了群众的要求。

气节教育、阶级教育，一开始就因环境恶劣而很注重，常常在作被捕的各种准备，并且加紧学习，主要学党章、党纲和刘少奇同志的修改党章报告，由我及友渔、江震同志等每一二星期向党员作报告，加强党员学习，并由我常作革命历史的讲演，向我们全体同志及工作人员强调我国历史上尤其是五十年来许多先烈在革命中的英勇奋斗和英勇牺牲的精神。所以此次被迫撤退中，大家表现都很坚决沉着，使国民党人感觉我们具有高尚人格。

但是，我们工作中也是有许多缺点和错误，城市里工人工作很弱，乡村中农民工作简直太少。地方工作不够。因为要秘密，就没有适当的加速发展党员。

对我自己，觉得工作作得太少。最初以为我恐怕快要离开重庆，事情大都由王老负责，江震同志很得力的帮助他，诸事还做得不错，王老忠厚长者，老成持重，肯负责任。魏传统同志是他多年的助手任秘书长，随后江震同志从红岩搬到办事处来住，王老和魏同志等返回延安，由张友渔同志接替王老职务兼任报馆社长，调袁超俊同志任秘书长，一直到被迫撤退时候为止。张友渔同志对工作负责最多，能力很强，领导各部工作都有办法，统战工作也作得很好，尤其是领导报馆工作，有声有色，每天要写社论，不写也要看社论，夜间要到两三点钟之后才能睡觉，每星期要开宣传讨论会和言论委员会、报纸检讨会。张友渔同志总是细心周到的检查报纸的各个方面，这使得我和同志们都学习到许多经验和教训，这种作风可以作为模范。江震同志组织能力强，坚定沉着，不怕困难，热心努力，能作领导工作。杨超同志能吃苦耐劳，带病工作，努力不懈（以致患盲肠炎因医治太晚，几乎不起），在紧急时能镇静安心处理工作。何其芳同志进步很大，作事负责，且凡事能见其远大，能勇敢开展批评和自我批评。熊复同志作报馆总编辑，埋头苦干，不辞劳瘁。田家英同志继梁华同志在报馆工作，能团结干部，调整人事。梁华同志作事热心，立场坚定。于刚同志很有才能，报馆经理工作很有成绩，与各报关系很好。吴江、陈文同志吃苦耐劳，很负责任。邵子南同志的采访工作作得很好，特别是能影响许多记者，共有七八十人团结在我党周围，常能联名发表宣言。田伯萍同志对工作热心努力。马西林同志在此次学生抗议美军暴行运动中工作有很好的成绩。兰健、齐燕申同志等亦很努力，因此学运才发展成为一个伟大力量。洪沛然同志在联络工商界方面很有成绩。寇视彬同志艰苦耐劳，管机要工作小心谨慎。还有许多同志的优点缺点，我在此就不一一评论了，只好让组织部去鉴定。我只是说，如果认为省委及报馆的工作有些成绩，这是毛主席及党中央领导指示的正确和同志们的热心努力、不避艰险所得来的，我是未能作较多的实际工作，不敢媲美。如果有许多缺点和错误，我倒要担负责任，因为我负责领导责任，不能委卸。我可以告慰毛主席及中央和各位同志的，只是我有坚定的党的立场，不怕牺牲的决心，斗争和危险到来，沉着镇静，不惊慌失措，以革命不怕牺牲的精神去鼓励同志，团结同志。同志们常把我比作一面革命的旗帜，党的一面旗帜，只要我保持康健，稳坐在那里，不必作工作都是好的。同志们对我太好，因为我年纪较大、参加了几十年的革命，推崇过高，心中经常抱愧，自己总觉碌碌无能，惟有一片为党为革命为人民服务的热诚，临危难之时，不为敌人暴力所摄服，而要保持共产党员的人格。我无特别才能，只是接受同志们和群众的意见办事而已。

现在，我时刻不能忘的，是在蒋管区的工作和我们受苦受难的同志、民主人士及广大人民，急望我们去指导和拯救，我们派到各地的同志想必切望我们有人出去。蒋贼近来捕了许多爱国人士和我们的同志，急盼我们援救，人民被压迫得不能忍耐了，要我们去领导他们打出一条生路，我们城市工作部必定已研究出一些好办法，我切望党中央早定策略，及时派出工作同志，去把大后方的伟大运动搞起来，建立新的根据地、游击区，以配合我解放军的大反攻，期于短期间得到光辉的胜利。

在华北大学成立大会上的讲话 *

（1948 年 8 月 24 日）

各位来宾、各位同事、各位同学：

华北大学今天举行成立典礼，我要说一说我们大学的方针和目的。华北大学是一个革命的大学，是中国新民主主义革命过程中所产生的大学，它要培养新民主主义的革命与建设的干部，为完成中国新民主主义革命而奋斗。

首先，华北大学要学些什么呢？最主要的是要学马恩列斯的理论和中国革命的经验。这里所说的中国革命经验，具体的说来，就是以毛泽东同志为首的中国共产党员根据马恩列斯理论所写的某些著作及我党中央各项规定路线和政策的文件，我们把这些叫做毛泽东思想。毛泽东思想是马恩列斯的理论与中国革命的实践之统一的思想，它是帝国主义与殖民地半殖民地革命时代的马克思列宁主义，它是马克思列宁主义的向前的发展。它是马列主义在目前时代的民族解放斗争中之继续发展，也就是马克思列宁主义的民族化的最好典型。它是从中国民族与中国人民长期革命斗争中，在中国伟大的四次革命战争——北伐战争、土地革命战争、抗日战争和现在的人民解放战争中，生长和发展起来的。它是中国的东西，但它又是完全马克思列宁主义的东西，又是国际主义。它是

---

* 录自《知识》1948 年第 10 卷第 4 期，第 10～13 页。

在坚固的马克思列宁主义理论的基础上，从中国这个民族的特点出发，吸收近代革命以及中国共产党极丰富的经验，经过科学的缜密的创造，而建设起来的。它是站在全体人民利益的立场上，用马克思列宁主义的科学方法，概括中国历史、社会及全部革命斗争经验而创造出来，用以解放中华民族与中国人民的理论与政策。它是中华民族与中国人民用以解放自己的唯一正确的理论与政策。它是从中国人民革命战斗中所产生，带有中国民族性，但同时它又带有马列主义所共通的国际性，凡是实行新民主主义的国家，特别是殖民地半殖民地反帝反封建的国家都能适用。

毛泽东同志以他的绝顶聪明和数十年革命斗争的丰富经验写成了关于政治、经济、军事、文化、建党等各方面的著作，和在战斗过程中作出了决定党的路线与政策的许多指示和文件，这些文件和著作极大地丰富了和正在丰富着马列主义的宝库。

（一）在政治方面：毛泽东同志在他的名著《新民主主义论》中把中国革命"分为两个步骤，第一步改变这个殖民地半殖民地的社会形态，使之变成一个独立的民主主义的社会。第二步使革命向前发展，建立一个社会主义的社会"。他创造了一个完整的新民主主义的革命理论，此外还有论抗日民族统一战线、论联合政府及最近论目前形势和我们的任务等等许多有名的著作。

（二）在军事方面：论游击战运动战的战略战术，论持久战、论新阶段及现在在《目前形势和我们的任务》中所规定的十大原则的正确战略方针，这些都是创造了毛泽东的军事理论并获得了惊人的胜利，今后还要获得更大的胜利，以坚决全部澈底干净地消灭反动势力。

（三）在经济方面：毛泽东同志在他的著作中明确地规定了新民主主义革命的经济纲领，即没收封建阶级的土地归农民所有，没收官僚资本归新民主主义的国家所有，和保护工商业三大经济纲领；明确地规定

"发展生产、繁荣经济、公私兼顾、劳资两利"为建设新民主主义经济的总目标。他的最有名的著作有《湖南农民运动考察报告》《农村调查》《经济问题与财政问题》《论合作社》《组织起来》；关于土地改革政策方面的著作则特别多。

（四）在文化方面：有民族的科学的大众的新民主主义文化方针及文艺座谈会之讲话和其他关于文艺的许多问题的指示都是很宝贵的。

（五）关于党的建设：毛泽东同志本着列宁党即布尔什维克党的建党原则，在思想上政治上组织上坚强了中国共产党。其著作有《改造我们的学习》等整风文献，反对主观主义、反对教条主义、反对经验主义、反对党八股、反对自由主义，坚定正确的阶级立场，坚持正确的革命理论，发展批评与自我批评，强调为人民服务的群众路线，用马恩列斯的思想方法来改造不正确的思想。

总之毛泽东同志是我们殖民地半殖民地革命的导师，中国人民的救星，亦是世界革命的一位英明的领导者，特别是殖民地半殖民地革命理论之创造者。我们最大的荣幸，就在于我们有毛泽东同志这样的伟大领导者，所以我们首先要向他学习，研究他的著作，掌握他的思想。

我们的大学就是要培养革命建设的人材，更要吸收国民党统治区的大学生和中学生，来学习毛泽东思想，培养他们成为新中国各方面的革命与建设干部。我们的第一部就是政治训练的速成班，凡是进我们的大学的青年，都要经过第一部的学习，毕业以后最大部份分配到各种岗位上去工作，留下少数转入其他各部。第二部是教育学院，专门培养和提高中等学校的师资及其他教育干部。第三部是文艺学院，专门培养和提高人民文艺的干部，特别是部队和地方的文工团剧团干部。第四部是研究部，专门研究各种学术，并且培养将来正规大学的师资。另外我们还有农学院和工学院，培养农业和工业建设的人材。

我们学校的任务和学习内容就是这样。

其次要认清现在的时代：我们现在所处的是什么时代呢？现在我们所处的是全世界资本主义与帝国主义走向灭亡，全世界社会主义与新民主主义走向胜利的历史时代。而我们中国则正处在战争与革命的洪流中，成了全世界帝国主义阵营和全世界反帝国主义阵营的一个极其重要的战场。自从蒋介石反动集团在一九四六年发动全国规模的反人民的国内战争以来，已经有二年多了。他们之所以敢于冒险，不但依靠他们当时自己的优势的军事力量，而且主要的依靠他们幻想为异常强大的、举世无敌的、手里拿着原子弹的美国帝国主义，一方面能够像流水一样的供给他们以军事上与财政上的需要；另一方面，狂妄地设想所谓"美苏必战"，所谓"第三次世界大战必然爆发"。这种对于美国帝国主义的依赖，是第二次世界大战结束以后全世界各国反动势力的共同特点。而蒋介石反动集团则以为时机不可失、自告奋勇，充美国帝国主义反苏反共的先锋队，将中国四万万五千万人民陷于内战的血海中。蒋介石反动集团总以为中国共产党所领导的人民解放军"不堪一击"，而二年战争的结果：人民解放军第一年消灭蒋军一百十二万人，第二年消灭了蒋军一百五十二万人。而蒋管区的人民百分之九十九都是仰慕解放区，拥护中国共产党及人民解放军，因此人民解放军得到了伟大的胜利。毛泽东同志在去年十二月曾说："敌人军事力量的优势，这只是暂时的现象，这只是临时起作用的因素；美帝国主义的援助，也只是临时起作用的因素；而蒋介石战争的反人民的性质，人心的向背，则是经常起作用的因素；而在这方面，人民解放军则占着优势。人民解放军的战争所具有的爱国的正义的革命的性质，必然要获得全国人民的拥护。"现在的战争形势发展，完全证明毛泽东同志所说的话是正确的，人民解放军在全国范围内对蒋区的进攻，获得了不断的胜利，敌人军事上的优势已经完全过去了，美帝国主义的援助并不能挽回蒋匪的没落的趋势。现在全世界爱和平、爱民主，反帝国主义、反战争贩子、反封建残余的广大人民群众无不希望中国这一正义的革命战争获得完全胜利。他们认为这是消灭帝国主义、解放全世界人类的一个重要关键。毛泽东同志说："我们和全世界民主力量一道，只要大家努力，一定能够打败帝国主义的奴役计划，阻止第三次世界大战，使之不能发生，推翻一切反动派的压迫，争取人类永久和平的胜利。"我们有资格有信心完成这个历史时代的伟大任务。因为我们中国不但有一千万以上平方公里这样广大的优美的土地，有四万万五千万即世界五分之一的这样众多优秀的人民，而且有精通马列主义的毛泽东同志领导的三百万共产党员，有朱德同志领导的几百万英勇将士所向无敌的人民解放军，还有解放区无数英勇的人民，我们敢于胜利，我们一定要胜利。

第三，要担负我们的任务。我们现在的任务是甚么呢？

既然我们是处在战争与革命的时期，第一个任务就是支援前线，使战争很快得到完全胜利。第二个任务是把旧的思想、理论、观点、政治制度改变为新的思想、理论、观点、政治制度。这两个任务是互相依存的，同等重要，也要同时进行。

我们怎样支援前线呢？就是要集中人力物力来支援前线，我们没有外援，只有自力更生，因此只有大大的发展生产，在工业方面要发展新式工业特别是军事工业，在农业方面要改进生产方法。我们是有了一万万以上的翻身农民，他们得到了土地，封建制度已消灭了，生产关系已经改变了，生产力可以大大地发展起来。同时我们要改造人民的思想观点特别是要改造知识份子的思想观点，我们知道，知识份子是有极大的优点的，中国革命如果没有革命知识份子参加便不可能成功。但是知识份子由于他们的社会地位和社会生活，却有许多的缺点，如个人主义的思想，轻视劳动、轻视工农群众的观点，主观主义片面空洞的思想方法，和自高自大、无组织无纪律的自由主义作风等等。这些思想、观点与作风，都是于人民革命事业有害的。他们一定要扔掉这些落后的过时的思想观点，掌握新时代的思想观点，才能参加这个改造旧社会成为新社会的工作。这些知识份子现在特别重要，就因为目前这个革命时代需要成千成万甚至成百万的干部人材。因为要适应目前的需要，我们就急需办速成班，几个月便培养出来，供应迫切之需要。所谓速成，不要以为学习不到什么东西，速成往往是会出革命时代之领导人物，革命出色之人，大都是从速成班中训练出来的。我自己就是一个速成的学生，我所看到的历史经验证明了这一点，因为一个革命时代所产生的人物，本来他的心志是非常热烈的，斗争是很激烈的，只要接受了新的思想观点，很快就变成了新的人物。我们解放区不用说了，受到了新的思想观点和政治经济文化的教育，就是蒋管区的知识份子特别是青年学生，由于他们身受压迫痛苦，就自发地斗争起来，他们已有很多的经验，只要给他们一个正确的人生观宇宙观马列主义理论和毛泽东思想的教育，他们就很快的会接受新的思想和办法，成为新的人材。同时我们又要训练广大的人民大众，要提高他们的文化和政治水平，特别是工农群众，尤其是新时代所产生的青年儿童，我们更要特别来训练培养他们，使他们得到好的教育，掌握新生活新时代最进步的各种科学艺术，成为掌握机器化电气化的人材。因此我们的学校是要把托儿所、幼稚园、小学、中学、大学、研究室都要建立起来，建立新民主主义的文化中心。古人说"十年树木，百年树人"，我们必需有适应目前的计划，也必须有远大的计划，才能担负起文化先锋队的任务。有些人有一种不正确的观点，就是不愿当教员，尤其不愿当中小学教师，这是不对的。现在正是需要我们努力教育成千成万的人，需要教育他们，培养他们成为新民主主义建设的干部，这是极其重大的任务，也是极其光荣的任务。我们无论在那个岗位工作，都是为革命服务，为人民服务，所以无论怎样艰难困苦，我们既是先进的知识份子，就要把教育工作作好。教育工作是一种非常可敬可爱的工作。孟子说："得天下英才而教育之，三乐也。"我们决不能把教育人的工作看轻了，我们的祖国从来都把师保看得很尊重的。

最后我们提出忠诚、团结、朴实、虚心，作为我们的校训。

什么叫做忠呢？尽己之谓忠，就是说要尽我们的力量，老老实实，为广大群众服务，尽我们的能力，不辞劳苦，不怕困难，为社会服务，就是毛主席所说的作人民大众的勤务员，也就是鲁迅所说的"俯首甘为孺子牛"。什么叫做诚呢？诚就是诚实不欺，不自欺欺人，说话做事都要有信用。我们言行一致，表里一致，我们的一切言行完全对人民负责。

团结是人类社会生存、发展的要素，尤其是被压迫人民反抗压迫者的最有力量的武器。平津青年同学喊出了"团结就是力量"这一正确的口号。但是团结要有力量，要能持久，而不是出于一时热情的冲动，或一件事情的刺激，就必须有正确的认识，正确的观点和立场。只有团结在思想统一、行动统一的基础上，团结才有力量，要求得思想统一、行动统一，而且是自觉的不是被动的，就必须要有正确的世界观和人生观，就是说要掌握正确的思想方法，即马克思主义辩证唯物论的思想方法。只要正确的思想理论一为群众掌握，就立刻成为物质的力量，就能使群众团结得像一个人一样。

朴实就是不虚伪，不轻浮，不好高鹜远，不粗枝大叶，而是脚踏实地、实事求是的作风和态度。毛主席常强调凡作一事必须有调查研究，我们作事要认真切实，反对轻浮夸大，要从下层最小的事情上一点一滴的认真的做，切实的做，这样才能经得起考验，才能为群众办好事。我们还要有胜不骄，败不馁，兢兢业业，小心谨慎，不屈不挠的精神，要有坚持忍久的毅力，即鲁迅所说的韧性。

虚心是增长学识能力的要件，我们这里所说的虚心，不只是在学习上要虚心，而且在作事作人上也要虚心，就是说不自以为是而能虚心采纳、接受和考虑不同和反对的意见。作事要虚心，就是常常要考查自己的工作是否作得好，和旁人比起来好坏如何，不自满自足，随时想到要改良进步；作人要虚心就是要能接受旁人的批评，多多反省，时时作严格的自我检讨，自我批评，也要毫不客气的、大胆的批评别人，当然要出于治病救人的精神，而不是意气用事，或攻击别人。

现在我们是处在历史转变的伟大时代，我们的任务特别重大。世界在不断地进步，不是与日俱进，而是与时俱进，我们一定要迅速地前进，要勇敢地前进，决不要停滞，更不能落后，我们要有决心改造旧的社会，建设新的社会。我们要有坚强的信心，热烈的情感，刻苦耐劳的作风。我们的校歌上说："我们是新文化的先锋队，要掌握最进步的科学艺术，学习马列主义和毛泽东思想。"这样我们就能"把新时代的革命潮流，更推向高涨"，就能完成新时代新人物的伟大历史任务。我相信在我们党中央和华北中央局华北人民政府的领导下，由于我们全体教职员同学的团结和努力，我们是一定能够完成这一光荣任务的。

《新时代》创刊词 *

（1948 年 10 月 2 日）

《新时代》创刊的目的就是要：

提高理论、加强纪律，

鼓励生产、培养干部。

新时代的新任务就是要把我们的党在政治上和组织上提高一步，使之从适应于地方性的比较分散、比较单纯、比较迟缓的农村的工作和比较小规模的战争，转变为适应于领导全国范围的、轰轰烈烈的、千头万绪的、日新月异的大革命和大战争。

---

* 录自《吴玉章文集》上，重庆出版社 1987 年版，第 393 页。

在华大祝寿会上的讲话 *

（1949 年 1 月 5 日）

　　今天承许多来宾、许多同志和同学们来庆贺我七十岁的寿辰，我想在这样大的盛会上，讲点我在革命经过中的一些感想，更有意义。

　　我从事革命运动已经有四五十年了。最近五十年是资本主义最后阶段的——帝国主义由形成和充分发展至接近死亡的时代，也就是帝国主义侵略压迫中国最厉害的时代，同时又是中国的民族与民主革命艰苦奋斗、争得解放的时代。自从一九一七年俄国无产阶级十月革命胜利，已经标志着资本主义制度崩溃的开始，但是在将近三十年的时期内，还只有苏联是唯一的社会主义国家。到一九四五年第二次世界大战后，才有波兰、罗马尼亚、捷克、保加利亚、匈牙利、亚尔巴尼亚和南斯拉夫这些欧洲国家，脱离了资本主义制度，建立了新民主主义制度；在附属国与殖民地国度中，民族解放运动正在大踏步前进；特别在中国这个半封建半殖民地殖民地国家中，经过了八年的抗日战争及二年多反封建主义、反帝国主义、反官僚买办资本主义的解放战争，获得了伟大的胜利，在半个中国已获得解放的土地上，肃清了封建主义、帝国主义与封建买办法西斯主义的统治，建立了崭新的、人民民主的新民主主义社会。这就是说，在反法西斯主义的第二次世界大战胜利以来，不仅在欧洲起了重

---

　　* 录自《人民日报》1949 年 1 月 5 日，第 1 版。

大的变化；而且在亚洲也起了根本的变化；特别在中国更起了绝大的变化。这种变化是在加速度的进行着，在飞跃突变的规模上进行着。

近代中国第一个最强大的敌人是外国帝国主义，但是，我们伟大的中国民族是有能力打败外族侵略的民族。从前历史上的匈奴、突厥、五胡、契丹、辽、金、元、清等民族侵入中国，都被中国打败了，姑且不去说它。就是近代资本主义进而为帝国主义更进而为法西斯主义的列强侵入中国，也都被打败了，或正在打败它的过程中。历史的事实证明，列强侵略中国，愈到最近的年头，就愈加凶恶狡猾，越是明目张胆、肆无忌惮，但谁更凶恶谁就失败得更惨，失败的时间也更加速的快：大英帝国自鸦片战争以来，即逐渐加紧压迫中国，约有一百年的时间失败了；日本帝国主义自甲午中日战争以来就想灭亡中国，到"九一八"及"七七"武装进攻后，中国领土真的被它占了一大半，但刚刚满五十年的时间就失败了，时间缩短了两倍，而且失败得更惨；美帝国主义自从第二次世界大战以来，即想吞并全中国作为它的殖民地，豢养了中国的卖国奴才蒋介石，作为它反苏、反中国人民的工具，接济他大量的军火与金钱使他进行反人民的国内战争，占领中国的领海、领土、领空，作为它反苏的海陆空军基地，但它这样疯狂的侵略，不过三年的时间，就遭到中国人民严重的打击，如果不改变它的对华侵略政策，大约不会超过五年，它将要完全失败，时间缩短了二十倍，而且失败得将要更更惨。

历史的事实又证明，最近五十年中国的卖国贼也是愈来愈凶恶，野心也是愈来愈狂妄，而他们的失败也是愈来愈悲惨：满清西太后卖国、狂妄地说："宁赠友邦，不予家奴"，她想在帝国主义铁蹄之下保存小朝廷，小朝廷不能保，反而使满清彻底灭亡；民国成立以来，袁世凯卖国想作日本帝国主义的儿皇帝，儿皇帝未作成就失败了，而且失败得很惨；汪精卫卖国想作日本帝国主义所谓"东亚共荣圈"的小卒，小卒未作成就失败了，而且失败得更惨；蒋介石卖国想作美帝国主义反苏反共的前哨，前哨未作成又失败了，而且失败得将要更更惨。

历史的事实更证明：无论英国资本主义的鸦片商品加军舰大炮也好，日本帝国主义的贱价日货加飞机坦克也好，美帝国主义的军火金钱加原子弹也好，只要中国人民觉悟起来，团结起来，就是不可战胜的力量。只要中国这个四万万五千万人民的半封建半殖民地殖民地的国家得到了解放，必然要推动全世界殖民地半殖民地解放运动更大踏步前进，必然要加速亚洲十二万万被压迫民族获得全体解放。

最近五十年来科学的发明和人类的进步，一日比一日更加速度的突飞猛进，把世界的空间、时间都缩短了：以前环游地球一周需要几年，至少也需要几个月才能作到，现在有飞机只需要几天就作到了；以前世界上较大事变的新闻消息，需要几年或几月，至少也需要几天，才能传到世界各地方去，现在有无线电广播只要几十分钟甚至是几分钟就传到了。一切科学都大大地进步了，人类已达到了更能征服自然的时代，人类的知识更加发达了，人剥削人、人压迫人、民族压迫民族、白色人压迫有色人的时代已经过去了。如果说十月革命的胜利是粉碎了帝国主义束缚世界锁链最弱的一环，那末亚洲十二万万被压迫民族获得解放就是粉碎了帝国主义最强的一环，因为帝国主义的成立是以有殖民地半殖民地为主要条件，殖民地半殖民地解放了就是"矛盾的统一"的解决，消灭了一面，另一面必然要消灭。因此，帝国主义也就必然要归于死亡。法西斯主义是从帝国主义的怀抱里孕育出来的，帝国主义又是从资本主义的怀抱里孕育出来的，法西斯刽子手的疯狂凶暴，是帝国主义临死的挣扎，帝国主义的独占统治和寄生性与腐化性是资本主义垂死的表现，法西斯灭亡了，帝国主义必归于灭亡，帝国主义灭亡了，资本主义必归于灭亡，代之而兴的必然是由社会主义到共产主义，这是历史发展的规律，谁要阻挡历史的车轮前进，谁就要归于粉碎。

今年是人类最伟大的巨人马克思、恩格斯发表《共产党宣言》的一百周年，现在世界事变和中国革命的发展，证明了共产主义的实现是为期不远了。《共产党宣言》是指示了人类社会发展的道路，这种道路是由马克思的天才以科学的方法汇集了人类有史以来的智慧而发展产生出来的历史科学的规律。我们人民解放军之能够获得光荣伟大的胜利，就是由于这个军队是中国共产党领导的为人民解放而斗争的军队，而中国共产党又是由于精通马列主义的毛主席所领导的。因此，我们坚决相信我们的革命一定会得到胜利！

我很庆幸生在这个时代，不但有马列主义普遍真理照耀我们，而且还有现今中国的英明革命领袖毛主席亲身指导我们。现在我已七十岁了，是近代中国革命中更老的一代，但我总是随时代前进，绝不做时代的落伍者，我愿意和年青的同志们一道更加努力学习马列主义和毛泽东思想，努力做革命工作，彻底打倒敌人，为新民主主义新中国的实现而奋斗。我更相信：我将看到中国由社会主义到共产主义的实现，并和年青的一代又一代共同来享共产主义的幸福！

辛亥革命的教训 *

——在华北大学干部学习会上的报告

（1949 年 1 月 9 日）

　　同志们，今天是新年，是一个新的时代，大家要开始紧张地工作。大家看了新华社新年献词《将革命进行到底》都认为讲得很好，同志们都应该研究；今天我将辛亥革命的经验讲一讲，用事实说明辛亥革命的失败是失败于当时革命党的妥协性，以作"后车之鉴"。我讲我知道的事实。现在革命就要在全国胜利了，今天的革命形势和辛亥革命时完全不同。但是社会发展的规律，阶级斗争的残酷及敌人的阴谋毒计还是大致一样。我们的敌人在力量强的时候手段很残酷，讲话很横暴；但在他快垮台时却换了一套，装得似乎很可怜很恭顺。这种阴谋对于没有经验的人是容易受他迷惑的，现在我们听：蒋介石、孙科把话讲得多甜！他们一贯都是爱和平的呀？！其实这套把戏我们看得很多了。从辛亥革命失败的历史事实里，我们就可以看到反动派的这套把戏。要讲辛亥革命就要先讲下面的：

一、三月二十九黄花岗起义，四川保路同志会起义与武昌起义

　　三月二十九起义是同盟会经过一年的计划而在广州举行的大暴动。

---

　　* 录自《辛亥革命的教训》，华北大学教务处 1949 年印，第 1～20 页。王冶、冯拾笔记，胡华整理。

因为过去各地零星的起义都失败了，所以这一次是集中力量筹划的比较大的暴动。但不幸又失败了，而且损失很大。

因为损失很大，所以反革命很高兴，而在革命党人方面则很痛心。但这个起义确实推动了广大人民的革命情绪，因为满清的横暴残酷，使人民不堪其苦！表示了人民已不能照旧生活下去，要革命；而满清的腐败也暴露无遗，它也不能照旧统治下去。所以它虽然压下了起义，但心里却在天天担忧不知明天会出什么事，一听炮响就惊惶失措，这也是后来武昌起义能成功的原因。

武昌起义是一个爆发点，但真正人民力量的起来，应该说是铁路风潮，尤其是四川的保路同志会。这是说，革命没有群众尤其是没有农民是不行的。在资本主义国家工人罢工还容易，农民起来就困难，但在半封建半殖民地国家的革命就一定要动员农民起来。辛亥革命动员人民力量起来是在三月二十九的一月后，当时满清政府要将川汉、粤汉两铁路收为国有，想将它抵押给美国以借外债。那时的满清和现在的蒋介石差不多，吃饭也要靠借外债，而这个办法实际上是将铁路卖给外国。这就惊动了川鄂湘粤四省人民，激起了保路的运动。

在以前争路风潮中，沪杭甬铁路之争胜利了，铁路收回了。而这次特别动员了四川全省的人民。因为川汉铁路由川省人民自己来修建，是由四川留日学生发起。事实是这样的：一九〇三年初我和我的哥哥及几个朋友自费去日本留学；以前只有一些官场子弟官费留学，当时传说留学外国很费钱，所以自费留学的很少，自我们去后，知道自费留学并不太贵，就发布《劝留学书》，说明花钱不多，自此自费留学的人就日益增多，而且有满清废科举要兴办学校的机会，我们就写信给四川提学使（教育厅长）方旭，要他通令各县，每县以地方公费派一二人到日本学速成师范，六个月即毕业回来开办学校，他答应了，于是四川就有许多官费自费生到日本。因为川江很险，交通极不便，来去非常困难，留日学生就提议要修川汉铁路，由人民自办。当时四川有个开明的绅士胡峻是满清翰林，到日本考察，很赞成，大家就推他作铁路总办。中国民族资本主义不发展，集股很不容易，因此我们就发起"租股"的办法，在人民的赋税中每年增加若干成，作为股本，出了若干股本的人民就成了大小股东。所以铁路可以说是全四川人民的。因为不但有大小地主出钱，而且有一点土地的老百姓都出了钱。我们宣传时说，铁路是国家命脉，修好了能救国，利益很大，每年有千百倍的利息，如果给外国人拿去办，不但利权外溢，这几省就算给外国了，等于亡了。我们将这个意思编成小册子，发到乡下，从日本速成毕业回来的人，又到各县分头宣传。经过这些宣传，大家都愿出钱，虽然年年加重赋税，人民很苦，但以为修成后利益很大，所以老百姓抱了很大希望。辛亥年时已经从宜昌修好了路基三百多里，预备很快修成宜（宜昌）渝（重庆）段，但是满清政府"铁路国有"的命令下来了，这一命令把人民的希望都打破了，引起人民极大的反对。而且不但广大人民反对，地方绅士更反对。因为他们与铁路局有密切关系，他们掌管着已收的一二千万两银子，这笔不小的金钱在手里，于他们也有不小的利益。现在满清都要拿去"收归国有"，所以他们也反对。并且当时满清伪装预备立宪，各省设立谘议局，该局中很多人是立宪党，这个党虽然不是革命的党，而是改良主义的，但他们对满清统治的现状也是不满的，而且"铁路国有"是直接损害他们利益的，因此"铁路国有"命令一发布，各阶级人民都起来反对。总之，满清这个措施一方面直接危害了各阶层的切身经济利益；另一方面"铁路国有"实际是铁路归外国（美国）所有，联系到帝国主义侵略及国家存亡问题，激起了人民的爱国思想。这两个条件动员了广大人民的力量，而这力量又与当时同盟会革命党的活动相联系并与哥老会等有联系，力量就大了。

这个革命的统一战线，就组成了四川的"保路同志会"。

再其次，因为满清的用人不当，引起统治阶级的内部矛盾，也是有利于四川人民动员的条件。当时满清将原四川总督赵尔巽调到东北，遗缺由其弟赵尔丰接任，这个人很横暴，川人称之为"赵屠户"。而且寻常总督调任时，总是由藩台（财政厅长）代理，此次破例，藩台王人文很不满意，所以王人文趁赵尔丰不肯为人民请求的机会，就为人民代奏请求清廷"收回成命"。他和人民站在一起，使赵尔丰孤立了起来。

还有一个动力是哥老会，以前的哥老会是不合法的，捉住要杀头，那时候，四川大绅士们就要利用哥老会的组织力量，四川谘议局副议长罗纶是哥老会，所以就以哥老会为骨干成立保路同志会。

争路的斗争日渐激烈起来了，保路同志会为了怕政府压迫，就利用光绪上谕上"铁路准其民有，庶政归诸舆论"的两句话，写在已死的光绪皇帝牌位上，各处街道供着牌位挂着黄布，如皇帝大丧。七月里，成都市民请愿的流血事件爆发了！成都人民每人捧着光绪皇帝的牌位，到赵尔丰的总督衙门前去请愿，要求朝廷"收回成命"。赵屠户的卫兵开枪了，连续打了几排枪，请愿人民的尸体，老的幼的，纵横躺在大街上，血流满地，皇帝的牌位撒了一街。这更大大的激动了广大的人民，正如一九〇五年一月九日俄国彼得堡人民向冬宫请愿遭到血洗一样，它不但没有镇压了人民，反而激起了更高的革命浪潮。保路同志会有组织的群众是哥老会，因此他们的反抗活动就更加积极了。

为了把这个运动扩大，使血腥屠杀及反抗行动等消息传到四川全省，号召四川全省人民起来，他们想出一个打"水电报"的办法，就是在竹木片上写些消息、报告，用桐油纸包住，放入河中随水流到下游，当时水大，日行千里，于是消息很快的传遍了全川。首先是各地哥老会及各县团练都起来了，县知事好的同情我们，不好的跑了，大多数是不管，赵尔丰的统治是缩在衙门里，命令出不了大门，因此可以说全川都起来了。

但那时候，老百姓听到"革命"二字还怕，所以就很少用"革命"二字。很多老百姓虽然做了革命的事，还不知道这是革命。

辛亥革命大家都知道是武昌起义，但事实上四川的保路同志会在武昌起义前的两个月已经起义了。

这时四川老百姓利用洪秀全时代遗下的许多武器，如抬枪、小铳、刀矛等，纷纷武装起来。满清见到这情况，最初急任命岑春煊为四川总督，岑见情势不妙，不肯去。满清只好又令端方从湖北带一标（旅）新军入川"戡乱"。端方到七八月才动身进川，四川风潮从四五月闹到八九月，端方只沿着长江西上，毫无办法。在闰七月里荣县就独立了。因谘议局荣县议员龙鸣剑是我在日本时的同学，也是同盟会员，他当时在省城知道那些立宪党人是不会革命的，他就回到荣县来带领他自己训练的团练，要到成都去打仗，我刚从日本回来，在荣县城门口碰到龙鸣剑、王子湘等正带兵去成都，他们就要我在后面筹划援助。他们出发后起初打得很好，后来在仁寿县秦皇寺被巡防军打败了，龙鸣剑病死于嘉定，王子湘带团练回县，县官和劣绅郭慎之都跑了，我们商量即宣告荣县独立，团练再次出发攻下威远，直打到自流井，因有巡防军守卫，相持不下直到九月底。四川与外界消息不灵通，这时我们但听到武昌有一个姓黎的起义了。起初不相信，因为领导革命的不是孙文就是共进会的孙武，或其他的革命党人如黄兴等，不知有什么姓黎的，这时又闻端方已入川，各路巡防军有围攻荣县之势，我同吴庶咸决定跑出去看一看，到了内江，正碰到端方军队经过，得与军中革命党人接头，知道他们将率新军在资州反正杀端方，我们随即在内江起义。

武昌起义在旧历八月十九日。原来湖北的革命党人，如共进会、文学社、同盟会等主要是在新军中工作，端方的一旅人入川后，湖北防务空虚，革命党人就在八月十九日（阳历十月十日）举行起义。起义进行很顺利，但一开始就犯了大错，当时不推一个革命党人来负责，却把前清的黎元洪从床底下拉出来作都督，第二个错误是找了梁启超派反革命立宪党汤化龙为参议长。十几天后黄兴才到，方始"筑台拜将"，拜黄克强（即黄兴）为总司令。但当时，满清派冯国璋、段祺瑞来进攻武汉，革命阵营内部团结不够，战事打得不好，黄兴退守武昌，随后就到南京去了。武汉与南京的革命党人是站在反对派的立场，常闹磨擦。

二、革命与反革命议和与革命的流产

武昌起义后不久，各省都纷纷起义。有的原是清朝各省督抚，像沈秉堃、程德全、孙宝琦等，他们这时也见风转舵，宣告独立。所以武汉的军事虽然打得不好，但是全国各省纷纷独立的局面特别是四川完全为人民占领就支持了革命。帝国主义这时也看到满清政府是不行了，非垮不可了。英公使朱尔典等就压迫满清政府要它起用袁世凯，把实权交给他，与革命议和妥协来保存反动势力。

袁世凯是个什么人呢？原来在辛亥革命前十几年，戊戌政变开始时，袁世凯还是假装进步的。他和康有为、梁启超等维新派有关系。那时他在小站练新军，这支新军曾被当时的维新派看重，所以维新派竭力连络他；同时也是他后来为帝国主义与封建势力特别垂青，成为承继李鸿章而为北洋军阀首领的主要资本。他的得到帝国主义特别宠幸，除了他有一支新式武装力量外，还有一个故事：当时铁路由北平到天津，天津车站设在租界内，人民很不方便，想在租界外设一车站，袁世凯当天津道，去和外国人商量，帝国主义者很轻蔑地说：你十天能修起马路就答应你。他们以为中国官僚是一件事也做不成的。但袁世凯动员许多人工并放了许多犯人出来，昼夜加工于十天内把马路修起了。这就使帝国主义者觉得他是一个精明干练的人。戊戌政变时，维新派谭嗣同等决定在光绪九月阅兵时，要袁世凯帮助保护光绪，镇压太后党。为此目的谭等就请光绪特擢袁为兵部侍郎。袁于八月初一到北京谢恩，谭于初三黑夜见袁，告诉他九月阅兵时西太后要废立光绪，并说奉有密诏，要他带兵在那时候保护皇帝，诛戮后党。袁世凯当夜答应了，初五却跑到直隶总督荣禄（后党）处去告密。戊戌变法就遭到惨痛的失败，谭嗣同等六君子被杀了。袁自此升官，官运亨通了十年。一九〇八年光绪和西太后死去，新皇帝宣统是光绪之弟载沣的儿子，载沣任摄政王，痛恨袁，甚至要杀他，袁被革职回乡。所以辛亥革命时袁还在乡下，帝国主义就迫满清政府请袁出来支撑大局。但清廷去请他，他还故意不肯出来；直到满清政府允给袁以军政全权，作内阁总理，他才很威风地到了北京。

这就是说，帝国主义见到满清快倒台时，觉得这个工具已腐败到不能保全他们的侵略势力，不够做走狗的资格了，就宁愿放弃它，另找第二个替身，这就找到了袁世凯！现在也是一样，蒋介石快垮台了，美帝国主义就想提出李宗仁、孙科等来代替蒋介石，以和平阴谋来保全他们的反动势力。

袁世凯出台后，一面逼清帝酝酿退位，一面逼革命政府把政权交给他，玩了一套和议的把戏。他的办法是两面利用，已经垮台的满清，他已经不重视了。他最怕的是新起来的革命势力，所以他想找革命阵营内部的坏分子来软化溶解革命势力，这就找到了革命内奸汪精卫。因为汪原是革命阵营的人，又与反动势力有连系。他在前一年曾谋炸摄政王，事败被逮，其所以没有被杀是因为满清政府知道革命党不好对付了，不杀他以表示宽大，以缓和革命，只把他永远监禁起来。辛亥革命爆发后，便把他放出来。汪一出来便于旧历九月二十四日与立宪党人杨度组织国事共济会，主张"国民协议"（见《满清稗史》中《中国革命日记》之记载）。那时南方很多革命党人是反对"和平"妥协的，但是汪却带了革命的假面具，积极进行议和活动。历史上这种人是最坏的，现在帝国主义与反动势力也同样还要利用与革命有联系的人来进行破坏工作。张申府"呼吁和平"也就是一例。虽然他早已离开民盟，但他曾是参加过民盟的。

孙中山当时是不主张妥协的，汪到南京说：满清可以退位，把总统给袁世凯和议就成了。孙还不赞成，汪就说："你是不是舍不得你这个总统呢？我们革命党人又不是要做官？！"孙就不坚持，终于同意南北议和了。这事固然反映了中国资产阶级的软弱，和革命党人的不坚定，无阶级立场，但革命营垒中的内奸，确实也是起了很大的作用。斯大林说过：坚固的堡垒从外面打是不容易打破而从里面打则容易打破。所以我们今天仍应当警惕这一着。

在上海举行的南北两方面的和谈，实际上就是汪精卫和袁世凯在耍把戏。当时南方代表是伍廷芳，北方代表是唐绍仪，汪精卫竟有"本事"将唐绍仪也拉进了同盟会，表面上是敌人的使者"化"成了革命党，实际上是革命党被敌人同化堕落了。

这个和议的结果，我们只要看看满清退位的四个条件，就足见革命方面是完全失败了。

（一）保存清帝尊号。

（二）每年发给清室经费四百万两。

（三）保护清帝及皇族原有财产及宗庙陵寝。

（四）清王公世爵概仍其旧。

接着，临时大总统孙文辞职，推袁世凯为大总统。袁氏就以帝国主义在华的总工具与中国封建买办势力的总代表的资格，当起"民国"的统治者来。这样，对反革命的"慈悲"，优容妥协，就使革命遭到可痛心的失败。许多革命党人流了血，但是革命应该解决的任务，一个也没有解决。封建统治机构及其武装力量，不但没有被摧毁，反而以袁世凯政府的形式巩固起来。帝国主义的侵略势力在革命初起即承认其合法，更不用说，到了袁世凯执政时，它们的势力更加扩大了，巩固了。

今天蒋介石的求和条件，像新华社的评论所指出，清楚的暴露了他们想保存反动势力的目的。今天中国共产党代表全国人民已把他们的把戏揭穿无遗了。这些妖魔鬼怪不管变什么花样，都逃不过我们照妖镜的透视。

三、辛亥革命中的几个基本问题

1. 革命的组织——政党

那时候革命阵营的最大缺点是革命党的组织不巩固、内部不团结、没有坚强的中心领导。武昌起义后，湖北的立宪党汤化龙等，就借着黄兴打仗打不好，反对他，并反对孙中山。各省起义的、独立的，许多是旧官僚，不肯服从革命党，许多人还公开反对孙中山。

同盟会内部也是派别分歧，各行其是。同盟会这个组织，原是兴中会、华兴会、光复会三个派别合起来的。孙中山的兴中会是想继承洪秀全的传统，有比较强的革命意志，又联合下层的哥老会、三合会，比较好。黄兴的华兴会也比较好，但辛亥革命以后以宋教仁为首，迷于"政党政治""责任内阁"，幻想在袁世凯的统治下，争取成为议会中的多数党，以便组成责任内阁，运用约法，集大权于内阁之手。所以他把同盟会改为国民党，拉拢四五个小党派的上层分子，就是反动派也让它加入。袁世凯那里会让你组成甚么"责任内阁"呢？所以他就暗杀了宋教仁，把国会全打垮，国民党也就趋于瓦解。章太炎等的光复会宗旨是单纯反满，所以革命初胜利，他便公开提出"革命军起，革命党消"的口号，实际上革命的党确是已经无形中取消了。此外还有一种是无政府主义者，像李石曾等人，说凡是政府都是坏东西，主张不要参加任何政府，提倡六不会：不做官、不做议员、不嫖、不赌、不吃鸦片烟、不纳妾，乃至不吃酒、不吃肉的八不会，以自鸣清高。汪精卫同李石曾等于和议成后、在去迎袁南下就职的轮船上就成立了这样一种可笑的团体，实际上是为反革命效劳。一个革命，没有坚强组织的革命阶级政党领导，是不会成功的。

2. 革命的武装

革命没有人民的武装是不行的，孙中山当时虽然认识了武装重要，有多次武装起义，但他总是利用军阀军队和会党，而没有组织人民的武装。三月二十九日起义，胡毅生、陈炯明等临阵脱逃，姚雨平原来是负责率领新军响应，但甚至事起时还装作不知道，这是多么不负责，难怪赵声要杀他。黄兴失败后说："弟实才德薄弱，不足以激发众人，以致临事多畏惧退缩，遭此大败，而闽蜀两省英锐之同志，因此亦损失殆尽。"（冯自由著：《革命逸史》三四九页）没有广大人民的武装力量，革命就没有胜利的把握，不是人民的武装，到一定时机也很容易变成军阀的工具。当时只有云南一支武装是较好的。因一九〇六—〇七年云南有英帝国主义侵犯边疆的"片马事件"，当时云南当局调了罗佩金、李烈钧、蔡锷等二三十个日本士官学校毕业的学生去练兵，招收的成份是老实的老百姓及青年学生，办了一个讲武堂，出了不少人才，成为辛亥革命及后来反袁反段的主力。我们的朱总司令就是从云南讲武堂时，参加辛亥革命，后又在云南起义反袁时率兵到四川，在泸州把袁世凯派到四川的大军打败，使袁失败而死亡了。最大的教训是武昌起义时竟把革命军队的领导权交给了反动派黎元洪，这是很大的错误。当时革命党人不注意武装，更不知道武装人民作为革命的基本力量。斯大林同志与毛泽东同志再三指出"中国革命的特点，是武装的人民反对武装的反革命"。当时因为革命党人还很幼稚，不能认识这个特点，所以这也是革命流产的重要原因。

3. 革命的理论

那时还没有马列主义真正的革命理论。所以分不清敌、我、友，认不清革命对象，那是主要敌人，那是次要敌人，革命的基本动力是甚么，如何团结各阶层的革命力量组成革命统一战线。当时对帝国主义就没有认识，更不能认识到帝国主义利用各种方式，通过中国反动势力，进攻中国人民的种种阴谋。武昌起义后，马上就通知各国承认一切不平等条约，唯恐外国人不承认我们，这是媚外的表现，没有正确的革命理论，革命何能不归于失败。

对封建势力反动派也没有清楚地认识和坚决的立场。如对袁世凯就认识不清，反存幻想。本来在清室退位宣布时，袁世凯曾露了一下鬼脸，说他是"奉清帝命令，组织政府……"引起革命的人激烈反对，几乎要破裂和议，但他马上就把鬼脸收藏起来，装成一付美人面孔，说他是忠实于共和，于是许多人就又相信他了。当时政治上真是幼稚得很，看人只看他漂亮的甜蜜的言词，不会看他的行动与本质，更不知道他代表什么阶级。就是孙中山交卸大总统职不久到了北平见袁之后，回来告诉老同志们说："袁世凯对政治有经验，让他办政治好了，我们办实业。"今天来看他也认识不清，主要的是没有阶级观点。今天我们是有了马列主义革命的理论了，毛主席以马列主义的普遍真理与中国革命的具体实践相结合给我们规定了明确的新民主主义革命的总路线总政策。我们要能分析阶级，要有阶级立场，要分清革命与反革命的界限，这是作一个革命者的必要条件。

4. 革命的群众工作

当时许多革命党人，是没有群众观点的，不知道革命需要群众。

那时候工人虽然很少，但许多工人自动帮助了革命。当革命初起时，在京汉路上，当反革命军队在汉口败退时，坐火车向北逃，工人们就自发的起来说："拆路！拆路！"就把路轨拆了几里，待敌人再乘火车来时，火车翻了，民军在两边乘势消灭了反革命不少。宜昌工人还组成了一支新军，我们筹划购买了军火大炮。这支军队在辛亥革命后成了反袁反段的有力队伍，颇有战功。许多农民特别是四川的农民起了很大的革命作用，虽然各地很少有革命党去组织他们，他们总是站在革命这方面的，不过当时的革命党人不认识，说得真实一点，就是没有群众观点。但是真正要发动农民起来，必需解决农民的土地问题，像我们中国共产党现在所做的那样。孙中山虽曾提出"土地国有"，口号是很响亮，但却没有具体的实行步骤，他的"平均地权"的自行估价呈报，按价抽税的办法，也是幼稚得很，当时事实上并没有人想去真正解决农民的土地问题和生活问题。没有群众观点，不能真正发动起广大群众来，于是少数热血的革命党人，便去从事暗杀和军事投机，他们的英勇精神是可敬佩的，但他们的方法是错的，是不能打倒反动统治的。而多数冒牌的革命党人、投机分子，则是在抢官做。

总之，那时候没有真正革命的阶级政党，没有思想统一的革命理论，没有革命党铁的纪律与组织原则，没有革命的武装，没有革命的广大群众运动，革命是必然要失败的。

学习辛亥革命的教训，首先就是要我们有阶级立场来认清敌人。敌人在临死的时候是不会随便缴械与轻易降服的，他们装腔作势的哀号，假装为人民求幸福谋和平的样子，我们决不能可怜它。正如列宁所说：对敌人的慈悲就是对自己的残忍。不管蒋介石、孙科这类战犯话说得多甜蜜，不管潘公展这些反动派怎样打电报，自称他们是代表"民意"，我们就要像对冻僵的毒蛇一样，毫不怜惜它！我们用无产阶级的阶级观点的照妖镜，把他们照得清清楚楚的，毫不动摇的将革命进行到底，求得中国人民永远的澈底解放。

现在我们最大的敌人是帝国主义，但帝国主义不管他如何强大，全世界的革命力量是会打倒它的。中国人民受帝国主义的压迫最厉害，现在对帝国主义的感觉也最敏锐，绝不会再受它欺骗及愚弄，我们要坚决地打倒帝国主义及其豢养的蒋介石、李介石等等，把那些奴才全部干净，澈底，消灭！

在军事上我们现在是胜利了，完全消灭敌人，使全国解放已经为期不远了。但是政治上的花样又出来了，反革命所唱的"和平"会迷惑一些头脑不清的人。革命的坚定性是不容易的，所以首先要把思想搞清楚，要强调思想改造，然后才能认识社会发展的规律，才能分析复杂的问题，才能坚定革命的立场，才不会犯错误。我们学校的任务就是怎样来学习，来弄清楚这些社会历史发展的规律与政治上种种复杂的问题，以革命的经验教训的知识来增益我们革命的力量。

在华北大学一部同学毕业典礼上的讲话 *

（1949 年 2 月 26 日）

现在许多同学，在这个新年的革命大胜利的时候毕业了，这是非常光荣的。今年是胜利年，胜利的消息每天传来，我们非常高兴；同时也有许多的事要我们去做，按着预算，你们还要多学习一些时间，但是现在你们不得不提前毕业了。

同志们！毕业出去就要担负许多重要的责任。你们在校学习的时间不多，但根本上我们给了你们许多东西，譬如：在思想上已初步建立了新的人生观和世界观，如果我们能掌握这一点，就够我们用了。不单单在学校中学习，在工作中也要学习。在学校中学了一些基本的东西，在工作中我们要根据这些基本原则再结合着工作经验来处理问题。

你们毕业出去做些什么？大概可以分三个方面：

（一）军事斗争还没有完全结束，敌人还有一些力量，战争还是要列为第一任务的，长江以北的战事快要胜利的完成了，长江以南还要加以扫清。你们要准备渡江，把革命战争进行到底，要完全地彻底地把敌人消灭干净，我们要像打毒蛇一样，把它打死，正如新华社《新年献词》中所说的那个希腊故事一样，对于恶人一定要消灭它，不然我们就

---

* 录自《吴玉章文集》上，重庆出版社 1987 年版，第 394～397 页。

要受它的害。中国古时也有一个故事，我可以说给大家听：楚国的孙叔敖，当他还是小孩子的时候，一天出外时，看见一条两头蛇，他听说过凡人看见了这种蛇便会死去，他便把它打死埋了。回去以后，他大哭起来。父亲问他为什么哭，他说，看见了一条两头蛇，又说，他已经打死了这条蛇，并且把它埋了；因为他怕别人看见也要死去。他父亲听了，对他说："你不会死了，因为你已经杀死了它。"孙叔敖能打死毒蛇，不让它害人，这是值得我们学习的。所以，我们看见恶毒的东西一定要把它消灭，不消灭便是罪恶。今天对于蒋介石、美帝国主义这些恶毒的东西，我们一定要消灭他们！我们不能因敌人可怜，便不消灭它，我们如果对敌人慈爱，便是对人民残忍。有志气的人要上前线去。前年，我写信给毛主席，我要上前线，我要请缨杀敌。毛主席说："你要上前线，很好。"后来，我有了别的工作，没有上了前线，我想，有一个时期，我还要上前线的。我们青年的第一个志愿就是上前线。以前动员上前线只是知识青年，现在又动员了大批工农青年上前线去。你们是时代上的人物，为什么不走上时代的舞台而单在舞台下看呢？你们只喊战事打得好，为什么不上前线去呢？在前线虽然苦，但战士们知道千万人都在为他们而欢呼。前方打胜仗就是因为多少人不怕死！一个人牺牲了，他的"铜像"就在人类的心中树立起来。这就是英雄，世界上有多少无名英雄墓，这墓上树立的不是一个人的像，而是整个人类的像，青年要以上前线为第一任务。

（二）实行社会革命：今天我们要消灭封建势力，便要实行土地改革，这在同盟会时代，孙中山便主张平均地权，实行土地国有。孙中山这个志愿是好的。但是他是和平改良的办法，他的缴土地税的办法总是行不通。土地革命在中国非常重要，它是在解放区才实行了。在华北的大部分地区已经解决了土地问题，但在南方还没有解决。在新区，我们不能一下子主张平分土地。我们的土地改革是逐渐的，有步骤的，先以减租减息做起，等到人民发动起来了，再平分土地将土地交给了农民，土地问题才算真正解决。不过土地革命还只是资产阶级范畴的革命，土地还是属于私有，才是革命的第一步。第二步就要实行土地公有，组织集体农庄，我们要发展生产，自力更生。农民生产搞得好，我们才有办法，整个说来便是发展生产。

以上所说的二点，这是毛主席所说的"军队向前进，生产长一寸"。但是土地问题、政权问题的后面还有工作要做，后方的艰苦斗争也是一样的。你们如果到乡村去，一方面需要我们给群众知识，一方面要向群众学习生产的知识、斗争的知识，这正是你们所缺少的。

（三）城市工作：许多工商业大城市被我们解放了，那些地方的矿山、铁路、工厂等多得很。我们要去发展这些工商业，并且提高技术，掌握最新最进步的技术。这些工作现在还无人去做，我们要把工商业发达起来，与农业一起前进。

我们的同学出去之后，所要做的事便是这些。你们是新生的力量，一批批地出去了。老的干部不够用了。他们之中也有些是不能适合新技术的需要，而我们正要做这些工作。这些工作都是革命的工作，是互相联系的，谁适宜于什么样的工作，就分配去做。希望我们的同学出去，个个都强，都能建功立业。这就是我今天要对毕业同学讲的话。

在校的同学还要有一个时期的学习，时间长短要看实际的需要，如果学得太少，到时间便解决不了问题。我们学习的是实际的东西，必要的知识。我希望他们集中力量来学习。在学校一天，便多学一天，出去工作也是学习，随时都可以学习。在生活中学习，不一定死啃书本。学习是自觉自动的，如果不自觉便什么也学不到，自觉的学习，到什么地方也可以学习。把一些基本的东西学好，出去工作就可以做好。现在不愁没事做，问题是看你有多大本事，做多大的事。我们生长在这个时代，是要赶上前去，不落后，要做新文化的先锋队。

　　这就是我要讲的话。

纪念李大钊同志　光荣殉难的二十二周年 *

（1949 年 4 月 28 日）

　　我人民解放军百万大军南渡长江，南京已获得解放，国民党反动政府宣告灭亡，革命即将在全国完全胜利，半封建半殖民地的中国，很快就要完全变成新民主主义的新中国，李大钊同志所企求的"青春中国之再生"已经实现，在这时来纪念大钊同志是有极大的意义的。

　　大钊同志是三十年前中国马克思主义及布尔塞维主义最早的倡导者、歌颂者，是中国人民及中国共产党最早的组织者和领导者。为着中国之"回春再造"，就必须振起革命的精神与各种各色的黑暗势力进行残酷的战斗，他在《青春》上明白地、沉痛地告诉中国青年说：

　　　　青年之自觉，一在冲决过去历史之网罗，破坏陈腐学说之囹圄，勿令僵尸枯骨，束缚现在活泼泼地之我，进而纵现在青春之我，扑杀过去青春之我，促今日青春之我，禅让明日青春之我，……青年循蹈乎此，本其理性加以努力，进前而勿顾后，背黑暗而向光明，为世界进文明，为人类造幸福，以青春之我，创造青春之家庭，青春之国家，青春之民族，青春之人类，青春之地球，青春之宇宙……乘风破浪，迢迢乎远矣。

　　大钊同志这一号召推动了全国青年，特别是华北青年，尤其是北京

---

* 录自《人民日报》1949 年 4 月 28 日，第 4 版。

大学青年学生受他的激励最深，因为他是北大教授兼图书馆主任，他介绍青年以许多马克思学说的书籍，及布尔塞维主义的胜利，使青年英勇地活跃起来，发生了轰轰烈烈的"五四"运动。这个运动之所以伟大，不仅在于它是澈底的、不妥协的反帝反封建，而尤在这一运动是在当时世界革命号召之下，是在俄国十月革命号召之下，是在列宁号召之下发生的，"五四"运动是当时无产阶级世界革命的一部份。"五四"运动是中国革命由旧民主主义转向到新民主主义的划时代的标志。

"五四"时代：有些号称进步的思想家还在极力宣扬杜威、詹姆士实验主义及尼采、伯格森的唯心论时，大钊同志就更进一步在他的作品中间带着辩证唯物论倾向的思想；有些号称进步的历史家还仅仅有片断地疑古空气时，大钊同志就更进一步在《由经济上解释中国近代思想变动的原因》一文中，开始运用历史唯物论来作发现中国历史规律的尝试。

大钊同志当时所写的关于马克思主义的著作，在我们今天看来还不够成熟，或者如鲁迅先生所说的尚有"未必精当的地方"，可是，"他的遗文却将永在，因为他是先驱者的遗产，革命史上的丰碑"（参照鲁迅给《守常全集》的题词）。这是什么意思呢？这就是说，一个革命者：一方面要看他思想发展的过程，大钊同志是一个大学教授，他是从小资产阶级的急进革命的民主主义者转变为具有初步共产主义思想的理论家，以后又从初步的共产主义思想逐渐成熟，终于成了一个坚强的马克思主义信徒，他这一思想发展过程与中国无产阶级的觉醒以及中国共产党思想底准备过程底经历是一致的。他是不断地改造自己的思想，使之随时代前进。另一方面还要看他实际的行动，大钊同志一贯为马克思主义而英勇奋斗的原则精神，坚决同帝国主义和封建军阀作不屈不挠的斗争，他的高度共产主义的气节和操守，是树立了共产党员最好的模范。如果我们是一个实事求是者，而不是一个空谈家，就必须老老实实考察自己和他人思想发展的过程，不虚伪，不夸张，而还他一个真实的、本来的面目，尤其重要的是要看他实践的过程，如果言行不符，甚至相反，则虽有美妙的言论，也不过是马克思主义的叛徒，如考茨基之流罢了。正因为如此，所以我们共产党人不怕自己还很幼稚，不怕自己还不够强大，只要我们不仅在言论上而且在行动中能够掌握着马列主义的普遍真理与中国革命实践相结合的毛泽东思想，我们就能够战胜一切。我们共产党人的思想和共产党的力量原是从无到有，从小到大，从弱到强。

大钊同志的功绩，不仅在于他反对一切反马克思主义的思想学说，而尤在于他赞扬和介绍列宁的布尔塞维主义，使中国的共产主义者的思想及后来中国共产党的成立，一开始就走上布尔塞维克的道路，不受第二国际等机会主义的毒害。他在全世界疯狂反苏反共的潮流中，坚决地站在无产阶级世界革命的战线上，来和帝国主义及封建军阀作不调和的战斗，正因为如此，帝国主义者集团和军阀才一同来绞杀他及他的许多同道者，帝国主义者随时都是勾结我们国内的军阀、卖国贼来绞杀我们的革命。自张作霖以及蒋介石等毫无例外。现在帝国主义者仍在联合向革命进攻。前几天英国"紫石英"等四个军舰企图阻挡我人民解放军渡江，就是最好的证明。但这一次却被中国人民打败了。现在时代已经不同了，帝国主义统治世界的时期已成过去了，中国人民已经站起来了，已经掌握了马克思列宁主义，已经团结在中国共产党和毛泽东旗帜之下，成了强大无比的力量，任何帝国主义者，只要它敢于冒险来侵犯中国人民，干涉中国内政，它就必归于粉碎。

今天我们纪念大钊同志，我们不仅应当充分认识这一点，而且要学习大钊同志这种言行一致为追求真理改造社会的革命精神，同时不仅要表现在破坏旧社会的革命斗争中，而且要表现在建设新社会的艰巨工作里，使我们的革命力量更雄厚，使我们的革命事业更前进。

纪念"五四"三十周年应有的认识 *

（1949 年 5 月 4 日）

今年纪念"五四"的特点，是人民解放军获得伟大胜利，南京已经解放，南京国民党反动政府已宣告灭亡，革命很快就要得到全国范围的胜利。

这一革命的胜利是什么东西的胜利呢？

我认为是马列主义的胜利。

为什么这样讲呢？因为：我们如果以冷静的头脑、远大的眼光来透视这三十年事变的经过，就可以看出"五四"新文化运动的发展，有两条不同的路线在发展着、斗争着。到现在：一个是成功了；一个是失败了。这是合于历史发展的规律的。这两条路线各有它的思想、理论、政治观点、政治制度。因为在当时它们都是新时代和中国新兴阶级的产物，表面上都是反帝反封建的，因而使人难于辨别是非、认识它们的好坏。其实这两条路线，一个是革命的，一个是改良主义的；一个是代表无产阶级的，一个是代表资产阶级的；一个是马列主义的，一个是实验主义的。宣传马列主义最早最有力的人是李大钊同志；宣传杜威实验主义最早最有力的人是胡适。因为当时美国乘第一次世界大战帝国主义双方都精疲力竭的时候，加入英法协约国方面，因而英法美就侥幸得到了胜利，

---

* 录自《人民日报》1949 年 5 月 4 日，第 4 版。

于是什么公理战胜强权啦！民主主义战胜军国主义啦！威尔逊的十四条是世界和平的保障啦！叫得特别响。这时美国成了世界第一个强盛的国家，胡适从美国带回的实验主义就特别受到欢迎，成了最时髦的东西，胡适的风头出得很足。因此，一般人都以为"五四"新文化运动是胡适等领导的，其实胡适等不仅不是新文化的领导者，也不是"五四"运动的领导者，恰恰相反，他们是反对者。真正的领导者和组织者是李大钊同志。而且他和胡适作了不调和的斗争。请看下面的事实吧：

当一九一七年俄国无产阶级十月革命胜利后不到一年，德奥无产阶级起来推翻他们的反动政府，英法美得因此获得胜利，中国也在名义上参战，参加了英法美等协约国，没有出过一个兵，却借了许多参战外债来武装了反人民反革命的军阀，但因为协约国胜利了，中国也附带成了"胜利国"。一九一八年十月李大钊同志在《新青年》五卷五号上发表《庶民的胜利》《布尔塞维克的胜利》二文，在一般人喧嚷"庆祝胜利"的时候，大钊同志嘲笑他们的无知和盲目的庆祝，明白指出新世界必是"庶民的"胜利、无产阶级的胜利。一九一九年五月大钊同志又发表《我之马克思主义观》。胡适起来反对，七月他在《每周评论》上作了《多研究问题少谈些主义》一文来反对马克思主义在中国传播。大钊同志发表《再论问题与主义》来驳斥他，指出马克思主义"的流行，实在是世界文化上一大变动"，研究问题不能离开方法，缺了主义。十二月胡适又发表《新思潮的意义》，反对马克思主义，主张"一点一滴的改造"，"这个那个问题的解决"，反对社会的根本改造，反对革命。关于"五四"运动胡适也曾有过反对的文章，这都是事实。

"五四"时代，由于美国的强盛，胡适等请杜威到中国作实验主义的宣传，其气焰不可一世。当时新兴的中国资产阶级也正是欣欣向荣的时候。至于中国的无产阶级虽同时有很大的发展，但还很幼稚，还没有组织起来。以人口比例来说还少得可怜。而当时的苏维埃俄罗斯，又为世界各国政府（中国政府也在内）所痛恨，更不许马列主义的宣传发展，然而当时中国的马克思主义者认识了马克思的辩证唯物主义的下面一个真理，就是：

在辩证法看来，最重要的不是现时似乎坚固，但已经开始衰亡的东西，而是正在产生，正在发展的东西，那怕它现时似乎还不坚固，因为在辩证法看来，只有正在产生，正在发展的东西，才是不可战胜的。（《联共党史》四章二节）

这就是说：

不要指靠社会里已经不再发展的阶层，那怕这些阶层在现时还是占优势的力量，而是要指靠社会里正在发展、具有远大前途的阶层，那怕这些阶层在现时还不是占优势的力量。（同上）

因此，中国的马克思主义者就指靠于无产阶级，而中国新文化发展的方向，不应是代表资产阶级的，而应是代表无产阶级的。到一九二一年，无产阶级的先锋队——中国共产党产生了。它是以无产阶级的、马列主义的理论来指导中国革命的。从此以后，中国共产党领导了一九二五—二七的第一次大革命——北伐战争，领导了一九二七—三七的第二次大革命——土地革命，领导了一九三七—四五的抗日民族革命战争和现在的第三次大革命——人民解放战争。中国的马克思主义者并没有弄错。到了今天，事实证明，中国无产阶级及其先锋队——共产党，已由一个不大的力量发展成为头等历史的和政治的力量。

因此，我们应该说，中国革命今天的胜利是革命路线的胜利，是马列主义的胜利。

至于改良主义的路线，最初它是代表中国新兴的民族资产阶级，因此它也反帝反封建。但是它：一方面实验主义是从美国带来的理论，崇拜美国，也因美国的变化而变化。美国在大战后有一个时期的繁荣，因而有"美国的经济是新式的资本主义，是永远健康的，不必革命就可以和平转入社会主义的"，各种各样反马克思主义的"理论"。美国的垄断资本家主义逐渐发展成了世界帝国主义最反动的堡垒，中国的改良主义者也随美帝国主义而趋于反动。一方面，因为中国民族资产阶级的软弱，美国培植的附庸——封建买办阶级，因利乘便，成了中国的垄断的大资产阶级。最初代表资产阶级的改良主义者，因为亲美的关系，本身的腐化，已经不是代表反帝反封建的中国民族资产阶级，而是代表美国的走狗——中国封建买办大资产阶级。今天的胡适成了卖国贼蒋介石的帮凶是不足怪的。

改良主义者常常是以自由主义、中间路线相标榜，自以为他们是超阶级的，站在阶级斗争之外、站在革命与反革命之间，其实在阶级社会里，没有无阶级的中间立场，所谓"中间立场"，在阶级斗争尖锐时，一定会落到反革命的立场，这是有这样思想的人应当深深警惕的。

中国历史教程绪论（华大历史讲授教材）*

（1949 年 5 月 25 日—6 月 8 日）

目　　录

几点声明

（一）这篇中国历史教程绪论，是我在一九三六年前后、抗日战争还未开始的时代写的。当时：正是日本帝国主义侵略中国由东北而热河，由热河而平津，蚕食鲸吞，中国有灭亡的危险；正是卖国贼蒋介石、汪精卫等不抵抗日寇，反而三番五次地大举进行"剿共"战争，并以复古、尊孔、读经等反动教育来愚弄人民；正是文丐，和历史曲解家不惜歪曲历史来为蒋汪等"不抵抗主义"作辩护，如丁文江以列宁主张签订《布

---

* 录自《人民日报》1949 年 5 月 25 日—6 月 8 日，第 4 版。

勒斯特条约》来为卖国贼作护符，某白话文历史家竟把岳飞和秦桧颠倒过来，说秦桧是深谋远虑的"爱国策士"，岳飞为"暴徒乱党"。在这样一个环境和时代中，为了激发同胞的爱国精神，不能不发扬民族爱国思想，痛骂日本帝国主义及卖国贼，唤起各阶层团结一致，结成抗日民族统一战线来救亡图存。现在时局有了很大的发展，形势有巨大的变化。但是日本帝国主义虽已被打败，卖国贼蒋介石等的反动政府虽已被人民解放军打倒，而美国帝国主义还将援助蒋介石及其他反动势力，企图卷土重来，因此把日本帝国主义改为美国帝国主义，其余有些的地方加以适当修改，仍然是适用的。

（二）我们研究历史的方法，必须以马克思的唯物史观来研究，才是唯一正确的方法。故文中特别把《联共党史》内关于历史唯物主义的大部分引来，并加以中国的历史事实来证明，特别把中国最近十五年来两大革命战争——抗日民族革命战争和人民解放战争——活生生的惊天动地的事实来证明，新的社会思想和理论，能动员民众、组织民众的伟大力量，并证明马克思所说"理论一掌握了群众，便立刻成为物质的力量"的真理。这种新的社会思想和理论，是从我们共产党，毛泽东同志以马克思列宁主义的普遍真理与中国革命的具体实践之统一的思想——毛泽东思想产生出来。它是唯物的，不是唯心的，不是从抽象的"人类理性原则"出发，而是从社会底具体的物质生活条件，即社会发展底有决定作用的力量出发；不是从"伟大人物""好人政府"底善良愿望出发，而是从社会底物质生活发展底现实需要出发。

我引了一些我们党和毛泽东同志对于时局所发表的文件，这些文件，不仅解答了抗日战争是谁领导，抗日战争中谁在艰苦奋斗，谁在阴谋妥协投降、消极抗日、积极反共，日本投降后这三年内战的责任应该谁负等等问题（请参看陈伯达著《人民公敌蒋介石》），而且也解答了中国革命为什么以前总是着着失败，而在中国共产党领导之下，毛泽东同志领导之下就着着胜利的问题。如果能从这里使我们相信马列主义的人，更加强为革命奋斗的自信心；使不相信马列主义甚至反对马列主义的人鉴于革命成功失败的历史教训，深自警惕，改造自己的思想，猛回头来，改变自己的行动，不致走向泥淖深处而不能自拔；则我这本小册子总算没有白费力气。

（三）文中引用章太炎的文章数段，其文字很艰涩费解，读者并不欢迎，主张删去。只因他说：一个民族必须熟习其自己的历史，才能有民族的自尊心和奋斗的自信心，才不为他族所灭亡，语甚沉痛，故还是保留它。

（四）因为华北大学要把这个绪论作为学生学习历史的参考材料，及《人民日报》要求发表，急于付印，我没有时间来把许多不合时宜的地方加以修改，读者如发现有不妥当或错误的地方，请不吝教诲，加以指正。

一、研究中国历史的意义

人类社会的历史就是人类社会自己发展的过程。人类社会最特殊的特点，就在于人类能劳动生产。因此人类社会的历史，应该是劳动生产者发展的历史。

历史是一种科学，它是要发现整个人类社会发展变化的规律的科学。尤其要研究劳动者推进人类社会发展的规律的科学。但是，一切过去社会的历史，除了原始的状态以外，都是劳动者被奴役和争取解放的历史，都是阶级斗争的历史。因此，现在我们研究过去的历史，主要地是研究一定阶级社会的产生、发展和衰落的科学；是研究阶级斗争的科学；同时要研究怎样消灭阶级以达到无阶级的社会的科学。

历史科学是为民族革命和社会革命而斗争的有力工具。我们应该知道人类真正的历史，劳动者被奴役和争取解放的历史，应该知道我们从哪里来和往哪里去。因为，这能十倍地坚强我们奋斗的信心和给我们这种斗争胜利条件的知识。

我们常常看见，凡一个民族，如果缺乏详实的历史记载，则会减弱民族的自尊心和奋斗的自信心。章太炎说：

> 余数见印度人言其旧无国史，今欲搜集为书，求杂史短书以为之质，亦不可得，语辄扼腕。（《国故论衡·原经》）

印度人所说事实是否确实，姑且不论。而章太炎深为印度人太息没有成文历史的痛苦，则是有意义的。他又说：

> 国之有史久远，则亡灭之难，自秦氏以迄今兹，四夷交侵，王道中绝者数矣；然掫者不敢毁弃旧章，反正又易，藉不获济，而愤心时时见于行事，足以待后，故今国性不堕，民自知贵于戎狄，非《春秋》孰纲维是？孔子不布《春秋》[①]，前人往，不能语后人，后人亦无以识前，乍被侵略，则相安于舆台之分，《诗》云："宛其死矣，他人是偷"。此可为流涕长潸者也。（同上）

他又说：

> 天方荐瘥，载胥及溺，满洲亡而复起，日人又出其雷霆万钧之力以济之，诸夏阽危，不知胡底！如我学人，犹废经史而不习，忘民族之大闲，则必沦胥以尽，终为奴虏而已矣！（一九三五年，《讲论读经有利而无弊》）

---

① 自孔子作《春秋》开始用编年纪事的例子，中国历史才有可考的年代，章太炎极推崇孔子这个功绩，这是他的卓见。因为历史必须在年代的联系性中，叙述最重要的事变和事实，才能给历史人物以确切的评价，否则不等于小说传奇，也只成了社会、经济形态抽象的定义而违背唯物史观。——作者原注

他又说：

> 史之有关于国本者至大，秦灭六国，取六国之史悉焚之；朝鲜亡后，日人秘其史籍，不使韩人寓目；以今日中国情形观之，人不悦学，史传束阁，设天降丧乱，重罹外族入寇之祸，则不待新国教育三十年，汉祖、唐宗必已无人能知，而百年之后，炎黄裔胄，决可尽化为异族矣！（一九三三年，《讲读史与文化复兴之关系》）

章太炎为中国近代精通旧文学的文学家、历史家，他深深抱着民族主义和爱国思想，就是他从旧历史中领会得来。但是他在文字上好用古字，崇拜古文，反对白话文，泥古非今，是一个顽固守旧的人，并且他的民族思想也是一种狭隘的自居优秀民族的大汉族主义思想，和我们无产阶级的民族解放、民族自决思想有根本上的区别；就是他研究历史的意义也和我们大有不同：他是要人们不要忘了汉祖唐宗的所谓"文事武功"，自己是一个"征服者"的民族的"光荣"史迹；我们研究中国历史则是要发现中国社会发展规律，加强人民革命胜利信心和吸取历史经验。在中国辛亥（一九一一年）革命以前，他的排满思想起了一些宣传革命的作用，但辛亥革命在武昌初步胜利时，他就大倡"革命军起，革命党消"的谬论，情愿与封建军阀反革命站在一个立场来反对孙中山，反对革命。在大革命时代，他也站在反革命方面，到一九三五年"一二·九"运动时代，他一方面赞成学生抗日革命运动，一方面却又为反革命蒋介石等尊孔读经作宣传。这因为他是封建士大夫阶级的代表，只有民族意识和爱国思想，没有前进的革命阶级的立场。这是我们应该明白指出的，因为我们对历史人物的评价，必须分别他的言论与行动，那些是与人民利益相合，那些是与人民利益相反，指出他的功罪，而不能盲目信从，或一概抹煞。我们接受一切历史的遗产都应该有批判的态度。我上面引章太炎的几段话，只是为了他说人类社会必须有详实的历史记载，后人必须知道前人如何发展与奋斗的事迹，才不至遗忘了人类发展的宝贵经验，才不至割断历史，只是在这一点意义上，才把他写在这上面。

现在我们处在资本主义的最后阶段——帝国主义的时代，痛心于我神洲古国的劳动民众，沉沦于半殖民地半封建的苦海中，认识了马克思的科学的社会主义，大声疾呼，使酣睡的牡狮，猛然惊起，跳跃于世界大革命的潮流中。有些革命家，薰染了十八世纪法国的革命思想，不承认一切的权威和过去历史所认为神圣的东西：一切旧的宗教、哲学、世界观与人生观、社会与国家的制度等等，都要受到无情的批评；一切都要在理智面前裁决，凡是不能证实它的理性的东西，都被宣告消灭。这种怀疑的态度和革命的精神，是非常可贵的。但是，把一切旧的社会与国家形式，一切传统概念，都认为不合理性的，当作陈旧废物而抛弃，认为凡在现时以前的世界，都为一些偏见所指示，因而一切它的过去只值得叹息而轻蔑，它的历史不值得一顾。这样就不仅抹煞了劳动人民的发展进化历史所创造的文明，割断了历史，必然要走到空想的社会主义，而且恰好给反动势力和法西斯蒂留下一个有力的武器，使他们能够利用特殊的民族心理来欺骗民众。季米特洛夫在共产国际第七次代表大会上，报告《法西斯主义的进攻与共产国际为工人阶级反法西斯主义的统一而斗争的任务》说：

　　法西斯蒂曲解每个民族的整个历史，以便把自己形容成为这个民族史上一切高尚英勇事迹的继承者，而对于一切有伤民族观念的耻辱事实都利用来反对法西斯主义的仇敌。在德国出版几百种书籍，其唯一的目的，就是按照法西斯主义的精神来假造德国民族的历史。初出茅庐的民族社会党的历史家拼命假造德国历史，把德国历史弄成这个样子……好象由于什么"历史的规律"，在两千年来，都有一条发展线索贯串着，结果就有一个民族"救主"出现于历史舞台，这就是日耳曼民族的"救星"，祖籍奥国人，有名的"下士"！在这些书籍里，把日耳曼民族史上最伟大的人物，描写为法西斯蒂，而把伟大的农民运动，描写为法西斯蒂的嫡祖。

墨索里尼拼命利用民族英雄加里波的英勇模范，来赚取政治资本。法国的法西斯蒂把女杰冉·达尔克奉为自己的英雄。美国法西斯蒂借口美国独立战争的传统，华盛顿、林肯的传统。保加利亚的法西斯蒂利用七十年代的民族解放运动，及其光荣的民族英雄——列夫斯基、加拉查等人的声誉。

有些共产党员认为所有这些事情都是与工人阶级的事业没有关系，宁愿袖手旁观，却不拿正确的历史眼光，真正马克思主义的、马克思列宁的、列宁斯大林的精神，来在劳动群众面前，说明他们本民族的历史，却不把共产党员目前的斗争与该民族过去的革命传统联系起来；这样就等于自愿地把民族史上的一切宝贵事迹，奉送给法西斯蒂的历史曲解家，让他们愚弄民众。(《论统一战线》，一五六——一五八页)

中国现在的情形，也正和季米特洛夫所说的一样，反革命的历史曲解家，正在玩弄复古和尊孔的把戏，曲解历史的事实来欺骗民众。什么复古运动，读经运动，闹得乌烟瘴气。苏俄《布勒斯特条约》的事件，可以借作卖国的护符；卖国的秦桧，可以变为深谋远虑的"爱国"策士。这些历史曲解家不惜曲解事实，颠倒是非，以阿谀当世的反动统治者。不久以前，即日本未投降以前，特别鲜明的例子，就是日本的军阀法西斯蒂，在他已占领的中国各地，一方面大倡孔子王道等教条，表示他是中国和东方文明的保护者；一方面在学校里强迫人人学日语，不许中国人读中国历史，企图消灭中国的民族性。我们如果轻视反动势力和法西斯蒂的这种骗人手腕，那就是罪恶。我们共产党员是国际主义者，毫不调和地根本反对各色各样的资产阶级的民族侵略主义，可是，我们并不是民族虚无主义者。如果谁认为，因为要用无产阶级的国际主义精神来教育工人和一切劳动者，他就可以，而且甚至于不得不唾弃广大劳动民众的一切民族观念，那么，他就大错而特错，他就毫不懂得列宁和斯大林关于民族问题的学说。

列宁说：

难道我们这些大俄民族的觉悟工人，没有民族自夸心吗？当然有！我们爱自己的语言，爱自己的祖国，我们所最努力工作的，就是要教育我们祖国劳动群众（即祖国十分之九的人民）使他们成为觉悟的民主主义者和社会主义者。我们所最目击心伤的，就是暴虐无道的皇家刽子手、贵族和资本家，公然摧残压迫和侮辱我们的大好河山的祖国。我们引为自夸的，就是这种压迫政策，已经引起我们大俄人民的反抗，我们大俄人民已经推拥出拉吉雪夫、十二月党人、七十年代的平民革命家；我们大俄民族的工人阶级已经在一九〇五年造成强有力的群众的革命党……我们充满着民族自夸心，因为大俄民族也造成了革命的阶级，也证明了：大俄民族能够给人类标榜为为自由为社会主义而斗争的伟大模范，而不只是大批被蹂躏被压迫的民众，大辟刑场监狱，大闹饥荒以及在神父、皇帝、地主和资本家面前大显卑躬屈节的丑态。

我们充满着民族自夸心，正因为这个缘故，所以我们特别愤恨自己的以往的奴隶生活……以及现在的奴隶状况。现在的时候，又是那般地主、协定资本家，强迫我们东征西剿，去扑灭波兰和乌克兰，镇压波斯和中国的民主运动，使罗曼诺夫、包白林斯基、普利史克维赤这般玷污我们大俄民族名声的狐群狗党，更能作威作福。（《列宁全集》第十八卷，第八十一页，《大俄罗斯人底民族自夸心》）

　　我们中国有五千年的历史，其幅员的广大，仅次于苏联；超过全欧各国面积的总和；而其人口的众多，则为任何国家所不及，总数约在四万万七千万以上。历代以来，有不少伟大的思想家、卓绝的军事家及出色的发明家，有异常丰富的典籍文艺；实为东亚文化的中心基础，有素称发达的农业和工业。

　　远在三千年以前，中国已有了指南针的发明，而火药的应用，亦远在欧洲人以前。在一千七百年前，即有纸张的出现；在一千二百年前，已有刻版印刷的发明；在八百年前则更有活字印刷术的使用。其他各种华美精致的金属品、陶瓷器及光泽美观经久的染料，亦为中国自古著名的特产。而爱国热忱及勤苦耐劳的精神，尤为中华民族向来的特色。因此，中国人民有很强的民族自夸心。例如：当"九一八"日本占领满洲的时候，东三省三千多万人民及全中国人民无不愤恨日本军阀之欺凌我大中华民国，莫不思起而反抗；就是在苏联远东的中国工人，一听到日本占领满洲的消息都说道，"小日本子何敢占我大国的土地"，平素也常常以大国人自居，充满着民族自夸心。正因为这个缘故，所以东北的游击运动和中国工农红军的革命战争及抗日战争，尤其是现在进行着的伟大的人民解放战争，创造出最光荣的历史。他们能够发扬光大中华民族过去迭次推翻外族压迫统治的革命传统。我们大中华人民，已经推拥出洪秀全、孙中山及二十世纪初的平民革命家，创造了中华民国，我们大中华民族的工人阶级，已经在最近二十八年来，造成强有力的群众性的中国共产党，并锻炼出了自己的中国历史上最伟大最杰出的人民革命领袖毛泽东同志。我们充满着民族自夸心，因为大中华民族，也造成了革命阶级，也证明了，中华民族能够给人类标榜为为自由为独立和为社会革命而斗争的伟大模范，而不是如日本人所骂的"中国人无爱国心"，"中国人没有五分钟的热心"，"中国人如一盘散沙"，"中国只是一块需要强国来占领的'无组织的领土'，中国不能算是一个国家"等等胡说。自然，我们不应该受历史曲解家和帝国主义汉奸走狗的欺骗。他们说："中国曾经几次被外族征服过，如蒙古人、满洲人都曾经征服过中国，统治了几百年，而终竟还是被汉族征服了，因此，现在帝国主义的侵略，我们是不怕的。"他们企图这样来安慰我们，以消灭我们救亡图存的民族爱国心，以掩饰他们不抵抗求妥协和投降卖国的罪恶。我们应该知道蒙古民族和满洲民族与汉族的斗争，毕竟还是国内民族的斗争，和帝国主义的侵略，其性质已大不同，即使勉强用来比拟，我们也要好好地懂得下面两个条件：第一，我们有胜利的民族解放斗争的光荣历史，这不仅可以自夸，而且可以十分坚强我们胜利的自信心，这是很可宝贵的，但这个光荣历史是由艰苦斗争中得来，是由无数的有气节的民族英雄的热血换来，绝不是卑躬屈节、任人宰割、甘作亡国奴的人所能侥幸得到的。这只须一读岳飞的《满江红》，文天祥的《正气歌》，郑所南的《心史》，太平天国讨满清檄文及其他许许多多慷慨激昂的文字，和无数成仁取义民族英雄之事迹，就可以知道。第二，被征服的汉族能推翻征服者的蒙古人和满洲人的统治，最主要的是由于以前汉族的经济发展高于蒙古族和满族，因而汉族在经济上使它们不能不同化或降服，结果也就易于征服他们。至于现在的帝国主义，它已经走到资本主义最后阶段，经济和一切技术都大大的高过我们。如果坐令帝国主义现在灭亡中国，绝不会象从前蒙古人、满洲人一样，很容易的就把他们打倒了。我们只要看朝鲜、印度等殖民地，是怎样地受帝国主义的蹂躏和民族解放运动的难于胜利，就不能不惊醒了。

我们充满着民族自夸心，正因为这个缘故，所以我们特别愤恨自己的已往的奴隶生活以及现在的奴隶状况。尤其使人痛恨的是帝国主义以华制华的毒计，多方挑拨援助我国反动势力，使之进行连续不断的军阀战争和进攻人民革命的战争，以便他坐收渔人之利，以灭亡中国。

现在我们大中华民族正处在最阴毒的帝国主义多方灭亡我国和我们极力争取解放的生死斗争关头，只有深刻的研究我们的历史，唤起全民族的爱国精神，团结一致，结成牢不可破的钢铁一般的民族统一战线，来推翻帝国主义的压迫，最迫切地是打倒卖国贼蒋介石和援助蒋介石等封建官僚买办反革命集团进行内战的美国帝国主义，我们的民族革命和社会革命才能得到胜利。

我们研究历史更重要的意义尤在于发现人类社会发展的规律，特别是发现我们中国社会发展的规律，以加强我们人民争取解放的革命必然获得胜利的信心，和吸取历史上的经验教训，使革命不犯错误，以加强革命的力量，循着人类社会发展的规律向前迈进。要怎样才能发现人类社会发展的规律呢？那就必须要有正确的思想方法，就是说要了解马克思主义的科学的辩证唯物主义与历史唯物主义。下面我就讲研究历史的方法。

二、研究中国历史的方法

我们认为：只有用马克思的辩证唯物主义与历史唯物主义来研究中国历史才是唯一正确的立场与方法。

什么是辩证唯物主义呢？

什么是历史唯物主义呢？

辩证唯物主义是马列主义党底世界观。其所以叫作辩证唯物主义，是因为它对自然界现象的看法，它研究自然界现象的方法，它认识这些现象的方法，是辩证的，而它对自然界现象的解释，它对自然界现象的了解，它的理论，是唯物主义的。

历史唯物主义就是把辩证唯物主义原理推广去研究社会生活，

把辩证唯物主义原理应用于社会生活现象，应用于研究社会，应用于研究社会历史。(《联共党史》，一三三页，莫斯科一九四八年版)

辩证法是导源于希腊文 dialego 一字，其含义就是进行谈话，进行论战。古代人所谓辩证法，就是以揭露对方议论中的矛盾并克服这些矛盾来求得真理的方术。(同上，一三四页)

辩证法是与形而上学根本相反的。(同上，一三四页)

I　辩证法认为：

既然世界上没有孤立的现象，既然所有一切现象都是彼此关联，互相制约，那末在估计历史上每一个社会制度和每一个社会运动时，当然也就不可如历史家常作的那样从"永恒正义"或其他某种成见出发，而是要从这个制度和这个社会运动所由产生并与其相联结的那些条件出发。(同上，一三九页)

因此，孟子所谓"五百年必有王者兴"的天命论，"天下之生久矣，一治一乱"的历史循环论，以及所谓"正统偏安""大义名分"等等永远不变的善恶的概念，绝对无条件的伦常观念的"永恒正义"的学说，都不合乎科学。

奴隶制度，就现代的条件来看，是很荒谬的现象，反常的荒诞事情。而奴隶制度在瓦解着的原始公社制度条件下，却是完全可以了解并且合于规律的现象，因为它和原始公社制度相比是前进一步。

资产阶级民主共和国的要求，在沙皇制度和资产阶级社会存在的条件下，譬如说在一九〇五年的俄国，是完全可以了解的一种正确的和革命的要求，因为资产阶级共和国在当时是前进一步。而资产阶级民主共和国的要求，就我们苏联现时的条件来看，却是一种荒谬的和反革命的要求，因为资产阶级共和国与苏维埃共和国相比是后退一步。(同上，一三九页)

在半封建半殖民地条件下的中国，在过去——在"五四"运动以前，独立、自由、平等的民主共和国的要求是完全可以了解的、正确的与革命的要求，但是，在现在——在世界上资本主义共和国已经过时了，腐化了，而又有了最新式的社会主义共和国的现在，在中国也就不是要实现旧式的资本主义的民主共和国，而是要实现新民主主义共和国。

毛泽东同志说：

> 现在所要建立的中华民主共和国，只能是一切反帝反封建的人们联合专政的民主共和国，这就是新民主主义的共和国，也就是真正革命的三大政策的新三民主义共和国。这种新民主主义共和国，一方面与旧形式的、欧美式的、资产阶级专政的、资本主义的共和国相区别，这是旧民主主义的共和国，这种共和国已经过时了。另一方面，也与最新式的、苏联式的、无产阶级专政的、社会主义的共和国相区别，这是最新民主主义的共和国，这种共和国已经在苏联兴盛起来，并且还要在各资本主义国家建立起来，无疑将成为一切先进国家的国家构成与政权构成的统治形式。但是这种共和国，在一定的历史时期中，还不适用于殖民地半殖民地国家之中。因此，在一切革命的殖民地半殖民地国家，在一定历史时期中的国家形式，唯一的只能是第三种形式，这就是所谓新民主主义共和国。这是一定历史时期的形式，因而是过渡的形式，但是不可移易的必要的形式。（毛泽东：《新民主主义论》）

> 一切都依条件、地方和时间为转移。

> 显然，没有这种观察社会现象的历史观点，那历史科学就会无法存在和发展，因为只有这样的观点才能使历史科学不致变成一笔偶然现象的糊涂账，不致变成一堆荒谬绝伦的错误。（《联共党史》，一三九页）

II 辩证法认为:

既然世界是处在不断运动和不断发展中，既然旧东西衰亡和新东西生长是发展底规律，那末当然也就没有什么"永世不移的"社会秩序，什么私有制和剥削制的"永恒原则"，什么农民服从地主，工人服从资本家的"永恒观念"。(同上，一三九页到一四〇页)

这就是说:

资本主义制度可以用社会主义制度来替代，正如资本主义制度在当时替代了封建制度一样。(同上，一四〇页)

III 辩证法认为:

最重要的不是现时似乎坚固，但已经开始衰亡的东西，而是正在产生，正在发展的东西，那怕它现时似乎还不坚固，因为在辩证法看来，只有正在产生，正在发展的东西，才是不可战胜的。(同上，一三五页)

这就是说:

不是要指靠社会里已经不再发展的阶层，那怕这些阶层在现时还是占优势的力量，而是要指靠社会里正在发展，具有远大前途的阶层，那怕这些阶层在现时还不是占优势的力量。

在第十九世纪八十年代，当马克思主义者和民粹派斗争的时候，俄国无产阶级与当时占居民绝大多数的个体农民比较起来，还是占很小的少数。但当时无产阶级是个发展着的阶级，而农民却是个日趋瓦解的阶级。正因为无产阶级是个发展着的阶级，所以马克思主义者也就指靠着无产阶级。而且他们并没有弄错，因为大家知道，无产阶级后来已由一个不大的力量发展成了历史上和政治上的头等力量。(同上，一四〇页)

中国的无产阶级，近三四十年来，从很小的力量生长为革命中巨大的历史的与政治的力量，这是为人人所公认的事实，有些历史家只看见过时的、腐化的、正在衰亡的社会现象的一方面，而就以为"世道衰微""人心不古""江河日下""世界末日"等等所谓世界退化是必然的。因而"是古非今"大倡其复古读经等谬论，这是违反社会发展规律极糊涂的思想。

这就是说：

为了在政治上不犯错误，便要向前看，而不要向后看。（同上）

Ⅳ　辩证法认为：

既然由缓慢的数变进到迅速的突然的质变是发展底规律，那末由被压迫阶级所实行的革命的变革，当然也就是完全自然而必不可免的现象。（同上）

这就是说：从封建或半封建社会到更进步社会的转变和被压迫民族从帝国主义压迫下的解放，也同从资本主义到社会主义的转变和工人阶级从资本主义的压迫下的解放一样，决不能经过缓慢的变化，决不能经过改良的道路来完成的，只能经过封建主义制度或资本主义制度之质的变化，经过革命的道路来完成。

中国近五十年的革命运动之所以未能使中国脱出半封建半殖民地的地位，除了其他重大的原因外，最重要的就是受了改良妥协派的戕害，使革命不能彻底，使中国社会不能起质的变化而得到解放和进步。

这就是说：

为了在政治上不犯错误，便要做革命家，而不要做改良主义者。（同上）

Ⅴ　辩证法认为：

既然发展过程是经过内在矛盾底揭露，是经过基于这些矛盾的彼此对立势力冲突来克服这些矛盾而进行的，那末无产阶级底阶级

斗争，当然也就是完全自然而必不可免的现象。（同上，一四〇一一四一页）

这就是说：不应该掩饰阶级社会的矛盾，而应该揭发与暴露这些矛盾，不应该湮没阶级斗争，而应该把它贯彻到底。

在中国近五十年革命的经验教训中，有两个失败的例子和一个成功的例子，可以证明这个真理。

第一个失败的例子是，一八九八年改良主义的戊戌变法失败以后，革命派与康梁保皇立宪的妥协派进行斗争，一九〇五年孙中山联合各革命党派组成革命同盟会，提出了革命的三大纲领，即民族主义、民权主义、民生主义。虽然它是旧式的，一般的资产阶级民主主义革命，没有认识到帝国主义列强是中国最大的敌人，反而想利用它来帮助中国革命，是很错误的，但还是团结了广大的革命力量，并与改良主义和妥协派作了不调和的斗争。因此获得了一九一一年辛亥革命的胜利，推翻了满清及中国数千年的专制制度，建立了民主共和国。不幸，革命的南京政府刚一成立，汪精卫等妥协派就力主南北议和，不把革命斗争贯彻到底，孙中山虽不赞成妥协政策，但没有坚持，反而把刚成立的革命政权交给反革命的官僚、北洋军阀袁世凯，并向参议院推荐袁世凯作总统，这就失掉了革命的阶级立场，使革命失败了、流产了。

第二个失败的例子是，一九一九年"五四"运动时代，中国革命的事实已经证明，旧式的资产阶级民主主义革命已经过时了，不能解决中国这个半封建半殖民地的革命问题，而新式的、特殊的资产阶级民主主义革命的潮流，则在中国发展起来。这个新民主主义革命是在一九一四年到一九一八年第一次帝国主义世界大战和一九一七年俄国十月革命之后才形成的。因为在地球六分之一的土地上，建立了社会主义的国家，这就使整个世界起了一个大变化，改变了整个世界历史的方向，划分了整个世界历史的时代。中国在这一次世界大战的时期，因为欧洲各帝国主义陷于战争漩涡，对于中国的压力减轻了，中国资本主义有了飞跃的发展，而中国革命失败后，军阀混战的局面，使得民不聊生，这就使新兴的革命阶级——无产阶级，不得不找寻新的出路，正在这个时候，十月革命的胜利和马克思主义传播到中国来了，新时代的新思潮就应时而生。"五四"新文化运动，不仅是表面的提倡白话文的文学革命、打倒孔家店的思想革命，而且是新的社会思想、新的政治观点、新的革命理论、新的政治制度的反映，乃是中国新民主主义革命运动产生的标志。一九二一年中国无产阶级的先锋队中国共产党成立，打出了正确的、鲜明的反帝反封建的革命旗帜，这才把中国革命的对象认清楚了。孙中山认识了中国共产党是中国革命的新血液、生力军，愿和共产党合作来改组陈腐的国民党，并重新解释他的三民主义，提出联俄联共扶助农工的三大政策来完成他的革命的三民主义。一九二四年国共合作以后，中国革命的潮流更向前高涨，并与反对派、妥协派作了不调和的斗争，获得了一九二六—二七年北伐战争的胜利。不幸，正当革命将在全国胜利的时候，钻进国民党的投机分子蒋介石背叛革命与帝国主义勾结，在上海残杀工人及共产党人，在南京成立反革命的政府。但武汉革命政府仍坚决战斗，成了革命的中心，革命更深入农村，土地革命蓬勃发展起来，革命营垒中的妥协投机分子汪精卫等又惊慌了，大叫农民运动过火了。当时中共中央机会主义、投降主义的领导者陈独秀也跟着大叫农民运动过火了。不仅不让革命斗争贯彻到底，反而与反革命妥协，反对土地革命，让反革命去镇压工农运动。但陈独秀这种怕资产阶级离开革命的投降妥协政策，还是不能阻止汪精卫也随蒋介石之后背叛革命，大杀工农及共产党人，革命又遭到失败了。

　　以上是两个革命失败的例子，下面再讲一个革命成功的例子。

　　这一个成功的例子是，一九三一年日本帝国主义制造"九一八"事变，继续占领中国东北各省以至于平、津。国民党蒋介石等反动政府，以不抵抗主义坐视国土的不断丧失，反而专事"剿共"战争，压迫全国的抗日爱国运动，中国共产党领导全国革命党派和广大人民团结成抗日民族统一战线，与之作了长期的、不调和的斗争，终于迫使蒋介石不能不接受停止内战、一致对外的要求，于一九三七年，开始了"七七"的抗日战争。虽然蒋介石在抗日战争中消极抗日、积极反共，阴谋同日寇妥协投降，由于中国共产党及其所领导的八路军、新四军，和全国爱国民众，坚持抗战到底，反对妥协投降，使蒋介石不敢继汪逆精卫之后投降日本，终于使抗日战争赢得了完全的胜利，使日寇投降。这是把斗争贯彻到底而获得成功的第一个好例子。

　　这就是说：要在政治上不犯错误，那么，就要实行不调和的革命阶级的革命政策，而不要实行阶级利益协调的改良主义政策，而不要实行资本主义"成长"成为社会主义的妥协政策。更不要实行与敌国妥协求和，苟且偷安的自杀的亡国灭种政策。

　　这就是应用马克思主义的辩证法到社会生活上、到社会历史上的情形。

　　至于马克思主义的哲学的唯物论，那他根本地和哲学的唯心论是直接相反的。

　　　　不言而喻，把哲学唯物主义原理推广去研究社会生活和社会历史，该有如何巨大的意义；把这些原理应用到社会历史上去，应用到无产阶级党底实际活动上去，该有如何巨大的意义。(《联共党史》，一四五页)

　　Ⅰ　唯物论认为：

　　　　既然自然界中各现象底相互联系和相互制约是自然界发展底规

律，那末由此就应得出结论：社会生活中各现象底相互联系和相互制约也同样不是偶然的事情，而是社会发展底规律。

由此可见，社会生活，社会历史，已不复是一堆"偶然现象"，因为社会历史已成为社会底规律性的发展，而社会历史底研究已成为一种科学。

由此可见，无产阶级党底实际活动决不应以"卓越人物"底善良愿望为基础，决不应以"理性""普遍道德"等等底要求为基础，而应以社会发展底规律为基础。应以研究这些规律为基础。（同上）

中国有些历史家认为历史是英雄创造的，所谓"英雄造时势"。抱这样一类观点的人，往往把人民当奴隶去看待。因而他们不能不走向轻视人民的力量，侮辱人民，说人民是一般无知的群氓，要等待英雄去把他们变成人民。如《尚书》说："黎民于变时雍"。孔子说："民可使由之，不可使知之。"又有些历史家以唯心论的观点说，心理可以创造一切，英雄可以创造时势，如梁启超说：

史界因果之劈头一大问题，则英雄造时势耶？时势造英雄耶？换言之，则所谓"历史为少数伟大人物之产儿""英雄传即历史"者，其说然耶否耶？罗索言："一部世界史试将其中十余人抽去，恐局面或将全变。"此论吾侪不能不认为确含一部分真理，……吾以为历史之一大秘密，乃在一个人之个性，何以能扩充为一时代一集团之共性？与夫一时代一集团之共性何以能寄现于一个人之个性？申言之：则有所谓民族心理与社会心理者，其物实为个人心理之扩大化合品，而复寄个人之行动以为之表现。……由人类心理之本身，有突变之可能性。心理之变动，极自由不可方物。无论若何固定之社会殊不能预料或限制其中之任何事任何人忽然起一奇异之感想；此感想一度爆发，视其心力之强度如何，可以蔓延及于全社会。（梁启超：《中

国历史研究法》，一七○——一七四页）

马克思主义者则认为：

> 不是英雄创造历史，而是历史创造英雄，也就是说，不是英雄创造人民，而是人民创造英雄并推进历史。英雄，杰出人物，只有当他们能正确了解社会发展条件，了解应如何改进这些条件的时候，才能在社会生活中起重大的作用。英雄和杰出人物如果不能正确了解社会底发展条件，却竟不顾社会底历史要求而胡作乱为，俨然以历史底"创造者"自居，那他们就会变成滑稽可笑，一钱不值的倒霉人物。（《联共党史》，二七页）

Ⅱ 唯物论认为：

> 既然世界可能认识，既然我们关于自然界发展规律的知识是具有客观真理意义的确实知识，那末由此就应得出结论：社会生活，社会发展也同样可能认识，科学方面关于社会发展规律的材料是具有客观真理意义的确实材料。

> 由此可见，社会历史科学，不管社会生活中的现象怎样复杂，都能成为例如生物学一样的准确科学，能利用社会发展规律来供实际的应用。

> 由此可见，无产阶级党在其实际活动中，决不应以什么偶然动机为准则，而应以社会发展规律，以及由这些规律中所得出的实际结论为准则。

> 由此可见，社会主义已由关于人类美满未来的空想变成了科学。

> 由此可见，科学和实际活动间的联系，理论和实践间的联系，它们的一致，应当成为无产阶级党底南针。（同上，一四五——一四六页）

中国旧历史家认为：宇宙是不可测度的，一切归之于天命人心。圣

人奉天承运，代天立极而为天子。天下治乱系于执政者之一心。所谓
"正心以正朝廷，正朝廷以正百官，正百官以正万民"。以及所谓执中的
心传，中庸的大道等等唯心论的观点，都应该根本肃清才能以科学的方
法来研究社会历史。不然则自己虽号称以科学的方法来研究历史而终不
能了解社会发展的规律。如梁启超说：

> 历史为人类心力所造成，而人类心力之动，乃极自由而不可方
> 物，心力既非物理或数理的因果律所能完全支配，则其所产生之历
> 史，自亦与之同一性质，今必强悬此律以驭历史，其道将有时而穷，
> 故曰不可能，不可能而强应用之，将反失历史之真相，故曰有害也。
> （《中国历史研究法》，一六七页）

虽然梁启超也注重物质环境，而始终不能脱离唯心论的观点，故他
不能说明真正的历史。

Ⅲ 唯物论认为：

> 既然自然界，存在，物质世界是第一性的现象，而意识、思维
> 是第二性的现象，从生的现象；既然物质世界是不依赖于人们意识
> 而存在的客观现实，而意识是这客观现实底反映，那末由此就应得
> 出结论：社会底物质生活，社会的存在，也是第一性的现象，而社
> 会的精神生活是第二性的现象，从生的现象；社会底物质生活是不
> 依赖于人们意志而存在的客观现实，而社会底精神生活是这客观现
> 实底反映，存在底反映。
>
> 由此可见，社会底精神生活所由形成的来源，社会思想、社会
> 理论、政治观点和政治制度所由产生的来源，并不是要到思想、理
> 论、观点和政治制度本身中去探求，而是要到社会底物质生活条件
> 中，要到社会存在中去探求，因为这些思想、理论和观点等等，是
> 这社会存在底反映。

　　由此可见，如果我们在社会历史各个不同的时期可以看见各种不同的社会思想、理论、观点和政治制度，如果我们在奴隶制度下所遇见的是一种社会思想、理论、观点和政治制度，在封建制度下所遇见的是另一种，在资本主义制度下所遇见的又是一种，那就不是由于什么思想、理论、观点和政治制度本身底"天性"和"属性"，而是因为在各个不同的社会发展时期有各个不同的社会物质生活条件。

　　社会存在怎样，社会物质生活条件怎样，社会思想、理论、政治观点和政治制度也就会怎样。因此马克思说：

　　"不是人们底意识决定人们底存在，恰巧相反，正是人们底社会存在决定人们底意识。"（《马克思选集》，第一卷，第二六九页）

　　由此可见，为了在政治上不犯错误，为了不致陷入空洞臆想家的地位，那末无产阶级党在自己的活动中，就不应从抽象的"人类理性原则"出发，而应从具体的社会物质生活条件，即从社会发展底决定力量出发；不应从"伟大人物"底善良愿望出发，而应从社会物质生活发展底现实需要出发。

　　空想派——包括民粹主义者、无政府主义者、社会革命党人在内——陷于覆亡的原因之一，就是他们不承认社会物质生活条件在社会发展过程中的首要作用，而陷入了唯心主义，不把自己的实际活动建筑在社会物质生活发展底需要上，却不顾这种需要并违反着这种需要而把它建筑在脱离社会现实生活的"理想计划"和"包罗万象的方案"上。（《联共党史》，一四六——一四七页）

中国历史上歌颂的所谓"唐虞盛世""大同世界"以孝和仁义为"包罗万象的方案"同空想派一样，都是一种空想。

　　马列主义之所以强而有力和生气勃勃，也就是因为它在自己的实际活动中正是凭借于社会物质生活发展底需要，无论何时也不脱离社会底现实生活。

可是，决不应当从马克思底话中作出结论，说社会思想、理论、政治观点和政治制度在社会生活中没有作用，说它们不反转来影响到社会存在，影响到社会生活物质条件底发展。我们在这里暂且只是说到社会思想、理论、观点和政治制度底起源，只是说到它们的产生，只是说到社会精神生活是社会物质生活条件底反映。至于社会思想、理论、观点和政治制度底意义，至于它们在历史上的作用，那末历史唯物主义不仅不否认，恰巧相反，正是着重指出它们在社会生活和社会历史上的严重作用和意义。

有各种各样的社会思想和理论。有旧的思想和理论，它们是已经衰颓，并为社会上那些衰颓着的势力底利益服务的东西。它们的作用就是阻碍社会发展，阻碍社会前进。同时又有新的先进的思想和理论，它们是为社会上的先进势力利益服务的东西。它们的作用就是促进社会发展，促进社会前进，而且它们愈是确切反映着社会物质生活发展底需要，便能获得愈加巨大的意义。(《联共党史》，一四七——一四八页)

中国有些历史家认为：

中国的文字、文学是建设了"人的文化"，同化了许多蛮族，平定了许多外患，同化了非人的文化……中国比欧洲人失败的原因，只是少了一个大的和附带一个小的：大的是科学，小的是工业……我们明白了这个教训，比欧洲所缺乏的是什么，我们的努力就有目标。(一九三三年十二月《盛京时报》载胡适作《中国历史的一个看法》)

胡适这种说法和张之洞一流崇古尊孔的人所谓"中学为体，西学为用"的"理论"，都是替衰颓下去的社会势力服务的思想和理论。

　　新的社会思想和理论，只有当社会物质生活发展已在社会面前提出新的任务时，才会产生出来。可是，它们既已产生出来，便会成为最严重的力量，能促进解决社会物质生活发展过程所提出的新任务，能促进社会前进。在这里也就表现出新的思想、新的理论、新的政治观点和新的政治制度所具有的那种伟大的、组织的、动员的和改造的意义。新的社会思想和理论所以产生出来，正是因为它们为社会所必需，因为若没有它们那种组织的、动员的和改造的工作，更无法解决社会物质生活发展过程中已经成熟的任务。新的社会思想和理论既已在社会物质生活发展过程所提出的那些新任务基础上产生出来，便能扫除障碍，深入民众意识，动员民众，组织民众去反对社会上衰颓着的势力，因而便利着推翻社会上正在衰颓而阻碍社会物质生活发展的势力。(《联共党史》，一四八页)

从我们中国共产党最近十五年的革命历史来看，每当社会底物质生活发展到了一个新的政治形势时，我党就提出新的任务。一九三五年十二月我党即指出时局的特点说：

　　目前政治形势已经起了一个基本上的变化，在中国革命史上划分了一个新时期，这表现在日本帝国主义变中国为殖民地，中国革命准备进入全国性的大革命，在世界是革命与战争的前夜。

党提出的任务：

　　是在发动、团结与组织全中国全民族一切革命力量，去反对当前主要的敌人——日本帝国主义与卖国贼头子蒋介石。

这一反日反卖国贼的民族统一战线的指示，适合于当时社会发展的需要，因此就能发动全国广大民众，他们热烈要求实现中国共产党"停止内战，一致对外"的口号。但蒋介石仍不愿抗日，反而继续进行反共反人民的内战，亲自到西安逼迫张学良、杨虎城进攻陕北共产党的红军（即现在的人民解放军）。张杨出于义愤，于一九三六年十二月十二日在西安把蒋介石逮捕起来，这就是有名的西安双十二事变。中国共产党为了团结全国一致抗日，就向张杨建议，只要蒋介石愿意共同抗日，实行所提出的条件，就释放他以加强抗日力量。蒋介石被迫表示愿意停战、共同抗日，并应允实行所提条件，这才开始了一九三七年"七七"的抗日战争。中国共产党和中国人民，进行了艰苦的英勇的八年抗日民族革命战争，使日本无条件投降，中国人民获得了光荣的胜利。

但是，在八年抗日战争中，不是没有各种危险的，首先就是国民党蒋介石反共投降的危险。因此，毛泽东同志一九三九年六月指出当时的危险说：

目前形势的特点在于：国民党投降的可能已经成为最大的危险，而其反共活动则是准备投降的步骤。国民党投降可能是从抗战开始就存在的，不是今天突然发生的；但成为时局的最大危险，则是目前政局中的现象。国民党反共也是从统一战线建立时就存在的，不是今天突然发生的；但把反共作为直接投降的步骤，则是目前的实际。

毛泽东同志及时地指出当前的任务。他在答复《新华日报》记者的谈话中说：

中国的前途有两个：一个是坚持抗战、坚持团结、坚持进步的前途，这就是复兴的前途。一个是实行妥协、实行分裂、实行倒退的前途，这就是亡国的前途。

在新的国际环境中，在日本更加困难与我国绝不妥协的条件下，我国的战略退却阶段便已完结，而战略相持阶段便已到来。所谓战略相持阶段，即是准备反攻的阶段。

但是，正面相持与敌后相持是成反比例的，正面相持的可能增多，敌后相持的可能就要减少。所以，从武汉失守后开始的敌人在沦陷区（主要是在华北）举行的大规模军事"扫荡"，今后不但还会继续，而且还会加紧起来。更因敌人的主要政策是"以华制华的政治进攻"与"以战养战的经济侵略"，英国的东方政策是召开远东慕尼黑，这就加重了引诱中国投降与造成中国分裂的极大危险性。至于我国国力与敌人对比，还是相差很远，要准备实行反攻的力量，非全国一致，艰苦奋斗，是不可能的。

因此，我国抗战的任务还是一个非常严重的任务，千万不要丝毫大意。

因此，毫无疑义，中国万万不可放弃现在的时机，万万不可打错主意，而应该采取坚定正确的政治立场。

这就是：第一，坚持抗战立场，反对任何的妥协运动。不论是公开的汪精卫和暗藏的汪精卫，都应该给以坚决的打击。不论是敌人的引诱和英国的引诱，都应该给以坚决的拒绝，中国决不能参加东方慕尼黑。

第二，坚持团结立场，反对任何的分裂运动。也不论是从敌人方面来的，外国方面来的，国内投降派方面来的，都应该充分的警戒。任何不利于抗战的内部磨擦，必须用严正态度加以制止。

第三，坚持进步立场，反对任何的倒退运动。不论是军事方面的、政治方面的、财政经济方面的、党务方面的、文化教育方面的与民众运动方面的，一切不利于抗战的思想、制度与办法，都要来一个重新考虑与切实改进，以利抗战，以慰全国嗷嗷之望。

果能如此，中国就能好好的准备反攻力量。

从现时起，全国应以"准备反攻"为抗战的总任务。

中国共产党和中国人民实行了毛泽东同志这个指示，使国民党蒋介石不敢投降，使中国转到反攻。

一九四○年毛泽东同志发表《新民主主义论》，他说：

> 很清楚的，中国现时社会的性质，既然是殖民地半殖民地半封
> 建的性质，它就决定了中国革命必须分为两个步骤。第一步，改变
> 这个殖民地半殖民地半封建的社会形态，使之变成一个独立的民主
> 主义的社会。第二步，使革命向前发展，建立一个社会主义的社会。
> 中国现时的革命，是在做第一步。

这一有名的划时代的论文，把中国革命的前途、中国社会发展的方
向、中国革命的目的，说得清清楚楚，使人从思想上、从理论上得到一
个明确的解答，是一部空前伟大的著作。

一九四五年毛泽东同志又发表《论联合政府》，详细说明了抗日建国
的总路线。日本投降后的《双十协定》、停战协定、政治协商会议等等都
是在新环境到来，就提出新任务。

以上这些都是在新形势下提出新任务，使它变成新的思想和理论，
以动员民众、组织民众。这些新任务是由社会底物质生活之发展而产生
的，是随时局的发展和变化，而发展和变化，其思想理论亦随之不断向
前发展。尤其在最近三年来，时局的发展愈快，新任务的提出也愈快。
每当一个新形势的紧要关头，毛泽东同志就很正确地、很明白地指出新
的任务，充分表现出他的坚定的原则性和必需的灵活性。

一九四六年，为美国帝国主义所支持的国民党反动派，撕毁了停
战协定、政协决议，在中国发动反革命的全国规模的战争，中国人民和
人民解放军则在共产党领导之下，起来反抗这种反革命战争，举行了伟
大的人民解放战争。经过一年后，军事情况的基本特点就是人民解放
军由防御转入进攻，国民党的反动军队则由进攻转入防御。同时国民
党反动统治区域，人民不堪压榨，纷纷起来反抗，开辟了第二条战线。

一九四七年五月三十日，中共权威人士评目前时局的结论说：

　　中国事变的发展，比人们预料的要快些。一方面是人民解放军
的胜利，一方面是蒋管区人民斗争的前进，其速度都是很快的。为
了实现一个和平的、民主的、独立的新中国，中国人民应当准备一
切必要条件。

一九四七年十月十日，中共中央发表《关于公布〈中国土地法大纲〉
的决议》，号召展开及贯彻全国的土地改革运动，完成中国革命的基本任
务。这是中国占乡村人口百分之八十以上的农民即三万万六千万以上的
人的迫切要求，这一动员的号召，使农民抬起头来，在解放区推翻了封
建制度，打破了生产关系的枷锁，农民就活跃起来，踊跃生产和参军，
使解放军壮大而所向无敌。

毛泽东同志于同年十二月二十五日在中共中央会议提出的《目前形
势和我们的任务》报告上说：

　　中国人民的革命战争，现在已经达到了一个转折点。这即是中
国人民解放军已经打退了美国走狗蒋介石的数百万反动军队的进攻，
并使自己转入了进攻。……

　　……中国人民解放军已经在中国这一块土地上扭转了美国帝国
主义及蒋介石匪帮的反革命车轮，使之走向覆灭的道路，推进了自
己的革命车轮，使之走向胜利的道路。这是一个历史的转折点。这
是蒋介石二十年反革命统治由发展到消灭的转折点。这是一百多年
以来帝国主义在中国的统治由发展到消灭的转折点。这是一个伟大
的事变。这个事变所以带着伟大性，是因为这个事变发生在一个具
有四万万五千万人口的国家内，这个事变一经发生，它就将必然地
走向全国的胜利。这个事变所以带着伟大性，还因为这个事变发生
在世界的东方，在这里，共有十万万以上人口（占人类的一半）遭

受帝国主义的压迫，中国人民的解放战争由防御转到进攻，不能不引起这些被压迫民族的欢欣鼓舞。同时，对正在斗争的欧洲各国的被压迫人民，也是一种援助。

毛泽东同志在同一报告中，又清楚地指出国内国际现时社会的物质生活发展的特点说：

蒋介石反动集团在一九四六年发动全国规模的反人民的国内战争的时候，他们之所以敢于冒险，不但依靠他们自己的优势的军事力量，而且主要地依靠他们认为是异常强大的、举世无敌的、手里拿着原子弹的美国帝国主义。一方面，能够象流水一样地供给他们以军事上与财政上的需要；另一方面，狂妄地设想所谓"美苏必战"，所谓"第三次世界大战必然爆发"。这种对于美国帝国主义的依赖，是第二次世界大战结束以后全世界各国反动势力的共同特点。这件事，反映了第二次世界大战给予世界资本主义的打击的严重性，反映了各国反动派力量的薄弱及其心理的恐慌与丧失信心，反映了全世界革命力量的强大，使得各国反动派除了依靠美国帝国主义的援助就感到毫无出路。但是，在实际上，在第二次世界大战以后的美国帝国主义，是否真如蒋介石及各国反动派所设想的那么强大呢？是否真能象流水一样的从美国接济蒋介石及各国反动派呢？并不如此。美国帝国主义在第二次世界大战期间所增强起来的经济力量，遇着了不稳定的日趋缩小的国内市场与国际市场。这种市场的进一步缩小，就要引起经济危机的爆发。美国的战争景气，仅仅是一时的现象。它的强大，只是表面的与暂时的。危机就象一座火山，每天都在威胁美国帝国主义，美国帝国主义就是坐在这座火山上。这种情况，迫使美国帝国主义分子建立了奴役世界的计划，象野兽一样，向欧、亚两洲及其他地方乱窜，集合各国的反动势力，那些被人民唾弃的渣滓，组成帝国主义及反民主的阵营，反对以苏联为首的一切民主势力，准备战争，企图在将来，在遥远的时间内，有一天发动第三次世界大战打败民主力量。这是一个狂妄的计划。全世界民主势力必须打败这个计划，也完全能够打败它。全世界反帝国主义阵营的力量超过了帝国主义阵营的力量。优势是在我们方面，不在敌人方面。以苏联为首的反帝国主义阵营，业已形成。没有危机的、向上发展的、受到全世界广大人民群众爱护的社会主义的苏联，它的力量，现在就已经超过了被危机严重威胁着的、向下衰落的、受到全世界广大人民群众反对的帝国主义的美国。欧洲各新民主国家，正在巩固其内部，并互相团结起来。以法意为首的欧洲各资本主义国家人民的反帝国主义力量，正在发展。美国内部，存在着日趋强大的人民民主势力。拉丁美洲的人民，并不是顺从美国帝国主义的奴隶。整个亚洲，兴起了伟大的民族解放运动，反帝国主义阵营的一切力量，正在团结起来，并正在向前发展。欧洲九个国家的共产党，业已组成了情报局，发表了号召全世界人民起来反对帝国主义奴役计划的檄文。这篇檄文，振奋了全世界被压迫人民的精神，指示了他们的斗争方向，巩固了他们的胜利信心，全世界反动派，在这篇檄文面前惊慌失措。东方各国一切反帝国主义的力量，也应当团结起来，反对帝国主义及各国内部反动派的压迫，以东方十万万以上被压迫人民获得解放为奋斗的目标，我们自己的命运完全应当由我们自己来掌握，我们应当在自己内部肃清一切软弱无能的思想。一切过高估计敌人力量与过低估计人民力量的观点，都是错误的，我们和全世界民主力量一道，只要大家努力，一定能够打败帝国主义的奴役计划，阻止第三次世界大战，使之不能发生，推翻一切反动派的压迫，争取人类永久和平的胜利。

只要我们能够掌握马克思列宁主义的科学，信任群众，紧紧地和群众一道，并领导他们前进，我们是完全能够超越任何障碍与战胜任何困难的，我们的力量是无敌的。现在是全世界资本主义与帝国主义走向灭亡，全世界社会主义与民主主义走向胜利的历史时代，曙光就在前面，我们应当努力。

一年多以来，事实证明，毛泽东同志的指示是完全正确的。我人民解放军接连获得无数次的伟大胜利，一九四八年十月，锦州、辽西大捷后，国民党在东北近百万的军队，全部被歼，东北已完全解放，随即有徐州、淮海大战，歼灭了国民党军六十万，东北人民解放军入关，会同华北解放军包围平津，国民党军已面临全军覆没的命运。美帝国主义恐其走狗的灭亡，唆使蒋介石于一九四九年元旦放出和平空气，企图以假和平获得喘息机会，苟延生命，以便卷土重来。我党洞烛其奸，一面号召全国人民，将革命进行到底，一面由毛泽东同志于一月十四日发表声明说：

虽然中国人民解放军具有充足力量和充足理由，确有把握在不要很久的时间之内，全部消灭反动政府的残余军事力量，但是为了迅速结束战争，实现真正的和平，减少人民的痛苦，中国共产党愿意与南京国民党反动政府及其他任何国民党地方政府与军事集团在下列条件的基础之上进行和平谈判。这些条件是：（一）惩办战争罪犯；（二）废除伪宪法；（三）废除伪法统；（四）依据民主原则改编一切反动军队；（五）没收官僚资本；（六）改革土地制度；（七）废除卖国条约；（八）召开没有反动分子参加的政治协商会议，成立民主联合政府，接收南京国民党反动政府及其所属各级政府的一切权力。中国共产党认为，上述各项条件反映了全国人民的公意，只有在上述各项条件之下所建立的和平，才是真正的民主的和平。如果南京国民党反动政府中的人们，愿意实现真正的民主的和平，而不是虚伪的反动的和平，那么，他们就应当放弃其反动的条件，承认中国共产党提出的八个条件，以为双方从事和平谈判的基础。否则，就证明他们的所谓和平，不过是一个骗局。

全国人民拥护这一声明，解放军打下天津后，北平二十余万国民党守军即依照解放军的条件，由解放军和平接收北平，至此，华北、华东、华中、中原几已完全解放，国民党反动政府不得已派代表到北平谈判，经过了十五日的和谈，作出了八条二十四项的国内和平协定，限于四月二十日签字。但是国民党反动政府拒绝签字，解放军于四月二十一日大举渡江，一天即渡过一百万大军，三天即解放了南京，作恶了二十二年的国民党反动政府宣告灭亡了。革命即将在全国范围内获得完全胜利了。

中国革命，经过了许多曲折，遭受了很多困难，特别是一九三五年，日本帝国主义变中国为殖民地的侵略暴行，已由东北而热河，由热河而平津，民族危机到了深重的时候，毛泽东同志重申我党"停止内战，一致对外"的要求，向全国人民呼吁，得到全国人民的热烈欢迎，发动了广大民众，坚持了八年的抗日战争，获得了完全的胜利。但是因为中国是半封建半殖民地的国家，在抗日时期，政权握在反革命蒋介石的手里，没有能如毛泽东同志"民主的抗日"的战略来达到建立独立与民主的新中国，恰恰相反，蒋介石乘抗日战争关系，把一切国家大权集于一身；把国家经济"化公为私"，成了蒋、宋、孔、陈四大家族的私产。这四大家族，在他们当权的二十二年中，已经集中了价值达一百万万至二百万万美元的巨大资本，垄断全国的经济命脉。这个垄断资本，与国家政权结合在一起，成为国家垄断资本主义。这个垄断资本主义，与外国帝国主义，与本国地主阶级及旧式富农，密切地结合着，成为买办的封建的国家垄断资本主义，又成为美帝国主义垄断资本主义的附庸。他们与美国帝国主义最反动的战争贩子结合，疯狂地反苏反共，企图制造第三次世界大战，公然要以中国为反苏大战的根据地，中国人民又面临着美国帝国主义变中国为殖民地的严重时期。三年来，中国人民终于在中国共产党领导之下，毛泽东同志领导之下，又得到了伟大的胜利。

总结近十五年来的历史，中国革命遇到几次大的危机，终能取得胜利，这是什么原因呢？这就是由于中国共产党、毛泽东同志以马列主义的普遍真理与中国革命的具体实践相结合，正确地认识了中国社会的物质生活发展之需要，坚决地提出了必须打倒帝国主义，打倒封建主义，打倒官僚资本主义，在全国范围内推翻国民党的反动统治，在全国范围内建立无产阶级领导的以工农联盟为主体的人民民主专政的共和国。使中华民族来一个大翻身，由半殖民地变为真正的独立国，使中国人民来一个大解放，将自己头上的封建的压迫和官僚资本（即中国的垄断资本）的压迫一起掀掉，并由此造成统一的民主的和平局面，造成由农业国变为工业国的先决条件，造成由人剥削人的社会改造为没有人剥削人的社会主义社会发展的可能性。这个新的社会思想、这个新的社会理论是由中国社会的物质生活之发展所产生出来，适合于中国国情和人民的需要。而且在每一新环境、新形势到来，又灵活的提出新任务，因此就能发动广大民众，就能动员他们并把他们组织成为无产阶级党的伟大的军队，这个伟大军队就能完成新的革命的任务。

因此马克思说：

"理论一掌握了群众，便立刻成为物质的力量。"（《马恩全集》，第一卷，第四〇六页）

由此可见，无产阶级党，为要有可能去影响社会物质生活条件并加速其发展，加速其改善，便应凭借于这样一种社会理论和社会思想，这种理论和思想能正确反映社会物质生活发展的需要，因而能发动广大民众，能动员他们，把他们组织成一支决意打破社会反动势力并为社会先进势力开辟道路的无产阶级党的伟大军队。

"经济主义者"和孟什维克陷于覆亡的原因之一，就是他们不承认先进理论和先进思想有动员的、组织的和改造的作用，而陷入了庸俗唯物主义，竟把先进理论和先进思想的作用看成几等于零，因而使党陷于消极无为，陷于萎靡不振的地步。

马列主义之所以强而有力和生气勃勃，就是因为它凭借于正确反映着社会物质生活发展需要的先进理论，把这个理论提到它所应有的高度，并努力来彻底利用这个理论所有的动员的、组织的和改造的力量。

历史唯物主义就是这样来解决社会存在和社会意识间，社会物质生活发展条件和社会精神生活发展间互相关系问题的。

现在还要说明一个问题：从历史唯物主义观点看来，究应把归根到底决定社会面貌、社会思想、观点和政治制度等等的"社会物质生活条件"，了解为什么东西呢？

这"社会物质生活条件"究竟是什么；它们的特征究竟怎样呢？

首先，"社会物质生活条件"这一概念，当然是把环绕着社会的自然界，即地理环境包含在内，因为这个环境是社会物质生活所必要的和经常的条件之一，而且无疑是影响到社会的发展。地理环境在社会发展中的作用怎样呢？地理环境是不是决定社会面貌，人们社会制度性质，以及由一个制度过渡到另一个制度的主要力量呢？

历史唯物主义对于这个问题的答复是否定的。

地理环境当然是社会发展的经常必要的条件之一，而且它无疑是能影响到社会的发展，加速或延缓社会发展进程。但它的影响并不是决定的影响，因为社会的变更和发展要比地理环境的变更和发展快得不可计量。欧洲在三千年内已更换过三种不同的社会制度——原始公社制度，奴隶制度，封建制度；而在欧洲东部，即在苏联，甚至更换了四种社会制度。可是，在这同一时期内，欧洲境内的地理条件不是完全没有变更，便是变更得很少很少，甚至地理学也不肯提到它。而这是不言而喻的。地理环境方面一种稍许严重的变更都需要几百万年，而人们社会制度中甚至最严重的变更，也只需要几百年或一两千年就够了。

由此就应得出结论：地理环境决不能成为社会发展的主要原因、决定原因，因为在数万年间几乎仍旧不变的现象，决不能成为那在几百年间就发生根本变更的现象发展的主要原因。

其次，人口的增长，居民密度的高低，当然也包含在"社会物质生活条件"这一概念中，因为人是社会物质生活条件中的必要成分，没有一定的最低限度的人口，便不能有任何社会物质生活。人口的增长是不是决定人们社会制度性质的主要力量呢？

历史唯物主义对于这个问题的答复也是否定的。

人口的增长当然能影响到社会的发展，促进或延缓社会的发展，但它不能成为社会发展中的主要力量，它对于社会发展的影响不能是决定的影响，因为人口的增长并不能给我们说明为什么某个社会制度恰巧要由一定的新制度来替代，而不是由其他某一个制度来替代；为什么原始公社制度恰巧是由奴隶制度所替代，奴隶制度恰巧是由封建制度所替代，封建制度恰巧是由资产阶级制度所替代，而不是由其他某一制度所替代。

如果人口的增长是社会发展中的决定力量，那末较高的人口密度就必定会产生出相当于它的较高形式的社会制度。可是，事实上却没有这样的情形。中国人口密度比美国高至四倍，但美国在社会发展程度上高于中国，因为中国仍然是半封建制度占统治，而美国却早已达到资本主义发展的最高阶段。比利时人口密度比美国高至十九倍，比苏联高至二十六倍，但美国在社会发展程度上高于比利时，而苏联比之比利时，更是高出一整个历史时代，因为比利时还是资本主义制度占统治，而苏联却已消灭了资本主义并确立了社会主义制度。

由此就应得出结论：人口的增长不是而且不能是在社会发展过程中决定社会制度性质，决定社会面貌的主要力量。

（甲）既然如此，那末在社会物质生活条件体系中，究竟什么是决定社会面貌，决定社会制度性质，决定社会由这一制度发展为另一制度的主要力量呢？

这样的力量，据历史唯物主义看来，便是人们生存所必需的生活资料谋得方式，便是社会生活和发展所必需的食品、衣服、靴鞋、住房、燃料和生产工具等等物质资料生产方式。

为要生活，就需要有食品、衣服、靴鞋、住房和燃料等等，为要有这些物质资料，就必需生产它们，而为要生产它们，就需要有人们所利用来生产食品、衣服、靴鞋、住房和燃料等等的种种生产工具，就需要善于生产这些工具，就需要善于使用这些工具。

生产物质资料时所使用的生产工具，以及因有相当生产经验和劳动技能而发动着生产工具并实现着物质资料生产的人，——这些要素总合起来，便构成为社会的生产力。

但生产力还只是生产的一方面，生产方式的一方面，其所表示的是人们对于他们所利用来生产物质资料的物件和自然界力量间的关系。生产的另一方面，生产方式的另一方面，便是人们彼此在生产过程中发生的关系，即人们的生产关系。人们和自然界斗争以及

第三卷 ·97·

利用自然界来生产物质资料，并不是彼此孤立，彼此隔绝，各人单独进行，而是以团体为单位，以社会为单位来共同进行的。因此，生产在任何时候和任何条件下都是社会的生产。人们在实现物质资料生产时，也就建立彼此间在生产内部的某种相互关系，即某种生产关系。这些关系可能是不受剥削的人们彼此间的合作和互助关系，可能是统治和服从的关系，最后，也可能是由一种生产关系形式过渡到另一种生产关系形式的过渡关系。可是，不管生产关系带着怎样的性质，而它们在任何时候和在任何制度下，都如社会的生产力一样是生产的必要原素。

马克思说：

"人们在生产中不仅影响着自然界，而且彼此互相影响着。他们如果不用相当方式结合起来共同活动和互相交换其活动，便不能生产。为了实现生产，人们便发生一定的联系和关系，只有经过这些社会联系和社会关系，才会有人们对于自然界的关系存在，才会有生产。"（《马恩全集》，第五卷，第四二九页）

所以，生产，生产方式是把社会的生产力和人们的生产关系两者都包含在内，而体现着两者在物质资料生产过程中的统一。

（乙）生产的第一个特点就是它永远也不会长久停留在一点上，而是始终处在变更和发展状态中，同时生产方式中的变更又必然引起全部社会制度、社会思想、政治观点和政治制度之变更，即引起全部社会的和政治的结构的改造。人们在各个不同的发展阶段上有着各个不同的生产方式，或者粗浅一点说，过着各种不同样式的生活。在原始公社制度下有一种生产方式，在奴隶制度下有另一种生产方式，在封建制度下有第三种生产方式，余此类推。同时，人们的社会制度，他们的精神生活，他们的观点，他们的政治制度，也与此适应而各不相同。

社会的生产方式怎样，社会本身在基本上也就会怎样，社会的思想和理论、政治观点和政治制度也就会怎样。

或者粗浅一点说：人们的生活样式怎样，人们的思想样式也就会怎样。

这就是说，社会发展史首先便是生产发展史，数千百年来新陈代谢的生产方式发展史，生产力和人们生产关系发展史。

由此可见，社会发展史同时也就是物质资料生产者本身的历史，即身为生产过程中基本力量并实现着社会生存所必需物质资料生产的那些劳动群众的历史。

由此可见，历史科学要想成为真正的科学，便不能再把社会发展史归结为帝王将相的行动，归结为国家"侵略者"和"征服者"的行动，而是首先应当研究物质资料生产者的历史，劳动群众的历史，各国人民的历史。

由此可见，研究社会历史规律的关键，并不是要到人们的头脑中，到社会的观点和思想中去探求，而是要到社会在每个一定历史时期所采取的生产方式中，即要到社会的经济中去探求。

由此可见，历史科学的首要任务是要研究和揭示生产的规律，生产力与生产关系发展的规律，社会经济发展的规律。(《联共党史》，一四九——一五四页)

中国旧历史材料虽然很丰富，但大部是记载帝王与将相的行动，记载朝代兴亡的活动，而很少记载社会经济的事实，这是研究中国历史的一个大缺陷。

中国有些历史家把自然界与人类社会对立起来，以为人类社会的历史只限于记载精神活动的结果。如梁启超说：

人类为生存而活动，亦为活动而生存。活动休止，则人道或几乎息矣。凡活动，以能活动者为体，以所活动者为相。史也者，综合彼等与活动者之种种体，与其活动所表现之种种相，而成一有结构的叙述者也。是故非活动的事项——例如天象、地形等，属于自然界现象者，皆非史的范围；反之，凡活动的事项——人类情感理智意志所产生者，皆活动之相，即皆史的范围也。（梁启超：《中国历史研究法》，一页）

把人类社会历史不在致力于物质资料生产者即劳动民众的生产方式中去找寻，而在人类情感理智意识即人类头脑所产生的思想动作言行即所谓文化事功中去找寻，这种唯心论的观点，根本就不能了解人类社会真正的历史。

（丙）生产的第二个特点就在生产的变更和发展始终是从生产力的变更和发展上，首先是从生产工具的变更和发展上开始。所以生产力是生产中最活动最革命的要素。起初是社会的生产力发生变更和发展起来，然后，人们的生产关系，人们的经济关系也依赖于这些变更并与这些变更相适应而发生变更。但这并不是说，生产关系不影响到生产力的发展，生产力不依赖于生产关系。生产关系虽然是依赖于生产力的发展而发展，但同时它们又反转来影响到生产力，加速或延缓其发展。而且必须指出：生产关系不能过分长久落后于生产力的增长并和这一增长相矛盾，因为只有当生产关系适合于生产力的性质及状况，并使生产力有发展余地时，生产力才能尽量发展起来。因此，无论生产关系怎样落后于生产力的发展，但它们迟早总应而且一定会去适合于生产力的发展水准，适合于生产力的性质。不然，便会有生产体系中生产力与生产关系统一的根本破坏，全部生产破裂，生产危机以及生产力破坏的情形。

生产关系和生产力性质不适合的实例，它们两者间冲突的实例，便是资本主义国家中所发生的经济危机，那里生产资料的资本主义私有制是和生产过程的公共性质，是和生产力的性质极不适合的。这种不适合的结果，便是使生产力陷于破坏的经济危机，而这种不适合的情况就是那负有使命破坏现存生产关系，并建立起适合于生产力性质的生产关系的社会革命的经济基础。

反之，生产关系和生产力性质完全适合的实例，便是苏联的社会主义国民经济，这里的生产资料的公有制和生产过程的公共性质是完全适合的，因此在苏联没有经济危机，也没有生产力破坏的情形。

所以，生产力不仅是生产中最活动最革命的要素，而且是生产发展过程中决定的要素。

生产力怎样，生产关系也就应怎样。

生产力的状况所回答的是人们用怎样的生产工具来生产他们所必需的物质资料的问题，而生产关系的状况所回答的则是生产资料（土地、森林、水流、矿源、原料、生产工具、生产建筑物、交通联络工具等等）归谁所有，生产资料由谁支配——是由全社会支配，还是由单个的人、集团和阶级支配并利用去剥削其他的人、集团和阶级的问题。

以下便是从古代到今日的生产力发展的一般情景。由粗笨的石器过渡到弓箭，并与此相适应而由狩猎生活过渡到驯养动物和原始畜牧；由石器过渡到金属工具（铁斧、铁口锄等等），并与此相适应而过渡到种植植物，过渡到农业；金属的制造工具继续改良，过渡到冶铁风箱，过渡到陶器生产，并与此相适应而有手工业的发展，手工业脱离农业的分立，独立手工业生产以及后来手工业工场生产的发展；由手工业生产工具过渡到机器，手工业工场生产转变为机器工业；再进而过渡到机器制，以及现代机器化工业的出现。——这就是人类史上社会生产力发展的一个大致而远不完备的情景。同时，生产工具的发展和改善当然是由参加生产的人们所实现，而不是与人们无关，所以，由于生产工具的变更和发展，人们，即生产力中最重要的原素，也随着变更和发展起来，他们的生产经验，劳动技能以及运用生产工具的本领，也随着变更和发展起来。（《联共党史》，一五四——一五六页）

中国有些历史家，不了解人们的变化与发展，是伴着生产工具的变化与发展而来，科学与技能的发展是伴着生产经验的发展而发展，反而以天命论、唯心论的观点说"天亶聪明""作之君，作之师"，把社会进化的动力归之于少数圣贤。并且如孟子所谓："劳心者治人，劳力者治于人，治于人者食人，治人者食于人，天下之通义也。"曾使剥削制度合理化而离社会发展的真理更远了。

随着社会生产力在历史上变更和发展，于是人们的生产关系，人们的经济关系，也与此适应而变更和发展。

历史上有五种基本生产关系：原始公社制的，奴隶制的，封建制的，资本主义的，社会主义的。

在原始公社制度下，生产关系的基础是生产资料的公有制。这在基本上是与当时的生产力性质相合的。石器以及后来出现的弓箭，使人绝对不能单身去和自然界势力及猛兽作斗争。人们当时为要在森林中采集果实，在水里捕获鱼类，建筑某种住所，便不得不共同工作，否则便会饿死，便会成为猛兽或邻近部落的牺牲品。公共的劳动也就引起了生产资料和生产品的公有制。这里还不知道什么是生产资料私有制，而不过有些同时用以防御猛兽的生产工具是归个人所有。这里并没有什么剥削，也没有什么阶级。

在奴隶制度下，生产关系的基础是奴隶主占有生产资料和占有生产工作者，这生产工作者便是奴隶主所能当作牲畜来买卖屠杀的奴隶。这样的生产关系在基本上是与当时的生产力状况相合的。此时人们所拥有的已经不是石器，而是金属工具；此时所有的已不是那种不知畜牧业为何物，也不知农业为何物的贫乏原始的狩猎经济，而是已经出现了的畜牧业、农业、手工业以及这些生产部门彼此间的分工；此时已有可能在各个人间和各部落间交换生产品，已有可能把财富积累在少数人手中，而且真正把生产资料积累于少数人手中，已有可能迫使大多数人服从少数人并把这大多数人变为奴隶。这里已不是社会中一切成员在生产过程中共同地和自由地劳动，而是由那些被不劳而获的奴隶主所剥削的奴隶们的强迫劳动占主要地位。因此也就没有了生产资料和生产品的公有制。它已被私有制所代替了。这里，奴隶主是第一个和基本的十足的私有主。

富人和穷人，剥削者和被剥削者，享有完全权利的人和毫无权利的人，他们彼此间的残酷阶级斗争，——这就是奴隶制度的情景。

在封建制度下，生产关系的基础是封建主占有生产资料和不完全占有生产工作者，这生产工作者便是封建主虽已不能屠杀，但仍可以买卖的农奴。当时除封建所有制外，还存在有农民和手工业者以本身劳动为基础占有生产工具和自己私有经济的个人所有制。这样的生产关系在基本上是与当时的生产力状况相合的。溶铁和制铁工作更进一步的改善；铁犁和织布车的散布；农业，园圃业，酿酒业和炼油业的继续发展；与手工业作坊并存的手工业工场企业的出现。——这就是当时生产力状况的特征。

新的生产力所需要的是在生产中能表现某种自动性，愿意劳动，对劳动感觉兴趣的生产者。因此，封建主就把奴隶抛弃，因为奴隶是对劳动不感兴趣和完全没有自动性的工作者；而宁愿利用农奴，因为农奴有自己的经济，有自己的生产工具，具有为耕种土地并从自己收成中拿出一部分实物缴给封建主所必需的某种劳动兴趣。

私有制在这里已经继续发展了。剥削几乎仍如奴隶制度下的剥削一样残酷，不过是稍许减轻一些罢了。剥削者和被剥削者间的阶级斗争，便是封建制度的基本特征。

在资本主义制度下，生产关系的基础是生产资料的资本主义所有制，同时这里已经没有了私自占有生产工作者的情形，这时生产工作者即雇佣工人，是资本家既不能屠杀，也不能出卖的，因为雇佣工人已免除了人格上的依赖，但他们却没有生产资料，所以他们为要不致饿死，便不得不出卖自己的劳动力给资本家，并忍受繁重的剥削。除资本主义的生产资料所有制外，还存在有免除了农奴制依赖的农民和手工业者以本身劳动为基础占有生产资料的私有制，而且这种私有制在第一个时期是很流行的。手工作坊和手工工场企业已由机器化的大工厂所代替了。用农民粗笨生产工具耕作的贵族地产，已由根据农艺学经营和使用农业机器的资本主义大农场所代替了。

新的生产力所需要的是比闭塞无知的农奴们文化些，伶俐些，能够懂得机器并正确使用机器的生产工作者。因此，资本家宁愿利用免除了农奴制羁绊而有相当文化程度来正确使用机器的雇佣工人。

可是，资本主义把生产力发展到巨大规模的时候，便陷入它自己所不能解决的矛盾中。资本主义生产出日益增多的商品并减低着商品价格，便使竞争尖锐化，使大批小私有主和中等私有主陷于破产，把他们变成无产者，减低他们的购买力，因而就使生产出来的商品无法销售出去。资本主义扩大生产并把千百万工人集合在大工厂内，便使生产过程具有了公共的性质，因而破坏了自己本身的基础，因为生产过程的公共性质要求有生产资料的公有制，而生产资料的所有制却仍然是资本主义私人性的，即与生产过程的公共性质势不两立的所有制。

生产力性质与生产关系间这种不可调和的矛盾，是暴露于周期的生产过剩危机中，此时资本家因他本身使广大民众遭受破产而找不到有支付能力的需求者，便不得不烧毁生产品，消灭已制成的商品，停止生产，破坏生产力；此时千百万民众被迫失业挨饿，而这并不是由于商品不够，却是因为商品出产太多。

这就是说，资本主义的生产关系已不复与社会生产力状况相适合，而是已与社会生产力处于不可调和的矛盾地位。

这就是说，在资本主义制度里成熟着革命，其使命就是要用社会主义的生产资料所有制来代替现存的资本主义生产资料的所有制。

这就是说，剥削者和被剥削者间最尖锐的阶级斗争，乃是资本主义制度的基本特征。

在社会主义制度下，在此刻还只实现于苏联的这个制度下生产资料的公有制是生产关系的基础。这里已没有什么剥削者，也没有什么被剥削者。生产出来的物品是根据"不劳动者不得食"的原则来按劳动分配的。这里生产过程中人们相互关系的特征，乃是不受剥削的工作者们间同志的合作和社会主义的互助。这里生产关系与生产力状况完全相合，因为生产过程的公共性质是由生产资料的公有制所巩固的。

因此，苏联的社会主义生产也就根本不知道什么是周期的生产过剩危机，以及与此危机相联结的荒谬现象。

因此，生产力在这里是加速发展着，因为适合于生产力的生产关系使生产力有这样发展的充分广阔的余地。

这就是人类史上人们生产关系发展的情景。

这就是生产关系发展对于社会生产力发展，首先是对于生产工具发展的依赖性，而因为有这种依赖性，所以生产力的变更和发展迟早要引起生产关系与此相适应的变更和发展。

马克思说：

"劳动资料^①的使用和创造，虽其萌芽形式已为某几种动物所固有。毕竟是人类劳动过程所独具的特征，所以佛兰格林说人类是制造工具的动物。劳动资料的遗骸对于研究已经消亡的诸社会经济形态，也如动物骨骼的遗骸结构对于研究已消亡的诸种动物的躯体组织一样，有极重要的意义。各个经济时代所由以区别的不是生产什么，而是怎样生产……。劳动资料不仅是人类劳动力发展的尺度，而且是劳动在其中实现的社会关系的指标。"（马克思：《资本论》，第一卷，第一二一页，一九三五年版）

其次：

（1）"社会关系是和生产力密切联结的。人们既获得新的生产力，便会改变自己的生产方式，而随着生产方式的改变，即本身生活保证方式的改变，人们也就会改变自己所有一切社会关系。手力的磨坊产生了以封建主为首的社会；蒸汽力的磨坊产生了以工业资本家为首的社会。"（《马恩全集》，第五卷，第三六四页）

（2）"生产力增长的运动，社会关系的破坏以及思想的产生都是毫不间断地发生着，不动的只是运动底抽象。"（同上，第三六四页）

恩格斯在解释《共产党宣言》内所表述的历史唯物主义时说道：

---

① 马克思所说的"劳动资料"，主要是指生产工具而言。——《联共党史》编者注。

"每一历史时代底经济生产以及必然从它发生的社会结构，便是这时代的政治和思想历史底基础……。与此相适应的，是——自从原始公社的土地占有制瓦解时起，——全部历史都是阶级斗争的历史，即社会发展各阶段上被剥削阶级与剥削阶级，被支配阶级与统治阶级间斗争的历史……。在这个斗争现今所达到了的阶段上，被剥削被压迫的阶级（无产阶级）为要摆脱掉剥削它压迫它的那个阶级（资产阶级），已非同时使整个社会永远摆脱剥削、压迫以及阶级斗争不可了……。"（恩格斯为《宣言》德文版所作的序言）

（丁）生产底第三个特点就在新的生产力以及与其相适合的生产关系产生的过程，并不是离开旧制度而单独发生，不是在旧制度消灭以后发生，而是在旧制度内部发生；不是由于人们有意自觉活动底结果，而是自发地，不自觉地，不依人们意志为转移地发生的。其所以是自发的和不依人们意志为转移地发生，是由于以下两个原因。

第一个原因，就是人们不能自由选定这种或那种生产方式，因为每一新辈人开始生活时，他们已遇到现成的生产力和生产关系，即前辈人所工作的结果，因此这新辈人在最初一个时候，应当接受他们在生产方面所遇到的一切现成东西，应当去适应这些东西，以便有可能生产物质资料。

第二个原因，就是人们在改善这种或那种生产工具，这种或那种生产力要素时，不会觉悟到，不会了解到，也不会想到这些改善将会引起怎样一种社会结果，而只是想到自己的日常利益，只是想要减轻自己的劳动，谋得某种直接的、可以感触到的益处。

当原始公社社会中某些社员逐渐地摸索式地由石器过渡到铁制工具时，他们当然不知道，当然没有想到这种革新会引起怎样一种社会结果；他们并没有了解到，没有意识到，由石器过渡到金属工具是意味着生产中的变革，结果一定会引起奴隶制度，——当时他们只是想要减轻自己的劳动和谋得眼前的感觉得到的益处，——他们当时的自觉活动只局限于这种日常个人利益的狭隘范围。

当欧洲年轻资产阶级在封建制度时期开始建造巨大手工工场企业，以与细小行业作坊并列，因而推进社会生产力时，它当然不知道，当然没有想到它这种革新办法会引起怎样一种社会结果，它并没有意识到，没有了解到，这种"细微的"革新办法会引起社会力量的重新配合，结果会发生一个要把它当时所十分感戴的王室政权以及它的优秀代表所往往梦想侧身其间的贵族都一概推翻的革命，——当时它只是想要减低商品生产成本费，更多拿些商品到亚洲市场以及刚才发现的美洲市场去销售，借以获得更多的利润，——它当时的自觉活动只局限于这种日常实践的狭隘范围。

当俄国资本家和外国资本家一起加紧在俄国培植现代机器化大工业，丝毫也不触动沙皇制度，而听凭地主们牵制农民时，他们当然不知道，当然没有想到生产力这种严重的增长会引起怎样一种社会结果；他们并没有意识到，没有了解到，这个在社会生产力方面发生的严重跃进会引起社会力量的重新配合，结果会使无产阶级能和农民联合起来实现胜利的社会主义革命；——当时他们只是想要极端扩大工业生产，掌握巨大的国内市场，变成垄断家并从国民经济中吸取更多的利润，——他们当时的自觉活动并没有超出他们日常的狭隘实践的利益。（同上，一五六—一六二页）

当国际帝国主义加紧剥削中国的时候，不得不在中国建筑铁路，开辟某些矿山，建立某些现代的机器工厂，以及建立工业和商业的中心，而同时他们要维持满清的和封建军阀的专制制度以便榨取中国农民的血汗，当然，在起初的时候，帝国主义的资本家他们没有知道和没有想到这些企业会引起什么社会的结果，他们没有意识到和没有了解到在社会生产力部门中这些企业会引导中国无产阶级的出现，中国知识界的进步，民族觉悟的勃兴，解放运动的加紧等等的社会力量的重新结合，这重新结合给了无产阶级以可能去和农民联合起来完成民族与民主的革命战争，担负世界革命一部分的伟大任务。帝国主义的资本家们简单地想极度的榨取额外利润，扩大贱价劳动的机器生产，榨取巨大的中国市场。他们的自觉的活动没有走出他们日常的狭隘的实际利益的范围之外。

因此马克思说：

"人们在自己生活底社会生产中彼此间发生一定的，必然的，不依他们本身意志为转移的关系，即与他们当时的物质生产力发展程度相适合的生产关系。"（《马克思选集》，第一卷，第二六九页）

但这并不是说，生产关系底变更以及由旧生产关系到新生产关系的过渡是一帆风顺地进行，而不经过什么冲突，不经过什么震动，恰巧相反，这样的过渡通常是表现于用革命手段来推翻旧生产关系而奠定新生产关系。到一定时期为止，生产力的发展以及生产关系方面的变更，是不依人们意志为转移而自发进行的。但这只是到一定时候为止，只是到已经产生和正在发展的生产力还没有充分成熟的时候为止。而当新生产力已经成熟时，现存的生产关系及其体现者的统治阶级就变成了"不可克服的"，只有经过新阶级自觉活动，只有经过新阶级强力行动，只有经过革命才可扫除障碍。这里特别明显地表现出应该用强力把旧生产关系消灭掉的那些新社会思想，新政治制度和新政权底伟大作用。在新生产力与旧生产关系互相冲突的基础上，在社会底新经济需要的基础上产生出新的社会思想；新的思想组织和动员群众；群众团结成为新的政治军队，建立起新的革命政权，并运用这个政权去用强力消灭生产关系方面的旧秩序而奠定新秩序。于是，自发的发展过程就让位于人们自觉的活动，和平的发展就让位于强力的变革，进化就让位于革命。

马克思说：

"无产阶级在反对资产阶级的斗争中一定团结成为阶级……它借实现革命而把自己变为统治阶级，并以统治阶级资格去用强力消灭旧的生产关系。"（《共产党宣言》，第五二页，一九三八年版）

其次：

（1）"无产阶级运用自己的政治统治，一步一步夺取资产阶级所有的全部资本，把一切生产工具集中于国家手里，集中于已组织成为统治阶级的无产阶级手里，并尽量迅速地增加全部生产力。"（同上，第五〇页）

（2）"强力是每一个旧社会在怀孕着新社会时的产婆。"（马克思：《资本论》，第一卷，第六〇三页，一九三五年版）

以下便是马克思在一八五九年为他那部名著《政治经济学批评》所写的有历史意义的"序言"中，对历史唯物主义底实质所作的一个天才的表述：

"人们在自己生活底社会生产中彼此间发生一定的，必然的，不依他们本身意志为转移的关系，即与他们当时的物质生产力发展程度相适合的生产关系。这些生产关系底总和就组成为社会底经济结构，即法律的和政治的上层建筑物所借以树立起来，而有一定的社会意识形式与其相适应的那个现实基础。物质生活底生产方式决定着社会生活、政治生活以及一般精神生活的过程。并不是人们底意识决定人们底存在，恰巧相反，正是人们底社会存在决定人们底意识。社会底物质生产力发展到一定程度时，便和它们向来在其中发展的那些现存生产关系，或不过是现存生产关系在法律上的表现的财产关系发生矛盾。于是这些关系便由生产力发展的形式变成了束缚生产力的桎梏。那时社会革命时代就到来了。随着经济基础的变更，于是全部庞大的上层建筑物中也就会或迟或速地发生变革。在考察这些变革时，必须时刻把经济生产条件方面所发生的那些可用自然科学精确眼光指明出来的物质变革，去与人们所借以意识到这个冲突并力求把它克服的那些法律的、政治的、宗教的、美术的或哲学的形式，——简言之，思想形式，——分别清楚。正如我们评判一个人时不能以他对于自己的揣度为根据一样，我们评判这样一个变革时代时也不能以它的意识为根据。恰巧相反，这个意识正须从物质生活底矛盾中，从社会生产力和生产关系间现存的冲突中求得解释，无论那一个社会形态，当它所给以充分发展余地的那一切生产力还没有展开以前，是决不会灭亡的；而新的更高的生产关系，当它所借以存在的那些物质条件还没有在旧社会胞胎里成熟以前，是决不会出现的。所以人类始终只会抱定自己所能够解决的任务，因为我们仔细去看时总可看出，任务本身，只有当它所能借以得到解决的那些物质条件已经存在或至少是已在形成过程中的时候，才会发生的。"（《马克思选集》，第一卷，第二六九至二七〇页）（同上，一六三——一六五页）

这就是马克思的唯物史观，这就是马克思给我们研究历史的方法。

三、研究中国历史应选择的材料

中国在有确实的文字史料以前——也就是在有信史以前，还有一个很长的神话式传说时期，因此研究中国历史的史料可以分为两部分。

第一部分，史前时期神话传说式记载的材料。

章学诚说："六经皆史"。除了六经以外，现在我们还有许多古书，但是这些书有很多极不可靠，而他们记载中国历史的起源，又很不一致，《尚书》则开始于唐虞，《竹书纪年》起于夏，《史记》则开始于黄帝。还有许多盘古开天辟地以及三皇五帝等等说法，但是这些都是靠不住的，因为根据最近考古学的知识所得的结果，中国出土的古物只出到商代，而商代还是金石并用的时代，文字方在产生的过程，生产工具和农业还属幼稚，还没有发现铁器的证明。因此，我们从商代起才算中国有真正的历史，商代以前底古书记载只能看作神话传说式的记载。

我们有什么把握来断定某些传说是真的，某些传说是假的呢？我们只有一面尽量利用龟甲文，彝器及现在新出土的新石器和金（青铜）石并用等等有限的实物；一面还要用马克思的史的唯物辩证法来作我们解剖史前时期人类社会的唯一武器。马克思虽然没有论古代社会的专书，恩格斯却根据摩尔根数十年实地研究的结果，写成《家族私有财产及国家之起源》一部伟大的著作。恩格斯在本书的原序上说："本书含有几分完成遗志的意义。除卡尔·马克思外，没有一人能够发扬光大摩尔根（Lewis H. Morgan）所研究的结果而与自己的唯物史观连系起来。马克思很想借此阐明这观念的全部意义。因摩尔根在美洲又单独发现马克思已于四十年前所首创的唯物史观，他于半开化和文明两代的比较中，大体上得到和马克思相同的结论。"因此，我们可以把摩尔根研究所得的结论，看作是合乎马克思的唯物史观的。

人类社会历史发展的法则是一元的，都有他的一般性，共同性。因此中国社会历史的发展，当然也不能在这个共同法则之外另有一条道路。

我们就以这两方面来判断古书记载古代社会的真伪。

根据摩尔根《古代社会》的研究，史前时期社会进化的阶段可以排列如下表：

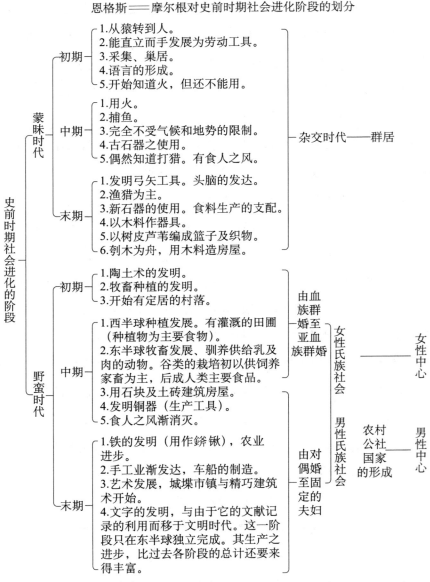

恩格斯══摩尔根对史前时期社会进化阶段的划分

附注：恩格斯在《家族私有财产及国家之起源》中将摩尔根的分类节约如下：

蒙昧——以获得现成的自然生产物为主的时代，人类之技术生产物大概是帮助这种获得的工具。

野蛮——获得畜牧及耕作的知识，以及学习由人类的活动以增加天产物生产力的新方法的时代。

文明——习得天产物的更广大的利用，从事制造及艺术之时代。

第二部分，自有成文史以来比较可靠的历史记载的材料。

自商代以来，特别是秦汉以后，中国的史书真是汗牛充栋。但是记载朝代兴亡和帝王将相个人活动的多，而关于社会生活，尤其是关于社会经济生产等等最重要的事实，反特别的少，这就需要我们能细心地在各方面去搜寻。土地农民问题是中国历史中最基本的问题。如果我们随处注意，也有不少的材料足供我们研究。如生产工具方面：

《易经·系辞下传》中有：

> 斫木为耜（锄），揉木为耒（锹）。

《诗经》中有：

> 命我众人，庤（准备）乃钱（锄类）镈（锹类）奄观铚（镰）艾。

《孟子》书中有："负耒耜而自宋之滕""以釜甑爨，以铁耕乎""斧斤以时入山林""深耕易耨"等等。

《国语》中有："美金（铜）以铸剑戟，试诸狗马；恶金（铁）以铸锄（犁）夷（锄类，用以除草）斤（似锄而小者）掘（锄的一种，掘起土的）试诸土壤"（《齐语》）等等。

生产关系方面：

汉初董仲舒说：

> 秦……用商鞅之法，改帝王之制，除井田，民得卖买，富者田连阡陌，贫者亡立锥之地，……邑有人君之尊，里有公侯之富，小民安得不困，……或耕豪民之田，见税什五（师古曰，言下户贫人自无田而耕垦豪富家田，十分之中以五输本田主也），故贫民常衣牛马之衣，而食犬彘之食……古井田法虽难卒行，宜少近古，限民名田（师古曰，名田占田也），以澹不足，塞兼并之路。（《汉书》，卷二十四上，《食货志》第四上）

这些都能使我们知道当时生产工具和生产关系的概要。

中国封建社会基本的生产方法是小农业与家庭工业合成一体。这就使自给自足的经济根深蒂固而巩固了氏族社会残余的家族制度。由这个社会经济基础，形成了以孝为本的伦常道德的社会思想和理论，又由这个思想和理论的反响来巩固家庭制度。这种小农业与家庭工业合为一体正是中国所谓古圣贤所企求的。如孟子描写最好的农村生活说：

> 五亩之宅，树之以桑，五十者可以衣帛矣。鸡豚狗彘之畜，无失其时，七十者可以食肉矣。百亩之田，勿夺其时，八口之家，可以无饥矣。谨庠序之教，申之以孝悌之义，颁白者不负载于道路矣。老者衣帛食肉，黎民不饥不寒，然而不王者未之有也。（《孟子·梁惠王章上》）

中国在二千多年前所谓春秋战国孔子孟子所处的时代，商业已有很大的发展，小农业与家庭工业合一的自足经济应该在瓦解的过程。所以孔孟当时力倡王道以谋复古，以抽象的仁义来反对功利，没有人去赞成他们，他们的力量也不能倒挽历史前进的车轮，徒叹王道之不行，这只是表示他们的不识时宜。为什么中国的商业资本不能向前发展呢？一方面由于小农业与家庭工业合一的不易破坏；另一方面由于商业资本之积累以高利贷资本的形式流入农村（秦使民得买卖土地）未能向大工业上去发展，这就使中国停滞在封建社会的阶段以至于现代的一个主要原因。

马克思说：

> 资本主义以前的、氏族的生产方法，其内部的稳固和结构，使商业所具有的破坏力受到阻碍，这种阻碍在英国人同印度及中国的来往关系上表现得十分显明。在中国和印度，生产方法底广大基础就是小农业与家庭工业合成一体，而且在印度还有那种建立在土地村有制上面的农村公社底形式，这种形式过去在中国也是一种原始的形式。在印度，英国人以统治者和地租占有者底资格，立刻就使

用了自己直接的政治权力和经济势力，以破坏这些小模范经济的村社。在这里，他们以廉价商品来消灭纺纱业和织布业，消灭这种工农业合一所形成的历来就有的组成部分，并这样来破坏农村公社，只是在这个意思上讲来，他们对于生产方法才有革命化的影响。可是就在这里，他们的这种破坏影响也只是很慢地才收到成效。他们这种破坏影响在中国所得的成效更少，因为中国本国的政权不来帮忙。在中国农业与手工工场业直接结合，这就大大节省钱财又节省时间，因此就给大工业生产品以最顽强的抵抗，因为大工业生产品的价格，是包括着这些生产品底流通过程中处处所耗去的不生产的费用。(《资本论》，俄文版第三卷，第一部第二九九页)

马克思又说：

> 原始时代的工作人与生产工具和资料的一体（这里姑且不讲奴隶制度下的关系，在奴隶制度之下，工作人本身就是劳动底客观条件之一）有两个主要形式：亚洲的农村公社（原始共产主义）以及各式各样的小规模的氏族的农业（家庭工业与此种农业相结合）。这两种形式都是原始的形式，都同样不能用来把劳动作为社会劳动来发展，且不能用来发展社会劳动底生产率。（马克思：《剩余价值论》，俄文版第三卷，三○八页）

由此可见中国小规模的氏族的农业，即家庭工业与此种农业相结合的农业形式，是原始氏族社会底残余。他们有坚强的闭关自守性，无论其怎样纯良，他们始终是东方专制政体底稳固基础，他们使人的理智拘泥于最狭隘的范围内，把理智变成迷信底驯服工具，使它服从传统惯例，使它不发生什么影响，使它不能努力于历史上的活动。它虽然也经过家庭奴隶的使用和封建的关系，由奴隶制转化为农奴制，但它没有能够借奴隶劳动来加强并发展生产，开始经济生产道路上的第一步。

四、中国历史的范围

我们讲中国历史应该是包括全中国各民族的历史，而事实上，所有的旧历史材料和历来的习惯，都以汉族的历史为中国的历史，蒙满各族如辽、金、元、清虽有部分的历史，而都只记载其皇室或与汉族有关的事实，并且存在着许多民族歧视的偏见。至于回、藏、苗、瑶、番、蛮、夷、黎各族的历史，几乎完全没有。现在我们应该把各民族的历史，合起来作成中国的历史。虽然材料很少，事实上有许多困难，但是，我们要照这个目的作去。

五、中国历史的编年纪事和时代的划分

中国近年出了一些用新方法来著述的中国历史书籍和译出了一些这类书籍，其中有不少的良好作品。但是，大多数注重在社会发展形式的叙述与辩论，而把中国旧历史编年纪事的例子完全抛弃，这样就只能算是中国社会形式发展史。

我们认为：历史课程，应当在年代的联系性中，叙述最重要的事变和事实及历史人物的评价。不能把社会经济形态底抽象的定义给学者，拿抽象的社会学的公式代替有联系性的叙述公民史。因为历史的必须有年代，犹如地理的必须有经纬线一样，使人一见编年，即能知道其事在时间上的时置，方有用处。中国旧史学家章太炎亦感觉到这一点。他说：

> 孟子曰王者之迹息而《诗》亡，《诗》亡然后《春秋》作。《诗序》曰《小雅》尽废则四夷交侵中国微矣，国史之有编年宜自此始。故太史公录《十二诸侯年表》始于共和，明前此无编年书。（章氏丛书，《国故论衡》中《原经》，六八页）

他又说：

> 《春秋》所以独贵者，自仲尼以上，《尚书》则阔略无年次，百

国春秋之志，复散乱不循凡例……令仲尼不次《春秋》，今虽欲观定哀之世，求五伯之迹，尚荒忽如草昧。夫发金匮之藏，被之萌庶，令人不忘前王，自仲尼左丘明始。（同上）

他又赞美《春秋》说：

《经》《传》相依，年事相系，故为百世史官宗主。（章氏丛书，《检论·春秋故言》，二一页）

自司马迁作《史记》改编年为传记，中国所谓二十四史多循其例，凡一人一事可于此具见其首尾，虽有一节之长，而于历史整个时间的联系上则不免隔阂，故司马光作《资治通鉴》，依左氏传体为编年，以继《春秋》《左传》编年之例，上起战国，下终五代，然后一千三百六十二年之事，编年系事，如指诸掌。此后仿其例而继续成通鉴者很多，于此可见编年的可贵。因此，我们必须根据中国旧史编年纪事的材料来叙述中国历史。自然这不是机械地、死板地按年叙述，而是于相当必要时附以纪年。纪年以民国纪元与西历纪元并用。

关于中国历史的分期问题，我们中国历史家曾有许多争论，尚无定议，为了更合于科学，更妥当的处理这一问题，争论是可以而且是必要的。现在提出我个人的意见以供研究历史的同志们商讨，我想把中国几千年的历史事变分为上古史、中古史、近古史、近代史四大时期。

一、上古史——从太古到周朝末年秦统一天下止（民国纪元前二一三二年即西历纪元前二二一年）。这中间又分为两个时期：

1. 从太古到夏朝末。这是神话传说的时期。

2. 从商朝到秦统一天下，这是一方面有出土物，一方面有比较可靠的文字记载的时期。

二、中古史——自秦统一天下到五代末年宋平定天下止。

民国纪元前二一三二年到九五三年

西历纪元前二二一年到西历九五九年

三、近古史——自宋平定天下到鸦片战争止。

民国纪元前九五三年到七十二年

西历九五九年到一八四〇年

四、近代史——近代史又分为两个时期。

1. 自鸦片战争到"五四"运动（一九一九年），总称为旧民主主义革命时期。

民国纪元前七二年到民国八年

西历一八四〇年到一九一九年

2. 自"五四"运动到现在，总称为新民主主义革命时期。

民国八年到现在

西历一九一九年到现在

"科代"筹备会全体会议开幕词 *

（1949 年 7 月 13 日）

中国的经济，受了帝国主义、封建主义、官僚资本主义的压迫和束缚，不能发展。同时，科学工作者也受了同样的压迫和束缚不能发展。现在人民解放军已获得伟大胜利，很快即将在全国获得胜利，把半封建半殖民地的中国从重重压迫下解放出来，这就为我们科学工作者开辟了一个新环境，同时也为我们科学工作者提出了新任务。什么新任务呢？就是经济建设的新任务。

帝国主义的势力驱逐出中国，可以说中国是站起来了，得到独立了。但必须在中国的工业发展了，中国在经济上不倚赖外国了，才有全部的真正的独立。中国要实现经济上的真正的独立，还需要经过很长的时间和艰苦的奋斗，这个伟大的工作就落在我们科学工作者的身上了。

现在科学工作者最急迫地要做些什么呢？首先就要团结起来、组织起来。从前科学工作者是很不团结的，客观的原因是由于国民党反动政府贪污腐化、贿赂公行、排除异己。把一切利权送与美帝国主义，使民族资本受到致命的打击，主张正义的人几不能生存。在此环境之下，自然难于团结；主观的原因，则科学界的人有各种派系的斗争，个人利益的冲突等等。尤其是思想不能一致，没有奋斗的正确目标。因此不能

---

* 录自《科学通讯》1949 年第 2 期，第 2～3 页。

团结。

现在客观的障碍已经去掉，政权已经是我们人民自己的民主政权，我们就可能在这个新环境下把我们科学工作者团结在共同目标之下，共同奋斗。

主观方面只有思想统一、意志统一，有一个正确的目标，才能真正团结起来。思想如何才能统一呢？那就要了解事物和人类社会的生存和发展的规律，要做到这一点，就要学习马克思主义的世界观和人生观，就是说，要学习辩证唯物主义、历史唯物主义，才能把不正确的思想澄清，才能改造思想，才能成为一个新时代的人物，才能了解为人民服务的真理，才能有正确的立场。

共同的目标是什么呢？就是要建立一个新民主主义的人民共和国。"这种新民主主义共和国，一方面与旧形式的、欧美式的、资产阶级专政的、资本主义的共和国相区别，这是旧民主主义的共和国，这种共和国已经过时了。另一方面，也与最新式的、苏联式的、无产阶级专政的、社会主义的共和国相区别，这是最新民主主义的共和国，这种共和国已经在苏联兴盛起来，并且还要在各资本主义国家建立起来，无疑将成为一切先进国家的国家构成与政权构成的统治形式。但是这种共和国，在一定的历史时期中，还不适用于殖民地半殖民地国家之中。因此，在一切革命的殖民地半殖民地国家，在一定历史时期中的国家形式，唯一的只能是第三种形式，这就是所谓新民主主义共和国。这是一定历史时期的形式，因而是过渡的形式，但是不可移易的必要的形式。"（毛泽东：《新民主主义论》）

其所以和社会主义共和国有区别的原因，就在于经济上落后的半殖民地半封建的国家，取得了政治上的独立后，为了对付帝国主义的压迫，为了使落后的经济地位提高一步，中国必须利用一切于国计民生有利而不是有害的城乡资本主义因素，团结民族资产阶级，共同奋斗。我们现在的方针是节制资本主义，而不是消灭资本主义。但是我们发展的方向，是社会主义的而不是资本主义的。共同目标有了，团结就能巩固，就能组织起来。

其次就要加紧工作。现在摆在我们面前的，就是怎样来迅速恢复生产和发展生产。我们中国，资本主义未能大发展，经济是落后的，但不是没有好的条件。第一，我们有充足的天然富源，煤、铁很丰富，各种金属都有，粮食、棉花的出产很多，石油如开发出来也是不少的，这就保证了我们经济可大大发展。第二，我们有世界四分之一的——四万万七千五百万勤劳、聪敏、英勇奋斗的人民。他们能做出惊人的成绩，如修理松花江铁桥那种成就，使任何工程师都为之吃惊（见电影《桥》所表现）。解放区八年抗战，虽被蒋介石封锁，而自力更生，对于军工、医药有不少的发明，在在都表现了我幼年的科学家能发挥他们的天才，这是一个极其伟大的力量。第三，是我们的工业虽然很少，但是大工业都是国家的，而且很集中，有许多还是很新式的设备，这是发展社会主义经济的好基础。至于农业技术虽然落后，但是以解放区的经验证明，只要稍稍加以改良，就能大大提高生产。我们有了人民民主政权，更重要的是有我们共产党和毛主席的新思想、新理论、新政治观点、新政治制度，为人民大众所拥护，还有苏联社会主义和东欧新民主主义国家的经济建设可作我们的榜样，这些都是我们发展经济的好条件，如果我们科学工作者能在现有的工农业基础上有计划地迅速地把它们恢复和发展起来，我们的经济繁荣将是很快的。

我们在政治上既然有了好环境，经济上又有好条件，我们就要很快的有计划、有步骤、有重点的发展我们新的经济建设。从何着手呢？我认为：第一是调查统计。中国一切都缺乏确实的调查统计，没有这，则一切建设无从着手。调查分为两部分。一是调查现有的，这就由管理的人负责，限定一个时期，把所有的企业调查清楚；一是调查未开发的，即某些地方究竟蕴藏一些什么富源和什么地方宜于建设什么工业等。有了调查统计的确实材料，我们才能作出三年或五年的经济建设计划，否则一切都是空谈。所以我认为我们科学工作者第一个工作就是调查统计。

第二是培养人才，我们的科学人才太少了，必须大量地来培养。不只是在学校中培养，而且要在工厂中培养，并送到外国去学习。我们要多编译外国书籍，凡是各国关于中国经济调查的书，如日本和美国关于中国经济的书籍不少，以及他们新出的各种科学书报，都要翻译。要办几种专科刊物，以供学习的人和工作者的应用、研究，使他们的技术得以提高。

我们要掌握世界上最新式的科学技术，无论它是资本主义国家美国所发明的也好，社会主义国家苏联所发明的也好，只要它有益于国计民生，我们都要去学会来应用。但是要认清楚我们新民主主义经济发展的方向，是苏联社会主义的方向，却不是美国资本主义的方向。

我们要加深学习，每天要用一定的时间来学习，不仅要学习业务，而且要学习理论，使理论与实际联系，特别要学习马列主义和毛泽东思想来武装自己，来作行动的指南。

我们的会，不是一个小的狭隘的团体，而是全国科学工作者的大联合。它是适应新时代新环境而产生，它有新民主主义的经济纲领作指导，有中国共产党和毛主席各方面英明的领导，我们一定能够光荣地完成我们的任务。

中华全国第一次自然科学工作者代表大会筹备会闭幕词 *

（1949 年 7 月 18 日）

中华全国第一次自然科学工作者代表大会筹备会胜利闭幕了。我们已经开始把自然科学工作者团结起来，组织起来，这是新民主主义经济建设日程上一个大胜利。为了使我们的团结更加扩大和巩固，我再来讲一讲我们科学工作者今天应该清楚认识的几个问题：

一、站稳立场，加强团结

说到立场，我们通常都是讲阶级立场。为什么今天我要讲这一问题呢？因为有些自然科学工作者，常常认为科学是超阶级的。他们满足于学术的深造，业务的精通。为谁服务他们是不管的。只要谁用他，就替谁做做事。那些不承认社会有阶级存在的人姑且不去说他，就是承认社会有阶级，而常常以"自由主义""中间人士"自居，以为"自然科学与政治斗争、阶级斗争无关"。但实际上决不是这样。因为"在阶级社会中，人的阶级性，就是人的一种本能，一种本质"。谁也不能逃出社会之外去。现在无论从国内和国际的情形来说，政治斗争和阶级斗争都是非常尖锐的时代，你的工作直接的或间接的，不是为革命阶级一边服务，就是为反革命阶级一边服务。二者必居其一，绝无中间道路。一枝步枪，

＊录自《人民日报》1949 年 7 月 21 日，第 1 版。

一颗炸弹，一尊大炮，操在帝国主义者或反动派手里，就是反革命的工具，可以杀死革命的人民，这就是罪恶。这种杀人的工具越精则罪恶越大。如果枪炮炸弹操在革命的人民手里，那就成了革命的武器，就救了广大的人民，这不是很明显的事情吗？难道你供献你的技能时，不应该想一想为谁服务吗？我认为是应该想一想的，应该认识自己是站在反革命立场呢？还是站在革命的立场呢？不能自居于超然的地位。

中国是半殖民地半封建的国家，现在中国革命的对象，是帝国主义、封建主义、官僚资本主义这三个敌人，他们互相勾结，互相利用来压迫和剥削中国人民，他们结成反革命反人民的营垒。革命的动力基本的是无产阶级、农民阶级与城市小资产阶级。而在一定的时期中，一定的程度上，还有民族资产阶级。这四个朋友在无产阶级的政党领导下，结成革命的统一战线，结成革命的营垒。二十多年来革命的经验证明，这一革命的统一战线如果进行得好，革命就能得到胜利，否则革命就要遭受挫折或失败。因此，我希望我们科学工作者，要有阶级意识，站稳革命阶级立场，只有站在正确的阶级立场上，意志才能统一，团结才能巩固。

二、自力更生，克服困难

现在国内公开的反动派武装力量，不久可以肃清，经济建设的任务已经提到日程上来了。但由于国外敌人——帝国主义者还存在，国内敌人虽然失败了，蒋介石反动集团还企图由台湾而菲律宾，不惜作流亡政府，与美帝国主义勾结，作垂死的挣扎。这些国内外敌人将千方百计地来企图破坏革命的成果。反动派集团已公开宣告要封锁我们海口，帝国主义者也威迫利诱，想要我们就他们的范，向他们屈服。他们以为中国不依赖帝国主义就不能生存，尤其是上海这个六百万人口的东方第一海港，如果一封锁就立刻无法生活下去。他们的算盘打上这一着，以为这是一个致命的打击。当然，封锁上海，使海上交通切断，我们自己的物资交流受阻，必然造成上海的一大困难。由于上海是帝国主义商品输入中国的最大海口，人口特别多，依靠外来的物资很多，但这种困难不是不能克服的，因为八年抗日战争和三年解放战争，蒋介石和帝国主义都曾经严密地封锁过我们，我们很胜利地克服了这个困难。从前那样小的边区我们还能克服困难，难道现在我们有全中国这样大的力量，还不能克服困难吗？今天的情势虽然有些不同，但人总是能改造环境的。

克服困难的方法，就在于要想种种办法来求得自力更生。这是我们有经验的，如果我们的政策正确，能动员广大的人民，依靠群众，就没有不能克服的困难。我们中国有很好的物质条件，有众多的人民，中国人民是英勇的，聪明的，过去有不少的事实可以证明，例如：当我大军要迅速渡河，河上无法架桥时，我们的战士可以架成"肉桥"；当我们攻城没有梯子时，我们的战士可以架成"肉梯子"；我们英勇的战士更可以无比的牺牲精神，抱着炸药去炸碉堡。这些非常的困难都能克服，难道还有什么困难我们不能克服呢？我们不要被那些阴谋家的谰言所吓倒，我们应当善于利用中国广大的人力物力，我们有信心来自力更生，建设新中国。正因为反动派和帝国主义对于上海的封锁，使上海来一个大转变，把半殖民地的上海变成一个独立而不依靠外国的上海。那末，敌人造成的困难，反而促成上海的幸福，所谓"艰难玉汝于成"将在这里得到证明。要做到这一伟大的转变，不是容易的，是一个战斗的任务。这就要靠我们科学工作者和英勇的人民，以战斗的精神表现自己的力量。

三、爱国主义与国际主义

这个问题我也想谈几句，过去的中国是反动派统治的国家，它虽然有极可爱的自然条件，但这个反动的统治者却极不可爱，反动统治者把国家弄得稀烂，把人民糟踏得如此穷困，还有什么可爱的地方呢？但是今天不同了，美丽的河山，丰富的资源已经掌握在人民自己的手中，我们有什么理由不爱它呢？因此我们必须成为一个真正的爱国主义者，当我们遭遇到外寇的侵略时，我们誓不投降，无论如何，我们要击败敌人，保存我们自己。中国过去若干历史事迹都证明了这一点。但当我们民族很强大时，我们也不去侵略别人，像美帝国主义者今天所做的那样，我们对于世界各个国家里的人民是尊重的，友好的，我们是视同手足弟兄，特别对于以平等待我的苏联社会主义国家及真正人民民主的新民主主义的国家，更是友好的，利害一致的。这种真正的国际主义精神是应当具备的，我们自然科学者与其他科学工作者一样，要认清这点。今天世界上分成两大营垒，斗争是尖锐的。美帝国主义者提倡"世界主义"来作为侵略的假面具，这是很明显的一个对照。我们的国际主义才是真正全世界人民的大团结，才是各民族真正平等的结合。国际主义与爱国主义是无丝毫矛盾之处的，两者是相成的，没有前者，后者必变成狭隘的民族主义；没有后者，则前者也无从实现。

自然科学工作同志们，组织起来，团结起来，更好的把我们的智慧供献给人民，造福于人民，全心全意为人民服务，这就是我们的志愿，这就是我们今后工作的出发点。我们要像人民解放军一样，继续不断地一个大胜利接着又一个大胜利来完成我们的任务。

《新文字与新文化运动》再版序言 *

（1949 年 7 月）

　　1940 年我们在延安进行中国拉丁化新文字运动的时候，我写这一篇《新文字与新文化运动》在《新文字论丛》上发表；1948 年华北大学为了供给语文研究室和第二部教学的参考，把它油印一次，中间经过的时间已经快十年。在十年当中，由中国抗日战争到人民解放战争，今天人民解放战争很快就要在全国获得完全胜利。从此，半封建半殖民地的中国，就要完全变成新民主主义的新中国，那么，中国拉丁化新文字运动无疑地将有更多更好的条件。

　　原文仅把新文字与新文化运动历史地叙述了一下，新文字的方案，也大都是根据 1931 年中国新文字第一次代表大会的原方案。十多年来，各地从事于新文字运动者，在总的方向都是一致的，但在文字技术上各有相当的成就，也各有部分的改变，因此，和原方案就各略有出入，又加以地区为战争所分隔，未能共同研讨，使之趋于一致，这是最大的缺憾。现在全国快统一了，正是我们很好共同研究以便预备推行的时候了。本来想把原书重新修正与增删，因为事务繁多，不暇顾及。

　　最近中国文字改革研究会即将成立，许多同志要求将本书从速出版，以作参考，现在即将原书付印，其中有许多不妥当和应该修改的地方，希望同志们多多提出意见，以便将来修正。

---

　　* 录自《文字改革文集》，中国人民大学出版社 1978 年版，第 27 页。

了解时局的发展完成新时代的新任务 *

——在华北大学毕业典礼上的讲话

（1949 年 8 月 5 日）

今天一部同学毕业了，很快的就要出去工作，在大家出去工作之前，应该了解一下最近和将来的时局发展怎样？我们中国发展的前途是怎样？

同学们学习了几个月，虽然没有学到很多，但是马列主义的基本东西已经学到了一些，知道了社会发展的规律，能够初步应用马列主义的立场方法观察社会的发展。毛主席说："现在世界分为两大阵营：一是以苏联为首的民主阵营，一是以美帝国主义为首的反动阵营，我们不站在这一方面便站在那一方面。"现在蒋介石反动派就要垮台了，不久将来我们就要把他们完全消灭。但是，他们是不会甘心被消灭的，他们后面还有帝国主义为他们撑腰。蒋介石最近跑到菲律宾就是阴谋破坏我们的革命，这就很明显的说明世界以美帝国主义为首的反动阵营还想利用他做爪牙，从事反革命工作。所以我们必须认清时事，站稳立场，我们是属于苏联为首的和平民主阵营的，我们今天的胜利就是世界民主阵营的胜利，中国在和平代表大会上受到热烈的欢迎就是证明了这一点。他们把我们的胜利就当做他们的胜利。现在世界上的阶级斗争是尖锐的，绝对

---

* 录自《华大生活》1949 年 8 月 5 日，第 1、2 版。

没有第三条路可走，这是马列主义的真理，是社会发展的规律。美帝国主义是现在世界的反动头脑，中国的反动派就想依赖他们这些，美帝国主义分子陈纳德之流还想组织什么飞虎队，来帮助国民党反动派进行反人民反革命的战争。他们以为有飞机大炮就能打胜我们，这是空想。他们假设这样做，他们就会死亡的更快。因为我们是新生的力量，他们是腐朽的即将灭亡的东西。只要我们认清社会发展的规律，有马列主义和毛泽东思想，最后的胜利就一定是我们的。

现在大家要出去工作，有的就要到农村去实行土地改革，那就必须首先要认识土地问题，因为地主土地就是封建的基础，要不把土地改革搞好，农民也就发动不起来，革命工作就不会做好。所以组织和发动农民群众就是革命最重要的工作。但土地改革是要一步步实行起来的，如须经过减租减息等等，这必须斟酌当地具体情况，不能到处都用一套办法。土地问题是中国革命的最大问题，也是世界各国革命的重要问题，如苏联革命的胜利也是联合了农民的。中国也是这样。同学们下去后就要遇到这个问题，希望好好的学习这种政策。

到城市工作要把工人组织起来，他们在革命中是领导力量，把他们组织起来，组织到工会中，团结起来成为一个中坚的力量，他们的革命性最坚决、最澈底，不像小资产阶级的动摇性。做工人工作，现在的经验是不很多的，还需要在工作中好好学习。

现在军事工作并不是不重要了，虽然在基本上打垮了反动派，为了巩固新的国家政权，就必须在军队中做政治工作，或做军事工作方面的工作；现在帝国主义还存在的时候，我们必须把军队强化起来，建立起强大的国防军，我们不仅要在精神方面而且还要在物质方面压倒他们。现在我们东北也能发明创造许多东西，帝国主义无论用什么方法来压迫我们，侵略我们，我们都有办法来粉碎它。

对于几千年来的贪污腐化政治，必须一扫而清，建立一个新的人民的政权，这要从乡村做起来奠定基础。这个政权是拿在人民手中用它去压迫反动派的，希望大家到下层去，要多做这一个奠定基础的工作。

经济工作现在是很重要的工作，要从经济上建设我们的新国家。无论在工厂或其他任何部门，第一就是加强生产。我们虽有伟大的苏联的帮助，但我们还要靠自力更生，不依靠帝国主义。做经济工作必须提倡廉洁节约，肃清国民党贪污腐化的作风。

文化建设工作也很重要，现在除去一部分人以外，普遍的说来人民的文化是低的，在农村中百分之八十是文盲，做文化工作的人主要的任务就是用什么方法普及和提高人民的文化。到工厂农村去如何提高他们的文化程度，使他们——工人农民都认识字，把我们全国人民的文化程度提高一步。

现在，同学们毕业出去工作，对一切工作都要做一个战斗的认识，自觉的努力工作，锻炼成一个如我们的校训所说的——忠诚、团结、朴实、虚心的革命干部。现在全国人民都希望着同学们去帮助他们翻身，要按照毛主席的指示把这一个任务担当起来，并要在这当中锻炼出来，要知道英雄就是平平常常脚踏实地为人民工作的人。现在同学们要到实际中受考验了。朱总司令给我们许多指示，我们要把它切切实实记在心中，继续学习马列主义毛泽东思想，要加强组织性和纪律性，克服个人自由主义，无政府状态，在工作中事前要请示，事后要报告，经常进行批评自我批评，不要高高在上，要真正和群众打成一片。至于工作方法要到工作中体验和学习，要每天读报纸，知道国内外的事情和党的指示。

号召同学们要成为这一新时代的新人物，完成新时代的新任务，做一个人民的好勤务员，我们的学校就很光荣。

在华北大学工会第一次代表大会上的讲话（摘要）*

（1949 年 8 月 8 日）

现在工会成立了，无论是干部、服务员、警卫员大家都应该进行思想革命，在过去旧社会里，知识分子与劳动人民有很大的区别，所谓穿短衫者不能进客厅，很明显的分出了阶级，这种不合理的现象，大家一齐动手把它摧毁。

工会是劳动人民的组织，也是劳动人民的家庭，工会就是大家庭。劳动人民同知识分子一样能读书也很聪明，大家不应该带着轻视态度，相反的要向工农大众学习。

大家好好组织工会，好好联系群众，切实做到知识分子与工农结合。

---

* 录自《华大生活》1949 年 8 月 17 日，第 1 版。

白皮书说明了国内阶级斗争和国际阶级斗争的一致性 *

（1949 年 8 月 30 日）

　　白皮书是美帝侵略中国的一篇黑账。在它列举自己的罪行的时候，同时也说明了一个真理——阶级斗争的真理：人民和反动派中间不可能有任何妥协，更谈不到什么友谊，只有和反动派坚决顽强的斗争，把它们打倒才能获得解放。在斗争的过程中世界人民和各国反动派必然会分成两个鲜明敌对的阵营。所以对于封建残余或帝国主义者存任何幻想都是不可饶恕的愚蠢。

　　白皮书不客气地把蒋介石反动集团骂了一顿，怪它们不争气。可是，骂尽管骂，不争气尽管不争气，支持还是要支持的。并且如果不是骇怕中国人民的强大力量和美国人民的不同意，据说还要想对中国大规模军事干涉，还想把东北“共管”。这说明了中国反动派没有帝国主义撑腰固然不能维持统治，而帝国主义也必须通过反动派才好放手侵略。消灭了反动派也就消灭了帝国主义的支柱。因为他们是一个阵营里面的。至于美国人民，我们是要把他们和帝国主义者区别开来。帝国主义者的行为不代表美国人民的意志，同时我们也不能把对美国人民的看法应用到帝国主义者身上去。

　　艾奇逊叫嚣着要反对“中国建立起任何服役于外国利益的政权”，要

---

　　* 录自《人民日报》1949 年 8 月 30 日，第 1 版。

反对"在外国公开或秘密影响下，使中国支离破碎"。在中国服役于外国利益的政权有一个，就是已被人民打垮了的国民党反动政权。企图支持中国各地反动势力而使中国支离破碎的不是别人，就是美帝国主义。白皮书虽然尽一切可能污蔑和挑拨中国人民和苏联的友谊，可是中国人民很明白，把飞机、大炮搬到中国来屠杀人民的正是美帝国主义，不是苏联。即使马歇尔、艾奇逊之流也不得不承认中国人民的胜利是中国内部势力的产物。我们并不否认我们是站在苏联一边的，其原因就在于我们是同属于人民阵营，正如各帝国主义者和封建残余势力是同属于反人民阵营一样。

美帝援蒋是彻底破产了，于是寄幻想于所谓"民主个人主义者"。中国人不管怎样，甘心当美国第五纵队的到底不多。不过我们必须认清历史发展的规律，从阶级斗争观点去看问题，今天在人民与反人民阵营之间绝对没有第三条路。不然，老要觉得自己不偏不倚世界上顶公正，想站在超阶级的立场，而不站在一个革命的正确的阶级立场去看事情，就很不容易把事情搞清楚，因此也就容易上当。

提出节约号召（摘要）*

（1949 年 9 月 1 日）

　　凡各单位的伙食在保证不降低实际标准的条件下应尽可能的节约，此外对于使用水电、汽车、文具纸张等，均应随时随地注意爱惜物资减少消耗，不要忽视琐事小节，须知小的消耗，积久便成大的浪费，我们节约不是短期的，应使我们每个同志在生活中养成自觉的节约习惯，发扬我校艰苦朴实的革命作风，节约物力、减轻民负，希望各单位普遍传达切实执行。

---

　　* 录自《华大生活》1949 年 9 月 1 日，第 1 版。

五十年来英勇奋斗的中国青年 *

（1949 年 9 月 4 日）

　　最近五十年来，中国人民进行了异常英勇而又异常艰苦曲折的革命斗争，中国青年站在广大人民的前列，在革命的每个历史阶段，都起了唤醒人民的先锋作用与组织人民的桥梁作用。

　　从甲午中日战争后，帝国主义者掀起了侵略中国，分割中国的狂潮，清廷腐败暴露无遗，忧时愤世的士大夫阶层中急进的青年的一派以康有为、梁启超为代表，寻找改良道路，拯救本身的垂危命运。同时代表当时进步的中产阶级与小资产阶级的知识青年，如孙中山领导的一部份，则主张革命，继承中国革命先烈的优良传统，但另一部份则参加了改良主义运动。这种改良运动的领导人康梁等，将所有的希望都寄托在一个"开明"的光绪皇帝身上，与当时正在发展的农民运动毫无关系（无产阶级力量，则正在萌芽时期）。在腐朽但又顽固的封建官僚资本势力打击下，这个戊戌变法改良主义的运动迅速地夭折了。

　　这种改良主义没有革命意识，装作"忧国忧民"的面孔，其实是为没落阶级服务，甚至作反革命的帮凶，康梁以后堕落为反革命是毫不足怪的，改良主义有不少的继承人，如以后的研究系，现在的政学系等及其他政客，他们的"好人政府""只要变不要乱""法统""正统""自由

---

　　* 原载于《中国青年》，录自《大公报（上海版）》1949 年 9 月 4 日，第 6 版。

民主社会主义"等说法，都是为了挽救反革命的死亡，青年们应该十分警惕啊！

康梁改良主义的道路既已不通，代表资产阶级思想以及小资产阶级思想的知识份子，乃转向革命道路。许多留学外国，特别是留学日本的青年，羡慕法国大革命，开始公开宣传革命（一九〇三年邹容《革命军》出版）。一九〇五年由孙中山领导组织了革命同盟会，进行革命。有不少的青年回国，领导国内青年在各地实行起义，不幸都失败了。但中国青年英勇奋斗，不怕牺牲的精神，则感动了广大的人民，特别是辛亥年三月廿九日广州起义，许多优秀青年英勇地舍身于革命事业，尤使青年大为奋发。到武昌起义，辛亥革命胜利，终于推翻了清廷的异族统治及数千年来专制的制度，建立了中华民国。可是当时革命党人犯了妥协投降的错误，把革命政权交与代表封建势力的北洋军阀袁世凯，旧民主主义革命由资产阶级自己的手送入了坟墓。

辛亥革命以后，中国无产阶级力量开始发展，特别在第一次世界大战中，中国资本主义有飞跃地发展，无产阶级也大发展了。知识青年在旧民主主义失败后，也在转寻新的革命道路，这时，划时代的历史大事变，俄国社会主义的十月革命胜利了，十月革命标志着资本主义制度的崩溃，开始了无产阶级社会主义革命的新时代，中国这个半殖民地半封建的国家，反帝反封建革命的面貌也为之一新。进步的革命青年受了十月革命的影响，认识了马列主义的真理，进行了坚决的、不妥协的、反帝反封建的五四运动。新民主主义革命开始了，也就是开始了中国革命历史的新时代。

五四运动在思想上与干部上准备了一九二一年中国共产党的成立，又准备了五卅运动与北伐战争。北伐战争因为大资产阶级的叛变而遭受失败。中国革命经过十年艰苦内战，虽受巨大牺牲，但保持了革命骨干与革命根据地，锻炼了革命力量，成为钢铁一般的坚强，并推动了新的抗日高潮。这个历史阶段中，标志着两个革命高潮的大运动，五卅运动与一二·九运动，他们都是知识青年，特别是学生打着先锋，对中国的革命起了辉煌的作用。

抗日战争中及抗日战争胜利后，中国革命在以毛泽东同志为首的中国共产党领导下，大踏步向胜利前进，广大的青年，不只是知识青年，而且有更多的广大劳动人民的青年，在解放区踊跃参加军队，发展生产，自力更生，支援前线，进行艰苦到八年之久的抗日战争。在国民党统治区域的青年，反抗顽固势力，争取民主，直到后来的反美、反特、反饥饿、反迫害、反法西斯暴政等，都作了英勇的斗争。在中国共产党坚持抗战，团结进步的方针下，抗日战争得到胜利。在抗战中为了战胜强敌，革命的人民群众的力量，特别是武装的人民的力量，获得极大发展与强大，依靠这个基础，才使今天的人民解放战争得到伟大胜利，并推进这个战争走向全国胜利。新民主主义的中华人民共和国已到了产生时期，中国青年的幸福生活已在招手，中国青年向新时代前进的道路已大放光明！

五十年来，中国人民以中国青年为先锋，写下了中国革命光荣的史实。也在革命中证明了一个历史的真理。这就是：在革命与反革命之间没有中间道路，中间道路实际上是向反革命妥协、投降。只有革命的道路才是前进的、光明的道路，才能引导中国革命走向胜利。

现在国民党反动派已经土崩瓦解，但是还有残余势力需要肃清，中国青年应当和中国人民在一起，把革命进行到底，继续积极参加和支援人民解放战争，消灭残余敌人，解放全中国。同时还必须积极参加恢复与发展工农业生产事业以及文化教育事业，缔造新民主主义的中华人民共和国的伟大而艰巨的光荣任务，中国青年应该担负起来。

团结起来勇猛前进啊！英勇的中国革命青年！新时代是你们的，你们必须和中国人民一道，坚决、彻底、干净、全部地消灭帝国主义封建主义与官僚资本主义，建设新中国！

华大历史介绍 *

（1949 年 9 月 9 日）

一九三七年初，民族危机日益严重，全国各地青年纷纷跑到了陕北——中共中央所在地学习，于是在抗大中成立了第四大队，由董必武同志领导，同学约五百人左右，这是我党大量团结与教育智识青年的开始。

抗战爆发后，由于抗日热情所激发，全国各地进步青年更大量的涌向延安，八月间成立陕北公学，九月间正式开课，因同学数量过多，延安无法容纳，遂由冯文彬等同志在三原附近安吴堡办战时青年干部训练班，也大量地吸收了各地来的青年，学习时间更短，常常是两个星期就分配了工作。当时各地文艺工作者也纷纷来延，鲁迅艺术学院成立，主要由沙可夫同志负责（吴玉章同志和康生同志曾经任过院长）。到了一九三八年因为各地青年继续不断涌来，中央派罗迈同志来陕公工作，到关中办陕公分校，同时延安又成立了工人学校，专吸收各地来的工人，由张浩同志任校长。

一九三九年，由于敌后形势开展，需要大量培养干部，中央决定陕公、鲁艺、青训班、工人学校合并成立华北联合大学，任成仿吾同志为校长，与抗大总校一起于一九三九年二月初离开延安向敌后挺进。由于

---

* 录自《人民日报》1949 年 9 月 9 日，第 1 版。本文作者：吴玉章、成仿吾。

汾河涨水，以及敌人的各种阻碍，直到九月才分为三个梯队通过敌人几道封锁线到达晋察冀边区。

一九三九年十月间到达阜平后，全校分为社会科学、文艺、工人、青年等四部，即开始招收学生。后来又与晋察冀边区的抗战建国学院、群众干部学校合并，各部名称经过几次变更，学生人数有时多至三千余人，经过敌人无数次的"扫荡"，时常化整为零，分配到乡村帮助工作，坚持了敌后的干部教育，培养了很多的干部，有不少的干部与同学在对敌斗争中英勇牺牲了，如卫生处长范实齐同志，组织科长吕光同志等。这一时期训练的对象皆是解放区内部的干部与乡村智识分子。自从一九四二年后因平津等城市常有青年逃来解放区，学校遂成立了政治班，专门进行思想教育。一九四三年到一九四四年因为敌后环境更加残酷，学校缩小到最低限度，经常不满千人，直到抗战胜利张家口解放后，学校移到张家口，才又壮大起来。蒋介石发动内战，学校撤到冀中平原束鹿县，石家庄解放后又移到正定。

日寇投降后晋冀鲁豫局面开展，一九四六年初成立了北方大学，范文澜同志为校长，把原有的晋冀鲁豫许多干部学校，分别改为工学院、农学院、医学院、文教学院、财经学院、行政学院，后又增设艺术学院，约两年间由于战争关系校址曾由邢台迁到长治。

一九四八年华北接近全部解放，晋察冀与晋冀鲁豫两大解放区实行合并，北大与联大在这新形势下合并为华北大学，由吴玉章、范文澜、成仿吾三同志分任正副校长。

北平解放后，于今年三月间移到北平，正定改为分校，天津亦曾设立分校，仅在北平这几个月内就吸收了一万五千余学生。

冯玉祥将军逝世周年纪念 *

（1949 年 9 月）

　　冯玉祥先生是一个旧军人，但是一个不平凡的旧军人，而且是一个很不平凡的旧军人。为什么这样说呢？因为他有下面三个特点：

　　一、他在军事上，特别在官兵关系上是比较能走群众路线的。他与士兵能一起生活，爱兵如手足，所以他的军队能打仗；这种官兵关系在西北军中造成了好的传统，这是与其它旧军阀不同的。固然稍微开明一些的旧军人也可以做到这一点，但他还有第二个特点。

　　二、他有不断学习，不断求进步的精神。他很虚心，中外的学术，诸如文字、新诗、旧诗，以及外国语，甚至某一些科学，他都热心去学。他虽然出身是农民，不是知识分子，但后来他的学问很博。由于他写的白话诗有内容，能代表人民说话，所以他的"丘八诗"很著名。这一特点是一般旧军人很难和他相比的。不仅仅上面这两点，而最重要的尤其是他的第三个特点。

　　三、冯先生能随时代不断改造自己的思想，随着时代一步一步前进。他经过几次大风波，虽然也有些可非议的地方，但在某些紧急关头幸而还能把握着进步的潮流，不至为恶浪潮所淹没。他同蒋介石斗争过，也同蒋介石联合过，但终由于他虚心学习，追求真理，能因应时会，认识

---

　　* 录自《吴玉章文集》下，重庆出版社 1987 年版，第 1217～1218 页。

了一些新思想，使他决心与这吃人肉、喝人血的反动头子蒋介石离开了，并进而反对他。冯先生不为利诱，不为势屈，更进而能够站到人民方面来，这是旧军人最难得的。

冯先生的言行——特别是晚年的言行，告诫了若干旧军人，指出了旧军人脱离污浊社会的道路：虚心学习，思想改造，向人民靠拢，那就必定为人民所尊敬；反之，则必为人民所唾弃。

在中国文字改革协会成立大会上的开幕词 *

（1949 年 10 月）

　　中国文字改革协会在中国人民政治协商会议胜利闭幕后召开，不仅庆幸我们文字改革工作者有了团结的好条件，而且庆幸我们有了团结的好方法。因为中国人民政协是人民民主统一战线的组织形式，也就是团结各方面各阶层民主人士的组织形式，它用协商的方法来协调各方面的意见，解决了许多重大问题，使我们建立中华人民共和国的任务很光荣地胜利完成，这是一个团结一切力量完成艰巨任务的最好办法。中国文字改革虽然比不上建立新国家的重大，但也是一个艰难而伟大的工作，因此我们必须学习人民政协这种精神来作我们的工作方法。

　　中国文字必须改革，这是多数研究中国文字和中国教育的人们共同意见，中国的文字，主要是汉字，有许多不合理的地方，以至太过繁杂，难认难写难记，这是中国教育普及文化发展的一个严重的障碍。由于这种情况，从清末以来就有不少的志士终身致力文字改革工作。但是在反动统治之下，文字改革工作是得不到鼓励的，许多文字改革工作者，只能闭户著书或只能孤军奋斗，未能通力合作切实进行，各种不同意见也很少机会充分商讨，因此不能集思广益，工作效能也就不大。

　　自从京津解放以后，各地文字改革工作者陆续来到北京。华大、革

大、北京、清华、燕京、师大各大学研究文字改革工作者和初到京的各方人士商讨，成立一个全国性的中国文字改革协会，得到各方的同意，即于 5 月 29 日，由北京各大学代表及各方代表开第一次发起人会，然后曾陆续开过五次发起人会，交换了各方面的意见，拟定了章程草案，发出了愿否参加本会为会员的信函，并决定于本日开成立大会，这就是本会筹备经过的大概情形。

本会的目的是在团结中国文字改革工作者，其宗旨是提倡中国文字改革，并且研究和试验中国文字改革的方法。团结的方面是很广泛的，不仅要团结用拼音文字来改革中国文字的人，就是整理汉字如规定简体字等的人，我们也一律要团结，但是同时要有一定的原则，才不致混乱无所依归，使工作缺少效果。

从前有过的简字、拼音和注音符号，如卢戆章、王照、劳乃宣、蔡璋等的假名系符号；蔡锡勇、王炳耀、陈振先等的速记系符号；章炳麟的篆文系符号；杨琼、李文治等的象数系符号；左赞平的意义系符号；其他还有马体乾、高鲲南等的符号。但是这些方案，在 1913 年读音统一会制定注音字母时都被否定了，注音字母把汉字标音的"反切"一变而为"拼音"法，这是中国音韵学史上一个大变革。但是它们的目的只是在注汉字的读音，并不想成为一种拼音文字，到 1926 年赵元任、钱玄同、黎锦熙才在国语罗马字拼音研究委员会拟定国语罗马字拼音法，这就使中国文字改革大大地进了一步。到了 1931 年拉丁化新文字出现，又使中国文字改革的工作得到了新的发展，自从中国拉丁化新文字在各地试行以来，颇有不少的成绩，由于中国文字改革工作是一个艰巨的工作，必须经过详细研究得到确定的结论，并由国家庞大的人力物力加以有系统的推行，才能有效，而这种客观上和主观上的条件，现在都还不成熟，所以无论那一种方案的文字改革工作，现在都还不能大规模地发展。我们现在的任务，就在于加深对方案的研究，把国语罗马字、拉丁化新文字和其他改革方案的优点都吸收过来，把它们的缺点都去掉，以便求得一个完善的方案作为国家将来作大规模的文字改革工作的准备。

现在我们成立文字改革协会，目的就是有系统地研究和试验文字改革的办法，积极准备将来实际着手文字改革的条件。我们提议，中国文字改革协会在目前的主要的具体工作，应当是以下几项：

一、汉字改革的研究。我们应当继续研究汉字改革的各种方案，而以采用拉丁字母的拼音方案为研究的主要目标。汉字的整理和简化，也应当是我们研究的目标之一。

二、汉语和汉语统一问题的研究。我们应当继续进行汉语的综合研究和分区的调查研究，并研究以北方话为统一汉语的基础问题。

三、少数民族语言文字的研究。中国少数民族有些尚无文字，我们应当有系统地研究这些民族的语言，并进而研究他们的文字的改革和创造，帮助他们的语文教育的发展。

四、根据上述研究的结果，与政府协作进行可能的试验。

五、继续文字改革的宣传。使多数知识分子和多数人民认识文字改革的必要，了解我们研究文字改革的成果。

在战争尚未结束、全国工农业尚待恢复的今天，我们的工作无疑还要遇到许多困难。但是我们相信：只要我们团结一致，共同努力，在人民政府的赞助之下，在人民民主事业迅速发展的条件之下，我们的困难必能逐步克服，我们关于中国文字改革的伟大事业的目的必能在条件成熟时实现。

"起来吧！四川的同胞们！作一最后的战争。"*

——对四川人民的广播讲话

（1949 年 10 月）

亲爱的四川同胞们：

最近你们看见蒋介石匪帮的残余官僚和残余队伍又纷纷逃到重庆和四川各地方来了。因为四川远处西偏，交通不便，又被匪帮封锁，不易了解国内国外的真实情形，所以我特别用广播把最近发生的伟大革命事业的光荣胜利和现在四川人民应作的事情，告诉我亲爱的同胞们。

首先我要讲到我们全中国人民革命多年所渴望的中华人民共和国，已经在十月一日诞生了。

我们中华人民共和国是由九月二十一日开幕，三十日闭幕的中国人民政治协商会议所产生。中央人民政府已经在首都北京成立了！这个人民政治协商会议和三年前在重庆所开的政协会议完全不同。那次会议证明，和帝国主义的走狗蒋介石国民党及其帮凶们一道，是不能解决任何有利于人民的任务的，即使勉强做了决议也是无益的，一待时机成熟他们就要撕毁一切决议，并以残酷的战争反对人民。这次我们人民的政协会议就和那次根本不同了，这次会议包括六百多位代表。代表着全中国所有的民主党派、人民团体、人民解放军、各地区、各民族和海外侨胞。

---

* 录自《四川党史月刊》1988 年第 1 期，第 18～20 页。

这就指明我们的会议是一个全国人民大团结的会议。这个会议制定了中国人民政治协商会议的组织法，中华人民共和国中央人民政府组织法和人民政协的共同纲领三大宪章，制定国旗国歌，决定以北京为国都，采用世界大多数国家所用的公元为年号。中国人民在人类历史上这一伟大的成就，表现出中国人民从此站起来了！

这种全国人民大团结的会议，之所以能够成功，是因为我们战胜了美帝国主义所援助的国民党反动政府。在三年多的时间内，英勇的世界上少有的中国人民解放军，战胜了美国援助的国民党反动政府所有的数百万军队的进攻，并使自己转入反攻和进攻。

单把最近一年的战事情形来说吧：自从去年九月到十二月，我东北野战军举行了巨大规模的辽西沈阳战役，消灭了国民党反动军队共四十七万二千人。去年十一月到今年一月，我第二、第三两大野战军，联合发动了伟大的淮海战役，共歼蒋匪五十五万五千余人。同时我第四野战军，即东北野战军入关来，和华北两个兵团会合，发动了北平、天津、张家口的巨大战役，蒋匪被歼和接受改编的共五十二万一千人。在辽沈、淮海、平津张这几个战役以后，蒋匪所有精锐部队，都丧失净尽，蒋匪在军事上、政治上、经济上都已经陷入绝境了！中国人民解放军这时已经取得了军事上的基本胜利。内战祸首蒋介石为了欺骗要求和平的人民，就在今年一月伪装宣告下台。另一名战犯李宗仁上台后，虚伪地主张和平，并且派和平代表到北平来谈判。但是到了和平协定商量成功以后，李宗仁又拒绝签字。我人民解放军就在四月二十一日举行了历史上空前的百万大军英勇渡过长江，与敌作战，不过三天即二十三日就解放了南京，到五月底，我军先后共解放了南京、上海、杭州、南昌、九江、武汉等一百二十多座城市，歼敌三十八万六千余人，同时华北也肃清了太原、大同、安阳、新乡等蒋匪残余部队十六万八千九百余人，最后解放了华北全境。西北我军把胡宗南匪军打得落花流水，亦解放西安和附近的广大区域。这是今年七月以前的情形。从七月到现在，西北的甘肃、青海、宁夏、绥远、新疆，东南的浙江、福建、江西和湖南的大部，都已经完全解放。现在我大军已完全占领广州，席卷西南，如秋风之扫落叶。两广、云贵残余匪帮已无路可逃了，只有狼狈逃到重庆和四川来，这就是蒋介石匪帮逃到重庆和四川的情形。

　　蒋介石匪帮已经土崩瓦解，到了穷途末路，无路可逃的时候，为什么要逃到山川险阻、交通不便的四川呢？因为四川有七千万人民，可以逼迫来为他们当炮灰；四川有丰富的财源，可以搜刮来饱他们的私囊；还想借四川的土地人民作他们垂死的挣扎，到了完全失败时，他们四大家族及其帮凶们就坐飞机逃向美国去。他们早已把中国搜刮来的上百万万的金钱，在南美洲等地买了土地，修了房子，作他们避难之所。他们已经是没有人性、卖国殃民的蟊贼，早已自绝于中国人民了。

　　十多年来，四川人民受蒋匪的压榨剥削太苦了，每年要抓走四五十万壮丁，要征借粮食一千至两千万石。在抗日战争中，我全川人民为救祖国的灭亡，这种重大牺牲，不能不咬紧牙关来忍受。到了抗日战争胜利了，人民应该休养生息了，蒋匪又发动了连续三四年的国内战争。四川人民处于蒋匪军事法西斯统治下，年年受其灾害，已经是忍无可忍了。现在该匪又将其吃人的官僚如所谓广州国民政府，残破的队伍如胡宗南的匪军，都窜到四川来，这给四川人民带来了更大的灾害。因为蒋匪不仅要压榨四川人民而且还想以四川的人力物力来抵抗我四百多万英勇善战、装备优良的人民解放军。蒋贼的诡计是毒辣极了！但是我人民解放军打到四川，并不是来与四川人民为敌而是来救四川人民于水深火热之中。四川人民太苦了，我们人民解放军不仅士兵中许多人是由蒋匪强拉去当兵而在战场上掉转枪头过来的四川人，而且高级将领如人民解放军总司令朱德，第二野战军司令刘伯承，第三野战军司令陈毅，华北军区司令聂荣臻，西北军区副司令王维舟等都是四川人。人民解放军到四川来是为了解除父老兄弟诸姑姊妹的痛苦，消灭卖国残民的害虫。

现在我人民解放大军已四面八方向四川前进了！希望我多年受苦难的四川人民，全体动员起来，支援人民解放军。一方面是人民各地烽起，自己武装起来，如辛亥革命时保路同志会一样；把全川沸腾起来，使匪帮寸步难行，如赵尔丰困死在衙门中一样；军队则举起义旗，杀死反动长官，如端方在资州的被杀一样。一方面工人则团结起来，组织起来，保护工厂、矿山、铁路、公路、桥梁、机器，不许匪帮破坏国家的财产。农民则团结起来，不许抓兵征粮。学生教员则团结起来，保护学校，宣传人民共和国的法令与政策。自由资产阶级和工商业家则安心地照常营业，不许匪帮扰乱，不捐款，不纳税，多方支援人民解放军。游击队员们，你们在敌前方则欢迎解放军，支援解放军，在敌后方则扰乱敌人后方，拉住敌人的后腿。

我们四川人民是有革命的光荣传统的。辛亥革命时，反对满清把川汉铁路出卖给美国，全川人民团结起来，组织起来，使满清在四川的官吏全部灭亡；因而武昌起义，满清也随之灭亡了。袁世凯称帝，四川人民在四川打垮了袁氏大军，袁氏灭亡了。其后段祺瑞、吴佩孚侵入四川，都遭到了四川人民的无情打击，以至于灭亡。这次蒋匪的残余窜入四川，也一定要遭受四川人民的痛击，而彻底、干净、全部的消灭它。

起来吧！四川的同胞们！作一最后的战争。把这个美帝国主义的走狗，卖国的奴才蒋介石匪帮们消灭得干干净净！

纪念十月革命三十二周年 *

（1949 年 11 月 7 日）

　　斯大林同志说："十月革命开辟了一个新时代，即世界各被压迫国人民与无产阶级联盟并在无产阶级领导下进行殖民地革命的时代。"这说明了十月革命的伟大国际意义。十月革命不仅打破了帝国主义束缚世界的锁链，而且帮助了全世界的也帮助了中国的先进分子，使中国人民找到了正确的革命道路。

　　现在中国革命胜利了，中华人民共和国诞生了。我们继伟大十月革命之后，光荣地完成了新时代的革命任务。现在摆在我们面前的就是建设新民主主义的新国家。我们永远记得，苏联是第一个承认我们中华人民共和国的国家，是十月革命以来永远帮助我们中国人民的国家。苏联建设事业的几个五年计划，都是提前并超过完成的。我们要向苏联学习、学习、再学习，在苏联帮助之下，完成建设的伟大任务，我们以这个远大的志愿来纪念今年有伟大历史意义的十月革命。

---

　　* 录自《华大生活》1949 年 11 月 7 日，第 1 版。着重号为原文所有。

学习的重点在改造思想 *

——在政治研究所二、三班开课典礼上的讲话

（1949 年 11 月 28 日）

今天是我们政治研究所二、三班开学的日子，以前一班开学时我曾讲过一次话，以后很想多讲一点，但因一直没有时间，这是非常抱歉的。今天有机会来，想把我认为重要的问题向大家讲一讲。

我们政治研究所的同学，有不少是各方面的专家，学问经验都有一些；问题就在要能掌握正确的立场、观点和方法，来从思想上改造一番，以期能够掌握马列主义毛泽东思想，好好地为人民服务。我们一部在短期内训练了一万多青年，毕业后就走上了工作岗位；政治研究所的同学大都有专门知识，年纪比较大，我们很想使大家在短期内就能领会和掌握马列主义，为人民服务。

戊戌政变到现在，中国革命经过几个阶段，有不少的青年，当初是热诚爱国，英勇奋斗，但是后来就有些经不起考验的人，有的消极退隐，有的腐化堕落，有的变成了反革命。这是因为什么呢？因为都是没有把思想弄清楚，没有正确的阶级立场，初期领导革命的大都是知识分子，如康有为、梁启超等，虽然后来成了反革命，但当时都是急进的，爱国家、爱民族，大谈其富国强军的政策，康有为还作了《孔子改制考》《大

---

* 录自《华大生活》1949 年 11 月 28 日，第 1 版。

同书》等，从旧经书里引出托古改制的思想来，主张"大同"这一类学说。大体上讲来是小资产阶级一时冲动的急进的意识，但在当时却起了一些启蒙的作用。他们的维新运动在历史上也起了一定的推进作用，我们也不抹杀它。但是康有为几次公车上书以后，得到了光绪皇帝的赏识，自以为这是受了特达之恩遇，就有感恩报德尽忠保皇的思想。以后就成了保皇复辟的反革命罪魁了。

梁启超在戊戌政变失败后到了日本。办《新民丛报》《新小说》，在那时他的思想比康是更进步的，几乎有些是近于革命的，很多青年都受到他的影响而活跃起来，我就是其中的一个；但是以后他也变了，也坚决反革命了。为什么呢？因为他在三十岁时到了美洲，他著了《新大陆游记》。有人说，他到美洲见到康有为，康骂他忘了皇帝知遇之恩。因此，他就变成了反革命了，后来投到北洋军阀里，作了革命的罪人。这充分的说明了小资产阶级是动摇的，一遇到有人给他一点好处，他就会投到反革命阵营去。

再看新文化运动中的胡适，在当时也有很大的作用，最初也似乎有革命的气概，尤其是当林纾大骂他提倡"白话文"主张"文学革命"的时候，蔡元培曾复信大为辩护；一时胡适也曾受到青年热爱，可是后来他反革命了。他是美国留学生，极受杜威学说的影响，所以当时就和共产主义者李大钊立于敌对地位。我们知道五四运动后中国的时代变了，马列主义代替了美国资产阶级的思想，尽管那时胡适也号称进步分子，可是已经站到反动方面去了。胡适受美国资产阶级的影响，也受了美国的恩惠，想报美国的恩（如保皇党、亲美派），竟走上了美帝主义的走狗蒋介石的反动道路而不知悔。这就是小资产阶级思想意识在作祟，想往上爬，向压迫阶级方面走，弄得身败名裂。

在每一个时期中也有一批革命思想逐渐进步的人。在康梁时，孙中山也给李鸿章上过书，也是富国强兵、救国救民的条陈。但他更富于革命性。在戊戌政变时他已看出满清不行，极力鼓吹革命，到了一九○三、四年时，在日本留学的青年都受到他的影响。到了一九○五年，在日本东京有革命同盟会的产生，因而有辛亥革命推翻中国几千年的专制制度的胜利；但从此以后同盟会的大多数人就没有看清问题，同盟会在胜利时，初改为政党的时候，也曾有较进步的六条政纲（如民族自决、男女平等、土地国有等），后来被宋教仁组织国民党时所取消，一点革命的气味也没有，于是中国的革命失败了。直到一九一七年俄国十月革命成功，一批最进步人士和新的青年出来，接受了马列主义的思想，成立了中国共产党。一九二五—二七年大革命时期，国共合作，打倒了北洋军阀，进入到土地革命；但这时革命阵营又起了变化，蒋介石、汪精卫等先后叛变，许多人又走到反革命的路上去。从这些血的经验，我们又知道这都是知识分子没有坚决的革命立场的弱点。

在中国这个落后的国家，知识分子是很重要的，很宝贵的；但知识分子一定要把思想弄清楚，无论你的知识如何丰富，如果不把革命的正确的思想巩固起来，那是很危险的。

改造思想不容易。我一九○三年到日本，一九○五年加入同盟会，我在日本看书很多，当时世界各国的进步思想的书籍也很多。讲社会主义的书也不少，如幸德秋水的《社会主义神髓》是我喜欢读的；但今天看来那些书多是机会主义的。在日本有很多假马克思主义者，机会主义的或修正了的马克思主义；真正的马克思主义是经过列宁与第二国际机会主义斗争并驳倒了他们，复活了十九世纪四十年代马克思主义的革命原素，恢复了马克思的唯物辩证论；而且列宁不仅复活了恢复了它们，并发展了它们。所以我们现在要说马克思主义列宁主义，简称为马列主义，才是真正的马克思主义。所以不是看几本书就懂得了马克思主义。改造思想更不是靠着几本书就可以改造的，而最重要的在实践，在深思，在深刻地自我检讨。在大革命失败后，我到苏联去，看了很多宝贵的书，并到劳动大学学习。到那里才发现自己实在不够，同时明白了看书要仔细思考，还要和自己的生活行事结合起来，加以反省。抗日战争初回国，到了延安后，受到毛泽东同志的教育，才了解有些同志犯了教条主义的错误。另有一部份同志则犯了经验主义的错误。在整风运动中，我们经过很大的痛苦，与错误思想机会主义的同志作斗争，同时也与自己的错误思想作斗争。当时有许多人以小资产阶级意识把自己的弱点掩护起来，怕人批评，爱面子，自高自大，自私自利，个人英雄主义，不坦白承认错误，不向真理低头；但终于是不能掩饰过去的。同学们可以看看《整风文献》上许多批评错误的文章，是何等深刻！我们的党不经过毛主席的整风，是不会像现在这样坚强的。大家应当时常反省，好好的检讨自己，不要以为读了几本马列主义的书就行了。我们现在需要很多的干部，只怕没有培养好，做起事来会犯很大的错误；我们不怕过去犯了错误，只怕你不能改或者改得不澈底。大家一定要老老实实的把自己的短处都暴露出来，一点不要掩藏。有些人自以为聪明，其实一点也不聪明，"大智如愚，大巧如拙"，真聪明的人就是那最谦虚的人，最能反省的人，最老老实实的人。大家不要以为天天讲来讲去还是这一套，这种重复实际上是必要的。毛主席的《整风文献》有许多地方我初看了都觉得有许多话是在刺我一样。我细细一想，对了！这正因为自己有这个毛病。这还不赶快医治吗？用毛主席的话说，"惩前毖后，治病救人"，就是毛主席整风的精神。大家也要根据这种精神，老老实实的学习，老老实实检讨自己！我们谆谆的讲就是如此。希望大家一面看书，一面听讲，一面检讨；在批评与自我批评中求得进步。我们的时间不多，但在相互帮助下，一定可以获得很好的效果。听说大家都能安于这种学习环境，认真学习，这都是很好的现象。我们许多干部也许程度不太高，但大方向是对的，在这一段时间中，一定可以很好的帮助大家进行学习。

庆祝斯大林同志七十寿辰 *

（1949 年 12 月 21 日）

　　斯大林同志今年（一九四九）十二月二十一日满七十岁了。他从事革命斗争已经五十五年了，也就是二十世纪的前半个世纪。这五十五年中，世界人类社会起了一个大转变，已由资本主义转变到社会主义，并踏上共产主义的道路。也就是说，由人剥削人、人压迫人的社会，正转变到没有人剥削人、人压迫人的社会。这个人类历史上辉煌的伟绩，是和斯大林的名字分不开的。有人说，斯大林发扬光大了列宁主义，正和恩格斯发扬光大了马克思主义一样，他是人类最优秀最杰出的人物，这个说法是很对的。斯大林非常尊崇列宁，也和恩格斯非常尊崇马克思一样；列宁、斯大林也和恩格斯一样非常尊重马克思。为什么这三个伟大的人物都尊崇马克思呢？因为天才的马克思创造了发展人类最可宝贵的马克思观点与学说的体系——马克思主义，其中特别重要的是辩证唯物主义和历史唯物主义，因此这三大伟人都尊崇马克思。现在我们称马克思列宁主义，实际上就是马克思主义。马克思主义是完整的社会历史发展规律的科学，为什么要加上列宁主义呢？因为马克思恩格斯两人和列宁中间隔有第二国际机会主义独占统治的整个时代，在这个时代，第二国际老爷们修正了曲解了马克思主义。列宁与这些机会主义作了无情斗

　　* 录自《华大生活》1949 年 12 月 21 日，第 1、2 版。

争，复活了被机会主义者所埋没了的马克思主义革命内容，同时列宁更进一步，在资本主义与无产阶级阶级斗争新条件下，向前发展了马克思主义。因此，今天我们必须认识马克思列宁主义，才是真正的马克思主义，必须认识"列宁主义是帝国主义与无产阶级革命时代的马克思主义"（斯大林）。

列宁、斯大林比马克思、恩格斯更幸运的是：马克思恩格斯奋斗一生，没有能够见到他们的理论的实现，而列宁、斯大林则亲眼看见了社会主义的胜利，尤其是斯大林亲身领导建成了社会主义社会并向共产主义社会道路前进。

斯大林同志对人类最伟大的贡献，是和列宁一起领导了伟大的十月社会主义革命的胜利，领导苏联人民建成了一个光辉灿烂的社会主义社会，并领导了国际反法西斯战争的胜利。

一九一七年十月革命前夜，当列宁处于秘密状态的时候，斯大林同他的教师和战友列宁保持密切的联系。列宁和斯大林两人大胆确信、果决审慎地引导党和工人阶级去实现社会主义革命，举行武装起义。列宁和斯大林是伟大十月社会主义革命胜利的倡导者和组织者。斯大林是列宁最亲近的战友，他直接领导了武装起义的全部工作。十月革命的胜利把帝国主义束缚世界的锁链打碎了一大段，帝国主义企图恢复它们的统治，反动的十四个国家就直接间接向社会主义国家进攻，国内战争和武装干涉开始了。一九一八年春到一九二〇年三年战争年份中，斯大林是红军历次最重大胜利的直接计谋人和组织者。凡是在战场上决定生命的地方，布尔什维克党中央和列宁本人，总是派斯大林到那里去工作。他是各个最重要战略计划的创作者，他领导了每次有决定意义的战斗。在察里津（斯大林格拉）近郊，在皮尔姆一带，在彼得格拉附近，在反对邓尼金的战役中，在同波兰贵族撕杀的西方战线上，在与弗兰格尔交锋的南方战线上，都是斯大林的钢铁意志和战略天才保证了革命方面的胜利。斯大林是军事政治委员的教养者和指导者。列宁说过，没有军事政治委员，便不会有红军。

苏维埃政权，把反对武装干涉者的战争胜利结束后，便开始进行和平经济建设。对于遭受了四年帝国主义大战和三年国内战争的破坏，必须定出新的经济建设方针，使农民有利用他们大部分剩余产品的可能，才能振兴农业和商品流转，提高工业，改善城市供给，并为工农联盟创立起新的经济基础。可是，反党的托洛茨基和布哈林等集团多方作梗，妨碍这个新经济政策的方针。斯大林和列宁一起澈底实行了党的路线，捍卫了党的路线，击碎了所有一切反党敌人。

新经济政策施行一年后，作总结时列宁说："我们退却已有一年了。现在我们应当代表党来说：够了！退却所要实现的目的已经达到了。这个时期正在终结，甚至可说已经终结了。现在提出另一个目的，就是要重新配合力量。"为了把列宁在党代表大会所提出的伟大历史任务实行起来，一九二二年四月三日，苏联共产党中央全会根据列宁提议，就举列宁最优秀最忠实的门生和战友斯大林为中央总书记。从那时起直到现在，斯大林始终都担任着这个职务。

一九二四年一月二十一日，布尔什维克党的领袖和创始人，全世界劳动群众领袖列宁逝世了。列宁的旗帜、党的旗帜，便由列宁的卓越门生，布尔什维克党的优秀儿子，列宁事业的忠实继承人和伟大继续者斯大林把它高高举起，并举向前进。

一月二十六日，苏联第二次苏维埃代表大会举行列宁的追悼会时，斯大林同志代表全党宣誓说：

> 列宁同志与我们永别时嘱咐我们说：要珍重党员这个伟大称号，并保持这个伟大称号的纯洁性。列宁同志！我们谨向你宣誓：你的

这个遗嘱，我们一定会光荣地实现！……

列宁同志与我们永别时嘱咐我们说：要保护我们党底一致，如同保护眼珠一样。列宁同志！我们谨向你宣誓：你的这个遗嘱，我们也一定会光荣地实现！……

列宁同志与我们永别时嘱咐我们说：要保护并巩固无产阶级专政。列宁同志！我们谨向你宣誓：你的这个遗嘱，我们也将不遗余力来光荣地实现！……

列宁同志与我们永别时嘱咐我们说：要竭力巩固工农联盟。列宁同志！我们谨向你宣誓：你的这个遗嘱，我们也一定会光荣地实现！……

列宁同志始终不倦地对我们说明我国各族人民自愿联盟之必要，说明我国各族人民在共和国联盟内亲密合作之必要。

列宁同志与我们永别时嘱咐我们说：要巩固并扩大共和国联盟。列宁同志！我们谨向你宣誓：你的这个遗嘱，我们也一定会光荣地实现！……

列宁屡次对我们说过：巩固红军和改进红军状况，是我们党底最重要任务之一……同志们！我们来宣誓：我们将不遗余力来巩固我们的红军，来巩固我们的红海军……

列宁同志与我们永别时嘱咐我们说：要忠实于共产国际底原则。列宁同志！我们谨向你宣誓：我们将奋不顾身来巩固并扩大全世界劳动者联盟的共产国际！

这就是斯大林同志代表布尔什维克在它的万古长存的导师和领袖列宁面前宣读的誓词。苏联共产党在斯大林领导下光荣地履行了并继续履行着这个誓词。

斯大林同志粉碎了托洛茨基的不断革命论及一个国家不能建设社会

主义的反革命"理论"，他在理论上综合了伟大十月社会主义革命的经验，综合了苏维埃国家在资本主义包围中实行社会主义建设的最初几年的经验，并根据这种经验捍卫和继续发展了列宁关于一个国家里社会主义胜利的学说。

一九二四年十二月，斯大林的有名著作《十月革命与俄国共产党人的策略》出版了。在这部书中，斯大林论证了社会主义可能在一个国家里获得胜利的列宁原理。同时指出必须分清这个问题的两方面，即国内方面和国际方面。国内方面，就是建设着社会主义的这个国家内部各阶级相互关系的问题；国际方面，就是暂时还为唯一社会主义国家的苏联与它周围各资本主义国家相互关系的问题。苏联工农凭靠本身力量，完全能把国内的困难克服，完全能够在经济上战胜本国资产阶级，并建成一个完备的社会主义社会。可是，当还有资本主义包围存在的时候，也就会有资本主义国家武装干涉苏联和恢复资本主义的危险存在。为要消灭这种危险，就必须消灭资本主义包围，但消灭资本主义包围，却只有当无产阶级革命至少在几个国家内获得了胜利的时候，才可做到，只有到那时候，苏联社会主义的胜利，才算是完全的胜利，最终的胜利。要怎样才能保证一个国家建设社会主义胜利呢？斯大林说：

> 主要点就是要把中农团结在无产阶级周围，重新把中农争取过来。主要点就是要同基本农民群众结合起来，提高他们的物质和文化水准，同他们一起循着社会主义道路前进。主要点就是要同农民一起建设社会主义，一定要同农民一起，一定要在工人阶级领导下进行建设，因为工人阶级的领导是保证这个建设事业一定向社会主义方向进行的基本条件。（斯大林著：《列宁主义问题》，俄文九版，一二七页）

一九二五年十二月，第十四次党代表大会开幕时，斯大林把苏联的政治和经济力量迅速增长的情形，作了十分鲜明的报告，可是，他说我们不能满足于这些成功，因为我国仍然是个落后的农业的国家，为了保证我国在经济上的独立，并巩固它的国防能力，为了造成社会主义胜利所必要的经济基础，就必须把我国由农业国变成工业国。这时布尔什维克党就批准了实现社会主义工业化，争取苏联社会主义胜利的任务。

苏联第一个五年经济计划，以四年的时间，在一九三三年初就胜利的完成了。斯大林在总结报告中指明说，我国已经由农业国变成工业国，已经由小农国家变成了具有最大规模先进社会主义农业的国家。

一九三四年初，联共党第十七次代表大会上斯大林特别着重指出不要为胜利而骄傲，必须提高党的警惕性，他说：

> 不要使党高枕而卧，而要在党内发展警惕性！不要使党酣睡，而要使它保持在战斗戒备状态中；不要解除党的武装，而要把它武装起来；不要废弛党的队伍，而要保持在动员状态中，以便实现第二个五年计划。

这时资本主义世界里汹涌流行着资本主义危机，有许多国家，特别是德国从法西斯希特勒上台执政时起，疯狂准备着战争。在这种经济震动和军事政治灾难的狂风大浪中，苏联继续不屈不挠地坚持着维护和平的立场，在国际联盟会上再三提出集体安全，反对战争威胁议案，都被英法帝国主义者否决。

斯大林同志申明苏联的对外政策说：

> 我们的对外政策是很明显的，它是维护和平并增进我们与各国商务关系的政策。苏联并不想威胁任何人，尤其是不想侵犯任何人。我们是主张和平并坚持和平事业的。可是，我们并不害怕他人的威胁，而是准备着用打击去回答战争挑拨者的打击……而那些擅敢侵犯我国的人，却总会遇到致命的回击，使得他们以后再也不敢把自

己的猪鼻嘴，伸到我们苏维埃的菜园子里来。（斯大林著：《列宁主义问题》，一九四六年中文版，五八一页）

苏联在社会主义建设中把培养干部，特别是培养工人阶级自己的智识人才看得极重要，由于先进工人从下层发展起来，兴起了强大的斯达哈诺夫运动。斯大林同志非常重视这一运动，他说：这个运动开辟着走向共产主义的道路，它包含有工人阶级文化技术程度澎湃高涨的种子，结果一定会使智力劳动和体力劳动对立情形消灭下去。

斯大林同志十分尖锐地向干部提出了精通布尔什维主义的任务。他说：我们有一切必需的条件能力来在思想上造就我们的干部，在政治上锻炼我们的干部；我们一切实际任务的解决，十分之九是依此为转移。

一九三八年由斯大林同志执笔并经联共（布）中央专门委员会审定的《联共（布）党史简明教程》出版了。在这本书里斯大林同志阐发了辩证唯物主义，作为共产主义的理论基础，作为马列主义政党的世界观，说明了这一世界观在思想上武装工人阶级为争取无产阶级专政和建成共产主义而斗争的作用。在这著作中，特别强调了马列主义哲学与布尔什维克党实际革命活动的内在联系。斯大林同志教导说：为了在政治上不犯错误，便要以马克思主义辩证法原理为指南，便要知道历史发展的规律。

斯大林同志说：

我们的年轻干部底培养和形成，通常都是按着个别科学部门和技术部门，按着各个专门知识来进行的。这是必要而且适当的，没有什么必要使得一位医学专家，同时又是一个物理学专家或植物学专家；反过来说也是一样。但有一个科学部门的知识，却是所有一切科学部门中的布尔什维克所必须具备的，这就是马列主义关于社会、社会发展规律、无产阶级革命发展规律、社会主义建设事业发展规律以及共产主义胜利的科学。那种局限于自己的专门知识，譬如说所限于数学、植物学或化学，而除了自己的专门知识以外，再也看不见其他什么东西的人，虽然他们自称为列宁主义者，也决不能视为真正列宁主义者的。列宁主义者决不能仅仅是他自己所喜爱的那门科学的专家，他同时还应当是政治家和社会活动家，积极关怀本国命运，通晓社会发展规律，善于运用这些规律，并力求成为积极参加国家政治领导工作的人。当然，这对于布尔什维克专家是一种附加的负担。但这是大有出息的一种负担。（斯大林著：《列宁主义问题》，七八三页）

自从一九三七年"七七"时，日寇全面向中国进攻，中国抗日战争开始，国际状况紧张到了极点，第一次世界大战后的和约体系已经瓦解；新的世界大战，即第二次世界大战已经开始了。新的战争，是德日两个主要帝国主义侵略国发动起来的。斯大林同志在当时就指出，这次战争现在就已经卷入了五万万以上的人口，蔓延于极广阔的地面，从天津、上海和广州起，经阿比西尼亚，直到直布罗陀海峡止。战争日甚一日地损害着英、法、美等国的利益。可是，英、法两国当权者张伯伦和达拉第，打算把德国法西斯势力的侵略锋芒转向东方，转向苏联。

一九四一年六月二十二日，希特勒以他征服了西欧和东欧十四个国家的经验和优势的武器与兵力，打算以闪击手段击破苏联。法西斯匪军侵入苏联。苏联卫国战争开始了！斯大林同志向苏联人民，向红军和海军战士，发表了庄严的广播演说，并规定了全体军民捍卫社会主义祖国的任务，号召组织游击队，把敌后游击战争和红军作战行动配合起来。"用人民一切力量去击溃敌人！向前争取我们的胜利！"（斯大林）"在柏林城上树起胜利的旗帜！"（斯大林）希特勒以为苏联的武力不如他，而没有料到苏联社会主义经济的发展和人民意志的坚强与红军英勇与善战，大大超过他们。特别有天才的社会主义革命的伟大战略家斯大林，与侵略者以致命的回击。一九四五年五月二日，红军就完成了斯大林的号召：胜利的旗帜已经在柏林城上树立起来了！法西斯希特勒被消灭了！

希特勒被消灭后，当时第二个战争策源地，即日本帝国主义还没有消灭，还在中国肆虐，拒绝了中、美、英三国所提无条件投降的要求。各联盟国向苏联政府提议，邀请它加入反对日本侵略的战争。苏联为保障自身的安全，忠实履行其盟友义务，一九四五年八月九日出兵东北，迅速击败了日寇最精锐的关东军，解放了全东北，使日本不得不投降。在战胜日本的那一天，斯大林同志发表广播说："从今天起，我们已经可以认为我们祖国摆脱了西方德寇侵略与东方日寇侵略的威胁。全世界各国人民所渴望的和平来临了。"

这次反法西斯的世界大战，为什么能够获得这样伟大的胜利，究竟是什么东西获得胜利呢？

获得胜利的是苏维埃社会制度，是苏维埃国家制度，是苏维埃的武装力量，是共产主义布尔什维克党的英明政策，也就是斯大林的英明政策。这种英明政策使全世界反法西斯的国家和民族都获得了光荣的胜利。全世界被压迫被剥削的各国人民所渴望的独立、民主、和平，应该实现了。但是美帝国主义乘他在战争中发了战争财，就妄想实现法西斯希特勒所未能实现的独霸世界之迷梦，极力援助各国反动派，企图消灭人民的进步力量，把人类的蟊贼和渣滓集合起来，武装起来作为他反苏反共反人民的资本，最明显的例子就是他援助蒋介石匪帮在中国进行三年残酷的国内战争，但是美帝国主义在中国的计划完全失败了，中国人民在中国共产党，中国人民英明领袖毛泽东领导之下，打败了国内外的敌人，解放了全中国，建立了新民主主义的中华人民共和国。中国人民站立起来了。中国这一伟大的胜利，不止改变了中国的河山，并震动了全世界，使全世界被压迫民族被压迫人民都欢欣鼓舞来迎接这个胜利，为什么中国人民能够得到这样的胜利呢！就是由于毛泽东同志能以马列主义的普遍真理与中国革命的具体实践相结合。特别是斯大林同志对于中国革命问题给了我们许多宝贵的指示，以马列主义的理论武装了我们中国共产党。如果说苏联给了我们中国共产党援助的话，这就是极大的援助，不是金钱、军火，而是马列主义的真理。斯大林的战略与策略，就是中国革命胜利的源泉。

斯大林同志的生平事业，实与国际工人运动以及各殖民地半殖民地人民反帝民族解放斗争相连接，斯大林成了全人类的导师，新时代的灯塔，像日月光华一样照耀着全世界人民引向新世界前进！欣逢他七十寿辰，我们庆贺他万寿无疆，万古长存！

北京院校教职员联合会成立大会开幕词 *

（1949 年冬）

自从我们中华人民共和国成立后，国内外的贺电如雪片飞来，这就表现了不只是我国人民欢欣鼓舞庆祝我们新中国的诞生，全世界进步人士和广大人民都欢欣鼓舞庆祝我们新中国的诞生。这是什么原因呢？这是由于中国革命的胜利，是全世界被剥削被压迫群众继十月革命伟大胜利之后又一个伟大胜利。

大家知道："十月革命首先一个出色处，就是它冲破了世界帝国主义战线，在一个最大资本主义国家里推翻了帝国主义资产阶级，并使社会主义无产阶级获得了政权"（斯大林著:《列宁主义问题》，1948 年莫斯科版，256 页）。

其次，"十月革命开辟了一个新时代，即世界各被压迫国家人民与无产阶级联盟并在无产阶级领导下进行殖民地革命的时代"（同上）。

中国革命胜利就是首先完成了殖民地半殖民地革命的任务。

中国革命的辉煌伟绩，不仅它起了被压迫国人民革命的模范作用，而且成立了一个有四万万七千五百万人口的新民主主义国家。它和苏联与东欧新民主主义国家的人口计算起来，就有七万万将到八万万的人口，占了全世界人口三分之一以上，这是世界民主阵营的巨大坚强堡垒，再

---

* 录自《吴玉章教育文集》，四川教育出版社 1989 年版，第 260～264 页。

加上世界各国人民民主的力量，就比帝国主义反民主力量强大多了。这就难怪帝国主义张惶失措，造谣诬蔑，用尽各方法来破坏攻击我们，诅咒我们胜利，祈祷我们失败。但是他们错了，他们不能挽回历史前进的车轮。这是人类历史的一个突变时代。

在历史的急剧转变关头，一方面我们要热烈地迎接这个革命高潮，要趁热打铁；一方面我们要有冷静的头脑，很清楚地认识我们的任务。

现在我们的任务是什么呢？

就是巩固我们的新国家，巩固我们的人民民主专政。

现在我们就从人民民主专政的结构方面，从其"机构"方面，从"引带"、"杠杆"以及"指导力量"的作用和意义方面来说说人民民主专政。

人民民主专政体系中的这些"引带"或"杠杆"是什么呢？这个"指导力量"是什么呢？为什么需要这些东西呢？

"杠杆"或"引带"就是民主人民的群众组织，不运用这些组织，便无法实现人民民主专政。

"指导力量"就是无产阶级的先进部队，就是无产阶级的先锋队，就是共产党，它是人民民主专政的基本领导力量。

这些组织是什么呢？

"第一，这就是工人职工会及其在中心和各地的支脉，即许多生产的、文化的、教育的以及其它的组织。它们把所有各业工人及工作者都联合起来。这不是党组织。职工会可以称为包括我们统治阶级，即工人阶级全体组成员的组织，它们是共产主义学校。它们从自己队伍中提出优秀分子来担任一切管理部门方面的领导工作，它们把工人阶级中先进分子与落后分子联系起来。它们把工人群众与工人阶级先锋队连结起来。"（同上，177页）

第二，就是人民代表会议及其在中心和各地的许许多多的支脉，即行政的、经济的、军事的、文化的以及其他的国家组织，更加上无数自动组织起来的劳动人民群众团体，它们环绕着这些组织，并把这些组织与居民连结起来。人民代表会议是所有一切城乡劳动者的群众组织。这不是党组织。人民代表会议是人民民主专政的直接表现。它把千百万劳动群众和无产阶级先锋队连接起来。

第三，"就是所有各种合作社及其所有一切支脉。这是劳动者的群众组织，而不是党组织。它们把劳动者联合起来，首先是他们作为消费者联合起来，然后又逐渐把他们作为生产者联合起来（农业合作社）"（同上，178 页）。

第四，就是青年团。这是工农青年的群众组织而不是党组织，但是它很接近于党的。其任务就在于帮助党用新民主主义精神教育年轻后辈。

此外，现时我们还有民主青年、民主妇女、农民、文化艺术、社会科学、自然科学等等群众团体的组织，其目的就是把所有各方面的人都组织起来，使能各尽所长为人民服务。

最后，就是无产阶级的党，无产阶级的先锋队。党的力量就在于它把人民一切群众组织中所有无产阶级优秀分子都吸收到自己身中来。党的使命就在于统一人民所有一切而无例外的群众组织的工作，并把它们的行动指向于一个目标，指向于解放人民的目标。无产阶级的党就是共产党，它是人民民主专政体系中的基本领导力量。

职工会既然这样重要，我们就必须要把这个工作作好。

我们北京院校教职员联合会还不能说是一个完全的职工会，因为虽然有些学校是包括了工警人员在内，而大多数还没有把院校的工警包括在内，还只是一个脑力劳动者的组织。我想将来一定会发展为完全包括体力劳动和脑力劳动的组织。现在第一步先就照这样的组织努力作下去，来取得经验。

关于本会工作方针，已经另有方案，我不必在此多讲。我想要讲的就是院校教职员联合会会员大都是知识分子，小资产阶级的意识和习气很浓厚。中国旧时的风气又是以高傲散漫、不受拘束为高尚，养成了无组织、无纪律的习惯，往往以服从组织、遵守纪律为卑怯，为屈辱。因此，很难团结起来。尤其是知识分子自高自大，不愿与群众，特别是劳动群众接近，常常是把他们看成无知识、无文化，叫他们为下等人。这些极大的错误观点，必须改变，必须克服。既然是知识分子，就应该把知识传给广大群众，就应该拿知识为广大群众服务。如果把知识当作"奇货可居"则是剥削思想，哪能得到群众拥护和信仰呢？我们都是教育工作者，我们生产的成品就是能培养出许多优秀青年来，我们尤其应当培养出许多工农干部来。因此，就应当接近工农群众，与群众打成一片，仔细倾听群众的意见，细心对待群众的革命本能，研究群众的斗争实践。因此，不仅应当教导群众而且应当向群众学习。

在我们这个落后的国家里，百分之八十以上都是不识字的工农大众，正需要我们去教导他们，改造他们。首先就要我们自己学习好、改造好，才能担负改造人民、教育人民的责任。学习什么呢？如何改造呢？最主要的就是要学习马列主义和毛泽东思想，这是最基本的。我以为我们教职员联合会最基本的工作，就是组织学习，使大家能掌握革命基本理论来培养建设新社会的干部。

我们中国知识分子在中国革命中是有光荣历史的，我希望我们院校教职员联合会成为一个组织我们、推动我们共同前进，以完成我们教育新时代的人才的力量。

中国最近五十年民族与民主革命运动简史（总论）*

（1949 年）

　　中国最近五十年的革命斗争，是资本主义最后阶段的帝国主义时代殖民地半殖民地争取解放的革命斗争，是殖民地半殖民地对外打倒帝国主义、对内打倒封建主义与最近时期形成的官僚买办法西斯主义的民族与民主的革命斗争，是半封建半殖民地殖民地革命斗争最好的典型。

　　自鸦片战争（一八四〇年）以来，中国近百年的革命可以分为两大时代：自鸦片战争至中日战争（一八九四年）为前一个时代，即资本主义侵略中国与中国人民反抗侵略的时代；中日战争至中华新民主主义共和国的产生（一九四九年）为后一个时代，即资本主义最后阶段的帝国主义侵略中国与中国人民争得解放的时代。后一个时代又可再分为两个时代：中日战争至"五四"运动（一九一九年）为前一个时代，以国际环境来说，是资本主义最后阶段的帝国主义由形成和充分发展至资本主义发生总危机的时代；以国内环境来说，仍旧是旧民主主义革命时代。"五四"运动至中华新民主主义共和国的产生为后一个时代，以国际环境来说，是资本主义最后阶段的帝国主义发展为更公开凶恶专制侵略好战的法西斯主义及德、意、日法西斯主义国家由形成至疯狂进攻和战败灭亡的时代；以国内环境来说，是新民主主义革命时代。这后一个时代还

____
　　* 录自《中国最近五十年民族与民主革命运动简史》，华北大学教务处 1949 年印，第 1～35 页。

需要再分为两个时代。"五四"运动至"一二·九"运动（一九三五年）即抗日民族统一战线发轫，为前一个时代：以国际环境来说，德、意、日法西斯主义成熟与夺取国家政权和国际反战反法西斯统一战线形成时代；以国内环境来说，是革命方面由大革命转到土地革命，反革命方面由旧军阀割据转到蒋介石新军阀统制独裁，和日寇"九一八"进攻与抗日民族统一战线成熟时代。"一二·九"运动至中华新民主主义共和国产生，为后一个时代：以国际环境来说，德、意、日法西斯疯狂进攻与反法西斯的第二次世界大战胜利，和大战后以美帝国主义为首的反民主阵营与以苏联为首的民主阵营的形成与斗争时代；以国内环境来说，抗日战争获得完全胜利，胜利后美帝国主义代替了日本帝国主义侵略中国，蒋介石成为经济上独占与政治上独裁的官僚买办资本主义的法西斯头子，代替了汪精卫出卖中国，发动反革命内战，人民解放军打败了日本法西斯，又打败了美国帝国主义豢养的卖国贼蒋介石，中华新民主主义共和国产生时代。

自一八九四年中日战争中国被日本战败以后，资本主义最后阶段的帝国主义列强，就是正在发展殖民政策的财政资本帝国主义列强即乘机更加压迫中国，向中国要求租借地，广辟租界、订立不割让条约，划分"势力范围"，要求建筑铁路，开采矿山，以瓜分中国利益，竞争借给中国外债，以抢夺中国利权，把束缚中国这个半殖民地的锁链日益缩紧起来。一方面列强大量输入商品，开设工厂，打破了中国小农业与家庭手工业相结合的自给自足经济，使中国资本主义逐渐发展；一方面民族压迫和瓜分的危险，引起了中国民族继续紧张的反抗。满清一族腐朽专制的皇朝：对外则战无不败，不是割地赔款，就是丧权辱国；对内不仅压迫国内各弱小民族，而且也压迫比它大数十百倍的汉族。因为皇室贵族官僚的穷奢极欲、赔款外债的极大开支、财政破产无法应付，只有加紧剥削人民、使人民不能生存，国内外的恶劣环境，迫使中国人民日益觉醒起来，要求民族独立，要求民主自由，这就开展了中国最近五十年民族与民主的革命运动。如果把改良主义与革命运动合并起来计算，较大的事变就有：戊戌变法，义和团运动，辛亥革命，"五四"运动，大革命即北伐战争，土地革命，抗日战争与现在正进行着的、伟大的人民解放战争。这些运动一次比一次更强大，一次比一次更能动员广大的人民，一次比一次更有正确的革命理论，一次比一次更有坚强的领导，因此，一次比一次更有坚强的力量和伟大的成就。到了今天，使大半个中国已经得到解放，中华新民主主义共和国已经产生，革命已接近完全胜利的时期。

最近五十年是"垂死的资本主义"——帝国主义，由形成和充分发展至接近死亡的时期。也就是帝国主义侵略压迫中国最厉害的时期，同时又是中国的民族与民主革命艰苦奋斗，争得解放的时期。自从一九一七年俄国无产阶级十月革命胜利，标志着资本主义制度崩溃的开始，它是各国无产阶级世界革命的新纪元，它是殖民地半殖民地和依赖国里民族解放革命的新纪元，它是这些国家中无产阶级觉醒的新纪元，它是无产阶级在革命中起领导作用的新纪元，但是在将近三十年的时期内，还只有苏联是唯一的社会主义国家。到一九四五年第二次世界大战后，才有波兰、罗马尼亚、捷克、保加利亚、匈牙利、亚尔巴尼亚和南斯拉夫这些欧洲国家，脱离了资本主义制度，建立了新民主主义制度；在附属国与殖民地国度中，民族解放运动正在大踏步前进；特别在中国这个半封建半殖民地殖民地国家中，经过了八年的抗日战争及二年多反封建主义、反帝国主义、反官僚买办资本主义的英勇战争，获得了伟大的胜利，在半个中国已获得解放的土地上，肃清了封建主义、帝国主义与封建买办法西斯主义的统治，建立了崭新的、人民民主的新民主主义共和国。这就是说：在反法西斯主义的第二次世界大战胜利以来，不仅在欧洲起了重大的变化；而且在亚洲也起了根本的变化；特别在中国更起了绝大的变化。这种变化是在加速度的进行着，在飞跃突变的规模上进行着。

中国民族在觉悟的中国工人阶级领导之下，英勇地站起来，反帝、反封建，为自由的生存而战斗，正如毛泽东同志所说，这是绝大的变化，这是中国有史以来，无可比拟的大变化。新中国已站在每个人面前。但帝国主义者、大洋行买办与封建奴隶主为着维持它们在中国的统治，企图使四万万五千万人民永远成为他们脚底下的奴隶，因此也就扶持和锻炼出了这种以四大家族为集中代表的反革命，并建立了旧中国统治者的最后一个封建买办的朝代。这四大家族依靠外国独占金融资本的援助，极残暴地集中了全中国的财富，威胁了全中国人民每个人的生存，成为破坏近代中国社会生产力发展的最大的与最残酷的力量。但这些都是表现了帝国主义者、大洋行买办与封建奴隶主在中国统治的垂死的最后的挣扎。这是腐烂透顶的封建买办寡头统治，不管它还如何倒行逆施，穷凶极恶，但都是在自掘坟墓，其生命已完全不可救药，而人民必将成为独立、和平、民主的全中国的主人翁。这是历史不可抵抗的规律，因为人民的觉悟力量是不可抵抗的。（陈伯达著《中国四大家族》二页）

近代中国第一个最强大的敌人是外国帝国主义。但是，我们伟大的中国民族是有能力打败外族侵略的民族。从前历史上的匈奴、突厥、五胡、契丹、辽、金、元、清等民族侵入中国，都被中国打败了，姑且不去说它。就是近代资本主义进而为帝国主义更进而为法西斯主义的列强侵入中国也都被打败了，或正在打败它的过程中。历史的事实证明：列强侵略中国，愈到最近的年头，就愈加凶恶狡猾，越是明目张胆、肆无忌惮。但谁更凶恶谁就失败得更惨，失败的时间也更加速的快：英帝国自鸦片战争以来，即逐渐加紧压迫中国，约有一百年的时间失败了；日本帝国主义自中日战争以来就想灭亡中国，到"九一八"及"七七"武装进攻后，中国领土真的被它占了一大半，但刚刚满五十年的时间就失败了，时间缩短了二倍，而且失败得更惨；美帝国主义自第二次世界大战以来，即想并吞全中国作为它的殖民地，豢养了中国的卖国奴才政府，作为它反苏、反中国人民的工具，接济反革命大量的军火与金钱使它进行反人民的国内战争，占领中国的领海、领土、领空，作为它反苏的海陆空军基地，但它这样疯狂的侵略，不过三年的时间，就遭到中国人民严重地打击，如果不改变它的对华侵略政策，大约不会超过五年，它将要完全失败，时间缩短了二十倍，而且失败得将要更更惨。历史的事实又证明：最近五十年中国的卖国贼也是愈来愈凶恶，野心也是愈来愈狂妄，而他们的失败也是愈来愈悲惨。满清西太后卖国、狂妄地说："宁赠友邦，不予家奴。"她想在帝国主义铁蹄之下保存小朝廷，小朝廷不能保，反而使满清澈底灭亡；民国成立以来，袁世凯卖国想作日本帝国主义的儿皇帝，儿皇帝未作成就失败了，而且失败得很惨；汪精卫卖国想作日本帝国主义所谓"东亚共荣圈"的小卒，小卒未作成就失败了，而且失败得更惨；蒋介石卖国想作美帝国主义反苏反共的前哨，前哨未作成又失败了，而且失败得将要更更惨。历史的事实更证明：无论英国资本主义的鸦片商品加军舰大炮也好，日本帝国主义的贱价日货加飞机坦克也好，美帝国主义的军火金钱加原子弹也好，只要中国人民觉悟起来，团结起来，就是不可战胜的力量。只要中国这个四万万五千万人民的半封建半殖民地殖民地的国家得到了解放，必然要推动全世界殖民地半殖民地解放运动更大踏步前进，必然要加速亚洲十二万万被压迫民族获得全体解放。最近五十年来科学的发明和人类的进步，一日比一日更加速度的突飞猛进，把世界的空间、时间都缩短了：以前环游地球一周需要几年，至少也需要几个月才能作到，现在有飞机只需要几天就作到了；以前世界上较大事变的新闻消息，需要几年或几月，至少也需要几天，才能传到世界各地方去，现在有无线电广播，只要几十分钟，甚至几分钟就传到了。人类已达到了更能征服自然的时期，人类的知识更加发达了，人剥削人、人压迫人，民族压迫民族，白色人压迫有色人的时期已经过去了。如果说十月革命胜利是粉碎了帝国主义束缚世界锁链最弱的一环，而亚洲十二万万被压迫民族获得解放就是粉碎了帝国主义束缚世界的统治，因为帝国主义的成立是以有殖民地半殖民地为主要条件，殖民地半殖民地解放了就是"矛盾的统一"的解决，消灭了一面，另一面必然要消灭。因此，帝国主义也就必将归于死亡。法西斯主义是从帝国主义的怀抱里孕育出来的，帝国主义又是从资本主义怀抱里孕育出来的，法西斯刽子手的疯狂凶暴是帝国主义临死的挣扎，帝国主义的独占统治和寄生性与腐化性是资本主义垂死的表现，法西斯灭亡了，帝国主义必归于灭亡，帝国主义灭亡了，资本主义必归于灭亡，代之而兴的必然是由社会主义到共产主义，这是历史发展的规律，谁要阻挡历史的车轮前进，谁就要归于粉碎。

中国最近五十年的历史，不仅是革命与反革命斗争的历史，而且是革命派与改良主义派斗争的历史，也就是中日战争以后，孙中山领导的革命党与康、梁领导的保皇立宪等党斗争的历史。在中国共产党成立以后，又是马列主义与非马列主义，以及与托陈等机会主义反革命斗争的历史。

研究中国最近五十年的历史，就是研究我们中国人民向国内外一切敌人作斗争的历史，就是研究我们人民为独立、自由、民主、统一而奋斗的经验教训，来增强我们革命的力量。

研究中国最近五十年的历史，就是用中国社会发展和政治斗争规律的知识，应用马、恩、列、斯的革命理论来武装我们，也就是用毛泽东思想——马列主义的普遍真理与中国革命的具体实践相结合的思想来武装我们。

研究中国最近五十年的历史，就是巩固我们确信：以毛泽东新民主主义为旗帜的中国人民解放的事业必然胜利的信心；和新民主主义在全中国即将胜利的信心。

研究中国最近五十年的历史，就是研究世界帝国主义统治殖民地半殖民地的阴谋毒计和帝国主义各国为争夺其在华利益互相矛盾斗争的历史，而在俄国十月革命胜利以后，又是帝国主义反对社会主义并反对中国民族解放的斗争史。因为中国革命是反对帝国主义的革命，是无产阶级世界革命的同盟军，它就成了无产阶级社会主义世界革命的一部份。因此，中国成了世界革命与反革命斗争的重要场所，在反法西斯世界大战中，中国自始至终是极其重要的战场之一。今天世界民主阵营与反民主阵营的斗争中，中国又成了一个极其重要的战场。

因此，中国最近五十年的历史，实际上包括十九世纪末与二十世纪的前半个世纪中：帝国主义与帝国主义掠夺殖民地半殖民地的斗争史；帝国主义与殖民地半殖民地的斗争史；帝国主义为首的反革命势力与社会主义为首的革命势力的斗争史。

因此，研究中国最近五十年的历史，也就是研究世界最近五十年的一部份的历史，它的内容是很丰富的，它的性质是很复杂的，它的联系是很广泛的。

因此，我们研究历史的态度，不仅要诚实的按照年代纪实，叙述其中个别的事实，正确的描写单个的事变。而最重要的是要把这些事实和事变中间的联系表现出来。要遵守历史年代的联续性，并且必须把重要的历史现象，历史人物，年代的日期叙述出来，使人觉得易解，醒目而有具体性。只有在这样的基础上，才能正确的分析和正确的推广历史的事变，引导人们进到马克思主义的人类历史的研究。

研究中国最近五十年革命历史的方法，是要加紧注意主要问题和基本问题，加紧注意我们革命的紧要阶段。

那些是我们应该注意的主要问题和基本问题以及革命的紧要阶段呢？

除了上面我已把中国革命分为几个时代外，我以为中国最近五十年的革命紧要阶段有以下几个：

第一，是中日战争后救国运动时期（一八九四年至一八九八年）。就是中日战争中国失败后的丧权辱国、割地赔款，引起了资本主义最后阶段的帝国主义大争夺中国领土及利权的狂澜，中国财政经济破坏，由救国思想分为孙中山领导的革命派与康、梁领导的改良主义派的阶段。

第二，是戊戌变法时期（一八九八年至一八九九年）。就是改良主义的百日维新变法。康、梁获得了光绪皇帝信任的良机，实行变法维新，效法日本君主立宪，不过一百日就失败了的阶段。

第三，是义和团运动时期（一九〇〇年至一九〇三年）。就是义和团农民自发的反帝斗争，虽然帝国主义八国联军攻陷北京，因为中国农民斗争的英勇，使帝国主义慑于中国人民反抗力量的强大，不敢瓜分中国的阶段。

第四，是辛亥革命时期（一九〇三年至一九一三年）。就是孙中山领导的同盟会，实行效法法国大革命的、旧式的资产阶级民主主义革命，推翻了满清及数千年专制制度，建立了中华民国。可惜革命政权被袁世凯夺去使革命失败了的阶段。

第五，是"五四"运动时期（一九一三年至一九一九年）。就是自从一九一三年至一九一六年袁世凯背叛国民，帝制自为及被推翻的时候，正当中国国内混乱，日本帝国主义利用第一次世界大战时机，与袁世凯勾结签订"二十一条"灭亡中国的条约。被压迫的人民正寻找出路的时候，受了俄国一九一七年无产阶级十月革命的影响，产生了蓬蓬勃勃的、划时代的、马克思主义的新思潮，出现了新文化运动，发生了反帝反封建军阀的"五四"运动，从此，就产生了新民主主义革命运动的时代的阶段。

第六，是大革命即北伐战争时期（一九一九年至一九二七年）。就是一九二一年中国共产党产生后，提出反帝反封建的口号，使广大人民认清了中国革命的对象，无产阶级登上政治舞台，领导群众革命斗争，以"五卅"惨案为起点，发展成为反帝反封建军阀的大革命，推翻了北洋军阀。因为蒋介石、汪精卫先后叛变革命，使革命归于失败的阶段。

第七，是土地革命时期（一九二七年至一九三七年）。就是从一九二七年，反对蒋介石、汪精卫背叛革命的"八一"南昌起义后，中国共产党在农村中进行了土地革命建立了红军，在各省许多区域成立了苏维埃政权。蒋介石进行了所谓"剿共"战争，发生了日寇制造的"九一八"事变，带来了日寇灭亡中国的危机的阶段。

第八，是抗日战争时期（一九三七年至一九四五年）。就是中国共产党痛心于日寇侵略的日愈深入，中华民族有灭亡的危险，于一九三五年发表"八一"宣言，呼吁停止内战一致对外，不到半年北平发生了学生的"一二·九"爱国运动。一九三六年"双十二"的西安事变，更迫使蒋介石不能不接受停战抗日的要求，于一九三七年"七七"芦沟桥事变后，达成了国共再次合作，开辟了全国一致抗日的局面。虽然在蒋介石消极抗日、积极反共的反动政策下，使抗日战争延长到八年之久，终因中国共产党坚持团结、抗日、进步的政策，进行不屈不挠的敌后游击战、运动战，使日本失败而投降了的阶段。

第九，是人民解放战争时期（一九四六年至一九四九年）。即现在仍在进行的人民解放战争。就是一九四五年八月，日寇投降后，蒋介石企图乘机限制和消灭我抗日有功的八路军、新四军，和中国共产党，假借中央政府的名义，不许我八路军、新四军包围的敌人向我投降，而派其嫡系军队到各大城市去接收和掠夺人民，排除异己。中共委屈求全，力主和平、民主、统一，毛泽东同志亲赴重庆成立《双十协定》，随又签订停战协定、政协决议，而背信弃义的蒋介石于一九四六年夏，竟撕毁停战协定和政治协商会议决议，在美帝国主义大量军火与金钱援助之下，进行全面进攻我从日寇手中解放出来的解放区。人民为了自卫，不得不武装反抗，这就开始了中国人民的解放战争。现在人民解放军已获得伟大的胜利，中华新民主主义共和国已经诞生，革命已接近完全胜利的阶段。

上面这些就是中国最近五十年革命的紧要阶段。

那些是革命的基本问题和主要问题呢？

我以为有以下几个：

第一个革命的基本问题是革命的理论。

列宁说：

> 没有革命的理论，就不会有革命的运动……。只有被先进理论所指导的党，才能实现先进战士的作用。（《列宁全集》，第四卷第三八○页）（《联共党史》莫斯科版第四十三页）

如果我们严格地把真正在人类社会历史中够得上称为革命理论的尺度来衡量中国最近五十年的革命，那么只有国民党孙中山先生所提出的三民主义（虽然它是旧式的资产阶级民主主义的，而且没有认识到帝国主义列强是中国最大的敌人，反而想利用它来帮助革命是极大的错误），和中国共产党毛泽东同志，以马、恩、列、斯的普遍真理与中国革命的具体实践相结合，所提出的新民主主义，才可称为革命的理论。其余如戊戌变法维新的"理论"，不过是仿效日本变法维新的改良主义，够不上说革命的理论。义和团运动更是自发的带着迷信的农民暴动。"五四"运动是发生了新民主主义运动的萌芽。中国共产党成立是提出了反帝反封建的正确口号，但还没有得出新民主主义革命的理论，反而机械的应用无产阶级社会主义革命的理论，因而在北伐战争时，有陈独秀、彭述之等的两段革命论，他们说资产阶级民主主义革命应该由资产阶级来领导，中国现时既然还是资产阶级民主主义革命，就应该让资产阶级去领导，无产阶级只宜处于帮助的地位，待到资产阶级革命胜利，就是说待北伐军占领了北京，资产阶级革命完成了，无产阶级再来领导革命，因而他们以为一九二五一二七年革命澈底胜利与否基本上与无产阶级无大关系。放弃了革命的领导权，这种右倾机会主义的"理论"，当然要使革命失败。

其后一个时期，即中国苏维埃运动的后期，又犯了教条主义的错误，也是把无产阶级革命的理论大部份搬到中国来运用，在革命动力上，只注重工农，不但要反对资产阶级，即一切小资产阶级也要反对，在军事上要"抗敌于国门之外"，要打大城市，犯了"左"倾机会主义的错误，以致革命遭到很大的损失。

只有到了毛泽东同志掌握了我党中央的领导，综合了中国革命斗争的经验，用马、恩、列、斯的理论与中国革命相结合，于一九四〇年发表了《新民主主义论》，正确的把中国革命分为两个步骤：第一步，改变这个殖民地半殖民地半封建的社会形态，使之变成一个独立的民主主义的社会；第二步，使革命向前发展，建立一个社会主义的社会。这才把适合于中国国情的革命理论建立起来，因此革命才逐步获得胜利。

第二个革命的基本问题是领导革命运动的政党。

一九〇五年孙中山领导的革命同盟会未成立以前，中国还不曾有过革命的政党。当然没有革命的理论就不会有革命的政党。尤其在中国旧历史中所谓党都是认为最坏的东西，所谓"朋党""会党"是法律所不容，士大夫等所谓上等人所不齿的。同盟会成立才有革命政党的组织，还采用了中国的秘密结社的一套，入党时有森严的仪式和严重的誓词，誓词说：

> 立誓约人〇〇〇愿驱除鞑虏，恢复中华，建立民国，平均地权，矢信矢忠，有始有卒，若逾此盟，任众处罚。

当然革命不是一个平常的事情，而是要舍生命来奋斗，以革命为职业，其组织必须严密是应该的，同盟会时代人数不多，但大都能英勇奋斗，热烈牺牲，故能有辛亥革命胜利的结果。可是如果把它和中国共产党相比，那就相隔太远了。首先因为同盟会主要的是孙中山的兴中会，黄兴的华兴会，章太炎等江浙派的光复会的联合而组成，其宗旨就不一致：章太炎等江浙派志在排满，民主的思想不多；黄兴等湖南派则偏重旧式的议会的资产阶级民主主义革命；孙中山是想继承太平天国之遗志，要推倒满清，又慕法国大革命，而且他在欧美的时间多，当时正是德国社会民主党极盛，第二国际有势力的时代，社会主义的学说在世界盛行，他也感染了一些新思潮，因此他就提出民族、民权、民生三大主义求包容各派的思想。这就没有懂得列宁认为的，要组织革命的党，必须弄清党的目的和任务，必须知道我们要建立怎样的党，必须在思想上和不同的人划清界限，才能组成一个统一的革命党的基本原则。因此同盟会的理论也不统一，思想也不统一，因而行动也不能统一，只是反满清这一点是大家所共同的，所以在辛亥革命以前，因为满清反革命政府的残酷压迫和屠杀，并媚外卖国丧失了许多土地与主权，当时革命党员不屈不挠的斗争，英勇牺牲的精神，还能继承中华民族历代革命的优良传统，适合广大人民的要求，动员了无数的人民，党员虽不多，影响则很大，因此才能获得一九一一年辛亥革命的胜利。但是革命刚刚初步胜利，党即瓦解了。如章太炎当时所倡的"革命军起，革命党消"。随后即有同盟会的投机政客们联合四五污浊的团体组成国民党，经袁世凯一击就垮台了。孙中山于一九一三年革命失败后逃到日本时，很愤恨的说：国民党既然推他作总理，又不听他的话，革命的失败是必然的。他不要这种毫无组织毫无纪律的党，而另外组织一个必须有严格的组织，绝对服从领导的中华革命党。孙中山这个认识是很对的，因为思想上的离散，政治上的动摇，组织上的紊乱是不能成为一个革命斗争的政党的。但孙中山要成立一个统一集中的党而不去从革命理论和思想上去求统一，而只是在形式上去求集中统一，不是要求党员必须服从组织，而只要求党员必须绝对的盲目地服从他一个人，在组织上还必须以落后的打手模的方法来拘束人，而不是以自觉的遵守纪律来教导党员，所以只能成为一个宗派的组织，因而也就不能有大的作用和发展。

只有中国共产党照列宁的革命理论和组织原则成为一个工人阶级底先进部队，成为中国工人运动和革命运动的领导力量，它统一着和指导着无产阶级及各被压迫阶级的阶级斗争。党的终极目的是打倒帝国主义以消灭资本主义和建立社会主义以达到共产主义，党的最近目的是推翻帝国主义的压迫和打倒封建主义和官僚资本主义，实现新民主主义革命的第一步。中共党的建设的过程，毛泽东同志在《共产党人》发刊词中说得很详，这里不多说了。

第三个革命的基本问题，是社会经济问题。

中国过去三千多年的社会，是封建社会。自从一八四○年鸦片战争以来，中国已经一步一步地变成了一个半殖民地半封建的社会。自从一九三一年"九一八"事变日本帝国主义武装侵略中国以来，中国又变成了一个殖民地半殖民地半封建的社会。自从一九四五年日本投降以来，中国就变成了两个不同的社会，也可以说两个不同的世界：一个是依靠美帝国主义支持的蒋介石封建买办法西斯统治的殖民地社会，它和日本武装占领地区一样，不过把日本帝国主义变成了美国帝国主义，把溥仪、王克敏、汪精卫等傀儡变成了一个专制独裁的蒋介石更大的傀儡罢了；一个是人民解放军在日寇占领区中解放出来的解放区，消灭了帝国主义的势力、封建势力与不许官僚买办资本主义势力侵入的新民主主义社会。

外国资本主义的侵入，曾经对中国的社会经济起了分解的作用。因为外国资本主义的侵入：一方面破坏了中国自足自给的自然经济，破坏城市手工业及农民的家庭手工业；又一方面则促进了中国城乡商品经济的发展。

这些情形，不仅对中国封建经济的基础起了解体的作用，同时又给中国资本主义生产的发生造成了某些客观条件与可能。因为自然经济的破坏，给资本主义造成了商品销售的市场，而大量农民和手工业者的破产，又给资本主义造成了劳动力的购买市场。

事实上由于外国资本主义的刺激与封建经济结构的某些破坏，还在十九世纪下半期，还在六十年前，就开始有一部份商人、地主和官僚投资于新式工业。到了同世纪末年和二十世纪初，到了四十年前，中国民族资本主义便开始了初步的发展。到了二十年前，即第一次帝国主义世界大战的时期，由于欧美帝国主义国家忙于战争，暂时放松了对于中国的压迫，中国的民族工业，主要的是纺织业、面粉业和丝织业，曾经得到了进一步的发展。（毛泽东著《中国革命与中国共产党》）

到了十年前，即从抗日战争到现在的时期，由于蒋、宋、孔、陈四大家族利用国家政权"化公为私",利用抗日战争统制与独占国家经济命脉,在抗战中发国难财,抗日胜利后发胜利财,为了投靠主人把中国一切权利奉送给美帝国主义,借以发展他们的官僚买办资本主义,破坏了整个国民经济,使人人不能生存,压迫民族资本主义使它不能发展。

> 帝国主义列强侵入中国的目的,决不是要把封建的中国变成资本主义的中国,帝国主义列强的目的与此相反,它们是要把中国变成它们的半殖民地与殖民地。为了这个目的,它们对中国曾经采用了,并且还继续采用着军事的、政治的、经济的与文化的一切压迫手段,使中国一步一步的变成了半殖民地与殖民地。(同上)

帝国主义对中国各种压迫手段中,非经济的且不说;单是在经济上除了一切不平等条约的种种特权,控制了中国海关与对外贸易、交通事业,垄断了中国金融财政及利用中国原料与廉价劳动力经营许多轻重工业外,最毒辣的是从中国通商都市直至穷乡僻壤,造成了一个买办的和商业高利贷的剥削网,造成了为帝国主义服务的买办阶级和商业高利贷阶级,以便利其剥削广大的中国农民,利用更大的封建残余的社会力量——地主军阀作为他们统治中国的支柱。

> 帝国主义及其所有财政和军事力量之在中国,就是拥护且推动那些封建残余及其全部军阀官僚的上层建筑物,使他欧化又使他成为保守的力量。(一九二七年斯大林在国际的演说)

这就是说:帝国主义一方面要破坏中国自足自给的自然经济,使其像欧洲资本主义国家一样,能多多销售商品,另一方面又勾结中国封建残余压迫中国资本主义的发展,使封建剥削的根基——地主阶级对农民的封建剥削与买办资本和高利贷资本的剥削结合在一起,使中国社会经济日趋于贫困,尤其在美帝国主义豢养下的蒋、宋、孔、陈四大家族的官僚买办资本主义,更惨无人道的剥削掠夺中国人民,他们利用政府的权力在抗战时期发国难财，在胜利后发胜利财，接收等于劫收。最残酷地掠夺人民，无过于他们所发行的所谓"法币"和"金圆券"：滥发"法币"至不知多少万万万万，使它一钱不值，物价无数万倍地高涨，以至用天文数字来记也不够用。最近所谓"币改"的"金圆券"，用来强迫人民"兑现"，用一张废纸要人民把金银都拿出来"兑现"，不兑就要杀头，这比盗匪抢劫还要恶毒万万倍。真是使人想像不能，言语道绝，无法来形容他们的酷残。蒋管区的社会是使人人不能生存的社会，解放区则是另外一个世界上的社会，则是一个新的社会，这是完全肃清了帝国主义、封建主义、官僚买办资本主义的势力，乡村已实行耕者有其田的制度：地主高利贷没有了，农民翻了身，分得了土地。城市则实行发展生产、繁荣经济、公私兼顾、劳资两利的政策，解放区的社会是人人安居乐业的、新民主主义的社会。

中国最近五十年社会经济的变化就是这样的。

第四个革命的基本问题，就是国家政权问题。

> 一切革命的基本问题，就是国家政权问题。（列宁）

革命是要把少数压迫阶级的国家政权，夺到大多数被压迫阶级的人民手里，实行真正的绝大多数人的民主政治，以达到消灭人压迫人、人剥削人的现象，消灭阶级以达到无阶级的社会。这只有以大多数的各革命阶级专政，以至于无产阶级专政，以代替少数的特权阶级或资产阶级专政才能做到（请读列宁著的《国家与革命》），否则是无政府主义的乌托邦。

毛泽东同志说：

> 中国现时社会的性质，既然是殖民地半殖民地半封建的性质，那么，中国现阶段革命的主要对象或主要敌人是谁呢？
>
> 不是别的，就是帝国主义与半封建势力，就是外国资产阶级与

本国的地主阶级。因为在中国现阶段的中国社会中，压迫和阻止中国社会向前发展的主要东西，不是别的正是它们二者，二者互相勾结以压迫中国人民，而以帝国主义的民族压迫为最大的压迫，因为帝国主义是中国人民的第一个和最凶恶的敌人。在日本武力侵入中国以来，中国革命的主要敌人是日本帝国主义与勾结日本公开投降或准备投降的一切汉奸。(《中国革命与中国共产党》)

在日本投降以来，中国革命的主要敌人是美帝国主义与依赖美帝国主义的大资产阶级蒋介石卖国贼与半封建势力。

在这样的敌人面前，要推翻反革命的政权建立革命政权，其方法的主要形式，不能是和平的，而必须是武装的，而且不是军事投机，必须是人民的武装。

斯大林说：

中国革命的特点是武装的人民反对武装的反革命。

这是异常正确的，忽视了这一特点就要犯错误。事实证明，大革命时期，实行了孙中山军队与人民结合的政策，还未作到军队为人民的军队就收到很大的效果，以后"八一"南昌起义中国共产党就建立了人民的军队——工农红军，以后抗日战争时期，红军改编为八路军、新四军，成为抗战的主要力量，日寇投降后，蒋介石发动内战，企图消灭这支人民的军队，而人民为了自卫，把它作为自己解放的军队，就壮大了现在的人民解放军，这个军队是百战百胜的。一九四六年蒋介石匪帮发动全国规模的反革命战争到现在，还不过两年半，解放军不但收复了蒋匪侵占的地区，而且把东北全部解放了，华北也快全部解放了，中原、华东、华中、西北等地的敌人已完全崩溃，或接近于崩溃，不久也可全部解放，全中国不久将要完全得到解放。今天蒋介石在军事上、政治上、经济上、文化上的统治都陷于崩溃灭亡的地步。

　　解放军为什么能获得这样辉煌的胜利呢？因为蒋介石发动的战争，是在一个美帝国主义指挥之下的反对中国民族独立与中国人民解放的反革命的战争；中国共产党领导中国人民解放军坚决反对蒋介石的进攻，是爱国的，正义的，革命的战争。

　　解放军获得胜利的地方，就是人民获得解放的地方，也就是人民民主政权建立起来的地方。没有人民的军队就没有人民的政权，革命军队是革命的主要力量。陕甘宁边区是解放军的老根据地，也就是新民主主义政权发源的地方，现在解放区扩大了，革命的政权也扩大了。——美帝国主义的统治中国与蒋介石的卖国投靠作美帝国主义的奴隶傀儡，中国已丧失了各帝国主义互相牵制利用的半独立半殖民地的国家而成为美帝国主义的殖民地。人民要求建立一个独立的不是旧民主主义的，而是新民主主义国家的中央政府的时机到来了，中华新民主主义共和国已发展成熟而产生了。人民要建立的是什么样的国家政权呢？就是要建立一个以工农为基础的各革命阶级统一战线的政权，他既不是资产阶级的"专政"，也不是无产阶级的"专政"，而是反帝反官僚买办资产阶级及封建地主阶级的"专政"，就是以工农为基础的各革命阶级统一战线的专政，也就是反对帝国主义和镇压反革命的专政。有些人认为专政总是不好。他们就没有懂得国家政权的产生就是一个阶级压迫另一个阶级，有阶级存在才有国家存在，世界上没有无阶级的国家（请看列宁所著《国家与革命》），但有些人又不承认中国有阶级存在，到了阶级斗争尖锐化的现在，事实证明阶级存在是不能否认了，而有些人又以为阶级可以调和妥协，这就没有懂得辩证法的下面一个真理：

　　　　辩证法认为："如果，发展之进行，是经过内在矛盾之揭露，经过基于这些矛盾的彼此对立势力之冲突来克服这些矛盾，那末，很明显的，无产阶级的阶级斗争，就是完全自然的和必不可免的现象。

由此可见，不是要掩饰资本主义制度中的各种矛盾，而是要暴露和揭开它们，不是要熄灭阶级斗争，而是要把它进行到底。"（《联共党史》莫斯科版一三一页）

中国最近革命时期有三个例子可以证明这一真理。第一个例子是辛亥革命刚得到初步胜利反革命就求和，妥协派汪精卫等力主南北议和，孙中山领导的革命派未能坚决反对，使南北议和成而把革命政权交给革命的敌人袁世凯，革命当然要失败；第二个例子是一九二七年大革命，北伐战争达到高潮的时期，我党领导机关的机会主义投降主义分子陈独秀等与反动分子汪精卫等妥协，不让农民进行土地革命，把革命领导权交给反动分子，使革命又失败了。上面是两个极坏的例子。但我们最近有了一个好例子：就是我党坚持抗战到底，打倒了日本帝国主义的例子。抗日战争时期，我党不仅坚决反对了蒋介石妥协投降，使他不敢作汪精卫第二，而且也"反对了和这种投降主义思想相类似的思想。即是对于国民党的反人民政策让步，信任国民党超过信任群众，不敢放手发动群众斗争，不敢在日本占领地区扩大解放区与扩大人民的军队，将抗日战争的领导权送给国民党。我党对于这样一种软弱无能的腐朽的违背马克思列宁主义原则的思想，进行了坚决的斗争，坚决地执行了'发展进步势力、争取中间势力、孤立顽固势力'的政治路线，坚决地扩大了解放区与人民解放军。这样就不但保证了我党在日本帝国主义侵略时期能够战胜日本帝国主义，而且保证了我党在日本投降以后蒋介石举行反革命战争的时候，能顺利地不受损失地转变到人民革命战争反对蒋介石反革命战争的轨道上，并在短时期内取得了伟大的胜利。这些历史教训，全党同志都要牢记"（毛泽东著《目前形势和我们的任务》一五页）。

这就是说："假如要在政治上不犯错误，那么，就要做革命家，而不要做改良主义者"与妥协投降主义者。

现在人民解放军获得了伟大的胜利，蒋介石正在土崩瓦解日趋死亡的时期，"呼吁和平"的把戏又出来了，这明明是在敌人紧急快要死亡的时期想获得一喘息机会的阴谋，即使是好心好意为人民获得和平安居乐业着想，我们也要明白真正的和平、永久的和平不是从妥协中得来的，而是从斗争中得来，因为阶级斗争是绝对的，不能调和的。

现在我们人民解放军伟大的胜利，已经把反革命的军事力量摧毁了四分之三，使之完全陷于崩溃的形势，但我们仍然认识到敌人不会自然消灭，必还会作最后的挣扎。特别是美帝国主义还是很强大的，可是不要因为它是庞然大物而就畏缩起来，采取妥协政策，不把革命进行到底。我们相信下面一段辩证法的真理：

辩证法认为：

> 最重要的，不是那种在现时似乎坚固，但已经开始死亡的东西，而是那种正在产生着和正在发展着的东西，即使它在现在还似乎是不坚固的，因为在辩证方法看来，只有正在产生着和正在发展着的东西才是不可被战胜的。（《联共党史》莫斯科版一二五——一二六页）

这就是说："不是要指靠于社会里那些已经不再发展的阶层，即令这些阶层在现时还是占较大比重的力量，而是要指靠于社会里那些正在发展着，并具有远大前程的阶层，即令这些阶层在现时还不是占较大比重的力量。"（同上书一三〇页）

这就是说："为着不致在政治上弄出错误，那就要向前看，而不是向后看。"（同上）

这就是说：革命者不可半途而废，必须坚决，澈底，干净，全部地消灭敌人，将革命进行到底。

上面四个基本问题，是革命的一般的原理原则问题，而各国有其时代与国情的不同，有些基本问题也随之而异，如毛泽东同志在《〈共产党人〉发刊词》上说：

经历过同资产阶级建立民族统一战线，又经历过这种统一战线
遭受分裂，并同资产阶级及其同盟者进行严重的武装斗争。最近三
年，则又处于同资产阶级建立民族统一战线的时期中。中国革命与
中国共产党的发展道路，是在这样同中国资产阶级的复杂关联中走
过的。这是一个历史的特点，殖民地半殖民地革命过程中的特点，
而为任何资本主义国家的革命史中所没有的。再者，由于中国是半
殖民地半封建的国家，政治、经济、文化各方面发展不平衡的国
家，半封建经济占优势而又土地广大的国家，这就不但规定了中国
现阶段革命的性质是资产阶级民主革命的性质，革命的主要对象是
帝国主义与封建势力，革命的动力基本的是无产阶级、农民阶级与
城市小资产阶级，而在一定的时期中，一定的程度上，还有民族资
产阶级等等这样许多的东西；而且规定了中国革命斗争的主要形式
是武装斗争，我们党十八年的历史，可以说就是武装斗争的历史。
斯大林同志说过："中国革命的特点是武装的人民反对武装的反革
命。"这是说得非常之对的。这一特点，这一半殖民地的中国的特
点，也是各个资本主义国家的共产党所没有的或不相同的。这样：
（一）同资产阶级建立或被迫分裂革命的民族统一战线；（二）革命
形式主要的是武装斗争——就成了中国无产阶级与中国共产党在中
国资产阶级民主革命过程中的两个基本特点。这里我们没有把党同
农民阶级与党同城市小资产阶级的关系作为基本特点，这是因为：
第一，这种关系，世界各国的共产党原则上都是一样的；第二，在
中国，只要一提到武装斗争，实质上即是农民战争，党同农民战争
的密切关系即是党同农民的关系。

由于这两个基本特点，恰是由于这些基本特点，使我们党的建

设过程，我们党的布尔塞维克化的过程，处在特殊的情况中。它的失败与胜利，它的后退与前进，它的缩小与扩大，它的发展与巩固，都不能不联系于党同资产阶级的关系与党同武装斗争的关系。……

所以，统一战线问题、武装斗争问题、党的建设问题，是我们党在中国革命中的三个基本问题。

毛泽东同志特别注重中国革命的武装斗争，因为如现在一样，没有人民的军队则一切都没有，而有了人民的军队则一切问题都能解决。他在《战争和战略问题》上说：

经验告诉我们，中国的问题离开武装就不能解决。……从孙中山在广东组织革命的小团体起，他就进行了几次反满的武装起义。及至同盟会时期，更充满了武装起义的事迹。直至辛亥成功，武装推翻了满清。中华革命党时期，进行了武装的反袁运动。海军南下，桂林北伐，与创设黄埔，都是孙中山的战争事业。……辛亥革命后，一切军阀，都爱兵如命，他们也看重了"有军则有权"的原则。……

共产党员不争个人兵权（决不能争，再也不要学张国焘），但要争党的兵权，要争人民的兵权。现在是民族抗战，还要争民族的兵权。在兵权问题上患幼稚病，必定得不到一点东西。劳动人民几千年来上了统治阶级欺骗与恐吓的老当，很不容易觉悟到枪杆子的重要性。日本帝国主义的压迫与全民抗战，把劳动人民推上了战争的舞台，共产党员应该成为最自觉的领导者。每个共产党员都应懂得这个真理："枪杆子里面出政权"。我们的原则是党指挥枪，而决不容许枪指挥党。但有了枪确实又可以造党，八路军在华北造了一个大党。还可以造干部，造学校，造文化，造民众运动。延安的一切就是枪杆子造出来的，枪杆子里面出一切东西，战争改变一切。有人笑我们是"战争万能论"，对，我们是革命战争万能论，这不是坏的，是好的，是马克思主义的。俄国共产党的枪杆子造了一个社会主义。我们要造一个民主共和国，整个世界也要用枪杆子再造过。我们是战争消灭论者，我们是不要战争的，但只能经过战争去消灭战争，不要枪杆子必须拿起枪杆子。

这就是说革命就是要消灭反革命的军队而代之以人民的军队。所以巴黎"公社所颁布的第一个法令，就是废除常备军而代之以武装人民"。这种武装人民的人民军队是与资产阶级个人的军队完全不同。一个是保护绝大多数的被压迫者，一个是保护少数的压迫者。一个是保护自己的国家不受帝国主义侵略、保护世界和平。一个是企图作帝国主义的侵略、准备战争。因此，人民的军队越壮大，世界的和平就越有保障。而帝国主义的常备军越增加则世界的和平就越受威胁。因而苏联一面毫不松懈地要加强保卫无产阶级祖国的红军，一面也毫不松懈地主张裁减军备。这两者似乎是矛盾而实际不矛盾。最近苏联在联合国大会上提出裁军案，遭到美、英、法的反对，因为苏联不是侵略国家而且遇有外患则人民立刻就可以变成武装的人民，裁军没有什么不利。而帝国主义则全靠军备强大以侵略和威逼旁的国家以便少数金融寡头的寄生虫掠夺他国的权利并压迫本国人民。苏联的人民军队是与人民利益一致，可以大胆的裁减。帝国主义的常备军是与人民利益相反，一裁减就会垮台，所以他们必然反对。

除了上述几个基本问题以外，还有中国革命的对象、中国革命的任务、中国革命的动力、中国革命的性质、中国革命的前途与转变、中国革命的战略与策略、土地问题等。这些都是主要问题或基本的问题。以上这些问题在毛泽东同志所著《中国革命与中国共产党》中说得很好很详细，不再重复了。

最后还要说到研究历史最基本的问题，就是思想方法问题。要有正确的思想方法才能有清晰的头脑认清和分析这些问题，要怎样才能有正确的思想方法呢？那就必须深刻研究马克思的辩证唯物主义与历史唯物主义。

上面就是我想讲述这一部历史的大概。

献给开国新年的最好礼物 *

——踊跃购买胜利公债

（1950 年 1 月 1 日）

　　今天的新年，是新中国诞生以来的第一个新年；是我们伟大祖国进入完全崭新的历史时代——人民民主新时代的第一个新年。这是一个历史的新纪元——中国五千年历史的伟大转变的新纪元，一个具有世界历史意义的新纪元。从这个新年开始，我们祖国将在基本上转入和平建设的新阶段。我们过去既然用我们的两只手，打垮了凶顽的国内外敌人，我们今后更要满怀信心的用我们的两只手，来建设一个灿烂美丽的新国家。

　　在庆贺人民胜利新年的无比的欢乐中，我们不禁要想起革命奋斗的艰难。几十年来，我们多少革命先烈抛了头颅、洒了热血；多少革命先进耗尽精力、备尝艰危；多少革命人民含辛茹苦、贡献一切。我们今天是看到了胜利的鲜花、享到了胜利的果实；但每一想到新中国缔造过程的曲折痛苦、牺牲的重大、胜利得来的不易，便令人分外感到必须十分珍惜这个胜利，必须百倍的发扬我们爱国主义的精神，必须随时随地无微不至的热爱我们的祖国，必须赤诚的热烈的响应新国家对我们的一切号召，为巩固与发展这个胜利而贡献自己的一切。

---

　　* 录自《华大生活》1950 年 1 月 1 日，第 1 版。

　　现在，我们新国家为了支援人民解放战争，迅速歼尽残匪，统一全国，为了安定民生，恢复和发展经济，号召我们购买人民胜利折实公债。我想，我们大家踊跃热烈的来响应新国家的这个号召，正是我们献给这个伟大的新年的最好的礼物！正是我们爱国主义的最好表现，正是我们热爱祖国、宝贵胜利的最实际的行动！

　　我希望，在人民胜利折实公债发行的日期到来的时候，我们能迅速的掀起一个踊跃争购公债的爱国主义的热潮！我们每个人都省吃节用些、继续刻苦些、节省出钱来帮助祖国——争取自己成为在可能范围内踊跃购买公债的模范，并且还要努力负责宣传、推销，造成广大群众性的以多购公债为荣的高潮。每人能购一分半分总数就有几万万，"涓滴成流"，"众擎易举"，只要大家都热烈的来做，对祖国的渡过胜利中的困难，稳步建设成为繁荣强大的新国家，就是一个很大的贡献！愿大家作为战斗任务来胜利完成！

纪念列宁 *

（1950 年 1 月 21 日）

今年（一九五〇年），在中国人民胜利的时候来纪念人类伟大的导师列宁，特别使我们兴奋。

列宁的革命理论武装了中国共产党和中国革命的人民，列宁的布尔塞维克的组织原则和斗争经验，教育了中国共产党，尤其是列宁的一生对中国人民的爱护，对中国人民革命胜利的最大的希望和最大的信心，鼓励了我们中国共产党和中国革命的人民。

远在一九〇〇年欧洲所谓"文明"的八国联军屠杀中国人民的时候，举世都骂中国人为野蛮，只有列宁挺身出来为中国人民辩护，他在《火星报》第一期上，论述中国义和团起义的原因，揭露帝俄及其他帝国主义国家对中国战争的掠夺性质，并指明社会主义者对于这一战争的态度。

一九一二年中国辛亥革命胜利后，列宁在布尔塞维克党的决议中，特别指出了中国人民革命斗争的世界意义："这个革命斗争将使亚洲获得解放，而摧毁欧洲资产阶级的统治……"，并表明俄国无产阶级以衷诚的兴奋和充分的同情，注视中国人民的成功。

一九一三年列宁写了一篇文章，题目是《落后的欧洲与先进的亚洲》。一般人都知道，欧洲是先进的，亚洲是落后的。列宁为什么用这样

---

* 录自《人民日报》1950 年 1 月 21 日，第 4 版。

一个题目呢？他自己解释说："本文的标题实在含有苦味的真理。"因为："具有异常发展的技术，具有丰富的各方面的文化和宪法的文明而先进的欧洲，已经进到了这样一个历史关头，此时发号施令的资产阶级，因惧怕日益增长和日益强大的无产阶级，却维护一切落后的、衰亡的、中世纪的东西了。日益衰亡的资产阶级和一切已经衰亡及正在衰亡的势力联合起来，以图保存那正在动摇的雇佣奴隶制度。……在'先进'的欧洲，只有无产阶级才是先进的阶级。"因为："在亚洲，到处正在增长、扩大和巩固着强大的民主运动。在那里，资产阶级还与人民一同反对反动势力。几万万人民已经觉醒起来，争取生存，争取光明，争取自由了。"

列宁继续指出："为了财政巨头和资本家骗子们的私利而去帮助亚洲的反动势力，这是整个欧洲资产阶级的这种日趋腐化的一个最显著的例子。……一切公正的民主主义者都对于年青的亚洲充满着同情，而'先进'的欧洲呢？却在掠夺中国，却在帮助中国民主主义的敌人，却在帮助中国自由的敌人。"列宁把一九一三年四月五国银行团以极苛刻条件借予袁世凯所谓"善后借款"二千五百万镑，以镇压中国革命一事作为例子。"为什么它（指欧洲——笔者）要拥护袁世凯呢？——列宁说——是为了投机资本家的私利。……但如果中国人民不承认这笔借款，那又怎样呢？现在中国是共和国，而其国会中的多数，如果反对这笔借款，怎么办呢？啊！那时候，'先进'的欧洲就高呼什么'文明'、'秩序'、'文化'、'祖国'了！那时候，它就调去大炮，跟冒险家、卖国贼、反动势力的朋友——袁世凯联合起来，扑灭'落后'亚洲的这个共和国了。"

列宁着重指出："欧洲一切当权的势力，整个欧洲的资产阶级，与中国反动的和中世纪的一切势力结成联盟了。"列宁的结论说："整个青年的亚洲，就是说亚洲劳动者，却有以一切文明国家的无产阶级为首的可靠的同盟者。世界上任何力量都不能阻止无产阶级的胜利，而这胜利将把欧洲人民和亚洲人民一同解放出来。"

现在世界帝国主义者，与亚洲的反动的和中世纪的一切残余势力结成联盟，特别是美国帝国主义者与中国的反动势力结成联盟来反对中国人民，公开地以飞机、大炮、数十万万金钱来援助蒋介石，遭到了可耻的惨败，还不肯罢手，还想以台湾一小岛来扰乱全中国。这就更证明了垂死的资本主义日暮途穷，妄想作最后的疯狂挣扎，不仅丧失了过去的"文明"，而且丧失了人类的理性。

现在的时代已和三十六年前的时代大不相同了。世界上已经有了以社会主义国家苏联为首的八万万人口的壤地相连的完整的一个和平民主阵营；现在的中国也和三十六年前的中国不同了。中国有了坚强的、马列主义的、布尔塞维主义的以毛泽东为首的中国共产党，领导着工人阶级、农民阶级、小资产阶级、民族资产阶级，战胜了国内外的敌人，建立了崭新的新民主主义的中华人民共和国。

我们中国革命有了今天这样伟大的辉煌的胜利，完全是由于列宁的革命理论指导了我们，列宁的同情帮助了我们，我们每读到列宁的文章中称赞我们中国人民为伟大的人民，有伟大的前途，使人百倍地坚强了革命奋斗的决心和革命胜利的信心。

因为，列宁对于中国革命必然胜利这个天才的预言，不是从善良的愿望出发，不是从可怜中国人民受苦受难的慈悲心出发，而是从人类社会发展的历史规律出发，而是从辩证唯物主义的真理出发。辩证法认为：

　　最重要的不是现时似乎坚固，但已经开始衰亡的东西，而是正在产生、正在发展的东西，那怕它现时似乎还不坚固，因为在辩证法看来，只有正在产生、正在发展的东西，才是不可战胜的。(《联共（布）党史简明教程》一三五页)

因此，"不是要指靠社会里已经不再发展的阶层，那怕这些阶层在现时还是占优势的力量，而是要指靠社会里正在发展、具有远大前途的阶层，那怕这些阶层在现时还不是占优势的力量"（同上，一四〇页）。

我们共产党人坚信这个真理，无论遇到何种困难，总是奋斗不懈的。

今天中国人民革命在全中国获得了胜利，我们必须加倍努力来建设我们新的国家，变我们农业国为工业国，变落后的国家为先进的国家。我们要掌握最进步的科学技术，迎头赶上并超过资本主义的国家，我们要和苏联社会主义国家及许多新民主主义国家共同奋斗，建设人类最幸福的共产主义社会，以这样的实际行动来纪念列宁！

在人民大学第一次学生大会上的讲话（摘要）*

（1950 年 3 月）

（一）意义

a. 由于中国革命伟大的胜利，迫切需要各种建设人才，从事经济、政治、文化各种建设，所以中央人民政府决定成立中国人民大学，培养新型的知识分子，为新中国的建设服务。现在各地来参加学习的，有八年以上的干部，有三年以上的干部，有工厂里较先进的工人，也有经过改造或正在改造中的知识分子，其中绝大多数同学，对学习是有高度热情的，前途是很有希望的。他们将成为新中国建设的生力军。这种生力军生长得越快就越好，所以我们表示热烈的欢迎。

b. 我们同学来自各方，文化、政治、理论水平都不大一致，经验作风不同，有地方干部，有军队干部，有老干部，有新干部，有工农分子，有知识分子，需要大家亲密地团结起来，互相学习，取人之长，补己之短。尤其是老干部更要以身作则，带动大家努力前进，这就是我们学习的一种保证。因此我们热烈地欢迎同学们加紧团结，以达到学习之目的。

c. 我们学校，一切都是草创，缺乏经验，困难很多，特别是目前，由于战争破坏，经济创伤尚未恢复，物质设备比较简陋，一时尚难改善，需要我们大家有吃苦耐劳、艰苦奋斗的精神，来克服当前的困难。但更

---

* 录自《吴玉章教育文集》，四川教育出版社 1989 年版，第 112～114 页。

重要的是我们经验与人力不足，正在努力克服中。我们的有利条件，是中央人民政府和中国共产党中央的领导，苏联专家的直接帮助，政府各有关部门的积极支持，虽然我们是有困难，但也有办法。但是要把这一学校办好，也绝不是少数几个人可以办好的，要依靠我们全体干部与全体同学之努力。希望每个同学关心学校之工作，如同关心自己之学习一样，不断地提出改进意见，这样我们的学校就可以办好。

以上就是我们今天开这个大会，欢迎同学们的重大意义。

（二）因为苏联教授大部分未到，所以我们教育计划的程序，不能不有改变，主要是业务课，往后推延了一下，等苏联教授一到，再加以改变。至于教育计划，有教务部的同志宣布。由今天起，就正式上课，希望大家根据学校规定按时上课，按时作息。大家一定要知道，学校秩序与制度的建立，对保障同学们学习，是有决定作用的，正像我们在工厂、在部队、在机关里一样，没有秩序与制度，工作是搞不好的。我们学校也是一样。因此，不允许有任何自由散漫、无组织无纪律的现象发生，那怕是少数人，因为少数人会妨碍大多数人的。也许有些人不习惯于学校生活，特别是我们这样的学校生活，但由于客观环境上的变动与主观上的控制，不是不可以养成的。这次因为我们招生仓促，缺乏充分的动员和准备工作，一方面是大家有许多情况，不大了解，另一方面，学校有许多应有的设备也未及时的赶上，这是我们的缺点，特地在大会上提出作为自我批评，请同学们原谅。我们现在就改正这个缺点。希望同学们用积极的革命行动，正确的学习态度，来支持学校，克服存在在少数人当中的一些不正确的思想倾向。例如：（1）对学校要求过高。（2）学习的信心与决心不足，文化低怕时间长。这山望到那山高。（3）单纯技术观点。（4）农村观点。我们要加强团结，为共同的目标而奋斗。

（三）我们学校分两部分，一为本科，一为专修班。因专修班现在还没有开办，加上苏联教授大批的未到，所以还不能正式地举行开学典礼。我们大家都做准备工作，本科同学更要以学习姿态来迎接开学典礼。

今天宣布正式开课，欢迎我们同学新的进步，祝大家健康。

在科代筹备会常委会第十次会议上的报告 *

（1950 年 4 月 15 日）

　　好久没有开会，一方面由于大家工作都很忙，另一方面有些事情需要大家有充分时间多考虑。今天谈一谈科代会将来的方向，科代会开始第一件事是要把全国科工团结起来，这个工作我们做得很好，今后便是组织起来，怎样实际做工作的问题，革命形势的发展比预期的快得多。目前情况光团结是不够了，必须进一步大家来努力做好建设工作。军事胜利后就要建设，要建设必需科学，这两三个月来，我们虽然没有开过会，但已协助各专门学会进行工作。不久以前北京区十二专门学会举行联合年会，讨论怎样做实际工作，这是很好的。

　　科代会是应该召开的，开会日期最好在暑假，所以我们应该赶快进行筹备工作。

　　科代会筹备会是筹备开代表大会，但是目前更重要的是怎样推动科学界切实去做学术研究工作，今后重心要放在各专门学会上，使大家专心研究并与实际结合。今后各专门学会要在科学院及其他政府有关部门指导下做工作，在政府部门指导下进行整理，整理到一定程度，如有必要时，可成立联合组织。各学会在地方上分会可以由当地有关机关帮忙和指导；过去科学界只是以个人和团体力量做一点工作，今后工作可以

---

　　* 录自《科学时代》1950 年第 5 卷第 1 期，第 2 页。

在政府大力帮忙之下进行；过去反动政府不管这些的，现在是我们自己的政府了，我们应该和政府打成一片，去从事国家的建设；过去综合性科学组织在那个时候是必要的，而且是很好的，因为当时要和反动政府对抗斗争，现在局势改变，全国综合性科学组织没有太大的必要了，因政府是自己的政府，有话可以直接和政府谈，只要对人民有利，政府一定会做的。

改造知识分子的经验 *

（1950 年 4 月）

（一）

中国革命知识分子，有其反对帝国主义、封建主义和官僚资本主义的光荣斗争传统。自"五四"运动到最后的人民解放战争，各时期的革命运动中，他们都是一支有力的队伍。可是一般知识分子中间有不少的人，虽然不满意旧中国的统治阶级，却没有勇气和觉悟走向共产党和劳动人民这一方面来。他们的思想仍多是动摇的，"中间"的。此外尚有一小部分知识分子，因为长期受反动教育的影响，其思想是很落后乃至反动的。然而中国革命的胜利影响着他们，使他们中间的很多人不得不决心追求真理，追求革命的道路。于是他们大批地带着旧思想走向了人民解放事业的阵营。

中国共产党对于这些知识分子采取了团结争取与教育改造的方针，以便使他们能成为有利于中国革命与建设的人才。为达到这一目的，中国共产党和中国人民解放军开办了专门学校，大量招收知识青年和旧的公教人员，用思想教育的方法，加以改造。学习期间一般地只有四至六个月。以北京来说，华北大学、华北人民革命大学及南下工作团，在过去一年间已训练出四万余人。卒业之后，绝大部分的学生都参加了革命

---

* 录自《吴玉章教育文集》，四川教育出版社 1989 年版，第 115～119 页。

工作。

（二）

这些学生入校初期绝大部分在政治上是站在"中间"立场的，较进步的是少数，反动分子也是极少数。除进步分子以外，这些学生大都抱有如下的错误思想：

一、看不起劳动人民，卑视劳动，自以为是优越的"上等"人。

二、对人民解放事业、对共产党采取观望、疑惧态度。

三、不了解帝国主义国家和苏联国家性质的不同。

四、少数人反苏反共，亲美亲国民党，但都不是特务分子。

基于这种复杂的思想情况，学校不得不成为无产阶级与非无产阶级乃至革命与反革命的"思想战场"。这些学校的基本教育方针是：以历史唯物主义为中心，结合学生的思想实际，把系统地进行马列主义的基本理论教育作为改造思想的武器，把改造思想作为理论教育的直接目的。

课程是很简单的，基本上是：1. 历史唯物主义和社会发展史；2. 中国革命的基本问题，辅助以时事、政策的教育。

在历史唯物主义中，又以劳动创造世界、阶级斗争及马列主义的国家学说三个问题为中心。经验证明这三个问题是思想革命的决定环节，只要在理论上系统地阐明这三个问题，同时密切结合学生的思想实际，发动学生自觉自愿的内在的思想斗争，大致上就能从基本上摧毁地主资产阶级反革命的人生观、宇宙观以及小资产阶级的超阶级思想，从而打下为革命事业而奋斗的思想基础。这些基本问题解决之后，进一步学习中国革命的基本问题，才易于入门。

为了在短短的四至六个月之内把成千成万的旧知识分子改造为有革

命思想的为人民服务的知识分子，只靠这些课程和教员讲授是不够的。因此除了结合思想实际的理论教育而外，这些学校还着重了实际参加劳动及和劳动人民接近的教育，使学生在课外参加劳动，如种菜、修路、修桥、打扫寝室院子、帮厨、下乡、到工厂参观等等。经验证明，直接参加劳动并实际接近劳动人民对于改造旧知识分子的作用是很大的。许多人在听了劳动创造世界的理论之后，只在道理上有了概念，而亲身参加了劳动和亲眼看见劳动人民的生产之后，才说："现在我知道劳动之可贵了。""确实劳动人民应该是世界的主人。"他们开始承认以知识分子为"人上人"的思想是错误的，他们的优越感、自高自大的心情开始改变了。

直接参加劳动并和劳动人民接近，是改造知识分子的必要条件。

（三）

好的教育方针，必须有适合贯彻这一方针的教学方法，否则仍然收不到应有的效果。在这样成千成万的人集会在一起，而又无足够的设备和教员的情况下，这些学校就不得不采取以下的教学方法：1. 理论与实践结合。我们不只是要理论和学生的思想实际结合，而且号召学生要按照自己承认了的真理办事。2. 教学要走群众路线，领导要与广大学生群众相结合。发动学生、组织学生的积极性和自动性，使学生在理论学习中展开思想斗争，开展学习及劳动热潮。如学习竞赛、劳动竞赛等。为此就必须引导学生改变过去的老学法，运用集体讨论的方法。因此，3. 是自学与集体讨论结合。4. 是发展自由论争，坚持真理与修正错误相结合。5. 是批判与自我批判相结合。

为了实现这些方法，在学生中号召以"忠诚老实"和"实事求是"的态度来学习，并提倡"自觉自愿""自我改造""自我批评"。到了适当阶段，如历史唯物主义学习告一段落以后，或课程学完以后，作个人的思想总结。这时绝大多数的人都能分析、批判和否定自己过去的旧思想，决定参加革命工作。

及至卒业，这些旧知识分子已成了新的青年，他们中间绝大多数的人在批判自己过去的旧思想以后，初步地树立了革命的人生观。根据一个学校的统计，百分之八十以上的学生加入了中苏友好协会，百分之五十至百分之六十以上的学生加入了新民主主义青年团，并有少数人加入了共产党。他们愿意终身在共产党领导下为人民服务，他们无条件的服从人民政府分配工作，参军、下乡……"什么都行，只要能为新中国服务"，"只要能为人民解放事业服务，不怕苦，不惜个人生命"。有的人承认了自己过去曾参加过国民党、三青团，现在放弃了原来的立场，要求允许他们重新作一进步青年，"参加任何工作都行"。有的人交出了特务证件和武器，请求许其自新。有的人述说了自己过去的罪行，请求立功赎罪。当然不是说把每个人都能改造得很好了，然而百分之九十以上的学生在此短期内确实是改造了，因为他们都树立了革命人生观和为人民服务的观点。其余百分之二至三的人，他们的进步是很微小，然而只要不是坚决的特务，自然仍有他们自新之路，新中国还会耐心地给以改造的机会的。

（四）

这些学生带着坚决为人民服务和吃苦耐劳的精神到各地工作，在实际中证明他们是诚心诚意为人民工作的，而且其中绝大多数工作得很好。他们之中也有个别人员已在解放华东、中南、西南的战斗中牺牲了。这种牺牲是光荣的，他们将因此而永垂不朽！中国的知识分子正在接受着马列主义的真理。他们爱戴毛泽东，认识了毛泽东是中国人民的救星，认识了只有毛泽东以马列主义的真理与中国革命的实践相结合的中国革命才有今天的伟大胜利。他们是团结在劳动人民一方面，团结在以苏联为首的国际和平民主阵营一方面。帝国主义者动摇不了他们坚决的信念，他们将继续发扬中国进步知识界的反对帝国主义、反对封建主义和反对官僚资本主义的光荣的革命传统，在新中国的建设事业中贡献出他们伟大的力量。

《人民大学》校刊发刊词 *

（1950 年 5 月）

《人民大学》校刊的目的是帮助学校把工作做好。

中国人民大学的任务是培养新中国的各种建设干部。这些干部要学会能够建立新的经济制度，能够管理新的国家。

我们要建立的经济制度不是资本主义的经济制度，而是新民主主义的经济制度，是过渡到社会主义的经济制度。

我们要管理的国家已经不是半封建半殖民地的国家，也不是向资本主义前进发展的国家，而是新民主主义并向社会主义前途发展的国家。

我们革命的战争，由于人民解放军的英勇善战，广大劳动群众和一切觉悟人民的积极支援，已获得了伟大胜利。要巩固我们这个胜利，把我们农业国变为工业国，把落后的国家变为先进的国家，就要看我们解决我们面前组织任务的程度如何而定。

使我们当前首要的组织任务能够顺利解决的基本条件，就是要人民的政治领导者，即中国共产党党员们，其次是劳动群众及一切有觉悟的人民，能够完全理解以前资产阶级革命和现在新民主主义革命之间在这一方面的根本区别。

在旧式资产阶级革命中，劳动群众的主要任务，是在于实行消灭封

---

* 录自《吴玉章文集》上，重庆出版社 1987 年版，第 410～413 页。

建制度、专制政体和中世纪关系这种消极的和破坏的工作。组织新社会的积极的或建设的工作，则由少数的有产者或资产者来执行。他们的目的，不是要消灭产生阶级的经济基础，不是建立没有人剥削人、人压迫人的社会，而只是把封建主义的统治换成资本主义的统治。反之，无产阶级和它所领导的劳动农民，及一切有觉悟的人民，在社会主义革命或新民主主义革命中的主要任务，除破坏旧制度外，就是积极从事建设工作，就是要把包括千百万万人生存必需品之有计划生产和分配的这一极繁杂而极精密的新组织系统办理就绪。这种经济组织的最终目的是要建立没有人剥削人、人压迫人的社会。现在中国新民主主义的经济建设，是为达到这目的的过渡阶段，以便有准备有步骤的过渡到社会主义，这是一种伟大的革命。这种革命，只有当人民大多数，首先是劳动群众大多数表现出有历史意义的独立创造精神之下，才能实现。只有在无产阶级和劳动农民及一切有觉悟的人民能够表现充分的自觉性、理智性、牺牲精神和坚定精神的情形之下，新民主主义的胜利然后才有保障。我们建立了被压迫的人民大众能够积极参加建设新社会事业的新形式，即中华人民共和国，这是人民民主专政的新形式的新国家。这是为新经济建设打下了很好的基础，但这还只解决了困难任务的一小部分。主要的困难在经济方面，如何克服经济的落后性，提高劳动生产率，使劳动生产向着伟大的目标前进。这是一个艰巨而伟大的任务。

由此就可以看出，我们学校所需要培养的干部，是要有以下各种品质和才干的干部。

第一，要把思想弄清楚，洗清不正确的腐旧的思想，以马列主义的知识武装起来。就是说，要懂得社会发展的规律，要建立辩证唯物主义和历史唯物主义的宇宙观和人生观，要认识新民主主义革命的新任务。

第二，要精通科学技术也就是要精通业务。当然这不是容易的事情，但又是我们学习的基本任务。而且精通专门的科学技术，使我们自己成为工作内行，并不是完全不能做到的事情。科学、技术经验、知识等等，这些东西都是可以求得的东西，今天没有，明天就会有的。主要的问题是要有布尔什维克的热烈志愿去精通技术，精通生产科学。只要有热烈志愿，就都能办到。

第三，是要有领导各种建设的志愿和技能，以便把现有的各种事业在新的工作方法上发展起来。我们不只在生产工作方面如工厂、矿山、财政经济、金融、贸易、合作等等的工作技能不够，就是在新的法律、外交各方面的工作技能也是不够的。因此，我们学校设有现时迫切需要的专门各系来学习。

第四，是要理论与实际联系，毛主席把马列主义的真理与中国革命实践相结合，使中国革命得到伟大的胜利，这个宝贵的经验，我们任何时候都不能忘记。我们要把人民政协《共同纲领》的经济、文化、外交等政策都能够正确的掌握。因此，本校各系都与政府有关各部门取得联系，并请他们帮助教学工作。

第五，是要有高尚的品质，有聪明的才干，有忠诚朴实为人民服务、不怕艰苦、不怕困难、不屈不挠、志愿献身于共产主义建设的精神。要建立健全的生活方式和工作模范，严守纪律，重视劳动和体育卫生，以及文化娱乐的活动。以爱祖国、爱人民、爱劳动、爱科学、爱护公共财产为公共的道德。要有生气勃勃、欣欣向荣的新作风、新气象。

第六，是要精诚团结，联系群众，与群众打成一片，党员与非党员间保持相互信任、相互帮助的空气，要利用批评和自我批评的武器，克服无组织无纪律的现象，使每个人都锻炼成创造新社会的人才。

中国人民大学是我们新中国中央人民政府首先创立的第一个新式的正规大学。特请苏联教授以苏联的建设经验教给我们，意义是很伟大的，期望是很高的，任务是很艰巨的，也是最光荣的。我们全校的工作人员及全体学员，必须拿出最高的热诚和勇气，大家多想办法，多提意见，努力学习，用群策群力来完成我们这一光荣的任务。

这个刊物能够忠实地报导教学情况，提出改进建议，使之成为教学上思想指导的武器，成为帮助我们完成任务的有力工具。

"八一"南昌起义 *

（1950 年 8 月 1 日）

　　"八一"南昌起义是以革命军队为代表的武装人民，起来反对武装的反革命。这支人民的武装发展为工农红军，抗日的八路军、新四军，打倒帝国主义、封建主义、官僚资本主义的人民解放军，使中国革命得到了今天伟大的胜利。

　　今后还要加强人民的武装来巩固革命的胜利，保卫世界的和平。

---

　　* 录自荣县吴玉章故居陈列展档案，原文为手稿。

中国教育工作者工会代表大会开幕词 *

（1950 年 8 月 2 日）

　　中国教育工作者工会代表大会今天开会了，这是中国历史上的一件大事情。这种事情是标志着中国社会体力劳动与脑力劳动分裂对立的现象开始走向体力劳动和脑力劳动的结合与统一的方向。这是人类社会发展史上很大的一件事情。为什么我们教育工作者能够有这样一个转变呢？这是由于中国人民革命得到了伟大的胜利，推翻了帝国主义、封建主义和官僚资本主义，建立了人民民主专政的新民主主义的国家，改变了我们社会经济发展的前途。也就是说中国将经过新民主主义社会建设阶段走向社会主义社会，向无产阶级的社会前途发展。这一新的社会经济基础，造成了使我们能够向新的知识分子方向发展的条件。今天我们庆祝代表大会的成立，首先就要认识到我们代表大会成立的历史意义。

　　自从去年，全国总工会号召教育工作者和各产业部门一样成立工会，各地教育工作者都很兴奋地说：我们现在是属于工人阶级队伍了。大家都以此为光荣，这就表示了教育工作者在思想上有了大的转变。过去教育工作者是轻视体力劳动，看不起工人阶级，看不起劳动人民。现在不同了，认识了工人阶级是最革命最先进的阶级了，自己能列身于工人阶

　　* 录自《吴玉章教育文集》，四川教育出版社 1989 年版，第 269～272 页。

级队伍，就觉得非常光荣了。这是一个伟大的进步。但是，还要认识到，我们教育工作者在旧社会中，大半是来自地主和资产阶级家庭出身的分子，由工人、农民以及其他劳动阶层出身的分子还是极少数，一般的都带有小资产阶级的意识，甚至是其他敌视无产阶级的意识。今天我们的时代变了，环境变了，大多数的教育工作者都觉悟了，要向工人阶级靠拢，改变向没落的阶级方向发展的思想，这是一个很好的很伟大的转变。但是，我们可不可以说在一天或很短的一个时期内，就能完全把我们的思想意识转变过来而完全成为无产阶级的思想意识呢？这是不可能的。我们的思想意识，还需一天一天地逐渐地改造过来，经过一定过程的锻炼和考验，才能把我们小资产阶级的思想意识大体上扫除净尽。斯大林同志举一个鞋匠意识变化的例子时曾作了一个精彩的结论说："显然地，正是在这里，在社会生活中，首先是外在的条件变化着，首先是人们的地位变化着，然后相适应地他们的意识变化着。"（斯大林：《无政府主义还是社会主义？》解放社版32页）马克思说："不是人们的意识决定他们的存在，相反的，而是他们的社会存在决定他们的意识。"（同上，33页）就是这样的道理。

我们为什么要成立教育工作者工会呢？它有什么目的呢？

教育工作者工会，和其他产业工会一样，其目的就是保护工人阶级的利益。首要任务是保证国家生产任务的完成，而在教育工作者工会说来，也就是保证人民政府教育计划的完成。为要完成这一任务，目前最重要的工作，是把全国教育工作者团结起来，组织到工会当中来。为什么首先要讲团结呢？因为中国过去在教育工作者当中，有一个重大的弱点是不团结，派系分立、互相排挤。在国内有学校出现不同的派系之争，留学国外的有各国留学派别之争，使教育工作者不能收团结合作之效。这里主要的原因，是由于反动统治的恶劣环境，使人们不加入派系便不能求得职业以维持生活，更谈不上丝毫发展的可能，不知有多少天才、智慧，被这样的恶劣环境所葬埋。现在在人民民主政府之下，环境根本改善，全国教育工作者有了实行团结互助的条件了。团结就是力量，互助更能发挥各人的天才和智慧，这是无需说明的。旧时教育工作者也曾经有过许多组织，如有些大学的"教授会""讲助会""职员会"和"工警会"等，中小学也有"中小学教职员联合会"等组织。这些组织为了保障教职员的生活，为了教育事业以至民主解放运动，曾和反动政府作过不少的斗争，对于会员也作过不少的互助、福利等工作，但由于过去的组织多半限制在某一地区的范围，所起的作用也就不很显著。现在我们全国性、统一性的全国教育工作者工会的组织成立了，实现了全国教育工作者的大团结，这首先对于新中国的教育事业必将发生巨大的作用，同时必能对于会员的利益都给予一切可能的保障。如职业问题、学习问题、生活问题等，工会都应设法予以帮助。而到将来国家财政经济好转，便可进一步改善教育工作者的生活，特别对于生活比较困难的中小学教员，更要提高他们的待遇。到了实行全面劳动保险的时候，我们教育工作者的生活便会有更好的保障。因此我们教育工作者有了自己的工会组织以后，就能全心全意致力于教育工作，致力于把文化落后的旧中国变成为文化发达的新中国的伟大事业。

旧中国遗留给我们的最大弱点之一，就是教育不发达，广大的工农劳动人民，大半都没有受教育的机会，大半都是文盲。我们新的国家，急需要各方面的建设人才，因此我们人民政协《共同纲领》第四十七条规定："有计划有步骤地实行普及教育，加强中等教育和高等教育，注重技术教育，加强劳动者的业余教育和在职干部教育，给青年知识分子和旧知识分子以革命的政治教育，以应革命工作和国家建设工作的广泛需要。"这一艰巨的长期的光荣任务，都落在我们教育工作者身上。我们教育工作者工会的责任，就是要把全国教育工作者组织起来，为实现这一艰巨的任务而奋斗。我们深信，有了全国教育工作者的大团结，必能逐渐克服一切困难，实现《共同纲领》上所规定的这个巨大而光荣的任务。

全国教育工作者代表大会闭幕词 *

（1950 年 8 月 17 日）

我们的大会开得很好，大家讨论研究了许多问题和提案，通过了章程，作出了一些决议和建议，有了不少的收获。我们的工会是新的组织，大家都是在摸索中，没有经验，可以说这还只是一个试办时期，必须我们共同努力，创造一些办法，在短时期内作出一些成绩来。使人感觉工会不是多余的、无用的，才会使大家热心来办工会。

要怎样才会有成绩呢？首先就是要团结，要走群众路线，要休戚相关，互相帮助，大家一致为帮助完成政府的教育计划而奋斗。

要特别注意知道过去我们教育工作者的弱点，就是不团结，不仅一个学校，一个教育单位的全体工作人员不能团结，就是教员与教员之间，职员与职员之间都不能团结一致，更说不上团结工、警等工作人员了。

我们要学习毛主席团结全国各革命阶层来完成中国革命的好例子。远的不必说，从新的人民政协以来处处都看出毛主席团结广大人民的英明作风。倾听群众的意见，采纳有益的言论，凡事都同大家协商，使得万众一心，我们的新国家才能有今天这样到处表现欣欣向荣的气象。

二、学习问题：我在开幕词中没有讲到学习问题，同志们提出意见是对的。这是表示同志们急于要求进步。

---

* 录自《光明日报》1950 年 8 月 17 日，第 1 版。

学习什么呢?

我以为首先要学习毛泽东思想。为什么要学习毛泽东思想呢? 因为它指导中国革命得到了伟大的胜利。

毛泽东思想是以马列主义的理论与中国革命的实践之统一的思想。

当然,我们教育工作者来自社会各阶层,马上要求思想的一致是不可能的。因为我们的社会还存在有阶级和阶层。今天虽然人人要求进步,但还必须经过一定的时间,一定的社会的进步环境,才能自觉地、逐渐地把思想意识改造过来。

有些中小学进行查思想、查成份、查历史,把审干的一套办法拿来用,是不妥当的。但是我们已经认识了马列主义的真理而且它引导我们得到了胜利,我们就必须介绍给一切同胞走上人类发展的正确道路。因此教育工作者必须善于引导他们,共同来学习新的理论,才能认识新的时代,新的事物,把自己变成新的人物。必须照《共同纲领》第四十一条所说"应以提高人民文化水平,培养国家建设人才,肃清封建的,买办的,法西斯主义的思想,发展为人民服务的思想为主要任务"切实去作,提高业务学习自不待说。

三、实际工作问题:我们的工会如果没有实际工作,没有实际为会员谋利益并解决一些问题,就会使会员无兴趣,可有可无,也不能团结,也没有力量。因此工会的工作,必须使会员迫切须要解决的问题,得到合理的解决,尤其是中小学教员,特别是小学教员的生活太苦,致使很少人愿作小学教员,这是很大的社会问题,我们正需要健全而优秀的后代,不注意此事必招致极大的损失。我们大会向政府提出了优待小学教员的办法,这是很好的。

四、保卫世界和平签名运动问题:中国革命虽然胜利了,但帝国主义仍然存在,他们随时都想侵略我们,想把我们回复到奴隶的地位。美帝国主义援助蒋匪侵略我们的台湾，就是一个实例，我们如果不和全世界爱好和平的人团结一致，就不能制止帝国主义的侵略，巩固我们革命的胜利。因此我们必须广泛发展和平签名运动，我们全国教育工作者有七十万人，小学教育工作者就有六十万，如果每人能发动一百人签名，就可有六七千万人。这一伟大的运动是可以使帝国主义发抖的！

签名运动不只是向帝国主义示威，而同时是宣传组织和教育群众的运动。要宣传热爱祖国，宣传爱国主义和国际主义的一致性与必要性，美帝国主义是纸老虎，并不可怕，朝鲜人民击败了美帝国主义就是明证，全世界爱好和平的人们团结起来，就能制止帝国主义的侵略，我们可用比赛的方法来动员乡村小学教员广泛深入到全国各个角落去推动这一伟大的运动。

最后我们高呼口号：

全国教育工作者团结起来，为培养教育新时代的青年干部而奋斗！

为巩固革命胜利，保卫世界和平而斗争！

中国教育工会万岁！

中华人民共和国万岁！

工人阶级导师中国人民伟大的领袖毛泽东万岁！

科学家团结起来 *

（1950 年 8 月 18 日）

　　科代筹委会的目的，是团结与组织自然科学工作者来进行建设新中国的工作。这个目的，由于行将召开的科代会议，更将具体化，乃是必然的。筹委会只算是万里长征第一步，今后遥长的路，应当如何走，是需要这次全国代表会议详尽的讨论和布置的。由于一年来时局的迅速发展，今天的一切条件，都和筹委会成立时不相同。当前我国的需要是如何使财政经济在已有条件之下，争取基本好转。科学工作者在配合这一伟大的任务所应担负的职责，我以为是如何站在自己的岗位上从实际出发去做好科学研究工作。今年二月四日在招待十二科学学会联合年会筹备人的大会上已经略就此点加以说明。现在全国科学界的代表行将聚首一堂，这是中国科学家空前大团结的具体表现，希望对于今后如何有效的把科学研究和生产建设结合这一点，加以充分的讨论。

　　但是怎样使今后我们全国的科学家团结得更好，工作得更有效呢？我以为首先是要希望全国的科学家们都能按照马列主义和毛泽东思想，实事求是的去思考和工作。马列主义和毛泽东思想，今天已有无数的例证证明它是真正的科学方法，它适用于社会科学同样也适用于自然科学。李四光先生曾就欧洲最近科学界的动态说明这一点。最近朝鲜人民在英

---

　　* 录自《光明日报》1950 年 8 月 18 日，第 1 版。

勇反抗美帝侵略的爱国战争中所获得的胜利，就是旧的科学思想方法所不能了解而一应用新的科学方法就了如指掌，不是一个明证吗？因此，应用马列主义和毛泽东思想来指导今后我们的工作的进行，乃是必要的。

其次是希望科学家们必须团结一致以进行工作。以往的客观条件使我国的科学家们不易团结，实在是一件不幸的事。今天的中国是人民的中国，不应该再保持以往不团结的观念。希望大家在一切行动中，都能把国家的要求和人民的利益提高到第一位，使一切私利私见都服从于这一个最高原则。今后我们要进行更具体的研究工作，倘若大家团结不好，这个任务，是不能达到的。

中国的科学工作者，已经空前的团结起来了，相信我们大家一定能在上述的原则下前进。

中华全国自然科学工作者代表会议开幕词 *

（1950 年 8 月 18 日）

各位代表，各位同志们：

经过了一年多筹备的全国自然科学工作者代表会议，今天开幕了。不难想象，今天在座的同志们一定带着万分愉快的心情来参加这个大会，同时全国科学界对这次会议也一定抱着很大的希望。因此我们必须把会开好，我们也确有自信会把这次会开好。现在让我们来预祝大会的胜利，预祝中国科学的繁荣，并祝代表同志们的健康。

中国革命的伟大胜利，为中国科学开辟了一个新时代。在这个新时代中，科学义不容辞地要负起巩固胜利和建设新国家的责任。在我们人民民主专政的国家里，科学工作不再依靠私人的提倡或所谓"慈善"性的援助，而是明确地成为国家的事务。《共同纲领》第四十三条说："努力发展自然科学，以服务于工业农业和国防的建设，奖励科学的发现和发明，普及科学知识。"我们必须取得资本主义社会所遗留下来的全部科学知识，及苏联新发展的各种科学成果，利用它们来建设新民主主义的国家。我们必须尽我们科学界现在所有的能力，来解决摆在我们面前的各项问题。大会收到的提案几百件，我们科学家怎样来答复这些问题，来计划和处理这些问题，对于我们科学工作者是一个有力的考验。我们

---

* 录自《吴玉章教育文集》，四川教育出版社 1989 年版，第 273～276 页。

需要一个全面性的、适合人民需要的国家经济建设计划，就必须要有计划性的科学。这个计划性的科学，它和国家经济建设有着密切的联系，它负责地解决政府与生产部门所提出的问题。这样它就把理论与实际联系起来。同时它也就必须以集体工作的新方法来解决问题，就是说不是由一个人，而是由一群科学家来解决问题，由有经验的专家来领导，这种工作方法使以前看起来不可能的复杂而费力的研究工作得以顺利进行。从前我们解放区被封锁的时候，用这种工作方法得到很大的效果，克服了许多困难，作出了惊人的成绩。现在要"把我们的国家，由一个农业国，变为一个能够以自己的力量生产自己需要的机器的工业国——这是我们的总路线的基础和要点"。我们就必须把科学计划性的理想当做一个自然而合乎习惯的概念，当做我们工作的一个重要品质。

我们新民主主义国家的科学工作计划，自然是必须和国家的经济建设相结合，但是我们也不能忘记科学的继续发展所开辟的前途，往往是相当的超过了经济计划所提出的期望。科学有它自己发展的逻辑，这是一种很需要加以重视的逻辑。科学必须永远站在前面工作着，为将来搜集准备应用的事物，只有这样，它才算是尽了它的天职。

科学要提高，还要普及，还要向地方扩展，使科学研究机关和实用场所遍及全国，有各种专门书籍、报纸、杂志、电影、广播等，使科学不只深入，而且广泛传达到群众中去。要大量培养科学干部，在大学、专门学校、中学以至于小学，普及的发展学习科学的热潮。

现在新国家的建设工作，刚刚开始，真是"百废待举"，而人力财力是有限的，发展科学必须有计划、有步骤、有重点地稳步前进，才是从实际出发而不是空谈。

中国有近代科学研究也有了好几十年，其间也出了一些个别的杰出的科学家，也个别发表过一些有价值的科学著作。是不是可以说中国科学已经很进步了呢？不能这样说。中国的科学并没有在中国土地上生根，中国人过去从外国主要是英、美、德、日等国学来的一套科学知识，在中国觉得全用不上，中国的科学论文，一般只是替英、美杂志添一些枝叶。其所以没有生根，就因为中国的科学研究没有和中国人民建立起血肉相连的关系。半封建半殖民地的社会条件，决定了科学与人民无缘。人民觉得科学对他们没有用，因此也就不加以重视；科学家觉得人民不懂科学，因此也就抱着不愿对牛弹琴的态度。科学家不想替人民解决问题，人民也不向科学家提出问题。今天是不同了，这次会议所收到各方面的提案就有好几百件，这说明了今天中国人民是迫切需要科学家替他们解决问题，科学家也有义务替他们解决问题，也只有这样，今天科学家才能得到人民的爱戴和荣誉。中国科学研究一旦和中国人民实际需要结合起来，中国科学的繁荣，是指日可待的。过去中国科学界还存在严重的不团结现象，在一定的社会条件下，这也是必然的。解放后，整个社会变了，科学界在消除隔膜、团结合作方面有了显著的表现和成就，今后必须要更加团结，我相信一定会团结得更好。首先是由于许许多多科学工作者，今天都已经认识到大家都有一个共同的目标，共同的理想，都向着这个共同的目标和理想前进。

现在我想再谈一谈科学界的组织问题。今天科学界需要有组织，有组织才能更好地推进工作。但是在不同的历史条件之下有不同的组织原则。在和反动统治斗争的时候，首先是怎样才能动员更广大的群众来和反动统治斗争以争取科学发展的条件；在刚解放的时期，便是怎样完成团结、争取、教育的任务；而当人民自己掌握政权以后，进入和平建设的时候，要紧的便是怎样能做好科学的深入研究和广泛普及的工作。今天科学界组织既不同于政权机构，也不同于工会组织，它必须具有一定的学术性内容。去年7月开始筹备代表会议时，那时碰到的主要问题是科学界的团结教育问题，当时工会还没有普遍成立，因此所想象的组织形式是多少有点类似工会性质的。由于革命形势的迅速发展，全中国大陆除西藏外，已完全解放。在今天的条件下，这种组织形式是否合适，必须重新加以考虑。今天主要是怎样一种组织，能使科学工作者更有效地做好科学研究工作；更重要的是怎样把科学研究与实际结合，怎样把科学知识深入传播给广大人民，首先是工农群众。这一点，常委会筹备会已向大会提出意见请大家讨论。

最后我觉得今天在座每一位同志面前都会有一幅共同的远景，这个远景便是一个光明灿烂、民主、富强、康乐的新中国。只要我们大家能努力为争取这一远景的实现而不屈不挠的斗争，中国的社会就会较快地进入一个新的历史阶段。

在中国人民大学开学典礼上的讲话 *

（1950 年 10 月 3 日）

我奉我党中央和中央人民政府之命，建立一个新式的中国人民大学，九月一日已正式行课了，今天特举行开学典礼。

现在我宣布中国人民大学开学典礼开幕了。

各位首长、各位来宾、各位教职员、各位同学和同志们：

现在我简单地把建立中国人民大学的经过报告一下：

去年（1949 年）七八月间，我党中央认为：人民解放战争基本获得胜利，新国家的建设工作即将开始，就计划建立一个培养建设新国家的干部的新式大学。十二月十六日中央人民政府政务院的决定说："为适应国家建设的需要，中央人民政府政务院决定设立中国人民大学，接受苏联先进的建设经验，并聘请苏联教授，有计划、有步骤地培养新国家的各种建设干部。"中央人民政府教育部随即作出关于中国人民大学实施计划的决定。我们本着这两个决定进行筹备工作。在苏联教授们帮助之下今年八月末筹备工作完成，九月一日正式开课。

中国人民大学所要培养的是怎样一种干部呢？

它是要培养精通先进科学与技术，为科学社会主义，即马列主义

---

* 录自《吴玉章文集》上，重庆出版社 1987 年版，第 418～421 页。

知识和毛泽东思想所武装，与各种具体业务相结合，并决心保卫人民民主主义祖国，忠诚于新民主主义建设而将来准备为共产主义事业奋斗的干部。

为要达到培养这种干部的目的，我们首先要建设我们的学校，而我们的学校应该担负起下面的几个主要任务：

（一）组织科学的教学方法，使能够保证培养各种科学技术的专家，而培养出来的这些专家都要能够掌握科学上的最新成就，能够正确应用，并能够联系理论与实际，使生产经验与科学相结合。

（二）以马恩列斯的学说和毛泽东思想来进行学生的政治思想教育，并把他们培养成为有高度文化修养的专家。

（三）创造具有现代科学水平与高度思想水平的教材与参考书。

（四）进行能够解决新民主主义建设上重要问题的科学研究工作。

（五）不断提高教员的政治思想水平与科学水平，并培养大批科学教育工作干部。

（六）广泛传播科学与技术知识，及将要继续开展的劳模运动所将达到的科学与技术的最新成就。

根据这样的方针，我们已经进行了下面的工作：

一、建立了本科、专修科、研究生处与文化补习班

甲、为了以较长时期培养各种建设干部，设本科。本科分八个系：（一）经济计划系，（二）财政借贷系，（三）贸易系，（四）工管系，（五）合作社系，都三年毕业；（六）法律系，（七）外交系，以上都四年毕业；（八）俄文系，二年毕业。

乙、为了在短时期内培养当前迫切需要的各种建设干部，设专修科。专修科分十一个班：（一）经济计划班，（二）财政借贷班，（三）对外贸

易班,（四）国内贸易班,（五）合作社班,（六）工管班,（七）统计班,（八）法律班,（九）外交班,（十）教育班,（十一）史地班，都是八个月毕业。

我们招生是很严格的，主要的要三年到五年以上作过革命工作的干部。专修科要五年到八年的干部。现在本科学生一千六百人，专修科学生一千二百人。

丙、此外因招收的学生有些工农干部、产业工人，没有入过正式学校，文化水平低，特为设一个文化补习班，使他们学习一年或二年再入本科。

丁、为了培养教员，吸收了一批具有相当文化理论水平的干部与知识分子组织了二百五十名研究生。暂时规定两年毕业。这是我校学生的情形。本校学生除了上课与自修外，我们十分重视各种形式的生产实习，学生将被派到各种企业部门参观、见习或参加工作。

二、教学工作的组织

我们采用了苏联大学的教研室的组织，它是学校的基本教学组织，直接进行一门或有相当联系的数门课程的教学工作，担负讲课、实习与对学生的辅导。教研室同时还进行科学研究工作，并培养研究生。现在我们已经建立了三十五个教研室，在它里面组织了二百一十多位中国的主讲教员与实习教员，他们在三十八位苏联教授帮助与指导下正在担负或准备担负一百一十多门功课。本校学生除了上课与自修以外，我们十分重视各种形式的生产实习，学生将被派到各种企业部门参观、见习或参加工作。为了使讲授内容密切与中国实际结合，各教研室都与政府各有关部门取得了经常的联系，得到了一些帮助。

三、科学研究工作与提高教育干部的工作

为了在学校培养出达到先进科学水平的专家，并不断提高教育干部

的科学水平，我们必须进行科学研究工作。因此，我们的各教研室已在苏联教授们指导之下，进行了这一工作，并已收到了一定的成绩。现在各教研室为了庆祝中华人民共和国成立一周年纪念正在写科学论文，准备在日内召开科学讨论会，会期三天。

为了提高教员和领导干部的马列主义水准，我们创办了"马列主义夜大学"，全校教员与科长以上的干部四百余人在学习着。他们准备在两年内学完五门重要的政治课。

此外，我们正由工会发动工作人员的劳动竞赛，以改进工作，系与系之间、教研室与教研室之间正在积极准备竞赛中。

以上一系列的工作，还有其他的许多建设学校的工作，我们首先要感谢我们党中央、毛主席和我们中央人民政府、中央教育部对我们的关怀与领导。

我们还应该特别感谢我们的苏联教授们。这些同志不远万里来帮助我们建设学校。我们的教育计划与许多工作，如果没有他们的帮助与指导，是决不可能在这样短的时间内做好的。我们全校师生都要很好学习他们的国际主义精神与优良的工作作风。

我们中央政府各院、委、部、会、行，全国总工会以及北京市委、市政府等都在我们的工作中给了我们很多的帮助。我们对于创办这样的大学是很少经验的，希望中央政府各部门今后与我们更加密切联系，给我们更多的帮助和指导，使我们能够在教学工作中避免不切合中国实际的错误。

中国人民大学命令（第七号）*

（1950 年 11 月 5 日）

　　一九五〇年十一月七日，苏联和全世界劳动人民都热烈地庆祝伟大的十月社会主义革命三十三周年。十月革命在世界上创建了第一个社会主义国家。苏联在其存在的三十三年中已成长为一个强大的、不可战胜的国家，建立了社会主义并满怀信心地向共产主义的前途迈进。苏联是全世界的和平堡垒，是和平阵营中的领导力量，她坚决反对帝国主义阵营——以最反动的、执行着大垄断资本意志的美国帝国主义为首的阵营。

　　在第二次世界大战中，苏联从法西斯的奴役下拯救了各国人民，帮助了中欧和东南欧各国的劳动人民在其祖国建立人民民主制度。由于苏联战胜了法西斯国家——德国、日本和意大利，中国革命才获得战胜外国帝国主义者和国民党反动集团的可能。在战后的这一时期中，苏联胜利地为恢复和发展自己的国民经济而斗争，现在她已完成了战后第一个斯大林五年计划的巨大任务。苏联对各人民民主国家在其走向社会主义的建设中予以兄弟般的帮助。在中华人民共和国建设新生活、恢复国民经济及巩固国防等方面，苏联也给予了很大的帮助。苏联这种兄弟般友爱的帮助，特别是在我们的学校中每日都能感觉到。在这里有很多的苏联教授积极地参加组织和进行教学工作。领导培养大量的干部、教员和

---

　　* 录自《人民大学周报》1950 年 11 月 7 日，第 1 版。

研究生。

中国人民大学为纪念伟大的十月革命三十三周年展开了各方面的活动，各教研室特别召开了会议，在这个会议上听取了关于十月革命的国际意义和苏联成就的报告。我们清楚地认识到十月革命为落后国家开辟了一个新时代的伟大国际意义。因此纪念十月革命，必须提高自己的政治水平和对于经济建设工作的积极性。必须加强防止敌人危害中国革命和中华人民共和国的警惕性。

为纪念伟大的十月革命，我号召全体同志要更加努力地研究马列主义理论，要胜利地完成为建设国防与国民经济培养专家和科学工作者——新中国的建设者——的任务。

伟大的十月革命节万岁！

全世界的和平堡垒——伟大的苏联万岁！

伟大的中华人民共和国万岁！

全世界先进人类底领袖和导师斯大林同志万岁！

中国人民的领袖毛泽东同志万岁！

纪念十月革命三十三周年 *

——在本校纪念大会上的报告提纲

（1950 年 11 月 7 日）

（一）十月革命是世界人类史中由资本主义旧世界进到社会主义新世界的根本转变，是世界无产阶级解放运动中的根本转变，是全世界被剥削群众斗争方法和组织形式、风俗和传统、文化和思想体系中的根本转变。十月革命是国际性世界性的革命，因此，世界各国被压迫阶级，被压迫民族对于十月革命都深深表示欢迎，把它看作是他们获得解放的保障，每年都来纪念它。

（二）十月革命冲破了世界帝国主义战线，在一个最大的资本主义国家里推翻了帝国主义资产阶级，并使社会主义无产阶级获得了政权，这就鼓舞了世界被雇佣阶级、被压迫被剥削阶级起来为夺取政权而斗争。十月革命打断了民族殖民地压迫的锁链，使被压迫的民族得到了解放，这就不仅在"宗主国"里动摇了帝国主义，而且打击了帝国主义后方，打击了帝国主义的外藩，震撼了帝国主义在各殖民地和依赖国里的统治，使世界各被压迫国人民与无产阶级联盟并在无产阶级领导下进行殖民地革命。

（三）十月革命在原则上是要消灭任何人剥削人，人压迫人，任何

---

* 录自《人民大学周报》1950 年 11 月 7 日，第 1 版。

一个民族压迫另一个民族的现象，建立无产阶级专政，组织新的无阶级的社会主义社会，这就必然一方面引起全世界被压迫阶级和被压迫民族热忱欢迎，一方面又引起帝国主义的极端仇恨，因此十月革命胜利后不仅有德国帝国主义的进攻，而且有英、法、美、日等十四个国家的围攻，但都被英勇的红军把他们打败。德、意、日法西斯缔结反共同盟发动第二次世界大战，苏联伟大的红军也把这些帝国主义强盗都消灭了。这是证明人类社会发展的规律，新兴的合乎正义的力量一定能够战胜腐朽的反动的力量，封建制度的灭亡如此，资本主义帝国主义的灭亡也必如此。

（四）十月革命为什么能够得到这样伟大胜利？为什么全世界帝国主义反动势力向苏联围攻，不仅不能打败她，而且三十三年来苏联社会主义的国家日趋强盛？为什么帝国主义天天造谣污蔑苏联，而全世界的无产阶级劳动群众和广大人民都拥护苏联、信任苏联，而不相信帝国主义的挑拨离间呢？

因为苏联有列宁、斯大林的布尔什维克的共产党，能够掌握马克思列宁主义的理论，这个理论是自有人类历史以来最正确、最伟大的理论，它成了人类向前发展的南针，指明前途的灯塔。只要人们一领会了马列主义的真理，他就会站起来向正确的道路前进。

（五）中国是半殖民地半封建的国家，劳动人民受了重重压迫，中国人民为革命奋斗了几十年都没有得到胜利。自从十月革命的种子传到中国来，中国革命的面目就为之一新，中国共产党随即成立，提出了反帝反封建正确的革命纲领，经过了一九二五到一九二七年反帝反封建的革命，一九二七到一九三七年的土地革命，一九三七到一九四五年反日本帝国主义侵略的大战争，一九四七到一九四九年反对美国帝国主义走狗蒋介石的解放战争，终于使日本投降了，把蒋介石打败了，把帝国主义势力驱逐出中国，使中国人民得到了解放，成立了统一的全中国人民的中华人民共和国。中国人民站起来了，成了自己国家的主人，这是人类史上被压迫被剥削阶级和民族继十月革命之后，又一个伟大的胜利。

（六）帝国主义特别是美帝国主义不甘心失败，千方百计要破坏我们新兴的人民民主专政的国家，不断以飞机、大炮、军火、金钱援助残余在台湾的蒋介石匪帮，使其轰炸扰乱我国土。美国在发动侵略朝鲜时，即公开侵略我台湾，并连续轰炸扫射我东北边境，不顾我国警告悍然侵越三八线，直趋中朝边境，美国侵略计划完全和日本一样，第一步侵略朝鲜、台湾，第二步侵略我东北，第三步侵略全中国，美国比日本更为狠毒，胁迫帝国主义各国，追随它在外交上与军事上共同压迫和包围我国，不让我国参加联合国和安全理事会及盟国对日委员会等，美国不断释放日寇屠杀我国人民的战争罪犯，扶植并武装日本反动派，积极准备对日单独媾和，以便利用日本野兽再来屠杀中国人民。我们牺牲了无数百万生命才赢得抗日战争的胜利，美国又企图利用日寇卷土重来，使我国人民重陷于奴隶地位，我全国人民必须和美帝国主义强盗坚决斗争，万不能任其为所欲为，置之不理。

（七）美国是继承德、意、日法西斯的传统，妄想独霸世界，其侵略及于五大洲，积极准备和鼓吹第三次世界大战，压迫和平运动，拒绝禁止原子武器，完全是世界人民的公敌。其国内已成为法西斯恐怖世界，特务横行，除大资本家及其走狗外，美国人民没有言论、出版、集会、结社自由。在其所控制的殖民地，美国都极力扶植蒋介石、李承晚一类血腥独裁者。在一切为美国所操纵的资本主义国家，美国都极力使其政治法西斯化，以金钱势力迫其作美国侵略的爪牙。美国统治者迫使科学、艺术、宗教为帝国主义者侵略服务，科学不用于建设，而用于战争，文学艺术不提倡进步而提倡堕落，宗教不参加和平活动，而参加间谍活动。美国统治阶级以威胁利诱摧残人民的道德观念，美国侵略者在朝鲜等地的野蛮残暴比之希特勒、东条有过之而无不及。

（八）美国虽然竭尽全力侵略年轻的小国朝鲜取得暂时的胜利，但这也只等于蒋介石占领延安，最后仍然要失败，美国是纸老虎，并不可怕，因为美国不但在政治上是反动的，孤立的，在军事上也有严重的弱点，战线太长，腹背受敌，战线由西欧到东亚，超过希特勒与日本；士气不高，实战经验不多，战斗力很弱；同盟者不强，西德、日本还未武装齐全，英、法、意等国现在已不是军事强国；在这样形势之下，美国资源的优势不能不受到限制和抵消；原子武器已非美国所独有，且不能决定战争胜负，国土愈广，人口愈不集中，原子武器的作用就愈小。

（九）美帝国主义经常叫嚣反对共产主义，企图消灭共产主义，把苏联和中华人民共和国及一切人民民主国家都看作它的仇敌，必欲消灭之而后安心，它向北朝鲜进攻，利用苏联未出席安理会的机会，威胁利诱安理会中的一些国家入其圈套供其驱使，假借联合国名义来进行侵略战争，欺侮年青的朝鲜民主主义人民共和国，以飞机、大炮、坦克、军舰疯狂屠杀和平人民，使有人心的人无不愤恨，而美帝国主义的真实目的，是要向共产主义的苏联和新民主主义的国家进攻，尤其要向我年青的中华人民共和国进攻，朝鲜的战争不过是美帝侵略战争的开始，因此，我们不仅为正义人道、唇齿相依，应该援助朝鲜，即为了我国的安全和生存也必须援助朝鲜。

（十）十月革命的胜利和苏联社会主义建设的伟大成功，以及它打败十四个国家的干涉和打败法西斯德、意、日的进攻并消灭它们，这都证明了新时代的革命力量是无敌的，苏联为人类建立幸福生活的模范是蒸蒸日上的，全世界各国无产阶级和被压迫民族看到并认识到这一铁的事实，都团结在苏联周围，结成全世界各国无产者和被压迫民族统一革命战线去反对帝国主义。现在全世界两个阵营的对立，比任何时代都更鲜明了，一个是以苏联为首的人民民主维护和平的阵营，一个是以美帝国主义为首的反人民，反民主，制造战争的阵营。美帝国主义又想发战争财，拼命挑起战争，企图挽救它垂死的命运，但是反革命，反人民的帝国主义的阵营是不巩固的，因为他们是由过时的、腐朽的人类渣滓，人类蟊贼所勉强结成，而且彼此矛盾很多并受到人民（连美国的人民也在内）的反对。全世界和平运动已有五万万以上的人签名就是证明。至于我们以苏联为首的和平民主阵营，则是在马列主义旗帜之下，在人类社会发展的规律性领导之下团结起来的，是在无产阶级和被压迫民族及广大群众自求解放的基础上团结起来的。因此我们的阵营是自觉自愿的结合，是十分坚强的。年轻而人口不多的朝鲜民主主义人民共和国竟能抵抗美帝这样强大的国家，打了不少辉煌的胜仗，出了不少战斗英雄，至今仍在不屈不挠地和美帝及其附从国家战斗着。这就是马列主义武装了的人民是不可战胜的最好证明，也是马克思说"理论一掌握了群众就立刻成为物质的力量"的证明。现在我们人民民主的国家，由东亚到东欧，有人口八万万，已结成广大坚实牢不可破的长城，我们是维护世界和平，反对战争的，但我们永远也不怕反侵略的战争。如果美帝国主义敢于进行第三次世界大战，它就是自掘坟墓，与希特勒、日本一样必归于灭亡，最后的胜利一定是属于我们的。

伟大的十月社会主义革命万岁！

中苏友好万岁！

全世界和平民主阵营的堡垒——苏联万岁！

全世界劳动人民的导师斯大林大元帅万岁！

中华人民共和国万岁！

中国人民的英明伟大领袖毛主席万岁！

在北京科学界联合年会上的讲话（节选）*

（1950 年）

今天是 1950 年北京科学界第一次大聚会，到会的人非常踊跃，又一次表现了科学界的团结精神，这是很使人兴奋的。

目前全国战争不久就可以结束，经济建设的任务已经提到我们的日程上来了。由于帝国主义和蒋匪帮的榨取和破坏，中国的经济遭受了严重的损害。毛主席说，三年五年恢复，十年八年发展。我们首先便要去大力恢复生产，这是很艰巨的任务。现在工人同志们的生产热忱和创造性都是非常之高的，但是光凭这一点还不够，我们必须有近代科学技术的知识。近代科学知识和工人们的生产热忱结合就能保证我们任务的完成，因此科学研究工作在今天是具有头等重要的意义。人民政府在财政困难的情况下还尽量给科学院以比较充裕的经费，从这一点也可以说明政府现在对科学的重视。

过去中国的科学研究工作，老实说大半是脱离实际的，不少人花了不少精力，结果除了自己和少数人欣赏以外与别的人无关。这种情况在半封建半殖民地的社会条件下是必然的结果。今天，中国人民是站起来了。中国的科学研究工作在新民主主义的条件下也必然要转变方向。这次联合年会的讨论提纲和论文题目，我大致都看了一下，从这里面可

* 录自《吴玉章教育文集》，四川教育出版社 1989 年版，第 265～268 页。

以看出，虽然北京解放不过一年光景，而我们的科学研究工作已经开始转变，要求和实际结合，在论文中有好些题目都从实际出发，这是很好的现象。科学的精神是实事求是，要有的放矢，不要无病呻吟。此外还需要补充说明一下的，就是科学研究要与实际结合并不等于说我们不要研究高深的科学理论了。今天只要是科学的真理，不是言之无物的空论，就是人民所需要的；凡是人民所需要的事情，不管是目前的还是比较长远的，我们总是要发展的。

这次 12 个学会，有的历史很久如地质学会，有的历史较短如海洋湖沼学会。我想大家过去一定做了一些工作，但是今天看起来还是嫌不够的。希望在这次联合年会上大家能够尽量讨论出许多应该做的工作，然后由各学会分别切切实实去研究，去进行。今天这个会不只是一个普通的聚会，应该有它更积极的意义。

各学会的工作今后必须加强，这一点大家大概不会有意见的了。为了加强工作必须有健全的组织。以往由于国民党的反动统治，可能有些学会业务停顿了相当久，甚至流离失所。如果今天有些学会觉得组织上或人事配合上还不够理想时，要有计划、有步骤地逐渐使它健全起来。我们不妨考虑一下要怎样做才能发挥多数人的力量，要老是几个人搞，工作进行就比较困难了。过去一般人对于学会显然是不够重视的，其原因就在于学会和群众脱了节。如果今后我们先把自己健全起来，能在群众中做出一些工作，帮他们解决一些问题，群众自然会重视我们，拥护我们。

在这里，我要插几句关于科代会的话。科代会的筹备会是去年 7 月成立的，当时南方许多大城市还刚刚解放，科学界迫切需要一次大团结。在这一阶段中的任务便是广泛地团结全国科学工作者，发挥科学工作者对人民解放事业的热忱，号召全国科学工作者为人民服务。这些任务科代会都完成了。现在全国基本上已完全解放，中华人民共和国已经成立，摆在每一个科学工作者面前的一项主要任务便是怎样切实加紧科学工作，迎接经济建设和文化建设的高潮。因此在现阶段科代会应该成为一个促进科学技术知识研究的团体。关于具体工作还是需要各个专门学会、专门人才去进行，去努力。

最后我还想提一下科学和政治的关系。毫无疑义，任何科学家必须生活在人类社会里面，任何科学研究工作不可能脱离社会环境孤立地去进行，任何一种科学发明必然是社会发展的产物，在某种生产条件下才会有某种发明，同时科学发明的结果也不可能不对社会发生影响，因此科学也便不能不和政治发生关系。同样的飞机大炮可以用作侵略的工具，也可以用作保卫和平的工具，问题是由哪一个阶级来掌握、来运用。如果不稳稳地站在人民一边便可能有意无意给帝国主义及其走狗们以利用的机会。为了站稳立场，全心全意去为人民服务，我们必须加紧学习政治，学习马列主义。这里我用斯大林同志一段话，"没有什么必要使一位医学专家同时又是一个物理学或植物学专家，反过来说也是一样。但有一个科学部门的知识，却是所有一切科学部门中的布尔什维克所必须具备的，这就是马列主义关于社会发展规律，无产阶级革命发展的规律，社会主义建设事业发展规律以及共产主义胜利的科学。……列宁主义者决不能仅仅是他自己所喜爱的那门科学的专家，他同时还应是政治家和社会活动家……"。这是斯大林同志在联共第十八次党代表会报告中的一段话，这段话我想对于非党的科学专门家也一样具有重大的意义。

中苏友好同盟一年来的伟大成就 *

（1951 年 2 月 23 日）

    中国人民正在热烈地庆祝《中苏友好同盟互助条约》签订的一周年。

    中苏两国人民的深厚友谊是久已存在的。自伟大的十月社会主义革命胜利后苏联立国的一天起，直到一九四九年十月中华人民共和国成立，苏联人民在伟大的列宁和斯大林的领导下始终一贯地援助了中国人民的解放事业。毛泽东同志在一九四九年十二月十六日抵达莫斯科时在车站上的演说中指出："十月社会主义革命之后，苏维埃政府根据列宁斯大林的政策首先废除了帝俄时代对于中国的不平等条约。在差不多三十年的时间内，苏联人民和苏联政府又曾几次援助了中国人民的解放事业。中国人民在患难中，得到苏联人民和苏联政府这种兄弟般的友谊，是永远不会忘记的。"在庆祝斯大林同志七十寿辰的祝词中，毛泽东同志又说："中国人民在反抗压迫者的艰苦斗争中，深切地感觉到斯大林同志的友谊的重要性。"

    一九五〇年二月十四日签订的《中苏友好同盟互助条约》及其他协定的签订，把中苏两国人民间这种早已存在的深厚友谊和团结用条约的形式巩固下来了。而这种友谊和团结，对于全世界和平、民主和社会主义事业的胜利，是有着极大影响的。

---

* 录自《人民日报》1951 年 2 月 23 日，第 4 版。

　　这个条约宣布：中苏两国共同制止日本或在侵略行为上与日本相勾结的任何国家再起侵略和破坏和平，并促成全面的对日和约的尽早缔结。两国中之任何一国如果遭受日本或与日本同盟的国家之侵袭，因而处于战争状态时，两国中之另一国即尽其全力给予军事及其他援助。

　　这个条约宣布：中苏两国愿意忠诚合作，积极参加以确保世界和平与安全为目的之一切国际活动，保证为实现这个目的充分贡献其力量，并在有关两国共同利益的一切重大国际问题上彼此协商。

　　最后，这个条约宣布：两国相互保证以友好合作的精神，并遵照平等、互利、互相尊重国家主权与领土完整及不干涉对方内政的原则，发展与巩固中苏两国之间的经济与文化关系，彼此给予一切可能的经济援助，并进行必要的经济合作。

　　这些就是《中苏友好同盟互助条约》的主要内容。由此可见，这个条约的签订，已使我们中国有了在自己的历史上从未有过的极为强大的同盟国，因而就巩固了中国人民已经取得的革命胜利，并极大地加强了以苏联为首的世界和平、民主和社会主义力量，因为增加了远东和世界和平的保障。

　　一年来，结成友好同盟的中苏两大国，并肩地保卫世界和平，赢得了很大的胜利。

　　在一切国际活动中，中苏两国是始终密切地合作的。我们中国人民特别感谢斯大林同志和苏联政府和人民始终给予我们的忠诚帮助。

　　苏联始终为我们中华人民共和国在联合国的合法代表权利而斗争。在去年六月美国直接侵略朝鲜及中国领土台湾之后，苏联又始终不渝地声援了中朝人民反抗美国侵略者的正义斗争。

　　由于苏联的坚持斗争，我国控诉美国武装侵略中国领土台湾及控诉美国飞机轰炸中国领土的两个控诉案，先后于去年八月二十八日及三十一日由安理会通过列入议程。苏联并在联合国大会中仗义执言，提出控诉美国侵略中国案。这一提案亦被联合国大会于去年十一月二十四日列入议程。我国代表乃于去年十一月二十八日应邀出席安理会控诉了美国侵略中国的罪恶。虽然，由于美国的操纵，这三个议案都被非法地否决，但美国的侵略罪行已进一步地被揭露，中国人民正义的呼声也传布到了全世界。

当美国等六国在去年十一月十日向安理会提出诽谤中国人民的志愿行动的提案以后，苏联代表又对美国侵略者这种颠倒是非的行为加以严正斥责，并于去年十一月三十日否决了美国等六国所提出的诽谤案。此后，苏联在联合国大会及安理会的代表，又驳斥了去年十二月十四日及今年一月十三日联合国大会所通过的两次欺骗性的决议。按照这些决议所建议采取的先停战后谈判的措施，美国在朝鲜的侵略军将取得喘息机会，以便继续进行对朝鲜的武装干涉。同时，苏联代表积极支持我国政府于今年一月十七日向联合国提出的关于真正和平解决朝鲜问题及其他远东问题的四项建议。

中国人民在朝鲜人民抗美战争的严重关头，挺身而出，用志愿的行动援助了我们邻邦朝鲜的兄弟。中国人民抗美援朝保家卫国志愿军和朝鲜人民军在一起，迅速地击溃了侵至中国边境附近的美国侵略军和朝鲜的卖国贼李承晚匪军，消灭其六万余人，解放了朝鲜的大部分国土，使狂妄的美国侵略者受到了严重的失败。在这种情况下，美国侵略者于今年二月一日操纵和劫持联合国大会通过了诽谤中国人民为"侵略者"的提案。但是这种颠倒黑白的卑污的诽谤，并不能补救美国侵略者在朝鲜澈底失败的命运，相反地，这只是更加坚定了中国人民以自己的行动澈底地击败美国侵略者的决心。

毫无疑义，由于有着苏联、各人民民主国家和世界其他国家的人民的同情和声援，由于伟大的中苏同盟的存在，我们中国人民和朝鲜人民必能完全打垮美国的侵略，从而巩固远东和世界的和平。中国人民有着坚强的信心去击败美帝国主义者对于中国的侵略和威胁，因为在他们的后面站着伟大的同盟者——强大苏联的毫不自私的支援。

一年来，中苏两国又曾团结一致地为着反对美国撕毁《开罗宣言》《波茨坦公告》等国际协议，企图单独对日媾和、实行重新武装日本，庇护和释放日本战犯，扶植日本军国主义侵略势力再起，变日本为进攻中国、苏联和亚洲各国的军事基地的罪恶阴谋而斗争，中苏两国今后仍将继续为此斗争，以争取为《中苏友好同盟互助条约》第二条所规定的缔结全面的对日和约的目标的实现，保障中苏两国和远东的安全与和平。

《中苏友好同盟互助条约》中关于中苏两国实行友好的经济互助合作的规定，一年来亦已实施。与《中苏友好同盟互助条约》同时签订的关于自去年起的五年内苏联贷款三亿美元给中华人民共和国的协定，同日两国政府的换文及《中苏关于中国长春铁路、旅顺口及大连的协定》中关于苏联将大连市苏联方面临时租用或代管的财产、苏联经济机关在东北自日本所有者手中取得的财产和过去北京兵营的全部房产无偿地移交中国政府的规定，去年三月间签订的中苏关于创办中苏石油股份公司、中苏有色金属及稀有金属股份公司、中苏民用航空股份公司的三个协定，去年四月间签订的中苏一九五〇年贸易、交换货物及苏联以各种建设专家供给中国等协定，都已经加以实施。

苏联在上述协定中给予中国的各种经济援助，对于中国人民迅速地医好战争的创伤和恢复工农业生产和交通事业，都起了很大的作用。

人们可以看得见：以美国为首的帝国主义侵略阵营想拿经济封锁的办法来困死中国革命，或者迫使中国人民向帝国主义屈膝的打算，是多么悲惨地破产了。正像在军事和政治战线上一样，勤劳而勇敢的中国人民，在毛泽东同志的英明领导下，在苏联的援助下，在经济建设的战线上也获得了辉煌的胜利。去年中国的农业产量已接近抗日战争前的水平。中国现有的最主要的工业纺织工业的生产量已超过一九三六年产量百分之十四。中国重工业的生产也正在迅速恢复起来，去年生铁的产量水平为一九四九年的十一点四倍，钢为七点八倍，水泥为三点八倍，各种机械产品也达到一九四九年水平的三倍以上。去年全国已有二万二千余公里铁路通车，并第一次地有了全国统一的完整的运输计划。所有这一切，都是与苏联的伟大援助分不开的。

根据《中苏友好同盟互助条约》的规定，在过去一年中，中苏两国的文化关系也更加密切了。中国人民热情地学习苏联人民的先进经验和榜样。在中国，翻译和出版苏联的书籍和作品，已形成热潮。介绍苏联的书籍，仅中苏友好协会及其分会去年出版的，就有一百多种。苏联的文学作品，去年一年已翻译出版了三百多种。中苏友好协会及其分会出版的介绍苏联和拥护中苏友好的刊物已达三十八种，其中的十九种即销行了一百多万份。在一九四九年十月至十二月间，参加欢迎苏联文化、艺术、科学工作者代表团，庆祝十月革命三十二周年和庆祝斯大林七十寿辰的群众活动的，只就四十五个城市的统计，就有二百八十六万余人。在全国各地举办的介绍苏联的图片展览会，观众以数百万计。描绘苏联人民的斗争和建设情况的苏联电影片，受到中国人民的热烈欢迎。仅东北一地，自一九四九年十月至一九五〇年九月，出席电影晚会看苏联影片的观众，就有二百二十九万多人。截至去年十一月份，中苏友好协会的会员总数已超过三百三十一万人，成为中国最大的群众团体之一。

去年六月间，毛泽东同志在中国共产党的中央委员会全体会议上曾经指出："具有伟大历史意义的新的中苏条约，巩固了两国的友好关系，一方面使我们能够放手地和较快地进行国内的建设工作，一方面又正在推动着全世界人民争取和平和民主反对战争和压迫的伟大斗争。"一年来中国和世界的事变的发展，完全证明了毛泽东同志这个论断的正确性。现在谁都看得见：有着占全人类总数三分之一以上的人民的中苏两大国的友好同盟，已经成为全世界和平、民主和社会主义阵营抵抗帝国主义者和战争贩子们的战争和侵略政策的最坚强堡垒了。

伟大的列宁早在一九二三年就写过："斗争的结局，归根到底是取决于俄国、印度、中国等等构成世界人口绝大多数的这种情形。正是这世界人口的大多数，最近几年来也非常迅速地卷入谋自身解放的斗争，所以在这个意义上讲来，关于世界斗争问题底最终解决，不能有丝毫的怀疑。所以在这个意义上讲来，社会主义的最后胜利是完全和绝对有了保证的。"（列宁：《宁肯少些，但要好些》）

在中国人民革命已经胜利、中苏两大国已经结成亲密无间的友好同盟，而世界各国包括亚洲各国的人民又正在以百倍的努力争取自身解放的现在，列宁的遗言正在一天一天地变为现实。

去年三月十日，莫洛托夫同志在向选举人的演说中，说得完全正确："在二月中签订的《中苏友好同盟互助条约》使中苏友谊在巩固全世界和平的事业上变成为伟大而强大的力量，这个力量在人类历史上过去和现在都没有可以和它相比拟的。"

仇视中华人民共和国和苏联的帝国主义者和战争贩子们无论采取何种恫吓和挣扎的手段，都不能挽救他们的失败和最后灭亡的命运，中苏两国人民的强大同盟是不可战胜的，以苏联为首的、团结无间的世界和平、民主和社会主义阵营的力量是不可战胜的。

我们要负起普及与深入抗美援朝的宣传教育工作的伟大任务 *

（1951 年 3 月 21 日）

　　为了普及与深入抗美援朝爱国主义的宣传教育工作，及早地准备今年的"五一"全国大示威，中国人民抗美援朝总会及中华全国总工会都发布了专门的通告或指示，《人民日报》与《工人日报》都发表了专门的社论与文章。这说明抗美援朝爱国主义的宣传教育工作，是今天摆在全国同胞们面前的头等的政治任务。为此，中国人民抗美援朝总会提出了战斗性的口号："务使全国每一处每一人都受到这个爱国教育，都能积极参加这个爱国行动。"因为："只有抗美援朝的胜利，我们才能和世界人民在一起，制止帝国主义的战争计划，争取五国和平公约的实现，保卫世界和平。"

　　在普及与深入抗美援朝的宣传教育工作的问题上，中国教育工作者比较其他各界人民负有更大的责任。同时在进行这一工作时，我们也较比其他各界人民，有着更便利的条件。过去这一个时期，中国教育工作者在开展抗美援朝的宣传教育方面，已作了很多的工作，并获得了很大的成绩。这些工作与成绩已引起教育工作者工会国际极大的重视。教育工作者工会国际行政局的主席、总书记及各位委员还专门为此事向中国

---

　　* 录自《人民日报》1951 年 3 月 21 日，第 1 版。

教育工作者发了一个致敬的电报。我希望我们全国教育工作者，要充分的运用并发挥我们这些有利的条件，努力的担负起并完成这一伟大而神圣的爱国任务。现在首先让我来谈一下，我们教育工作者在进行这一工作时所应负的责任与拥有的有利条件：

第一，我们教育工作者是以对人民进行教育工作为专门职业的。这种爱国主义与国际主义相结合的抗美援朝的时事教育，应当而且必须成为我们教育中国人民，尤其是青年一代一个重要的内容。成为我们的教育业务的一个重要组成部分，这种工作做的好坏，有无成绩，应当成为我们教育工作者教育工作成绩的大小与好坏的一个重要标志。

第二，据中央人民政府教育部统计，现在全国教育工作者有一百二十余万（数万多个职工业余教育教师还未包括在内），有两千四五百万个学生。若以每个教员与学生的家庭，每家平均以三口到四口人计算，只要通过我们直接所教育的学生向他们的家庭去宣传，我们所能够宣传到的人就有一万万左右，这在普及工作上已经是一个不小的数目。更不说我们教育工作者与学生所组织的宣传队，在广大群众中所进行的宣传了。我们教育工作者不仅数量多，而且散布的面也广，我们是散布在城市和乡村的各个角落，散布在工人、农民、商人甚至兵士（当文化教员）各个阶层的人民群众中。

第三，在进行宣传教育工作所必要的条件如写文章、绘画等方面，在我们这个文盲占百分之八十的国家内，我们教育工作者也比其他各阶层人民有着无可比拟的优越条件。所以我说：在实现"务使全国每一处每一人都受到这个爱国教育"这个战斗口号时，我们教育工作者比其他各阶层的人民，是负着更大的责任，有着更便利的条件。根据中国人民抗美援朝总会三月十四日的通告，中华全国总工会三月八日的指示，以及《人民日报》三月十七日社论中所指示的办法，我提出以下的意见作为大家进行这一工作时的参考：

首先就是我们全国教育工作者自己要认清抗美援朝的宣传教育这个任务的重要，而自觉地勇敢地担负起来，不要推诿，放弃职责。

其次就是我们教育工作者自己必须加强关于抗美援朝时事教育的学习，如果我们自己不懂或者懂的不透澈，我们就不能去宣传别人教育别人。

第三，当前抗美援朝宣传教育的中心内容，就是：反对美国重新武装日本；支援我国人民志愿部队与朝鲜人民军；拥护第一届世界和平理事会的关于缔结和平公约宣言及各项决议；联系各地的具体情况，拥护土地改革与镇压反革命等当前重大政治斗争。

第四，在进行这种宣传教育的方式方法与步骤上，要按照各地的具体情况，有准备地召集各种群众集会，着重控诉美、日、蒋的罪行，回忆过去，比较现在，借以启发群众的政治觉悟，引导群众由反日、反蒋走向抗美援朝保家卫国，拥护土地改革，镇压反革命，努力生产等实际行动。各地的经验证明，这种控诉会，回忆与对比的办法，对教育群众极为有效。凡未举行过控诉的群众，无论城乡均可普遍举行。在控诉会或其他集会上，应通过拥护和平公约宣言，和投票反对武装日本。

第五，目前抗美援朝的宣传教育运动应当与"五一"全国大示威的准备工作结合起来，使参加"五一"示威的群众都懂得示威的意义，有旺盛的热情。"五一"全国大示威举行得好，对于广大群众有极大的政治教育意义。在城市中应动员全体教职员及学生参加，其他各界人民也尽量动员他们参加。在农村中应动员全体农民分乡（行政村）或分区游行示威。

第六，各级教育工会组织，每一个学校，以至每个教员、职员，都要根据上述这种总的方针与任务，结合当时当地的具体情况，订出自己的具体的宣传工作计划。各级领导机关应当对于所属的组织或会员按时加以督促与检查。

第七，要经常地总结抗美援朝宣传教育工作的经验，并利用当地的报纸、刊物与广播及时地加以传播。

最后，要使这一工作能够做好，各处教育工会组织必须取得教育行政方面以及其他各种人民团体的支持与配合，光靠教育工会本身是不可能搞得很好的。

全国各级教育工会组织及全体教育工作者同志们！普及与深入抗美援朝的宣传教育工作，准备"五一"全国大示威，是当前一个严重的政治任务。我们要主动地勇敢地来担负起并努力地去完成这个伟大的政治任务。我们要抓住这个学习与锻炼的机会，使我们自己在政治上提高一步，并且把我们教育工作者工会的工作向前推进一步。

在本校校代会上的讲话 *

（1951 年 9 月 20 日）

　　本校第一学年的工作总结表现了有很好的成绩，为什么我们能获得这样的成绩？我们执行了中央人民政府的决定，即学习苏联先进经验，我们是"走俄国人之路"。

　　苏联的经验究竟是什么呢？是以马列主义为指导原则的经验，以马列主义的科学方法进行教学，我们不走资产阶级的道路，我们要学习苏联，毛主席教导我们：我们一切全向苏联学习，要一边倒，不会倒向资产阶级的道路，也不会走中间道路。马列主义指出了人类向前发展的规律，苏联是以马列主义建设起来的社会主义国家，现正走向共产主义社会，这一条道路是正确的，我们一定要学习苏联，以马列主义进行教育。

　　中央人民政府政务院特别聘请许多苏联同志教导我们指导我们。苏联顾问、专家把建设中国新型大学的任务作为自己的任务。他们非常热心地帮助我们，尽了很大的力量，我们计算我们的成绩必须要认识到这一点。

　　我们的学校是为新中国的建设培养干部，就要培养精通业务的人才，但一切业务必须建立在科学的社会主义知识所武装的基础上，因此必须进行政治的学习，马列主义理论的学习，过去的旧大学只搞业务不问政

治是不对的，我们学校的一切科学部门政治课要占百分之二十一——三十；政治经济学、马列主义、中国革命史、时事教育等等，政治课是很重要的，我们的课业是围绕着先进科学与技术的。学习苏联首先就要认识，了解，掌握正确的世界观、人生观，即马克思的辩证唯物主义和历史唯物主义。这就是我们培养干部的基础。

我们学校是有计划，有组织，有严格的制度。实行民主集中制，与群众有密切联系，使学校成为整个教、学、工人员自觉自动的集体负责，有意见就可以提出来，展开批评与自我批评，使工作可以随时改进。我们的学校不仅要培养技术人才而且要培养建设新社会的忠实干部，有高贵的品质的干部，只有这样才能担任建设新中国的任务。

在这第一学年，每星期课堂学习三十六小时，同学们感到课程重，学习实很紧张，部份的同学休息少，有损健康，今年适当的减少了一些，每周不超过三十二小时。当然我们新成立的国家要用战斗的精神赶上先进的国家，所以，有些同学越是辛苦，精神越好，这是同学们努力学习的好现象，但是我们也要照顾到他们的身体。

现在有了苏联的经验，这种经验在以前是没有的，也不会有的，因为没有列宁的布尔什维克的党，也就不能有现在伟大的社会主义的苏联。斯大林同志在总结第一个五年计划时曾经引证了资本主义国家的新闻议论：他们认为苏联五年计划是幻想，乌托邦，三十年也完不成，但事实上苏联的五年计划四年就完成了，这不能不使各国的资产阶级大为吃惊，称奇迹，他们不知道这些实行五年计划的是一些什么样的人，斯大林说过：这些人是特种材料制成的布尔什维克党人。

中国现在涌现出很多劳动英雄，在中国共产党、毛主席领导下人民发展了劳动积极性，又有苏联专家给我们先进的技术和经验的帮助，使我们的工业和各方面的建设有飞跃的发展，就拿铁路的恢复和发展作例子，过去多年做不到的现在一二年就把全国的铁路畅通并新修了许多条铁路，创造了许多奇迹，旧工程师人员不能不叹服。我们学校又是一个实际的例子，我校开办时我们毫无经验，教员不过五十多人，只能提拔新的干部来补充。苏联顾问、专家以兄弟般的热情来帮助使我校欣欣向荣，教员也培养出四百多人来了。我们年青的教员，虽然自己非常感觉学力不够，但他们虚心，兢兢业业地边学边教，不怕困难，随时改进也就能得出成绩来。由此可见，只要我们肯努力学习，没有学不会的。我们的任务是重大的，党、政府、全国人民都希望我们培养出很多新的、好的干部。现在北京各大学的校长和各地方大学的参观同志都来参加我们这次会议，我们非常欢迎，一方面可以提供许多宝贵的意见来帮助我们，一方面也可以把我们行之有效的经验推广到各学校去，把这一新的教学精神发扬光大，成为我们新中国的新教育制度。在旧大学中，正像马寅初校长所说的：有些大学至今还是教的资产阶级的那一套，他们教财政经济学就是资本主义骗人的投机的财政经济学，而不是为人民服务助社会发展的经济学。这话是很对的，那一套是不能用的，不是以科学的马列主义作基础而仅是以投机取巧，追求利润，敲诈和盘剥广大人民，以致发展为寄生的、腐化的、垄断的资本主义的政治经济学。他们就是研究如何能骗取人民一大笔钱。

我且讲一个故事，一八七〇年普、法战争，法国打败后，德军驻在巴黎，《凡尔塞和约》规定赔款四十万万法郎，撤兵时必须交二十万万，其余二十万万可以陆续交，但要付利息。法国经济学家们想了一个办法，准备了一个世界博览会，法国是一个奢侈品（漂亮的衣著，化装品等）出产的国家，在德军要撤退的时候博览会正开，法国这时把四十万万赔款全交与德国，德国得此巨款当然要发更多的薪饷给这些胜利了的士兵，而这些士兵们就把领得的薪饷在博览会上买了许多东西去，德国得到赔款差不多就花了一大半，结果法国赚回了二十万万法郎。这就是资本主义投机取巧的例子，他们的学说不是提高生产，而是骗人的金钱吸人的膏血。资本主义的教育越教越坏，我们是不要的。现在各大学非常虚心地和我们共同学习新的教学内容和方法，我们要很好的用我们取得的经验帮助他们，欢迎他们和我们一道前进。

我们要巩固和发展我们的成绩，我们还有很多困难，特别是教员还幼稚还不够，这就要求我们发扬战斗精神，很好的向苏联学习，不论多大的困难都能克服。中国人民是勤劳，勇敢，聪明能干的。前几天在报上登载东北原计划增产节约五百万吨粮食，现在算来可超过一倍（约一千万吨），可以买战斗机四千五百架，这是多么大的一个力量！中国地大物博，人口约占世界四分之一，我们有这样伟大的资本，再加上我们有马列主义和毛泽东思想指导我们，又有苏联先进的榜样鼓舞我们，中国一定能够很快的发展起来，苏联五年计划四年完成，我相信我们有了五年计划也可以四年完成。

我们知道干部决定一切，我们学校已有了这样的基础就要把它巩固充实发展起来，要加倍努力，要积极的工作，要提高信心，我们所走的路是正确的，加上大家的努力，我们的事业是可以成功的。我们一方面是要肯定我们的成绩，但是也不能骄傲自满，要以这些成绩来鼓励我们再接再厉更向前进。

加强中苏友好合作，为保卫世界和平而斗争 *

——为纪念中苏友好协会总会成立二周年而作

（1951 年 9 月 25 日）

非法的美制对日和约在旧金山签字了。这不是媾和条约，而是备战条约。第二次世界大战后，美帝国主义扶助蒋介石，想以中国为军事基地，以中国人民作炮灰来进攻苏联。这企图被中国人民粉碎了。美帝国主义又用马歇尔计划收买西欧各国，组织北大西洋公约，武装西德，以包围苏联；发动侵朝战争，占领我国台湾，干涉越南，武装日本，以包围中国。现在它又无理地排斥抗日最久、牺牲最大的中国在外，召集非法的对日和约会议，不顾苏联、波兰、捷克及印度、缅甸等国家的反对，横蛮地威胁利诱其仆从国家，在其私制的草约上签字。这等于一张废纸。美国战争贩子们以为此约一签订，就把世界反苏反共反人民的国家联合起来组成侵略的阵线，可以为所欲为了。但这不过和德、意、日法西斯的"反共同盟"一样，成为它们的催命符罢了。

美帝国主义继承了德、意、日法西斯的传统，还大叫什么维护自由、民主、和平，这是骗不了人的。法西斯主义就是战争。帝国主义国家少数财政资本家们为了掌握世界霸权，争取原料、输出资本，需要法西斯主义，以便非常残暴地抢掠劳动群众，侵略弱小民族，加紧压迫剥削殖

---

* 录自《中苏友好》1951 年第 3 卷第 16 期，第 8～9 页。

民地和进行强盗战争，解决他们的市场和经济恐慌问题。特别是他们震恐于世界劳动人民和弱小民族的日益革命化，就拼命企图消灭世界民主、和平、社会主义的堡垒——苏联。德、意、日法西斯以反苏、反共为口号，美国法西斯也以反苏、反共为口号，以便准备和制造战争。这不是偶然相合，而是必然的结果。因为资本主义发展到最后阶段——帝国主义，对于它自己造成的掘墓人——无产阶级领导的革命，是必然要反对的。

现在美帝国主义自己宣告处于战争状态，把它的一切工业都改为战时体系，把生产日用品的工厂大都改为军事生产。为了什么呢？为了战争。为了要其仆从国家扩张军备，要它们的武器美式标准化，以便推销它的军火，使垄断资本家们可以得到超额的利润。如果没有战争了，这些军用物资就无法销售，就要发生极大的经济恐慌。因此，他们害怕和平，需要战争。但是他们在这里又遇到了极大的矛盾和困难，因为广大的人民不愿意战争，特别是美国人民不愿意去战场上送死，作无谓的牺牲。这就逼得他们不能不要他国的人民为他们"火中取栗"。所以，他们除奴役其不很有力的仆从国家外，就不得不武装日本和西德作他们的替死鬼。现在美国侵朝战争损失惨重，泥足愈陷愈深，急需要日本人民来代替他们作炮灰。因此，他们不惜破坏一切国际协定，违反世界舆论，抛弃人道正义，准备进行孤注一掷的战争赌博。中国有句古话说得好："兵犹火也，不戢将自焚也"。德、意、日灭亡的命运，正等待着美帝国主义。

我们从社会发展的规律看来，无论帝国主义，法西斯主义，都注定要归于死亡。但是不经过残酷的斗争，它们自己是不会自然死亡的。而且它们临死的挣扎，必然还极为疯狂，比如现在美帝国主义在侵朝战争中的野蛮屠杀毁灭的残酷行为，毁灭公理，绝灭人性，就是史无前例的。

因此，我们必须和这般野兽作残酷的斗争。现在整个世界，比任何时代，和平和战争的阵营都分得更清楚了。美帝国主义者把世界所有反动的国家政府和反动阶级都控制在它金钱势力之下，供其驱使，结成侵略的阵营。因此，全世界的爱好和平和民主的一切力量（包括美国及其仆从国的人民在内），必须团结起来，首先是我们中国和苏联两个有七万万人口的国家必须更亲密地联合起来，为反对美国侵略而英勇斗争。

毛主席早就预料到，在我们中华人民共和国成立后，美帝国主义是不会让我们新国家安全发展的。在他和斯大林大元帅亲自的参加下，中苏两国订立了《中苏友好同盟互助条约》。条约规定：缔约国双方保证共同尽力采取一切必要的措施，以期制止日本或其他直接间接在侵略行为上与日本相勾结的任何国家之重新侵略与破坏和平。现在美帝国主义公然冒犯此条约的规定，与日本勾结，企图联合日本，重新侵略中国与破坏和平。这是极大的挑衅行为。我们必须尽一切力量，为制止侵略，保卫和平而斗争。目前到了这样一种形势，要保持国际和平，首先就要制止美帝国主义的侵朝战争，使他们受到失败的严重教训，使他们感觉到：国际无产阶级以及全体进步的和文明的人类是不会忍受他们的军事侵略和野蛮的屠杀行为的。因此，我们必须加强我们的抗美援朝运动，给侵略者以严重的打击，使美帝国主义认识到，在朝鲜停火谈判中，不在我公平合理的条件下停止战争，就必然要遭受更可耻的失败。

为了中苏两国人民更紧密地团结起来担负保卫世界和平制止侵略战争的责任，我们必须继续加强中苏友好协会的工作。二年来，由于国内外形势的飞跃发展，中苏友好协会的组织，包括全国总分会在内，和各地分会已有一千三百二十六处；会员已发展到一千五百余万人，今年年底可能完成发展到二千万会员的任务。本会在进行中苏友好的宣传教育、推行学习苏联的运动、向苏联人民介绍新中国的成就、促进中苏两国人民的友谊关系以及参加和平签名、抗美援朝、反对武装日本、反对单独对日媾和等运动方面作了不少工作，有了巨大成就。我们应该把这一工作的经常性、长期性认识清楚，必须有计划、有步骤、切切实实地把工作更深入到广大群众中去。一方面与国内各种重要工作相结合，如完成土地改革以肃清封建残余，镇压反革命以斩断帝国主义的魔爪，恢复和发展工农业生产来打下工业化的建设基础，加强抗美援朝，巩固国防，反对美英对日和约，武装日本，等等。另一方面用苏联的建设经验来教育我国人民，以苏联的劳动英雄如斯达哈诺夫等的模范来鼓励我们的劳动人民，为我们建设新国家培养干部；用苏联爱国主义精神，如苏联在反希特勒的卫国战争中的许多英勇战士的事迹，来教育人民；用苏联国际主义的精神，如苏联援助我们反帝国主义斗争，援助我们抗日战争，并出兵东北助我们打败日本等等国际友爱的事实，来教育人民。因为我们从苏联学得了马列主义的革命理论，从思想上武装了我们；又因为苏联的爱国主义、国际主义鼓舞了我们，所以，我们才能发扬中国人民的爱国主义和国际主义，才能打败日本帝国主义的侵略和美帝国主义的干涉，使中国得到解放。现在我们又以国际主义的精神援助朝鲜人民，我人民志愿军和朝鲜人民军并肩作战，英勇地打败了美帝国主义的侵略。这些伟大的胜利都是与苏联兄弟般的友谊分不开的。以苏联为首的人民民主阵营的国家，从东德到朝鲜，共有八万万以上的人口，加上这次拒绝参加旧金山会议的印度和缅甸，就约有十二万万的人口，站在反对侵略保卫和平的阵线上，如果再加上菲律宾、印尼、伊朗、埃及、阿剌伯等反帝的人民和各国爱好和平的人民（包括美国和日本的人民在内），计算起来，则反对美帝国主义的人民将不少于全世界人口四分之三。我们要好好地团结国际友人，必能保卫世界和平，制止新的世界战争。如果美帝国主义敢于发动战争，那末世界和平民主的力量就会把它打得粉碎的。

在中国历史学会成立会上的讲话 *

——历史研究工作的方向

（1951 年 9 月 29 日）

主席，各位先生：

今天我们史学会举行成立大会，郭老（沫若）的意见具有历史意义，应作为我们研究的方针。现在把我个人关于历史研究工作的几点意见随便谈谈。

我觉得我们研究历史，第一，要认识到劳动人民是历史的主人，研究历史主要是研究劳动人民自己发展的过程。人类社会所以和其他动物不同，就在于他们能劳动生产。因此，人类社会的历史，主要是劳动生产者自己发展的历史，而不是什么帝王将相豪杰英雄活动的历史。其次，人类社会的发展过程除了原始公社社会没有阶级以外，其余都是阶级斗争的历史。那种抹煞阶级斗争否认中国有阶级存在的说法，是完全不符合事实的。所以我们研究历史要用马克思的唯物史观来研究。这样才能真正认识到人类社会发展的规律。

第二，要注重现实。认为研究历史就是研究以前的东西，这是完全脱离现实的一种想法，郭老刚才讲，我们应当抛去贵古贱今的态度，注重近代史的研究，这是很好的。我想，近百年史当然是应该研究的，但

* 录自《历史文集》，生活·读书·新知三联书店香港分店 1978 年版，第 1～3 页。

我认为近三十年史更应当首先很好的研究，对于我们亲身看到、听到和亲身参加的现实的历史，记忆犹新，研究起来一定能更加强我们斗争的勇气和力量。而且我们有特别好的条件，就是有毛泽东同志的许多著作。他对每一个时代对每一个事件所发表的言论和所作的决定，都非常的宝贵，值得我们深入研究。如果我们很好地研究它，就等于我们实际去学习了唯物史观，实际去学习了马列主义。所以我们认为把这些现实的历史资料很好地整理出来，系统地叙述出来，作为教育人民大众的材料是很好的。现在中国人民站起来了，我们应该把这三十年来人民大众站起来的斗争经过告诉我们年青的一代，使他们接受这些宝贵的经验来继续发展革命的光荣事业。历史是启发爱国心的一门科学。这三十年激烈的阶级斗争与伟大的民族解放斗争相结合的历史，将会使我国人民的爱国精神更为高度地发扬起来。

第三，要把爱国主义与国际主义结合起来。以前讲爱国主义往往只是知道自己爱自己的国家而不去管旁的国家，常常会陷于狭隘的民族主义。现在你要爱自己的祖国，如果不讲国际主义而只关起门来专搞自己国内的事就不能保卫自己的祖国。因为资本主义最后阶段帝国主义时代的阶级斗争已冲破了国界，现在全世界已经很明显地形成了两个营垒，一个是社会主义营垒，一个是以美帝国主义为首的反人民的反革命营垒，这两个营垒正在作生死的斗争。美帝国主义天天进攻我们，想把我们人民民主的新国家打倒，这是什么原因呢？这就是革命与反革命的斗争，归根到底是被压迫者与压迫者的斗争，也就是整个的阶级斗争。所以到了今天中国人民虽然已经胜利了，但要把我们的胜利巩固起来，要保护我们的国家安全发展，就不能不讲国际主义，和社会主义各国紧密地联合起来，并与全世界爱好和平的人民联合起来，为保卫人民民主、维护世界和平而斗争。因此，我们研究历史的人一方面要把我们的爱国主义发扬光大，同时更要很好地和国际主义结合起来。现在我们抗美援朝为争取世界持久和平而斗争，就是爱国主义与国际主义相结合的具体表现。

第四，我们的工作作风应该是反对党八股的革命的工作作风。所谓反对党八股就是反对空洞的写出一些东西，或抄袭一些东西，或者牵强附会地写出一些东西。这种党八股的作风，是承袭以前帝王时代猎取功名的下流作风，是最恶劣的、非科学的，不能在新社会存在。而尤其是我们研究历史的人，对于这种党八股的作风，更特别应当加以反对。我们研究历史的人应当根据实事求是的精神对历史材料作科学的研究，要把今天的历史老老实实清清楚楚地写出来，然后以所学得的正确方法，应用到古代史的研究上去。我们今后的工作就是认真学习认真研究，一点不能虚伪轻浮。

开展毛泽东思想的学习运动 *

——《毛泽东选集》第一卷的出版

（1951 年 9 月）

　　《毛泽东选集》四卷本的第一卷出版了。《毛泽东选集》的出版是全党和全国人民政治生活中的重大事件，是马克思列宁主义事业中的重大事件。

　　我们说《毛泽东选集》的出版是全党和全国人民政治生活中的重大事件，因为毛泽东思想正确地指导了党成立以来，各个时期的革命，战胜了国内外敌人，并成立了中华人民共和国。全国人民在实际生活和斗争经验中认识了毛泽东思想是解放自己的唯一的思想武器。毛泽东同志教导我们："夺取全国胜利，这只是万里长征走完了第一步"，"革命以后的路程更长，工作更伟大，更艰苦"。夺取全国胜利，这是伟大的艰苦的事业。但更伟大更艰苦的事业是巩固这个胜利，进行国家建设，完成新民主主义革命，并由此而过渡到社会主义——共产主义。"我们不但善于破坏一个旧世界，我们还将善于建设一个新世界"。毛泽东思想领导全党全国人民破坏了一个旧世界，毛泽东思想又领导着我们建设一个新世界，毛泽东思想是百战百胜的伟大力量。

　　我们说《毛泽东选集》的出版是马克思列宁主义事业中的重大事件，

---

　　* 录自《吴玉章文集》上，重庆出版社 1987 年版，第 313～317 页。

这是因为中国人民革命的胜利是十月社会主义革命胜利之后的最伟大的胜利，这个胜利，使和平、民主、社会主义阵营和帝国主义侵略阵营力量的对比发生了有利于和平民主社会主义阵营的巨大变化，十月革命和中国革命，这是两个革命的典型。列宁斯大林所领导的十月革命是帝国主义国家里的革命的典型，毛泽东同志所领导的中国革命是殖民地半殖民地国家里的革命的典型。中国革命的胜利是马克思、恩格斯、列宁、斯大林学说的新胜利，这个胜利对殖民地半殖民地国家里的人民革命开辟了解放斗争胜利的道路，对各国工人阶级和共产党，使他们更全面地装备着马克思、恩格斯、列宁、斯大林的理论武器。显然毛泽东思想是马克思列宁主义的新的发展，对于世界共产主义运动有其普遍的意义。

毛泽东思想之所以有极其伟大的创造力量，所以能够领导中国人民获得有世界历史意义的胜利，所以能够丰富了和发展了马克思列宁主义，这是因为毛泽东同志是杰出的马克思主义者，是马克思、恩格斯、列宁、斯大林的最忠实的学生。毛泽东同志天才地正确地运用马克思列宁主义的立场、观点和方法，解决了中国革命的一系列问题。列宁教导我们："我们并不把马克思的理论视为一成不变和神圣不可侵犯的东西，恰恰相反，我们深信，它只是为一个科学奠定了基础。而社会主义者若不愿落后于实际生活，就应该在各方面把这个科学向前推进。我们认为俄国社会主义者特别必须独立阐发马克思的理论，因为它仅仅提供一般的指导的原理，而这些原理的应用，局部说来，在英国是与法国不同，在法国是与德国不同，在德国是与俄国不同的。"（《论马克思恩格斯及马克思主义》105 页）斯大林教导我们："有教条式的马克思主义，也有创造性的马克思主义，我是主张后一种马克思主义的。"（《斯大林传略》50 页）正因为毛泽东同志是这样典型的创造性的马克思主义者，他牢牢地掌握着马克思恩格斯列宁斯大林的万能学说，生动地运用到中国革命实践方面来，因而独立地创造地阐发了马克思列宁主义的理论。毛泽东同志关于新民主主义的理论与政策，关于解放农民的理论与政策，关于革命统一战线的理论与政策，关于革命战争的理论与政策，关于革命根据地的理论与政策，关于建设党的理论与政策，关于文化的理论与政策等。这些理论与政策，正如刘少奇同志所说："是完全马克思主义的，又完全是中国的"。正因为毛泽东同志正确地生动地把马克思列宁主义普遍真理与中国的具体实践结合起来，因而指导了中国人民革命获得伟大的胜利，在中国和在殖民地半殖民地的条件下推进了马克思列宁主义这个科学的发展。

四卷本《毛泽东选集》就是毛泽东思想突出的集中的表现。现在第一卷已出版了，第二、三、四各卷也将陆续出来。这部选集包括毛泽东同志在中国革命各个时期的重要著作，第一卷包括第一次和第二次国内革命战争时期的重要著作，第二卷和第三卷包括抗日战争时期的重要著作，第四卷包括第三次国内革命战争时期和中华人民共和国建立以后的重要著作。

这部选集所选各篇著作是按照中国共产党成立后的各个革命时期和著作先后编辑的，各篇著作都经过作者校阅过，各篇著作都有题解和注释，便于阅读的人。所以这部选集是完备精确的选集，不同于几年前，各地曾经出过的《毛泽东选集》。

这部选集初版印一百万，第二版、第三版接着发行，仅两三个月这部选集在全国范围内推销了一百多万本，这是先前出版界所没有过的事，从来没有过一本政治理论的书在人们中传播如此的广，影响如此的大，由此可见中国人民对于毛泽东思想和毛泽东同志本人的向往、崇敬和热爱。

《毛泽东选集》出版了，在全党和全国人民中，将展开学习毛泽东思想运动，正如人民政协全国委员会第三次会议的决议所说："广泛展开思想改造运动，有系统地组织对于马克思列宁主义与中国革命实践相结合的毛泽东思想的学习运动"。这个学习毛泽东思想运动，也就是全国人民的思想改造运动，它使人民群众"脱离内外反动派的影响"，"改造自己从旧社会得到的坏习惯和坏思想，不使自己走入反动派所指引的错误道路上去，并继续前进，向着社会主义社会和共产主义社会前进"。这个学习运动，即人们要求学习真理的运动，已经迅速地在高等学校教师中，在文艺工作者中，在各民主党派和爱国民主人士中逐渐展开了。

《毛泽东选集》，这是毛泽东思想的结晶，每个认真学习的人将在这部选集里得到无穷无尽的东西。人们都要求学习《毛泽东选集》，但是我们怎样来学习呢？我觉得第一，我们学习《毛泽东选集》必须同时学习马克思列宁主义的经典著作，首先学习列宁斯大林的经典著作，尤其学习列宁斯大林关于中国革命问题的经典著作。毛泽东同志曾经教导我们："十月革命帮助了中国的先进分子，用无产阶级的宇宙观作为观察国家命运的工具"。中国这些先进分子中，毛泽东同志就是最典型的代表者，正因为如此，马克思列宁主义理论是毛泽东同志用来观察国家命运的万能工具。因此，马克思列宁主义百科全书——《联共（布）党史》，列宁的重要著作《帝国主义论》《国家与革命》《两个策略》《左派幼稚病》等，斯大林的重要著作《列宁主义基础》《论列宁主义的几个问题》等，列宁、斯大林论中国革命的著作，都是我们必须同时认真学习的。必须同时认真学习马克思列宁主义的经典著作，我们才能够深刻地体会到毛泽东同志怎样生动地掌握着马克思列宁主义这个万能真理来处理中国革命的各种问题，才能够深刻地体会到毛泽东同志怎样创造地发展了行动的马克思列宁主义的百战百胜的伟大力量。

第二，我们学习毛泽东思想，必须把它当作思想武器来批判自己从旧社会得来的一切旧思想、旧习惯、旧作风。毛泽东同志用来处理国家命运的理论与政策是马克思列宁主义总宝库中的新贡献。学习者必须掌握着这些当作思想武器，结合自己思想进行批评。先精读文件，掌握其精神与实质，然后结合自己进行批评，自己批评自己，并且要求别人来批评自己，我们要学习这个批评与自我批评的方法，经过自我教育自我改造的过程，即经过自觉运动，我们才真正学习了真理，真正把真理变为自己的血肉的一部分。人们从中国革命各个时期的斗争经验中，认识了毛泽东思想，于是积极要求学习和掌握这个真理，但是必须经过这个自觉运动才能够战胜与克服各种反动的和错误的思想，由此而改造主观世界和客观世界。

《毛泽东选集》出版了，这部文集是中国历史上前所未有的文献。毛泽东同志——杰出的马克思主义理论家，中国工人阶级的伟大的革命战略家和中国人民的领袖，他所综合的中国革命的经验是中国人民的斗争和智慧的最高表现，理论的最高标准，学习它掌握它，这是我们继续前进，建设新民主主义，并过渡到社会主义的犀利无比的武器。中国人民必须精读《毛泽东选集》，用毛泽东思想武装自己，因此《毛泽东选集》的广泛发行，标志着中国人民革命事业的胜利完成了的有力保证。

在全国范围内开展学习毛泽东思想运动！

百战百胜的马克思主义列宁主义与中国革命实践相结合的毛泽东思想照耀着我们向前迈进！

认真贯澈教育方针 *

——工厂管理系与工业部门建立正常联系的通报

（1951 年 11 月 7 日）

　　我校在创办和摸索过程中，已经取得的经验之一——采取一切有效办法与各有关业务部门建立密切联系，充实教课内容，使中央规定的苏联经验与中国情况相结合、理论与实际联系的教育方针，得到了初步实现。当去年开学时，各系及教研室刚刚成立，教员绝大多数都是年轻的，缺乏业务知识和教学经验，设备不足，困难很多。但由于各有关的系和教研室的努力，在与有关业务部门联系上，已开辟了广阔的道路。有些系与教研室和各该有关业务部门的联系较好，逐渐形成了一种互助合作的制度，这对教学工作有很大的帮助。其中工厂管理系与工业部门建立联系的经验，可供参考。特通报如下：

　　一、自第一学年开课以来，工厂管理系即与重工业部订立了一些口头的协议，主要的是由重工业部供给材料帮助工厂管理系（共有工业经济教研室、工业企业组织与计划教研室和技术学教研室）进行教学。今年一月十一日该系与重工业部签订的"互助协作协定"，经过实际执行的结果，也推动了与其他部门联系的建立，并在教学上加强了理论与实际的联系。在第一学年，各工业部给我们上课的教员已达二十二人，分

　　* 录自《人民大学周报》1951 年 12 月 1 日，第 2 版。本文作者：吴玉章、胡锡奎、成仿吾。

别担任纺织、冶金、机器制造、石油、采矿、电业等六门课程，总时数五四四小时，解决了我校技术学教员缺乏的困难；该系教员参加各种重要会议、听报告、请各工业部解答问题，更属经常；有计划地参观了工厂十次（每个实际与各厂矿联系的教员都有厂矿出入证，在联系上有极大的方便），得所供给资料一百四十余件，给予纺织模型及各种零件。在这一协定的签订与执行过程中，工业部门特别是重工业部与燃料工业部，对我们教学的帮助更大。同时该系曾帮助工业部门翻译共同利用的冶金材料，分派教员帮助重工业部四百余干部及钢铁局、燃料工业局、电业局干部学习政治理论并解答了一些问题，帮助干部业务学习与训练班教学计划的审查等等。此外加强科学研究工作，将对有关部门合作联系上，会更加巩固。

本学年为深入贯澈这一协定的精神，在李富春同志提议与指导之下，业已于十月正式成立了"中国工业情况研究组"，从事专门问题研究，以解决教学中中国工业经济、工业技术及经营管理方面的疑难问题。其组织分工系按专业（如纺织、燃料、重工业技术学等）分组，各组更具体划分小组，如燃料组划分电组、煤组；重工业组划分机器组、冶金组；技术学则划分机器、冶金、纺织、电业、煤、石油、化工等七组；连纺织组共十二个小组。分别参加的成员为系主任、教研室主任、教员，工业部门分派专人充作指导员。这样就保证了专业课程的充实和材料的系统性。

二、该系与工业部门联系的方式是多样的，本年六月系委会的决议，曾确定今后作法是"统一计划，多面联系"。这是合乎实际情况的。

在实际材料的运用与结合上，如工业企业组织与计划教研室讲到关于企业计划原理时，煤矿总局即按事先我们送去的上课日程准备好具体的材料，例如对于中国目前的计划工作与苏联计划工作之不同点，中国目前厂内计划包括那些计划，中国目前计划制订的批准程序等等都提供了很好的意见和丰富的材料。又如工业经济教研室，他们将课程提纲送给财委、工业部门之后，财委、工业部门即按时、按题派负责干部作报告解答问题。技术学课程的讲义，他们则是全部很负责的审查提意见。具体过程，或则将报告记录整理送经审查无错后，才行讲授；或则根据原报告讲后留给教研室做长期参考。另外，研究生按照所学科目每周去工业部门一次，深入钻研，为科学论文而搜集材料。

这种不拘形式、创造联系的方法，在取得实际材料充实课程内容上起了重大作用。

三、该系去年九月，即开始着手与工业部门建立联系，系里干部、教员，首先随同专家到工业部门了解情况、进行访问，从而开始知道了工业部门如何工作，工业部门所属机构的具体任务等等。其次便是争取参加工业部门的会议与争取他们参加我们的会议，使之了解我们的情况，如此相互熟悉，建立了密切联系，从讲义资料交换、组织报告、帮助教课、审查讲义论文，直至签订协定，研究组织的建立等，是在系统正常的发展中。

在这一工作开始时，该系虽然积极努力工作，但初期还是摸不着门径，头绪乱，同时尚缺乏具体计划；全系各教研室还没有统一的对外联系，少数同志怕麻烦，怕碰钉子，没有联系的勇气等思想情况是存在的，但由于领导上的支持，苏联专家的帮助，很快扭转了这个偏向，正如他们在第一学期总结中指出的：首先，是积极地、主动地争取有关企业部门的帮助，尤其在开始时不要怕麻烦；其次，联系的目的要明确，要有实际而具体的计划；再次，虚心学习、热诚相待，建立经常联系的制度；再其次，共同商定，统一解决；最后，与生产部门的联系应当是互助两利的。第二学期结束时系委会又专门研究了这一问题，更加明确地指出了各教研室应有计划的规定出每学期、每月的具体听报告与参观实习计划；应用灵活的方式，保持联系；各个科学论文必须是中国工业上所需要研究的问题；订立协定的部门，双方应切实履行规定；每学期检查不得少于两次；统一计划，多面联系等等。

由于工业部门，特别是重工业部门的帮助、重视与支持以及所属各局、司、处、厂、矿的具体指导，就大大丰富了我们的教学内容，收到了一定程度的良好效果。重工业部全体司长、计划司全体工作人员曾分别莅校参加了座谈会，讨论研究联系的办法、内容。专修科毕业时，他们曾检查了学生学习的效果，提出了宝贵意见。因之，生产企业与科学的结合，教学与实际部门的联系，从该系看来，已逐步深入巩固，应更加努力，做出更多更好的成绩。对于尚未引起重视此一工作的个别教研室，应加强教育，转变认识，并进行此一工作的系统总结，是十分必要的。

目前其他各系各教研室也有发展较好的，有新的成绩，希共同努力，为进一步贯澈教育方针而奋斗。特此通报。

新中国文教卫生救济事业情况 *

——在国际经济会议代表座谈会上的报告

（1952 年 2 月）

诸位女士、诸位先生：

我很高兴能有这个机会代表我国 10 个文教团体向诸位报告新中国文化教育卫生和救济事业方面的情况。

旧中国原是一个全世界共知的教育落后、疾病流行、失业人数众多的半殖民地的半封建的国家。但是在中国的新民主主义革命成功、中华人民共和国成立之后，在短短两年半之内，我们国家的文化教育现状，也和财政经济状况一样，有了根本的改变。

新中国文化教育政策，根据《共同纲领》的规定，是"新民主主义的，即民族的、科学的、大众的文化教育。人民政府的文化教育工作，应以提高人民文化水平，培养国家建设人才，肃清封建的、买办的、法西斯主义的思想，发展为人民服务的思想为主要任务"。

现在，我首先向诸位介绍新中国的教育事业。新中国教育事业在两年半来有显著发展。如以解放以前 1946 年国民党统治时期的全国的学校和学生人数，和 1951 年相比较，差别是很显然的。以高等学校来说，学生数过去为 126 000 人，现在为 155 000 人，增 23.0％。以中学校来说，

---

* 录自《吴玉章教育文集》，四川教育出版社 1989 年版，第 280～286 页。

中学生数过去为 1 798 000 人，现为 1 977 000 人，增加 10%。初等学校，小学生过去为 22 757 000 人，现为 3 870 万人，增加 70.1 %。在教学内容上，新中国教育是坚持教育为经济建设服务的方针的。高等学校的院系，正在根据培养经济建设人才的需要，加以合理的调整。并且在中等学校中大力发展技术教育。大学工学院学生 1951 年下半年比 1946 年增加 101.5%。医学院学生增加 92.3%。人民政府对于工农教育十分重视。在初等教育中，解放较早的东北区和华北区，工农子女已达小学生总数80% 以上，占中学生总数 70% 左右。工农速成小学、工农速成中学，已共有 3 万学生。在大学中，工农干部出身的学生，已有几千人。此外，工农业余教育的发展也很快，1951 年下半年统计，工人参加业余文化学习者已有 200 万人；农民参加冬学的，去年约计为 3 500 万人，入农民业余初等学校的有 1 400 万人。

由于新中国的建设，需要大批的人才，从 1950 年起，中国的大学毕业生和高中毕业生，已没有失业和失学的现象。从 1952 年下半年起，全国大学生的生活费用，将完全由国家负责供给。扫除全中国文盲的工作，不久可以开始，由于"速成识字法"的发明，进展一定很快。为了国家的经济建设，科学研究工作在新中国受到政府大力支持。中央人民政府之下，设立了一个统一管理全国科学研究机关的中国科学院，管辖 31 个研究所。科学研究经费，比国民党统治时期最高年份的经费多 12 倍。

和新教育事业一样发展的，是新中国的卫生事业。新中国卫生事业的基本方针：首先为工农兵广大劳动人民服务，团结中西医生，实行以预防为主的方针。人民政府对于人民的卫生事业，是以极大的人力物力支持的。我们现在的国民卫生状况，已远远地超过了国民党统治时代的水平。以对于传染病的预防来说，1950 年至 1951 年全国共种牛痘21 000 万人，超过国民党统治时代最高种痘纪录 20 倍。种痘工作作得好的地区，已能控制天花的流行。中国的东北、内蒙、察北、广东、福建、江西等地，向来是鼠疫为害最大的地方，1950 年已基本上能控制鼠疫的流行。由于在 1950 年在沿江沿海地区对 2 300 万人注射了霍乱伤寒菌苗，加以其他的卫生设施，所以，真性霍乱在中国都没有发现。以卫生行政机构和医院设施来说，规模也远远大过国民党。在中央卫生部的领导下，不仅各大行政区、各省市、各专署及大多数的县有了卫生行政组织，组织了全国防疫、保健和医疗工作的指导网，全国 2 069 县的 85.4%，都已经设立卫生院。区的卫生所，也已设立了 1 400 余所。1950 年底全国城市中公立医院和诊所已较国民党统治时期增加了 391%，病床数增加 189%。在妇婴卫生方面，恢复和建立了妇幼保健机构近 1 000 所，接生站 1 万余处，大大降低了婴儿的死亡率。全国的机关、工厂和农村中，正在大规模地创办托儿所。工厂卫生机构和卫生安全工作，大有改进。据不完全统计，在工厂中，平均 880 个职工有 1 名医生。在杭州、青岛、大连等风景名胜地区，均有工人的休养所。职工的发病率和灾害率均逐年降低了。人民政府对于改善 3 000 万少数民族的卫生状况，给以莫大的注意。这些兄弟民族过去在反动统治下，经济文化都十分落后，卫生状况极端恶劣，疫病流行，人口逐年减少。人民政府已为他们建立了 92 个卫生院，24 个医院，并有 40 个医疗队在少数民族地区巡回治疗。为了保证国家工作人员的健康，人民政府已决定在今年下半年起，完全免费为公教人员医治各种疾病，其他在企业中的工作人员和工人，则用劳动保险的办法，解决他们的医药上及其它福利上迫切的需要。中国红十字会则是协助政府在群众中进行群众卫生宣传教育工作和社会救济的机关。

由于全国人民经济生活的改善和政治觉悟的提高，全国文化出版事业，在人民的精神生活中，起着日益重要的作用。新中国的电影事业的发展，有力地说明了这种情况。城市影院观众 1951 年已有 2 亿 2 000 多万人次，巡回放映队已有 1 500 个队，观众已有 1 亿 4 000 万人次。共 3 亿 6 000 万人次。在电影市场上，过去曾经统治过旧中国电影观众的宣传帝国主义奴化思想、诲淫诲盗思想、封建复古思想的影片，已经因为人民的反对而基本绝迹了。民主的、进步的、健康的影片鼓舞着中国人民向着光明的前途迈进。现在在中国上映的影片，主要是中国自己编导和摄制的。外国的进步影片也很受中国人民的欢迎。中国影片在外国也很受欢迎。中国优秀影片，如白毛女、钢铁战士和儿女英雄等，已在国际上获得很高的荣誉。新中国的文学艺术事业，在人民中有很高的威信。文学家和艺术家们不但没有失业的现象，而是忙不过来，政府用一切办法帮助作家们到军队中、农村中、工厂中去创作。优秀的作品受到广大群众的欢迎。在新中国，每天和广大人民群众的思想发生联系的是新闻出版事业。全国现有专署区以上报纸 500 种左右，县级小报近千种，各种报纸的发行总数近 700 万份左右。报纸发行数还不大的主要原因，是交通还不很便利，广大工农的经济文化水平还刚开始改善。新中国的广播事业已在全国建立了一个相当普及的广播网，国内广大的乡村和边远地区的人民，以及中国在国外的友人，都可以当天听到从北京发出的消息。作为新中国新闻主要来源的是新华通讯社这个国家通讯社。出版事业的发展速度，也是很大的。1951 年全国书发行总数为 6 亿 6 980 万册，期刊为 1 亿 17 560 万册，比 1950 年分别增加了 143.9% 和 397.7%。在国外，《人民中国》和《人民画报》，拥有广大的读者。但是，我们的国外发行量，还远不能满足国外读者的需要，我们正在设法加强国外的发行工作。

新中国妇女地位的变化，也从另一个方面——一个重要的方面反映出新中国文化水平的提高。人民政府的政策，是坚决主张男女平等，彻底解放妇女所受各种束缚的。因此，妇女们纷纷组织起来，为自己也就是为国家的利益而奋斗。现在在中华全国民主妇女联合会统一领导之下，有组织的妇女群众，已有 7 600 万人。在产业工人中，女工有 65 万人，各种部门中，均有女工参加。农业生产方面，妇女参加生产的平均达到妇女劳动力的 70% 到 80%。无论在工业和农业生产中，大批的妇女劳动模范在各方面出现。妇女地位的变化，同时也表现在妇女参加政府工作方面。中央人民政府中，妇女任副主席、委员、部长、副部长者有 36 人。孙逸仙夫人宋庆龄就是中央人民政府的副主席。在省市一级人民政府委员中，女委员有 287 人，占总数 4.7%。基层政权中，妇女委员比例更多。

诸位女士、诸位先生：我在上面已经向诸位介绍了新中国的教育事业、卫生事业、文化出版事业和妇女的情况，对于诸位了解新中国可能有一些帮助，下面，我还要向诸位介绍新中国的救济事业和宗教事业的情况。

防止、克服灾害和失业现象的根本力量，是新中国的经济建设。但是，在灾害已经发生，旧中国遗留下来的失业现象仍然存在的情况下，救济事业起了很大作用。例如 1949 年，中国革命刚才胜利，战争还没有完全停止的时候，全国各地发生了严重的灾害，尤其是中国中部淮河流域的水灾，全国被淹耕地 12 000 万亩，受灾人民约 4 000 万人，无吃缺吃者有 700 万人。人民政府本着由灾民生产自救，加以社会互济和政府的辅助的方针，领导灾民向灾荒作斗争。在"不饿死一个人"的口号下，胜利地渡过了灾荒，并由此开始了淮河的根本治理的工作。而在 1931 年，国民党统治时期，水灾规模比 1949 年小，但是饿死了 370 万人。失业现象现在也少得多了。1950 年 5 月，全国失业的工人和知识分子共 150 万人。经过以工代赈，还乡生产等救济工作，到同年 12 月底，已经解决了

789 000 人的职业问题；包括他们的家属，则有约 300 万人。到 1951 年 5 月，失业工人和知识分子的总数，只有 50 万人了。其中，有许多是老弱，政府正为他们想各种救济办法。

最后，是关于宗教事业。人民政府是保护信仰自由的，一切宗教信仰在法律上都得到保护，各种宗教都有代表参加政府工作。不过，一切宗教团体、机关和教徒，必须遵守国家法律，不得有为帝国主义利用，反叛祖国的行为，否则，必须和一般人民一样，受到法律的处分。

当然，新中国文教事业发展的现状和我们国家的需要相比，还是很不够的。但是，我们相信，在毛泽东主席的领导下，我们一定能战胜前进途中的困难，不断取得新的进步。

诸位女士，诸位先生：我的报告完了，如果诸位还有什么问题，希望提出来，将由在座的各团体代表分别答复。

祝各位健康！

人民教师必须学习马克思列宁主义、毛泽东思想 *

——纪念中国共产党诞生的三十一周年

（1952 年 7 月 1 日）

马克思列宁主义在一个占世界人口四分之一的大国中，已经得到了巩固的胜利。这一胜利的获得，是由于中国共产党最英明的领袖毛泽东同志，正确地和生动地把马克思列宁主义的普遍真理与中国革命的具体实践相结合，解决了中国革命中一系列的问题。在过去三十一年的每一历史阶段，毛泽东同志都以马克思列宁主义与中国革命相结合的正确理论适时而正确地规定了中国革命的路线与策略，粉碎了"左"右倾机会主义者反马克思列宁主义的谬论，因而战胜了国内外的强大敌人，成立了以工人阶级为领导、以工农联盟为基础的中华人民共和国。

中华人民共和国成立以来的两三年间，新中国是在日新月异的向前进步。经济上的恢复工作已经基本上完成，我们的国家已经巩固地建立起来。大规模的建设不久即将到来，在近代曾经是落伍的中国，将迅速地向着先进的工业化的道路前进。而且，"随着经济建设的高潮的到来，不可避免地将要出现一个文化建设的高潮"（毛泽东）。

两三年来，新中国能够获得从前绝对不能获得的在建设方面的这些辉煌成就，就是因为有了马克思列宁主义和马克思列宁主义与中国革命

---

* 录自《人民日报》1952 年 7 月 1 日，第 3 版。

实践相结合的毛泽东思想的领导；历史的事实证明，新中国要胜利地经过新民主主义，进而走向社会主义和共产主义的社会，只有在马克思列宁主义和马克思列宁主义与中国革命实践相结合的毛泽东思想的领导下才能成功。

我们教育工作者的任务是要为我们新的国家培养出千千万万具有工人阶级先进思想的新的建设人材。这个任务是光荣的、艰巨的，同时也是可以完成的。我们要完成这样一个艰巨的任务，首先自己就得努力学习马克思列宁主义，学习马克思列宁主义与中国革命实践相结合的毛泽东思想，下决心改造自己。因为我们要巩固中国革命的胜利，要通过新民主主义的建设达到社会主义的光明前途，离开了马克思列宁主义的指导，离开了毛泽东思想的指导，是根本不可能的。因此，我们只能以马克思列宁主义和马克思列宁主义与中国革命实践相结合的毛泽东思想来教育中国的青年一代。恰如列宁所说："一切男女青年都应该成为共产主义社会底建设者，而你们就应当是千百万青年中的第一批建设人。"（《青年团底任务》）亦如加里宁所说："要做到这点，非得教师本身至少在大体上通晓马克思列宁主义不可。""只有在我国教师不仅是学识很高而且是具有马克思主义学识的这种条件下，才能有效地解决这个任务。"（《在欢迎荣受勋章的乡村学校教师晚会上的演说词》）

学习马克思列宁主义，当然应该有系统地熟读有关马克思列宁主义的基本理论（首先读必要的）著作；如果我们没有掌握马克思列宁主义之"矢"，无疑就谈不到射中国革命之"的"。但马克思列宁主义有一条基本原则：理论与实际统一。即是说，系统的学习马克思列宁主义，并不仅仅是熟读这些革命导师的著作，最重要的是要能掌握马克思列宁主义的立场、观点和方法来发现问题、提出问题、分析问题、解决问题。我们学习马克思列宁主义的理论，主要是学习马克思列宁主义的思想方法；学习毛泽东思想，主要是学习毛主席怎样以马克思列宁主义的思想方法来解决中国革命中一系列的理论问题与实际问题。毛主席教导我们："马列主义是一切革命者都应该学习的科学。"（《在延安文艺座谈会上的讲话》）同时又谆谆告诫我们："马克思、恩格斯、列宁、斯大林的理论，是'放之四海而皆准'的理论，不应当把他们的理论当作教条看待，而应当看作行动的指南。不应当只是学习马克思列宁主义的词句，而应当把他当成革命的科学来学习。不但应当了解马克思、恩格斯、列宁、斯大林他们研究广泛的真实生活和革命经验所得出的关于一般规律的结论，而且应当学习他们观察问题和解决问题的立场和方法。""学习的敌人是自己的满足……对自己，'学而不厌'，对他人，'诲人不倦'……"（《中国共产党在民族战争中的地位》）

新中国的人民教师学习马克思列宁主义，就应该把它当作武器来改造自己的思想。毛主席在中国人民政治协商会议第一届全国委员会第三次会议的开会词中说道："思想改造，首先是各种知识分子的思想改造，是我国在各方面彻底实现民主改革和逐步实行工业化的重要条件之一。"

我们所说的思想改造，是指在思想意识方面，逐渐排除一切反动的落后的非无产阶级思想，建立先进的革命的无产阶级思想；在思想方法方面，主要是克服危害最大的主观主义，使自己的思想合乎客观外界的规律性。毛主席教导我们："人们要想得到工作的胜利即得到预想的结果，一定要使自己的思想合于客观外界的规律性，如果不合，就会在实践中失败。人们经过失败之后，也就从失败取得教训，改正自己的思想使之适合于外界的规律性，人们就能变失败为胜利……"（《实践论》）毛主席的思想是完全合于客观外界的规律性的，因而他在中国革命的各个关键时期，能够及时地、英明地规定出正确的路线和策略，把中国革命引导到胜利。而那些主观主义者，他们的思想与中国历史、社会、经济的发展规律不相切合，理论与实际分离，其结果就只有错误和失败。

我们的人民教师，在过去的两三年间，经过各种学习运动与实际斗争，特别是经过了去年的整风学习与最近的"三反"运动，思想是大大提高了一步，属于敌人的反动思想已肃清了很大一部分，资产阶级与小资产阶级的思想也得到了不少的改造。但不可讳言，在部分人民教师中，依然在各种程度上存在着早已应该消灭的封建思想、买办思想和亲美崇美、反苏反共、反人民的反动思想的残余。此外，资产阶级与小资产阶级的个人主义、自由主义、客观主义、宗派观点、轻视理论的经验主义、与实际脱节的教条主义、"超阶级""超政治"的纯技术观点、为学术而学术、得过且过和不愿根本改造的改良主义思想、保守性等等，在不少教师的头脑中，并没有完全被消除。

所有这些思想，都不合于正在前进中的新中国的客观外界的规律性，因而这些思想是错误的，不是客观真理。在中国共产党成立三十一周年的今天，历史发展的客观情况，是新中国在中国共产党和毛主席的领导下，在马克思列宁主义的领导下，不断地繁荣进步，中国人民已经摆脱了半殖民地半封建社会的悲惨境遇，落后的农业国业已开始向着先进工业国的方向发展。中国人民，特别是在劳动实践中富于创造性的工农大众，一日千里的飞跃地前进。这时，我们要紧的是"改造客观世界，也改造自己的主观世界——改造自己的认识能力，改造主观世界同客观世界的关系"（《实践论》）。不这样做，我们就不能使自己的思想适合于客观外界的发展的规律性，我们就会落伍。只有积极学习马克思列宁主义，学习毛泽东思想，下决心彻底改造自己，逐渐使自己成为马克思主义者，方不愧为一个好的人民教师。

庆祝成渝铁路通车*

（1952 年 7 月 1 日）

　　成渝铁路通车了。这是中国革命与建设的又一大胜利。成渝铁路是经过巨大的斗争、有极大的历史意义。

　　四川是土地广大富饶、人口最多的省分，因为山川险阻，交通不便，以致事事落后。1903 年，正当中国人民向帝国主义收回权利极热烈的时候，四川人民开始了以人民自己的力量来建筑川汉铁路的运动。不久，民办川汉铁路公司成立，由四川人民每年在农业收入中抽一定数量作为股金。经过几年资本已积累到数千万银元，宜昌到重庆段已经开工。1911 年，满清反动政府突然把川汉、粤汉铁路收为国有，并卖给美国帝国主义来借一笔大外债。这就掀起了四川全省人民激烈反对，普遍动员起来，组织了保路同志会，轰轰烈烈地斗争，震动了全国，消灭了满清地方政府赵尔丰的政权，打倒了端方入川的"剿匪军"。因此爆发了武昌的革命起义，推翻了满清政府，成立了民国。这不能不说四川人民保路的斗争起了推动革命胜利的作用。

　　人民既已起来推翻了满清，论理应当使川汉铁路早日建成，特别是成渝这一段应很快完成。但是，一直到 1949 年冬四川解放的时候，四川一寸铁路也没有。因为中国 1911 年虽经过辛亥革命，而政权仍长久地

---

　　* 录自《吴玉章文集》上，重庆出版社 1987 年版，第 318～319 页。

掌握在军阀、地主、官僚、买办、大资产阶级手里。他们是只会卖国求荣和进行残杀同胞的内战，而决不会为人民谋利益的。只有中国共产党毛主席领导的新民主主义革命，打倒了国民党反动统治，驱逐了帝国主义势力，建立了人民民主专政的中华人民共和国，使政权掌握在人民手里，才能为人民谋利益、谋幸福。因此四川解放以来不到三年的时间，成渝铁路就通车了。解放前四五十年不能完成的事业，解放后两三年就完成了，这就证明了中国共产党毛主席领导的新民主主义革命，不仅能使中国人民革命获得伟大胜利，而且也能使全国人民的伟大力量发挥出来，迅速地建成一个最进步的工业化的独立、民主、和平、统一和富强的国家。

成渝铁路通车的纪念日也正是中国共产党诞生三十一周年纪念日，使我们感觉到今天的欢欣鼓舞，又回忆到过去的困苦艰难。不能不认识到，如果没有中国共产党以马列主义的普遍真理与中国革命的具体实践相结合的毛泽东思想来领导革命，则中国革命就不会有今天的辉煌胜利，人民的伟大力量也不能如现在飞跃地发展起来，像修建成渝铁路一样，军民合作组成劳动大军，一个胜利接着一个胜利，在西南和全国，即将出现更多的铁路，并使全国充满了欣欣向荣的新气象。因此，我们纪念成渝铁路通车的时候，不能不高呼：

中国人民革命与建设的伟大力量万岁！

中华人民共和国万岁！

中国共产党万岁！

毛主席万岁！

希望青年学生参加人民教育工作 *

（1952 年 7 月 11 日）

今年暑假，将有大批的青年学生从各中等学校和高等学校里毕业出来，继续升学或是走上工作岗位。我想对这些毕业同学们说几句紧要的话。

生活在毛泽东时代的青年是幸福的。国家对他们给予极大的关怀和期望，使他们在学习和为人民服务的道路上有着远大的前程。当着全国大规模的经济建设高潮即将到来的时候，国家向所有的学生发出了响亮的号召，希望他们没有例外地全部成为能够担负起建设新社会的任务的干部，其中包括着教育工作这一个重要部门的干部。人民教师，乃是培养干部的干部，祖国在今后三五年内，需要增加各级师资一百多万人。我们今天所有的师资后备军的数量却远远赶不上这个需要。因此，今年高等学校招生以师范学院为重点之一，高等学校毕业生工作分配亦以教育工作为重点之一。作为一个教育工作者，我希望有大批中学毕业生升入师范学校，希望有大批大学文、史等科的毕业生参加人民教育工作。

在旧中国，教育浸透着为反动统治阶级的利益服务的精神，它被反动统治者用作欺骗与麻醉人民的工具，同时又被人们当作谋生之道或贩

---

* 录自《人民日报》1952 年 7 月 11 日，第 3 版。

卖知识的商业。教育工作是被人们和教师自己所轻视的职业。但是，这种时代早已一去不返了。大家已经看见，在我们人民的新中国，教育是帮助新社会建设和消灭旧社会基础的"一种极大的积极力量"。为了建设事业，同时也正是在建设事业中间，需要培养大量的各种干部和人材，需要空前地、不断地提高人民的文化水平和普及教育。这正是教师以及其他教育工作者的任务。教师担负着这个光荣任务。作为马克思列宁主义、毛泽东思想的宣传者和先进文化科学知识的传播者，作为"人类灵魂的工程师"，他们已经列入伟大光荣的工人阶级的队伍，他们的物质待遇已经逐步并将继续得到改善。

教育工作是一种需要有比较长期修养的、有创造性和建设性的工作。一个教师所担负的责任是十分重大的，他所应学习的东西也是十分丰富的。为了教育别人，教师自己首先应该是才德兼备的人，这就是说，他自己首先应该在各方面学习得很好，不但要有专门业务和教育科学的知识，而且要锻炼自己的思想品质，提高政治觉悟。有许多先进的青年们，由于他们有为人民服务的精神，热爱教育事业，学而不厌，诲人不倦，用自己的劳动创造了卓越的成绩，他们都成了优秀的人民教师。大家可以从现在社会生活中看到：越是这样在教育工作岗位上不负人民厚望的教师们，就越是受到政府和人民的爱戴与表扬。例如人民解放军的文化教员、"速成识字法"创造者祁建华，哈尔滨青年特等优秀教师吕敬先，苏南模范乡村女教师史瑞芬等青年同志，他们的盛名已经在广大人民中间流传，他们已经成为受到普遍敬爱的模范人物。我曾经在政协全国委员会会议上和政务院文教委员会授奖大会上先后会见过他们。我看到他们可佩的精神和事迹时，不能不把这些青年同志引为教育工作者的骄傲。我深深感到：他们是青年学生们的一种榜样，而从青年学生中间将有更多的优秀的人民教师源源涌现出来。

　　我们教育工作者的队伍是为建设祖国而斗争的伟大的工人阶级和人民阵容的一部分。我衷心地欢迎今年暑假将升入师范学校和走上教育工作岗位的青年同志们，他们将成为我们教育工作者队伍中的新鲜血液。

在中国文字改革研究委员会成立会上的讲话[*]

（1952 年 7 月）

　　中国文字走向拼音化的改革工作，我自来是乐于参加的。我在陕甘宁边区时试行过拉丁化新文字。这种新文字学起来是很容易的，只要两三个月就可以学会；但是在社会上普遍实行就很困难。这种难于实行的情形反映了当时我们的改革工作的方向和方法是有缺点的，但我们在过去对此则认识不足。我本着自我批评的精神来说，我过去对文字改革工作的认识有以下两方面的错误：（一）认为文字是社会上层建筑，并认为文字是有阶级性的。前年斯大林发表《论马克思主义在语言学中的问题》以后，我才认识到过去的意见是错误的。我在《新文字与新文化运动》一书里说，"文字是文化的工具，它和其它艺术、宗教、文学等等一样是人类社会的上层建筑物"，这句话就错了。我并未读过马尔的书，但已有这样的和他一样的错误观点。（二）没有估计到民族特点和习惯，而把它抛开了。认为汉字可以立即用拼音文字来代替，这事实上是一种脱离实际的幻想。中国人没有拼音的习惯，以前念书的人少，懂得反切和音韵学的人更少。汉字已有极悠久的历史，在文化生活上有深厚的基础，其改革必须是渐进的，而不应粗暴地从事。

　　前年六月毛主席同我说，他主张首先进行汉字的简化，搞文字改革

---

　　[*] 录自《中国语文》1952 年 7 月创刊号，第 5 页。

不要脱离实际。当时我就觉得毛主席的指示是很对的。根据毛主席的指示，汉字拼音所用的字母也应该采取民族形式。现在注音字母已证明可以应用，可以在它的基础上进行研究。我们应该打破非用拉丁字母或斯拉夫字母不可的思想。我们用的字母应当是和汉字比较接近的，并能正确地代表中国的音素的。

本委员会的工作是来研究和适当地进行中国文字的改革工作。在目前应着重研究汉字的简化，并改进和推行注音字母。我们应该踏踏实实地来完成这个工作。我们的民族人口有五万万，这工作是很重要的；只要集思广益，虚心商讨，也一定是能够完成的，希望各位同志努力！

中国人民大学两年工作综合报告 *

（1952 年 8 月 17 日）

中国人民大学自一九五〇年九月一日正式开学，到现在整整两个学年了。谨将两年来的工作简单报告如下：

一、发展经过

当一九五〇年八月苏联顾问与教授们到校时，我们仅有教员五十五人，研究生约百名。为了按照新订的教育计划，并采用苏联的教学方法进行教学，除研究生几乎全部提作教员外，还从工作人员与学生中提拔了一批作教员。这些教员首先学习苏联教授编写的讲义，经过一再试讲，然后向学生讲课。初期教员很不熟练，有些只能念讲义，但因内容好，效果还不坏。

一九五一年九月开始的第二学年，增加了学生与课程，又从新的研究生中提拔了一批教员。由于多数教员有了一年的教学基础，讲义又经过充实修订，教学方法也逐渐熟练，教学效果逐渐提高了。

两年中共毕业学生专修科二〇三一名（两期），本科俄文系一四八名，研究生二三八名。除调出参军，留苏学生，提作干部研究生等七五四名外，现有本科学生一二五七名，预科学生三四八名，研究生

---

* 录自中国人民大学档案馆史料，1952 年 8 月 17 日。本文作者：吴玉章、胡锡奎、成仿吾。

六四一名。第三学年计划招收专修科学生二三四〇名，本科一二〇五名，预科四六〇名，研究生八七九名。今年九月第三学年开始时，我们将有学生与研究生七一三〇名。

二、主要成绩、缺点及其原因

（1）两年来主要有了以下的收获：

两年中毕业学生与研究生二四一七名，他们在政治理论水平上有显著的提高，一般初步地学习了苏联的若干先进经验，并且已经部份地运用到我们国家底各项建设中，有少数同学运用苏联先进经验已有显著的成绩。在学学生都能够遵守严格的学习纪律，努力学习，成绩一般很好。

现在我们已有教员共五二一名，其中约四百名是两年中自己培养的；他们经过苏联教授们的热诚教导，一般已能基本上掌握一门课程（少数人两门到三门）。他们不但教课，大部份并已开始做研究工作：两年中写出论文二四二篇，第二学年根据中国材料编写的讲义即达三十四种，已完成二百多章。两年中我们为本校培养了研究生四五〇名，为其他高等学校培养了三八三名（一部份已毕业任课）。此外，我们还培养了自己的俄文翻译（口译与笔译）一一〇名。

在两年中间我们翻译了讲义二七一种，自己编写讲义一二六种。这些教材在苏联教授们指导与教员们集体努力下，并经过一系列的审校过程，大部份达到了一定的科学水平，有些已为全国各高等学校或企业部门所采用。

我们有了一套完整的教学计划与制度，严格地规定了教学的科目，程序，时数与方法。全校教员组成了三十八个教研室，发挥了集体主义精神，实现了较好的劳动纪律，并保证了一定的教学质量。

我们学习了苏联先进的教学方法，从讲授，辅导，课堂讨论到生产实习一套完整的科学方法，保证了学习底深入与巩固，并与实际联系。在教学行政工作及其他行政工作方面，我们也学习了苏联底若干先进经验，都收到了一定的效果。

两年来一般干部都在政治理论及业务水平上有所提高，并积累了一些工作经验。全校师生在几次大的政治运动中，特别在这次"三反"与整党中受到很深刻的教育。

（2）两年来工作中主要有以下的缺点：

政务院曾正确地规定我们的教育方针为"教学与实际联系，苏联经验与中国情况相结合"。第一学年因为苏联教授们不了解中国情况，中国教员们既不知苏联先进经验，也不懂中国业务情况，我们主观上努力也不够，所以这一时期联系实际是很差的。第二学年由于中国教员们学过了一些苏联经验，并与业务部门加强了联系，有些教研室和业务部门成立了研究组织，因而在结合实际方面大大地加强了，大多数教研室已开始根据中国实际材料编写讲义，但结合还是不够的。

初期的教学计划课程门数较多，分量过重，学生虽日夜努力，仍不能完全消化，影响了健康。各系班专业化不够，也影响了学习效果。这些问题直到"三反"才基本上解决。

教学方法采用了苏联的先进经验，收到了成绩，但研究不够，改进很少。

在教员与研究生底培养上缺乏计划。对全校学工人员的思想政治教育不够切实，时事政策学习较差。自由主义普遍存在。部份干部不安心工作，少数年青教员已产生骄气。

校部的思想领导与业务指导均差，领导上不团结，对方针任务的研究与掌握差，民主作风不够，对下情了解很差，对干部关心不够，处分多而鼓励少，对困难估计不足，有自满情绪，官僚主义与事务主义严重存在。这些在"三反"中已进行严格的检讨与批判。

（3）成绩与缺点底原因：

两年来我们的收获是很大的，成绩是主要的，我们的进展是很快的，创办初期的最为困难的阶段基本上渡过来了。这些成绩底获得，主要是由于中央底正确领导与经常关心，苏联教授们底热诚教导，各业务部门底积极帮助与全校学工人员底努力奋斗。其中苏联教授们不仅帮助我们订出了教育计划，传给了我们教学方法，而且承担了培养教员与研究生，编写各种教材与指导科学研究工作底主要责任。中央人民政府各业务部门在我们联系实际方面给了巨大的帮助，特别是中财委，各工业部，合作总社，计划局，贸易部，财政部与外交部等单位底帮助更多。

但是我们的缺点还是很多的。这主要由于我们思想领导弱，缺乏业务知识和经验，对工作缺乏研究，对下情缺乏了解，脱离实际，脱离群众，而我们人力不足，缺乏准备，困难较多，也是一些重要原因。

三、若干经验

从两年来的工作中我们体会到下面的几点经验：

（1）苏联高等教育底先进经验，特别是教育思想，教学计划性，教学组织，教学方法与科学研究工作等，是适用于新中国底高等教育的。我们取得了较大的成绩，归根到底，在于我们遵照中央底指示，坚决地学习了苏联底先进经验。在我们向苏联教授们学习中间，我们注意了培养教员与编写讲义，使得我们基本上满足了自己的需要，并对其他高等学校与部门有所贡献，这一作法证明是正确的。

（2）人民大学主要培养工农干部与产业工人，同时吸收部份青年知识分子，这方针证明是正确的（第二学年学生中干部占百分之七十二弱，产业工人占百分之六强，青年知识分子占百分之廿二）。干部与工人在学习中表现了飞快的进步。

（3）我们强调了马列主义毛泽东思想的政治理论学习与思想教育，重视了集体主义，劳动纪律与刻苦奋斗的作风，毕业生与在校学生一致认为这方面的收获是较大的。

（4）我们的教学工作底组织是科学的，这对于保证教学质量及任务底完成有重大意义。

四、今后工作方针与请示事项

中国人民大学在目前以培养财经部门底一般领导干部为主的情况下，已粗具规模，我们准备在今后三年至五年内，采取以下的方针完成学校底初步建设，以便进一步建设与提高，并为全国高等教育提供更多的经验与帮助。

（1）进一步学习苏联底先进经验，并加强中国情况的研究，实现苏联经验与中国情况底密切结合。为此，除我们加强向苏联教授们学习，大量翻译苏联名著，并有计划地组织教员与研究生底生产实习和其他的实际活动，多吸收东北的建设经验以充实实际知识，更主动地与有关部门加强联系，建立与加强各种协作组织或研究组织以争取更多援助外，拟请中央确定中财委及有关各部指导我们的工作，建立正式的指导关系。

（2）培养足够的教员，并大大提高现有教员底思想水平与专门学识。研究生（包括他校派来的）应继续大规模培养，研究生的工作应作为人民大学工作重点之一。各教研室应加强研究生底思想教育。奖励成绩好底教员，但反对单纯业务观点，反对自满与骄傲。拟逐步实行学职制度（教授、副教授、教员等职别）。编写本科与专修科适用的两套教材，特别是根据中国材料，为两种学生情况编写两种讲义。我们在图书仪器方面感到非常缺乏，请给予大的补助。

（3）按我们逐渐壮大的教员力量，本科与专修科均能逐渐扩大，客观上亦有此需要。函授教育亦可逐步向全国各大城市展开，明年二月拟即从京津等处开始。拟请中央具体规定我们应完成的数字与质量。

（4）改善五门政治课底教学（马列主义基础、辩证唯物论与历史唯物论、政治经济学、中国革命史、中国历史），并提高所有课程底政治思想水平，教学底科学性与战斗性。在全校干部与学生中组织《毛泽东选集》底深入学习。加强时事政策教育。在教学中发扬爱国主义与国际主义精神，贯澈反对资产阶级思想，尤其是帝国主义的反动思想。拟请中央对我们政治课底教学给予指示与帮助。

（5）人民大学目前有财经六系（财政、经济计划、工厂管理、统计、贸易、合作社），与法律、外交、俄文等系，共九个系。今后发展方向如何，请中央给予指示，以便及早准备。我们初步看法有以下三种可能：1）继续目前以培养财经干部为主的方针。2）增设若干系，向综合大学发展。3）与其他大学合并而成为综合大学。我们党组初步意见倾向第二种办法。究应如何请予指示。

最后，为了加强我们的一切工作，我们已在加强领导，加强团结，发扬民主，开展批评与自我批评，密切联系群众，倾听群众意见，鼓励创造精神，提高工作效率。在"三反"运动与整党成绩底基础上，我们相信人民大学是能够取得更大成绩的。

以上报告，是否妥当，请审阅指示！

附上专修科毕业生调查情况报告一份（略）。

各教研室向外推荐讲义目录一份（略）。

对于新学年的希望 *

（1952 年 9 月 6 日）

　　我们中国人民大学自从创办以来已经两年多了，学校工作在各方面都有了很大的收获和很快的进展，基本上渡过了创办初期最困难的阶段，一个新型正规大学已经粗具规模。我们在建校中这种创造性的工作是有重大意义的。现在，新的学年又要开始。

　　这一个新学年是在"三反"运动和整党运动胜利的基础上开始的。"三反"运动，一方面对于学校工作进行了一次适时的考验和整顿；一方面对于全校学工人员极其生动地进行了一次严肃的阶级斗争和自我检讨的深刻教育。紧接着"三反"以后的整党运动，又以反对自由主义为中心，大大地划清了无产阶级与一切非无产阶级的思想界限，提高了党员的质量，加强了党的战斗力，并且也使其他学工人员受到了共产主义与共产党的教育，密切了党与群众的联系，使思想改造的运动有了显著的成绩。这样，就有力地清除了我们前进道路上的障碍，巩固了无产阶级领导的人民教育事业的一个重要阵地，为今后学校的发展准备了良好的条件。现在大家都已经看得很清楚：乐观、进取的革命积极性正在蓬勃高涨，靠着这种积极性，我们深厚的潜力将源源不绝地发挥出来，因而就必然会使学校显露出更全面的、更鲜明的新气象。在这一方面，任何

---

　　* 录自《人民大学周报》1952 年 9 月 6 日，第 1 版。

消极与怀疑的态度都是没有理由的。

　　"三反"和整党运动给我们提供了一个极其重要的经验，就是在学校工作中必须加强经常的、系统的思想和政治领导；具体地说，就是在学工人员中必须加强马列主义、毛泽东思想的学习。这是整个学校教育工作中最基本的东西，不可有半点松懈。正如斯大林所说："在国家工作和党工作任何一个部门中，工作人员的政治水准和马列主义觉悟程度愈高，工作本身也愈高，愈有成效，工作底结果也愈有效力；反过来说，工作人员的政治水准和马列主义觉悟程度愈低，工作中的延误和失败也愈多，工作人员也愈会变成鼠目寸光的小人，堕落成为一些只图眼前利益的事务主义者，而他们也就愈易蜕化变节，——这要算是一个定理。"（《列宁主义问题》，莫斯科中文版第七八二页）经过"三反"和整党运动，我们是更深刻地体会了这个定理。从我校目前状况来看，一般的政治理论水准与客观要求还是并不相称的，我们的马列主义觉悟程度也不是已经够高了，而是还很不够，还需要作深入、刻苦、坚持不懈的努力。所以，在新学年开始以后，应该在全校范围内继续加强政治理论的系统学习，如政治理论课程应该改进，教员水平与教学质量应该继续提高，在干部和学生中应该组织《毛泽东选集》的深入学习等，一一予以切实进行。这是一方面。另一方面，我们的政治理论学习又必须与实际斗争、与思想改造密切结合起来。不能使理论与实际脱离，必须以学习来改正我们的行动。今后应该更紧紧地掌握批评与自我批评的武器，将反对资产阶级思想以及一切非无产阶级思想的斗争，在日常生活中坚持下去，决不要因为"三反"和整党有了成果就错误地看作突击任务已经完成，可以一劳永逸。不是的，同志们！决不能对资产阶级思想的继续侵蚀和小资产阶级思想势力的深固根苗放松警惕，以致旧病复发。学工人员应该注意学习时事政策，时时关心国内外形势的发展，了解各种运动，并且加入到运动中去，广泛地参加社会政治活动，争取各种机会与劳动人民建立密切联系，以加强理论与实际、业务与政治的结合。

在我们的整个政治思想锻炼过程中，不但要否定旧思想的影响，而且要积极地培植新的思想品质，不但要肃清旧思想遗毒，而且要加紧新思想建设。全校学工人员，都应该努力加深自己的共产主义人生观与共产主义道德的修养；学校中的共产党员，更必须随时以共产党员标准的八项条件来策励自己。只有这样才能使我们的政治水准和马列主义觉悟程度不断地提高。

今年入学的新同学很多。国家对他们寄予着极大的期望，要求人人都成为改造社会、建设新国家新事业的人才，而不是仅仅如只有一技之长的旧工匠人员。这就需要大家努力加强德、才方面的修养和身体的锻炼；在今天学习开始的时候，我想强调地说，希望大家特别注意加强马列主义、毛泽东思想的学习。

从学校创办的时候起，政务院就曾正确地规定我们的教育方针为"教学与实际联系，苏联经验与中国情况相结合"。因此，我们的学校聘有许多苏联专家教授，两年来他们以国际主义的精神，忘我地劳动，热心努力工作，使我校得到很大的成绩，这是很可宝贵的条件。我们必须进一步学习苏联的先进经验，并要求我们自己和帮助苏联教授亲密合作来加强对于中国情况的了解和研究，使苏联经验与中国情况相结合的方针更完满地贯彻。

我们的学校现在已经是一个具有万人规模的大学校了。随着伟大的经济建设高潮的到来，国家急需要大批一般的和高深的建设干部。我们的学校也将要在三五年内完成初步建设，以便进一步扩大与提高；学校在国家文教事业中的重要性也将不断增长。这种形势，要求我们和鼓舞我们去担负起更重大的光荣任务。只要我们同心同德，不骄不躁，努力贯彻中央的指示，以战斗的精神来工作和学习，我们是有信心一定能把学校办得更好的。

欢迎亚洲及太平洋区域和平会议 *

（1952 年 9 月 28 日）

　　代表着十六亿人民对于和平的善良的愿望与崇高意志，亚洲及太平洋区域和平会议即将在北京举行了。可以预期：这次有历史意义的盛会将会广泛地动员与团结本区域一切爱好和平的人民的力量，对和平运动作出巨大的贡献；同时也将会增进本区域各国人民之间的文化交流，为发展各国人民的友好关系开辟更广阔的道路。

　　亚洲及太平洋区域各国人民是热爱和平与文化繁荣的。每一个国家的人民，都世世代代地用和平的劳动创造了自己优秀的文化成果，互相学习，彼此交流，并用共同的贡献丰富了人类进步文化的总宝库。例如中国、印度和日本以及许多亚洲国家的人民，就都有着悠久的文化交流的历史关系。多年以来，许多国家的人民为反对帝国主义侵略、摆脱民族压迫而进行的斗争，几乎充满了整个历史。在日本帝国主义被打败以后，各国人民都希望或者正在努力医治战争的创伤，建立自己的和平生活。苏联人民正在发展科学用以改造自然，建设伟大的共产主义工程，实行标志着"和平的经济与文化建设"的新五年计划，在全世界人民面前树立了令人鼓舞的榜样。我们胜利了的中国人民，继承着爱好和平的民族传统，正在一方面以反侵略的斗争保卫和平；一方面用经济与文化

---

　　* 录自《人民日报》1952 年 9 月 28 日，第 3 版。

建设的成就来加强和平的力量。随着我国经济建设高潮的到来，人民的文化教育事业正在以空前的规模迅速发展，例如最近在全国范围内展开的爱国卫生运动和速成识字运动，就取得了在解放前不可能有的显著成绩。人们还可以兴奋地看到，许多国家的人民都在努力为反对帝国主义的侵略、争取民族解放与和平民主而斗争。许多友好的文化交流工作，正在加深着不同国度的人民之间的相互了解。

但是，以美国帝国主义为首的一小撮战争贩子们，却正在野心勃勃地加紧扩大侵略战争的阴谋，企图把世界拖入惨痛的浩劫，而使他们自己从血与火里大发横财。他们从西方到东方布满了战争的阴云。他们不甘心于侵朝战争的失败，于是横蛮拖延停战谈判，狂轰滥炸和平居民；复活日本军国主义，并妄想使他们来"领导亚洲"，重新侵略中国、苏联和其他国家；用武力干涉民族独立解放运动，危害许多国家的领土与主权完整，控制经济、封锁贸易，阻止文化发展；还阴谋订立所谓"太平洋公约"以进一步策划侵略。他们一方面疯狂破坏优秀的文化；一方面又利用文化教育作工具来麻醉和欺骗人民。人们不能不痛心地看到：数百年建立起来的城市连同文化宝藏在被战火毁灭，有益的文化事业被封闭与查禁，著名的科学家、教授、作家被投入牢狱，年青的学生被迫害，许多致力于和平事业的文化教育工作者失掉自由，甚至有的不能回到自己的祖国。由于扩军备战的结果，许多国家人民的生活日益陷入痛苦的境地。美国一九五二——一九五三会计年度的预算中军事费用占了百分之八十以上，而教育费用不足百分之一。在美国扶植下的日本政府今年的财政预算中直接和间接的军费也占了百分之七十。他们还用狂妄恶毒的谎言和毁谤来蒙蔽和歪曲事实，用"自由""人道""防御共产主义侵略"等诬蔑的词句来掩盖侵略目的，控制了报纸、广播、电影等一切文化工具来叫嚣战争，煽动种族仇恨，进行军国主义教育，种种恶行，不胜枚举。美国帝国主义甚至丧尽天良，使用细菌武器，使科学堕落为大量屠杀人类的工具，正如约里奥－居里所说，这是"人类历史上最凶恶的一章"。战争贩子们所指挥的"世界侵略政策的狂躁进行曲"正在大肆嚣张，威胁着文化的发展和人类的生存。

这样，严重的形势就明显地摆在亚洲和太平洋区域以及全世界人民的面前，拯救和平的责任激励着每一个正直而纯朴的人的心灵。爱国的日本人民为了争取和平、独立与民主，反对复活军国主义势力的英勇斗争日益高涨，东南亚及澳洲各国人民保卫和平的力量和南北美洲人民为争取独立与和平而斗争的力量都在日益壮大，印度、缅甸、印尼等国广大人民更奋起为争取和平而斗争。在这些斗争中，我们看到：各国的文化教育工作者进行了庄严的工作。如果说，有些人过去曾经被隔绝在欺骗的罗网之中，那么，人们现在就越来越多地认识到美帝国主义的侵略政策是与人类的高贵理想、理性尊严和幸福前途不相容的。因此，大家就热心地来寻求在不同的生活方式的人们之间建立持久和平与友好的道路。许多人们感到战争的威胁而改变着自己的旁观态度，逐渐觉察到挽救和平大业的切身责任。许多曾经被战争的恐怖弄得心神焦虑的人们，在和平运动的强大影响下，看到了希望的光芒，坚强了斗争的信念。人们根据自身的经验和事实的证明，日益认识了帝国主义战争贩子们的真面目，日益懂得亚洲和世界的面貌已经发生了并且在继续发生着巨大的变化，日益明确相信人民自己的团结乃是坚强无敌的力量。在和平与战争、文明与野蛮的斗争中，我们把敌友的界限看得十分分明：一切爱好和平的人们，不分政治见解和宗教信仰，彼此都应该是和平共居的朋友，而和平的敌人则是我们共同的敌人，也就是文化的敌人，人类生存的敌人。

今天，和平与文化的不可分割的关系是更加明显了。拯救和平，制止战争，正是繁荣文化的首要前提；而发展文化交流，加强人民的团结互信，又是建立和平的重要因素。正因为这样，所以我们各国的文化教育工作者在和平运动中就有着特殊的作用。文化教育工作者的事业本身就是保卫和平的岗位，我们应该使自己的工作永远为宣扬和平的真理、创造人类的幸福而服务。我们的职业和活动使我们和广大群众有着密切联系，能够广泛深入地传播文化的种子，宣传和平的真理，以打破战争叫嚣的污浊氛围，唤起人们的警惕。特别是美国文化教育和科学工作者更有积极起来制止战争、争取和平的责任。我们中国的文化教育工作者，都以作为和平的宣传战士为光荣，曾经用实际行动来建设国家，保卫和平，一定还要继续不懈地努力，和各国的朋友们一同并肩前进。

当此亚洲及太平洋区域和平会议的前夕，我们满怀兴奋和信心，诚挚地向印度、日本、美国以及亚洲和太平洋区域其他各国可敬的文化教育工作者们伸出友谊之手，并对各国文化教育工作者代表们和所有的和平战士们来到我国首都表示热诚的欢迎和深厚的敬意。让我们和平的爱好者和保卫者的队伍像太平洋沿岸的百川归海一样，浩浩荡荡地前进。和平一定战胜战争。

中国教育工会全国委员会第四次全体会议开幕词*

（1952 年 9 月）

今天在这个时期开我们的会议，我非常高兴。三年来我们新国家的进步是非常之快的，特别是经济的恢复得到了很大的成绩，使国家建设得到良好的基础。毛主席说过，三年要恢复经济，但事实上已经提前完成了。由于国家在各方面飞跃的发展，我国在国际上的地位也大大地提高了。这次亚洲及太平洋区域和平会议在中国召开，各国人民热烈派代表出席，使中国同苏联一样成了世界和平的堡垒。中国在保卫和平事业中任务是很重要的而且也是很光荣的。因此我个人感到非常兴奋。

在 50 年前，即 1902 年的时候，我看了梁启超办的《新小说》，上面有一篇《新中国未来记》，描写 60 年后即 1962 年中国开万国太平会议，说各国都派代表来签订太平条约，轰轰烈烈，热闹非常。那时我还年轻，对于这种令人鼓舞的说法是非常兴奋的并热烈为之宣传。现在看来他的思想是错误的、腐旧的。但那时它引起了我的民族自尊心和爱国心，总想使中国成为独立、自由、民主、和平与富强的国家。在当时不过是一种幻想，有了马列主义之后，就由幻想变为理想；到今天更由理想变为现实。亚洲及太平洋区域和平会议，团结了 16 亿爱好和平的人民，在伟大的北京建立起坚强的和平堡垒，真正成了世界和平运动最大的力量，

---

* 录自《吴玉章教育文集》，四川教育出版社 1989 年版，第 295～298 页。

为今年 12 月即将召开的全世界和平会议打下了良好基础，这是值得我们大大地庆幸的。虽然 50 年前的思想与现在完全不同，但是在今天来回顾一下还是有用的。因为我们以后还有许多将实现的理想。我们就要开始我们的五年计划，只要努力奋斗不断随时代前进，就可做出成绩。只要幻想不错，认识不错，路线不错，总会成功的。

教育工会是个新的组织，教育工作者光荣地被列入工人阶级的队伍。以前很多人不了解究竟是"英雄造时势"呢，还是"时势造英雄"。马列主义者认为是"时势造英雄"。梁启超在《中国历史研究法》中说是英雄造时势，这是唯心的，我曾驳斥过他的这种说法。但是英雄要能了解时代，掌握社会发展的规律，也能引导时代前进。我们教育工作者应该宣传教育人们，推动社会进步，不能坐而等待，要催促这个时代，领导这个时代前进。催促不是空谈，要实际工作。我们先进的要教育后进的，特别是教育全国青年，因此教育工作的任务不亚于其他产业工人。科学的进步离不开文化，有了文化才能更好地掌握科学。教育工作者有着伟大的任务，要提高文化，不仅自己，而且要使人们能加深学术研究。因此教育工会是帮助我们国家教育事业的重要机构。我们必须要认识教育工作者在这个时代的责任，只有这样我们才能够发挥作用，为社会服务。我们是人类灵魂的工程师，我们要掌握正确的思想理论，指出正确的方向，要有正确的世界观和人生观，才能作人民的教师。所以我们必须进行思想改造。现大学、中学已将完成思想改造工作，小学教师尚未展开，今后还要认真去做。要用什么来改造呢？必须以马列主义毛泽东思想来改造。人类发展的前途，只有马列主义所指出的前途，就是资本主义必然归于消灭，必然要以共产主义来代替。我们要认识到只有这条道路，不能三心二意。因此我们教育工作者必须要以马列主义思想为领导，要把非无产阶级思想洗刷干净，然后才能教育我们青年的后一代。我们要一日千里的进步才能赶上时代的发展。现在时代的发展像飞机一样快，飞机还有速度，我们的进步是无限度的。最近斯大林写了一本新的著作《苏联社会主义经济问题》，是发展了马列主义，同时批判了许多不正确的思想，反对了非无产阶级的思想，这是思想领域又前进了一步。马列主义是真理，但不可能把一切事物事先都具体地规定出来，要从实践中得出规律，不合规律就会失败，从失败中得到教训使之合乎规律，才能得到成功。我们一方面要改造思想；另一方面要时刻关心时事，了解国内和国际的发展形势，从实际工作中得出经验来。要理论与实际联系，不要成为"书呆子"。

教育工作者是先进的，是教育工作中最重要的力量。可是我们的工作不像其他产业工会工作那样显著，不容易看出成绩，因而教育工作者，尤其是小学教师就认为自己没出息，不如别人。其实不然。现在全国小学生有4 900万，占全国人口十分之一，小学教师负有培养教育后一代的伟大任务。有些小学教师因为工作苦，待遇低，工作不能安心。目前他们的工资虽有调整，但是不可能完全满足他们的要求，将来物质待遇和政治待遇还会逐步提高的。现在教育经费在国家总预算中占第二位，仅次于工业建设经费。在新的建设工作中，我们首先要勘测，就是要知道土地出产，矿产蕴藏，了解情况；其次才能订出计划；再其次就要有材料；最后的也是最重要的还需要有人才。但是我们的人才非常缺乏，必须大量地培养工程师和技术人员，才能使我们的国家走向工业化。培养国家建设人才是人民的需要，也是我们教育工作者应负的责任。因此我们必须树立专业思想，努力学习，做好工作，如果不安心工作，就不能进步，会影响到整个建设工作。

人民需要文化食粮，我们教育工作者可以供给他们文化食粮，以满足他们的需要。要制订计划好好地去做，按照计划检查工作，将来列为考绩之一。我们要用科学的方法来做，要老老实实脚踏实地工作，只要有计划，有步骤，有恒心，就能把工作做好。

我们的前途是光明的，责任是重大的，我们要担负这个责任，勇敢地、一刻不断地前进。奋斗！前进！再奋斗！再前进！达到我们最终的目的。

在国庆节和青年们的谈话 *

（1952 年 10 月 5 日）

　　《中国青年报》约我在国庆节和青年们谈谈学习问题，我很乐意接受这个要求，并且愿把我的话当作节日的赠言。

　　当我们迎接第三个国庆节的时候，大家心中共同想到的都是整个国家的大事，是国家的伟大胜利和伟大前途。三年来，我们全国人民一面进行了抗美援朝的胜利斗争，加强了国防，英雄地成为保卫远东和世界和平的强大力量；一面以勇敢而勤劳的姿态工作着，正在突飞猛进地改变着国家的面貌。国家各项政治改革工作已经取得了伟大成就，人民民主专政日益巩固；艰巨的经济恢复与改造工作已经基本上完成，工业和农业生产已经恢复到并超过战前水平，财政经济情况已经根本好转；文化教育事业有了显著的改革和迅速发展。这些胜利，是由于我们的国家在工人阶级、共产党的领导下，实行着毛主席坚持"人民民主专政和团结国际友人"的指示的结果；这些胜利，证明了我们的人民民主制度较之资本主义国家的政治制度具有着极大的优越性，证明了我国人民群众有着无穷无尽、不可被战胜的力量；这些胜利，为大规模建设创造了条件。现在，全国人民正在准备迎接大规模的经济建设与文化建设的新阶段的到来，国家的工业化已经在望了。多少年来多少人民为之受苦牺牲

---

　　* 录自《文汇报》1952 年 10 月 5 日，第 9 版。

所追求的理想，现在正在一步一步光辉地实现。

现在我们面临着的国家建设事业，是伟大的历史任务。在这个任务中，我国的青年们应该站在什么岗位上呢？毫无疑问，应该积极地站在建设事业前列的岗位上；而且从某种意义上说来，正是要靠你们——国家年青一代的子弟们来担负起建设事业的责任。在过去革命斗争的长久岁月中，你们的父兄和年长的同志们奋斗牺牲，推翻了反动统治，开创了人民的新时代，因而也为你们开辟了无限宽广的学习与发展的光明道路。你们受着祖国的殷切期望和教养，作为人民劳动大军的后备力量，正在一年一年地生长起来，逐渐成为有为的人才。你们应该在旧社会制度已经被摧毁和重重障碍已经被扫除的基础上，满怀信心地勇敢上前去，担负起建设新社会、新生活的任务来。

要担负这个任务，当然不是一无所□或空谈的人所能办到的。为了要把理想变为现实，就必须要有积极的劳动热情，还要有为实现这种理想而斗争的知识和本领；否则就是最美好的理想也永远只是空中楼阁。所以，正是为了人民的建设事业，青年们应该学习，并且应该自觉地把学习当作一种对祖国的义务。关于这一个问题，我们的革命导师向青年们曾经作过许多恳切的指示。大家知道：一九二〇年，即在苏联开始过渡到恢复国民经济的和平工作时期，列宁在苏联共产主义青年团第三次全国代表大会上就说过："一般青年底任务，尤其是共产主义青年团及其他一切组织底任务，可以用一句话来表示，就是要学习。"一九二八年，即在苏联为社会主义国家工业化而斗争的时期，斯大林向苏联列宁共产主义青年团第八次代表大会说过："要建设，就必须有知识，就必须掌握科学。而要有知识，就必须学习。顽强地、耐心地学习。"一九四九年春天，在全国解放战争的胜利高潮中，毛主席亲自为青年团第一次全国代表大会题字，指示青年团要"同各界青年一起，领导他们，加强学习，发展生产"。也正是在毛主席的亲切教导下，不久以前团的三中全会决议号召我国青年们"必须积极地参加祖国的建设，站在祖国建设的前列。而为着能够很好地工作，学习就成为中国青年更加特别突出的任务"。你们可从这些指示和号召中认识到：共产党和人民的国家是把青年的学习问题看得如此重要，以至再三嘱咐，反复教导。作为一个年长的同志，我深知青年们具有热情勇敢、乐于接受新鲜事物等可贵的优点；但也知道正因为你们都是年青的人，所以缺乏知识和经验，对于什么都是新鲜和生疏的。这样，你们就应该特别珍惜宝贵的青春时光，发挥长处，努力进步。说到这里，我记起了我自己过去学习的一些情形。我在五十一岁那年曾去莫斯科得到学习，当我进入到那么丰富的共产主义知识的宝库中时，不能不激起了像年青人一样强烈的求知热情，那时热心学习的结果，加强了我从事革命运动的马克思列宁主义理论武装，使我至今还常常回忆起来，深为庆幸。现在你们的学习条件是方便得多了，不必远到外国，国家正在尽各种努力，采取许多有效措置来使你们学习得好。国家像培养新生的幼苗一样，为你们准备着肥沃的土壤，只希望你们个个都快快地长成有用的大材，个个都是新社会建设中德才兼备的人。剩下的问题主要就是靠你们自己努力了。

那末，青年们应该学习什么呢？

你们应该学习文化科学知识，精通业务。这些知识和业务技能都是从事建设工作所不可缺少的基础。例如，要搞工业，就要懂得工业生产的组织与技术，要做资源勘察工作，就要懂得地质科学。青年们无论从事什么工作，都应该力求提高文化科学知识的素养，深入到具体的业务当中去，做到有真才实学，拿得出本领，成为工作中的高明的人，成为"内行"的专家。在国家的建设中间作一个忠诚为人民服务的专家是光荣的，他们是把建设事业推向前进的领导者和骨干。在同样的政治条件下，谁更精通业务，谁对工作的贡献就会更大；而"外行"则是起不了什么作用的，他们如果自暴自弃，就只好被迫退落在飞速前进的建设大道之旁。进一步说，我们的建设事业是日新月异地发展着的，新的建设，就要求有新的本领。因此，学习文化科学和业务也就不能停留在一点上，而应该不断地吸取新的东西，争取跑在工作需要的前面。曾经懂得一些东西的人，应该不断提高自己的水平；自己所熟习的东西快要闲起来的人，应该去学会不熟习的东西。我们革命工作的实际斗争过程也就是一个学习的过程，不断学习新的东西，不断开辟新知识的道路。

听说有些青年轻视这种学习。他们还不懂得国家建设中业务的重要性，不懂得在一定时期一定条件下科学技术决定一切的作用，也不懂得新式的、人民的专家和旧专家的区别。应该懂得："从没有志愿和没有能力去精通科学的人们当中是创造不出新的后备和新的科学人员的"（斯大林：《给第一次全苏联无产阶级学生代表大会的信》），而如果没有这样的人员，那末，对于全部建设事业都不能不形成一种"直接的危险"。我们的国家正是由于专家人才太少了，所以如此迫切地期待着你们。为了回答这种期待，你们有责任把文化科学知识和各种专门业务这些建设的才能紧紧掌握在自己的手中。青年们也不要以政治上的进步来鄙弃业务技术，应该知道：马克思主义是为了指导实践活动的，空洞的所谓"进步"又有什么实际意义呢？你们如果愿意成为建设事业中的先进战士，就应该像斯大林所号召过的那样"向科学作群众性的进军"，把科学的"堡垒"拿下来。

学习业务，应该是从国家的需要出发。在什么岗位上，就决心钻研什么。你们不要抱着一种个人名利的目的去"钻研"那些于人民没有什么用处的"冷门"和枝节的事情，那是一种脱离实际的、投机取巧的资产阶级旧学者的态度；同时，又不要为了个人发展而盲目地去赶浪头，无一定志向，甚至不安心当前的工作。国家当前需要大批青年学习工业，因为工业建设是国家建设中特别重要的部门，但是它并不是唯一的部门。你们不要狭隘地理解"业务"的意义，而要知道革命工作中"行行出状元"的道理。例如文书档案工作就是一项重要的业务，中国人民大学今年还要开办档案专修班来培养这方面的人才。小学教育也是关系着少年儿童一代和国家未来的重要职业，国家需要上百万的优秀的小学教师。这些工作都并不是像有的青年所设想的那样枯燥无味，而是有着丰富的业务内容的、创造性的工作。

当我们说到关于精通业务问题的时候，应该注意防止和反对一种"单纯业务观点"。从这种观点看来，无论在什么情况下，业务技术都是决定一切的东西，而当前摆在青年们面前的事，就是只要准备当一个有一技之长的专家，不必过问政治的事情，既不需要明确政治目标，也不需要进行思想修养。很明显的，这种观点对于国家是不利的，因为它使青年们迷失方向，并且也使业务这件事本身停滞、退步以至归于失败。实际上，这乃是一种资产阶级为培养它所需要的奴仆而设计出来的教育的特点；同时，有这种观点的人自己又常常都是根源于个人主义的目的，例如有了业务技术就可以"走遍天下""吃得开""薪金高"等等，其结果是脱离了国家的需要，影响了建设事业，也使自己一天一天地落伍。

你们应该学习政治，学习马克思列宁主义和马克思列宁主义与中国革命实际相结合的毛泽东思想。应该知道：建设国家、改造世界的大事业是不能从徘徊摸索中得到胜利的，必须要有能够正确反映出社会物质生活发展的需要的先进理论来指导。马克思有一句名言："理论一掌握了群众，便立刻成为物质的力量。"必须在正确的理论的指导下，人们才能为伟大的目标而斗争。马克思列宁主义、毛泽东思想就是这样的理论。马克思列宁主义、毛泽东思想指导中国人民革命取得了伟大的胜利，并且将要继续指导我们中国经过新民主主义建设，走向社会主义与共产主义。我们三年来国家建设事业的辉煌成就也正是证明了马克思列宁主义、毛泽东思想具有生气勃勃的、必胜的力量。

你们既然准备担负起祖国的建设任务来，为人民的事业服务，就要下定决心成为一个自觉的战士。那末，毫无疑问地，认真学习马克思列宁主义、毛泽东思想，努力提高政治觉悟，就是头等重要的事。人们在年青时候的思想政治修养，对于一生的生活行动都将有重大影响。你们在青年时代就能够在这样好的环境里自由地学习马克思列宁主义，这在我们这一代经历过反动统治的人看来，实在是一种莫大的幸福。注意学习政治，学习马克思列宁主义、毛泽东思想，就能够使你们很早期就形成和建立正确的世界观与人生观，使自己的思想和行动都符合于客观外界的规律性，符合于人民事业的需要，因而使自己成为具有高度思想自觉的新式的人；同时，也就可以使你们自己在进行业务工作当中，能够明确方向，掌握正确的观点与方法去研究各种实际问题，得出科学的结论，取得工作的胜利。所以，政治不仅决定人们生活的前途，而且决定业务的前途。斯大林教导说："在国家工作和党工作任何一个部门中，工作人员底政治水准和马列主义觉悟程度愈高，工作本身也愈高，愈有成效，工作的结果也愈有效力；反过来说，工作人员底政治水准和马列主义觉悟程度愈低，工作中的延误和失败也愈多，工作人员本身也会愈加变为鼠目寸光的小人，堕落成为一些只图眼前利益的事务主义者，而他们也就愈易蜕化变节，——这要算是一个定理。"他又说："我们的年轻干部底培养和形成，通常都是按着个别科学部门和技术部门，按着各个专门知识来进行的。这是必要而且适当的。没有什么必要使得一位医学专家，同时又是一个物理学专家或植物学专家；反过来说也是一样。但有一个科学部门的知识，却是所有一切科学部门中的布尔什维克所必须具备的，这就是马列主义关于社会、社会发展规律、无产阶级革命发展规律、社会主义建设事业发展规律以及共产主义胜利的科学。"（《在第十八次党代表大会上关于联共（布）中央工作的总结报告》）记住这些教导是十分重要的。

听说有的人轻视政治学习。他们受着旧思想的影响，并且入世不深，还不懂得学习政治的重要性。有的青年，虽然在口头上抽象地承认为人民服务，却不准备真正去实行为人民服务。有的青年认为学习上可以"分工"：自己学业务，别人学政治，也就是说，一个青年可以不对国家大事和人民命运负责任，而只要关心自己的业务以及个人利益的随意发展。在今天帝国主义时代阶级斗争最激烈的具体情况下，拒绝马克思列宁主义、毛泽东思想的学习，同时也就必然是让资产阶级思想及其他错误思想加强与增长起来。如果让错误思想在青年们的头脑里影响和滋长，那就是十分危险的事情，而你们是决不应该接近这条道路的。在"三反"运动中，我们可以看到许多部门的许多人，包括一些青年在内，由于轻视政治，脱离阶级斗争认识的结果，受到资产阶级思想的严重侵蚀，以至损害了国家和人民的利益。这种情况，真是值得青年们警惕的啊！

所以，你们应该把政治学习与业务学习结合起来。既要学习业务，又要学习政治。这两种学习本身也是不可分的。只有在马克思列宁主义、毛泽东思想的指导下，才能正确地学习和运用业务；同时，切实地精通业务，又帮助我们真正掌握马克思列宁主义、毛泽东思想。

你们应该善于学习。我想首先应该养成刻苦努力，认真不苟的精神。学习是一种持久的劳动，你们要想获得知识，就必须肯于进行这种劳动，而不能抱任何投机取巧或骄傲自满的态度。马克思曾经把学习比作上山，他说："在科学上面是没有平安的大路可走的，只有那在攀登上不畏劳苦不畏险阻的人，有希望攀到光辉的顶点。"不论是学习政治还是学习业务，都应该掌握住理论与实际相联系的基本原则。旧社会对青年的教育总是把书本与实际生活完全分离开来，结果就只能养成一批书呆子或者仅仅只有一些零碎经验的匠人。我们反对这种教育。青年们应该注意系统地学习政治理论（包括深入了解党和国家的政策）与各种业务科学的理论，并且应用这种理论来研究与解决实际生活中的问题。只有真正能解决问题，才算是学习真正有了成绩。同时，又应该积极参加实际的政治斗争与生产劳动，包括思想改造运动在内，在实践过程中取得经验，并且把这些经验用心总结和提高到理论的水平上来，我国生产上许多先进工作法的创造，就是这种例子。现在已经可以看出，凡是能够这样全面地进行学习的青年，都是进步很快的。最近青年团三中全会用列宁的两句话号召青年，要他们"个个都是有知识的，同时又都是善于劳动的"。希望在这个号召底下，我国青年们把学习热潮更加推向高涨。

我国的青年们是幸福的。你们是国家的未来和希望，你们将能充分发挥优良的德性和才能，参加空前的建设事业，在你们这一代自己的手中把新社会光辉地建立起来，一直使社会主义与共产主义实现。在大规模的建设即将到来之前的国庆节，我向可爱的青年们预祝学习上更大的胜利。

伟大的友谊 *

——为"中苏友好月"而作

（1952 年 11 月 7 日）

　　值此伟大的十月社会主义革命三十五周年之际，中国人民兴奋地欢呼苏联在建设共产主义与维护世界和平事业中的胜利，热烈地庆贺由于最近一系列的重大政治事件而来的中苏兄弟同盟的新发展，同时怀着无限感激的心情来回顾三十多年来两国人民持久不渝的友谊的历史。

　　中苏友谊是在人类历史伟大转变的时代产生的，也就是说，它是在十月革命所开辟的在帝国主义国家内的社会主义革命和在殖民地半殖民地与附属国内的民族解放革命的新时代中产生的。在这个新时代中，十月革命"在社会主义的西方和被奴役的东方之间架起了一道桥梁"（斯大林），中国反帝反封建的革命成了世界无产阶级社会主义革命的一部分，革命的中国人民成了社会主义无产阶级革命的同盟军。中国人民根据自身的经验，特别深刻地体会到十月革命所开辟的这个新时代的伟大意义。当一九一七年十月革命成功的时候，中国还是一个半封建半殖民地的国家。虽然在此以前中国也曾经有过辛亥革命，但是这个旧民主主义革命在帝国主义时代半殖民地的中国是失败了的。处在深重灾难中的中国人民不能不继续寻找解放的道路。正是这时，伟大的列宁、斯大林所领导

---

　　* 原载于《人民中国》1952 年 11 月，录自《人民大学周报》1952 年 11 月 7 日，第 1、2 版。

的十月革命鼓舞了中国人民，给我们指出了走向自由的大道。

中国从一九一九年"五四运动"开始走入了无产阶级领导的新民主主义革命的新时期。毛泽东主席在他的《论人民民主专政》一文中说："中国人找到马克思主义，是经过俄国人介绍的。在十月革命以前，中国人不但不知道列宁、斯大林，也不知道马克思、恩格斯。十月革命一声炮响，给我们送来了马克思列宁主义。"在十月革命的影响下，中国工人运动与马克思主义相结合，在一九二一年就按照列宁、斯大林的布尔什维克党的榜样，成立了中国共产党。这是十月革命所给予中国的深广影响中最伟大的和最根本的影响，也是中国历史转变的关键。从此，中国人民在以伟大领袖毛主席为首的中国共产党的领导下，按照马克思列宁主义所指示的方向，进行了三十年艰苦曲折的斗争。中国人民所面对的最大敌人是无比狡猾凶恶的帝国主义，而要打倒这样的敌人，必须要有以苏联为首的国际革命力量的援助。大家知道，中国革命在它的每一阶段都是得到了这样的援助的。

从十月革命后最初的日子起，苏维埃国家就向东方被压迫民族伸出了友谊之手。苏维埃政府废除了帝俄时代与中国缔结的不平等条约，发表了对中国人民的解放斗争寄予无限同情的几次宣言，得到了中国人民的热烈拥护。苏联和中国共产党帮助和推动了孙中山先生采取联俄、联共、扶助农工的三大政策。苏联从各方面尽力支持了当时的革命政府和军队，使中国一九二四年到一九二七年的第一次国内革命战争曾得到很大的胜利。但这次革命战争的结局，因为以蒋介石为首的国民党反动派背叛革命，出卖人民，反对苏联，甘为帝国主义的走狗，因而遭受失败，而中苏两国之间的友好关系也遭到了国民党政府的可耻阻挠和破坏。但是，中国人民依然对苏联人民怀着深厚的友爱感情，苏联仍然一贯地同情中国人民的革命斗争。一九三一年"九一八"日本武装侵略东北时，苏联向日本提出了警告。一九三七年"七七"日本帝国主义发动侵华战争，苏联就和中国政府订立互不侵犯条约。当时，美帝国主义却以石油废铁及其他物资供应日本对中国人民作战，苏联则给予中国抗战以大量物资援助及其他援助。一百多个苏联飞行员为中国的自由而流血牺牲了。一九四五年苏军粉碎了希特勒德国以后，立即出兵中国的东北，消灭了日军主力关东军，帮助中国人民解放了东北，并订立了完全合乎中国人民革命利益的《中苏友好同盟条约》。在美帝国主义支持蒋介石进行反人民的内战时，以苏联为首的世界和平民主阵营抗拒了帝国主义反动侵略势力，从而帮助中国人民解放战争迅速获得胜利。

　　这里，应该着重提到伟大的革命导师列宁和斯大林对于中国人民革命问题的无限关怀和指示，尤其值得指出的是斯大林关于中国革命的理论和预见，这是中国人民斗争中具有不可估量的意义的理论武器。大家知道，毛主席和斯大林的思想是完全一致的。毛主席在中国革命的具体实践中，发展了斯大林关于中国革命问题的理论，因而领导中国人民战胜了敌人。

　　自从中华人民共和国成立以来，中苏两国人民友谊的发展就进入了一个新的时代，没有任何事物再能阻挠我们两国人民的根深蒂固的友谊的日益增进了。斯大林大元帅和毛泽东主席在莫斯科作了伟大的会见的结果，一九五〇年二月两国签订了有历史意义的《中苏友好同盟互助条约》及其他若干重要协定，以条约的形式把两国兄弟般的友谊团结永远地固定了下来。《中苏友好同盟互助条约》规定："缔约国双方保证以友好合作的精神，并遵照平等、互利、互相尊重国家主权与领土完整及不干涉对方内政的原则，发展和巩固中苏两国之间的经济与文化关系，彼此给予一切可能的经济援助，并进行必要的经济合作。"根据这一规定，苏联给予了我国以用机器设备和器材支付的三亿美元贷款，中苏两国进行了大宗的贸易和创设了若干中苏合营企业，大量有经验的苏联专家来华与我国劳动人民在一起忘我地参加各方面的建设工作，苏联先进生产经验和文化科学技术成就在我国得到广泛的采用，两国人民代表经常的来往访问与参观日益加深着相互的了解和牢不可破的友谊。苏联人民崇高的共产主义道德品质、国际主义精神与和平建设的成就更给予了中国人民以伟大的榜样。三年以来苏联在我国经济与文化事业的恢复与发展上给了我国巨大的无私的帮助，正是在这种帮助之下，中国人民勇敢而勤劳地工作着，就在短时期内把工业与农业生产提高到并超过了战前水平，使财政经济情况得到根本好转，人民文化教育事业有了空前的进展，并为即将到来的大规模的经济和文化建设高潮准备了各种条件。所以，当中国人民欢呼国家建设的伟大成就和伟大前途的时候，深深感到所有这些都是与苏联的友谊帮助分不开的，因而表示衷心的感谢。

　　三十五年来中苏友谊发展的历史无可争辩地证明了"在帝国主义存在的时代，任何国家的真正的人民革命，如果没有国际革命力量在各种不同方式上的援助，要取得自己的胜利是不可能的。胜利了，要巩固，也是不可能的"（毛泽东：《论人民民主专政》）。中苏友谊的历史也证明了："走俄国人的路"（毛泽东：同前），是唯一正确的结论。这一条路并不是什么可以随便取舍的路，而是依据社会发展规律的历史必由之路。这是伟大的列宁、斯大林所指引的在苏联光辉地实现了的马克思列宁主义的道路，是社会主义社会建设已经胜利和更进一步向共产主义社会前进的道路。按照这条道路前进，中国人民已经取得了和正在取得着伟大的胜利，将来还要在为国家工业化的斗争中取得更大的胜利，并满怀信心地走向社会主义与共产主义。由于中国人民的胜利，就使全世界被压迫国家的人民都更加坚定不移地走这一条道路，争取自己的解放与和平，并且确信斗争的胜利。

现在中苏友谊之所以如此亲密无间、影响深刻、日益巩固，是有两国的国家制度的性质作根源的。苏联是工人阶级专政的社会主义国家，新中国是工人阶级领导的、以工农联盟为基础的新民主主义国家，中苏两国劳动人民都是自己祖国的主人。两国人民反对共同的敌人——帝国主义，追求着共同的目标——共产主义。我们彼此休戚相关，利益一致，相互支持，并肩前进。关于这一特点，斯大林在联共第十九次代表大会上的演说中这样指出道："任何兄弟党对我们党的和平愿望的一切支持，同时也就是对它自己人民的维护和平的斗争的支持……产生这种互相支持的特点是因为：我们党的利益和爱好和平的各国人民的利益不但没有矛盾，而且是融合在一起的。至于苏联，它的利益是决不能跟世界和平的事业分开的。"所以，中苏友谊乃是志同道合，乃是一种建立在无产阶级国际主义基础上的团结。我们以这个伟大的团结而自豪。为了增进和巩固中苏友好，促进两大民族的智慧与经验的交流，中华人民共和国诞生后的第五天即成立了中苏友好协会，它现在已有会员三千八百九十万人，并且与日俱增地在发展着。它在广大群众中起着极大的宣传教育作用，例如在今年纪念十月革命三十五周年的时候，由中苏友好协会发起，全国将举行盛大的"中苏友好月"运动，使中苏两国人民友好的深厚意义更广泛深入到人民群众中去。

应该指出：我们的这种兄弟般的牢不可破的友谊是在资本主义国家之间从来没有过也不可能有过的。我们的友谊日益发展和巩固，帝国主义者无可奈何，就惯常一面恶毒无耻地对我们进行诽谤和阴谋破坏；一面吹嘘他们自己帝国主义国家之间那种尔虞我诈、明争暗夺、充满矛盾的所谓"友谊"。例如美帝国主义者对于英国、法国及其他附庸国上层统治集团之间的"友谊"就是一种掩盖着帝国主义矛盾的骑者对于驴子之间的"友谊"；至于帝国主义者假惺惺地对待殖民地和附属国人民那种野蛮阴险的"友谊",就更不用启齿了。帝国主义者和反动派对于我们人民的一切阴谋都已破产了,他们的一切恶毒行为只是暴露了他们在中苏人民伟大友谊面前的恐惧。中苏两国的友谊同盟具有着伟大的国际意义。它本身就是一个鼓舞世界人民的国际团结的范例;同时也是维护世界和平事业的强大堡垒。《中苏友好同盟互助条约》规定:"缔约国双方将为确保世界和平与安全充分贡献其力量,并根据巩固和平与普遍安全的利益,对有关中苏两国共同利益的一切重大国际问题,均将进行彼此协商。"中苏两国人民素来热爱和平,需要从事和平建设,并且正在为保卫和平而贡献出一切力量。例如最近中苏关于中国长春铁路移交我国的公告和关于延长共同使用旅顺口海军根据地期限的换文,中苏两国积极参加亚洲及太平洋区域和平会议——这些行动都对东方和世界的和平构成了坚强的保障,而对于帝国主义侵略势力则是一次又一次的严重打击。拥有七万万人民和广大领土的两个伟大国家的牢不可破的友好同盟,是不可战胜的力量。以中苏友好同盟为骨干的全世界人民结成的和平民主阵营,正在日益强盛壮大。和平一定战胜战争!

中苏两国伟大的友好同盟万岁!

国际主义的胜利旗帜万岁!

和平万岁!

学习苏联知识分子的榜样，积极参加祖国建设[*]

——十一月七日在中央人民广播电台的广播词

（1952 年 11 月 7 日）

正当伟大的十月社会主义革命三十五周年纪念的前夕，我们来回顾中苏两国人民始终不渝的友谊的历史，同时回顾一下我国的知识分子三十多年来追求进步的过程，是很有意义的事。

开辟了人类历史新纪元的十月革命，给中国人民送来了深厚的友谊。这种友谊，不仅在于苏维埃国家刚刚成立就废除了沙俄对中国的不平等条约及特权，给予中国人民解放事业以无限鼓舞与支持；而更重要的在于以马克思列宁主义的真理照亮了中国革命的道路。这种友谊曾经受到帝国主义者和国内的黑暗势力的重重封锁与阻碍；而为了冲破这种封锁与阻碍，中国先进的、革命的知识分子进行过勇敢的斗争，产生了划时代的"五四"运动，促使新民主主义革命在半封建半殖民地社会的母体内孕育成熟。"五四"运动以后，马克思列宁主义革命理论更广泛地传播开来，与蓬勃兴起的中国工人运动相结合，产生了以布尔什维克为榜样的中国共产党。中国共产党领导着全国人民进行了三十年艰苦曲折的革命斗争，终于取得了历史性的伟大胜利。三十年来，中国革命始终都得到以苏联为首的世界反帝国主义革命力量的国际主义援助；特别是列宁、

---

　　* 录自《人民日报》1952 年 11 月 8 日，第 3 版。

斯大林对于中国革命一系列问题的英明指示与科学预见，给了中国共产党与中国人民以难以估价的理论武器。在这整个革命过程中，我国广大的革命知识分子都是工人阶级的一个重要同盟军，尤其是站在党所领导的文化战线上与反动派作了坚决的斗争。革命的知识分子在接受与宣扬马克思列宁主义革命理论、传播苏联的革命经验和友谊、介绍苏联先进的文化知识等事业上，更起着突出的作用。即使在反动的"文化围剿"最疯狂的时候，这种工作仍然是不断深入发展和取得胜利。中国的革命知识分子从来就是马克思列宁主义理论与苏联新文化的积极宣传者；而这种理论与文化也给予了整个一代的革命知识分子自己和广大人民以深刻的教育和影响。正如毛主席所说的那样：革命知识分子"在现阶段的中国革命中常常起着先锋的和桥梁的作用"。"革命力量的组织和革命事业的建设，离开革命的知识分子的参加，是不能成功的。"

在苏联国际主义的援助下，三年来我国迅速地和胜利地渡过了经济恢复时期，为大规模的经济建设与文化建设高潮准备了条件。具体的事实教育了广大的知识分子和全国人民，使我们通过自己的切身经验而深深体会到：苏联乃是我们的良师益友。在国家建设事业当中，继续努力向这个良师益友学习是有着头等重要意义的事情。有了苏联的帮助，我国就不必像苏联自己建国初期那样在史无先例的困难条件下工作，我们在各方面都可以学习苏联这个光辉的榜样，而使建设事业大大加速前进。这种学习，对于知识分子有着特殊的重要性，因为在今天中国知识分子还很少的状况下，知识分子不但要自己学好，还担负着传播苏联先进经验的一份主要责任。如果说革命的知识分子过去在这种传播工作上曾经有着历史的功绩；那么现在就应该发扬这种光荣，继续创造更大的功绩。也就是说，应该认真地学习苏联知识分子的榜样，积极迎接和参加国家建设。

　　大家知道，苏联的知识分子是在列宁、斯大林的亲切教导下成长起来的社会主义的知识分子。早在一九三九年，斯大林就曾经指出过："人数众多的，新的，人民的，社会主义的智识界，它无论按成份或社会政治面貌来说，都是根本和旧时资产阶级智识界不同的。"列宁、斯大林很早就驳斥了那些认为只有剥削阶级才有知识的反动观点，坚持从各民族的工农劳动群众中培养出自己的新型知识分子，在所有的知识部门中都锻炼出布尔什维克专家。苏联知识分子的队伍蓬勃增长的结果，到现在已经有了大约五百五十万从高等学校或中等专科学校毕业的专家，仅仅今年一年之中，就有二十二万一千名青年专家从高等学校毕业到国民经济的各部门去工作，同时有三十七万五千名青年进入高等学校学习。这些知识分子与工人、农民血肉相连，友爱合作，并肩地为争取共产主义的胜利而斗争。他们不倦地努力精通马克思列宁主义科学，力求成为积极参加国家政治领导工作的人。他们以马克思列宁主义作为工作的指针，坚持在一切知识部门中的党性原则，尽力发扬苏维埃爱国主义精神，与一切资产阶级的思想残余作不调和的斗争。在战后年代中，苏联知识界在斯大林的亲自关怀与教导下和联共中央关于思想工作的一系列决议的伟大指导下，进行了关于文艺、哲学、历史、生物学、教育学、语言学、经济学等许多问题的讨论，就是这种布尔什维克精神的明证。他们依据着马克思列宁主义的理论，吸收了人类在数千年来积累下来的优秀的知识遗产，同时在与群众生活和社会生产的不可分离的联系中，不断地钻研从新生活的建设中所发现的新问题，以革新精神勇敢地推翻陈腐过时的东西，把社会主义文化推向前进，因而在各方面都呈现出光辉的成就。在苏维埃国家工业化和农业集体化过程中，他们帮助国家使社会主义获得巩固的胜利。在伟大卫国战争时期，他们协助将国民经济转上战时轨道，增强国家军事威力，贡献自己的一切力量去消灭敌人。在战后年代中，他们运用战时所积累的丰富经验，和全体人民一道提前完成了斯大林战后五年计划，进行着伟大的共产主义建设工程和人民群众的共产主义教育，掀起了社会主义文化的新高涨。例如原子能生产方法的发现就是一个杰出例证，有八千四百七十位科学、工业、运输、农业工作者和二千三百三十九位文艺工作者荣获了斯大林奖金，也是杰出的例证。可以看到：苏联建设的所有伟大成就都是和知识分子的劳动功绩分不开的。他们自己则以这种不遗余力的创造性劳动作为神圣的爱国主义义务；并且以自己的卓越成绩来丰富人类进步文化的总宝库，使苏维埃社会主义文化成为今日世界文化的最高峰，为各国建设新生活的人民提供了宝贵的先进经验，无私地指导中国和人民民主国家，表现了高度的国际主义精神。因此，他们光荣地被斯大林同志称呼为"苏联土地上的盐"——不可缺少的宝贵财富，同时受到进步人类的敬佩与尊重。

所以，毫无疑问，苏联知识分子发展的方向正是我国知识分子的方向，从他们的精神品质到工作成果，都是值得我们学习的模范。向他们学习的结果，将保证我们知识分子的进步道路和工作成果都符合于国家发展的需要。由于这种学习乃是关系着整个国家前途的大事，因此，我们必须把它当作一种共同的政治任务，当作我们自己在加强中苏友好这件事情上最主要的内容；因此，我们决不能只是在口头上抽象地承认学习的重要性，也不能自满于一种浮光掠影的地步，而应该采取心悦诚服、严肃认真的态度，怀着高度的政治热情与革命毅力，切实地在行动上贯彻下去。否则，即使有了如此优秀的榜样，也不会学到什么东西。

学习苏联知识分子的榜样是与学习马克思列宁主义、改造思想分不开的。苏联知识分子是在马克思列宁主义培养下的社会主义知识分子，而我国许多知识分子从旧中国所带来的各种错误思想，不能不与社会主义思想体系发生对抗性的矛盾。所以在这个学习问题上不能抱着一种单纯技术观点的态度，否则就是忘记了带根本性的东西。我国的知识分子经过三年来的学习运动和实际锻炼，在自我教育和自我改造上面已经取得了很大的成绩，现在又掀起了速成学习俄文的热潮，证明大家决心学习苏联，这是很好的。现在的任务是要继续深入下去，向更高的水平前进。特别是有着一定造诣的专家们，更要经过在自己那一个科学部门所达到的成果，循着自己的途径来认识与接受共产主义思想。知识分子一般地是自食其力的人，如果从思想上得到了彻底改造，以马克思列宁主义武装自己，他们就可以成为工人阶级的知识分子。而如果真正实现了思想改造，他们就能够自觉地发挥更大力量为人民服务，促使民主改革和国家工业化的迅速进展。所以毛主席说："思想改造，首先是各种知识分子的思想改造，是我国在各方面彻底实现民主改革和逐步实行工业化的重要条件之一。"和这种改造工作的同时，我们国家还要在很大的规模上，学习苏联培养知识分子的经验，并且在现有知识分子参加帮助之下，从工农劳动人民及其子弟中培养出新型知识分子，使他们成为国家建设中的骨干，也以新鲜血液来注入知识分子的队伍。

知识分子还应该努力掌握和继续精通业务，向文化科学展开群众性的进军，使我们在一切知识部门中造就出出色的专家。过去，旧中国的反动统治者是只求把知识当作一种统治和奴役人民的工具，那时有大部分的知识分子都遭受到深重的灾难，许多知识领域也都是处于十分落后的状态，这种落后状态甚至仍然是压在我们头上的负担。现在，我们则要把一切有用的知识都利用来作为建设新社会的积极力量。在我们的时代，知识分子要真正实践马克思说过的"哲学家们曾经只是用不同的方式说明世界，但是现在问题是在于改造世界"这一句名言，充分发挥自己的聪明才智与理想，以爱国主义精神把建设事业推向前进，坚持努力地赶上先进的水平，在祖国的土地上开放出灿烂的文化科学的花朵。缺乏业务基础的人，固然要下定决心攻克科学堡垒；有了一定基础的人，也应该在原有基础和新的方向上继续钻研。现在已经可以明显预见到：通过培养和改造的途径，整批整批的具有马克思列宁主义思想武装和掌握着先进的文化科学知识的新型知识分子将不断涌现出来，成为文化建设高潮到来的一个显著标志。

伟大的建设高潮正在等待着我们。无限广阔的为人民服务的道路和一切创造新文化财富的道路，现在是越来越清楚地展现在我们面前，一切脑力劳动者的所有聪明才智的潜力都将能在伟大建设的基地上充分地发挥出来。在这样的形势面前，又有了苏联知识分子和苏联人民的榜样，我国的知识分子将和全国人民一道顺利地进行工作，走上国家工业化的道路，并准备走向社会主义与共产主义的前途。到了将来实现了社会主义制度的时候，脑力劳动和体力劳动之间的对立将会消灭，就像现在在苏联的情况一样；而到了向共产主义过渡的时候，社会文化将达到高度发展，脑力劳动与体力劳动的本质差别也将会逐渐归于消灭。人类最伟大先进的理想就要实现了。世界上再没有什么东西比这个理想更有无限的鼓舞力量的了。让我们大家满怀胜利信心勇敢前进。

小学教师们，为推行五年一贯制而努力！*

（1952 年 11 月 16 日）

　　自从中央人民政府政务院公布《关于改革学制的决定》以来，已经一年了。在经过了许多准备以后，小学五年一贯制从今年开始即在全国范围内逐步实行。这是我国人民教育事业中有重大意义的事件，尤其是小学教育制度上的一个带有根本方向的改革。我们的小学教师们是直接担负着小学教育的光荣责任的人，所以在实行五年一贯制的工作中，也就将起着一种特殊重要的作用。

　　大家都知道：在旧中国的文化教育上，劳动人民受教育的权利是被剥夺并受到排斥的，这种情况在旧小学学制上也表现了出来。由于小学修业六年并分为高初两级，而高级小学又集中在城镇，就使广大劳动人民的子女，尤其是农民的子女，难于受到完全的初等教育。当广大的劳动人民在政治上翻了身和经济生活上升以后，他们就越来越迫切地要求提高文化水平，希望把自己的子女送到自己的学校里去，三年来我国小学教育蓬勃发展的事实，正是这种要求的一个具体反映。同时，国家经济与文化事业的发展也是越来越迫切地要求发展人民的基础教育。在这种情况下，旧学制的继续存在就不能不与这些要求发生矛盾，而成为极大的障碍。因此，必须改革学制。新学制规定：小学的修业期限改为五

---

　　* 录自《教工通报》1952 年第 29 期，第 2～3 页。

年，实行一贯制，取消初、高两级的分段制，并规定小学入学年龄以七足岁为标准。这种改革，消除了旧学制的弊害，便利于广大城乡劳动人民的子女有平等机会地受到完全的初等教育，统一和扩大了人民的基础教育，更好地保证能为国家培养健全的新的一代；这种改革，使全国农村小学一律提高到五年，也就是提高了整个人民的基础教育，同时由于避免了过去小学教育上的浪费现象，实际上能够提高教学的水平；这种改革，又由于符合儿童体力与智力发展的程度，就能够更加增进学习效率。五年一贯制显然有着极大的优越性。这种小学新学制的实施，正表明了国家对未来一代的无限关怀与热望；而其实施的结果，就必然能更密切地配合国家建设的需要，为培养大量人才打下良好基础，并大大地促进人民文化水平的提高。

正如任何新事物的出现一样，五年一贯制的实行也必然要经过巨大的斗争。这个斗争，又只有变成了群众自己的事情，展开为一个广大群众性的运动，才能取得胜利的结果。我们千百万小学教师们应该积极响应政府号召，首先成为这个群众性的运动中的骨干。这是责无旁贷的。

小学教师们要时刻记住自己是人民的教育工作者，对国家和可爱的儿童们负有光荣的责任。我们要把自己最好的东西都贡献出来，用自己的努力去为劳动人民服务。而要做到这一点，就应该认真改造思想，经常努力学习政治。这种努力当然也应该贯串在当前的任务中间。这就是说，为了推行五年一贯制，首先应该有充分的思想准备。要坚定教育工作为劳动人民服务的观点，对改革学制的革命意义和新学制的优越性有真正明确的了解；同时又要对贯彻学制改革的困难有正确的认识，去掉传统的、保守的旧观点，以革命的精神来克服困难。这样来树立起自觉的责任感和积极性。现在北京等地试行五年一贯制的经验已经证明了：这种自觉的责任感和积极性，这种思想准备，对于顺利推行五年一贯制具有首要的意义，它是改革工作中巨大的推动力量。

为了实际上推行而不是口头上接受五年一贯制，小学教师们应该进行一系列的具体工作，主动地创造各种条件。师资问题是主要困难之一，为了解决这个问题，除了大量培养训练新的师资以外，还要求小学教师们积极进行在职学习，努力掌握业务。五年一贯制要求教师“跟班走”，今年教一年级的教师几年之后便要教四、五年级，这个办法对于我们正是一种有利的督促。根据教育工会的了解，现在各地不少城乡小学教师在在职学习方面陆续提供了很好的经验，例如业余进修学校、教师星期学校、函授师范学校、业务通讯网、补习班、流动图书馆等，都是可行的方式。事实证明：由于小学教师努力进修，认真钻研，一般是可以在三年左右的时间内提高到能担任高年级教学的水平的。师资的困难完全可以克服。校舍和教学设备问题等，也都要依靠大家运用革命的办法来解决。此外，由于推行五年一贯制是一种新的措施，所以总结经验和交流经验就有着很大的重要性。小学教师们是最直接地深入实际教学工作的人，大家的实践经验也是特别宝贵的。总结经验和交流经验的结果，不但将大大有利于新学制的顺利推行，而且也有利于提高自己的教学水平。

为了把推行五年一贯制变成一种群众性的运动，小学教师的活动就不要局限在学校以内，而应该扩展到学校以外的周围环境中去。要向各方面作广泛的宣传，争取社会上的配合与协助，特别重要的是与学生和学龄儿童的家长密切联系，使他们了解五年一贯制的意义，愿意按学龄送子女入学，并乐于与教师合作。这种各方面的配合与协助，是顺利推动工作的必要条件，我们可以从这里得到有力的支持。

今年是实施五年一贯制的第一年，随着国家大规模建设事业的进展，全国小学学制的改革将要在五年以内完成，那时全国的初等教育将大为普及，我们将可以达到百分之八十以上的学龄儿童都能入学的纪录。这是令人鼓舞的、艰巨的任务。在各级教育部门的领导下，让我们为完成推行五年一贯制的任务而努力。

和青年们谈谈中苏友好 *

（1952 年 11 月）

　　伟大的十月社会主义革命节就要到了。我想和青年们谈谈中苏友好，当作是一点家常话。

　　最近，有些青年们告诉我说：他们近来天天都感到一种新的兴奋，因为接连而来的许多大事情不断地鼓舞着他们。他们所说的这些大事情包括中苏会谈的成就、国庆节所显示的祖国的伟大胜利、有历史意义的联共第十九次代表大会和苏联第五个五年计划等等。所有这些事情都是中苏两国为保卫世界和平而斗争的共同事业中的重大事件，它们对每一个青年人自己的生活也都将发生深刻的影响。所以我想：这样的兴奋可能正是代表着青年们共同的心情。

　　但是，当青年们兴奋地欢呼今天的胜利的时候，却不一定完全了解三十多年以前的事情。三十多年以前，整个世界都还被帝国主义统治着，沙皇俄国就是一个落后的帝国主义国家。沙俄统治者一面残酷压迫本国人民，一面野蛮侵略中国和其他民族。为了推翻这个黑暗统治，俄国的先进的人们经过了"半世纪的辛苦阅历，才挣得了马克思主义这个唯一正确的革命理论"。以列宁、斯大林为首的俄国马克思主义政党领导人民进行了百折不挠的斗争。斯大林在最近联共第十九次代表大会上的演说

---

　　* 录自《中国青年》1952 年第 19 期，第 7～10 页。

中讲到那时的艰苦情景说："那时最微小的前进都被宣布为最严重的罪行。但是俄国共产党人排除了这些困难，没有为它们所吓倒。而且获得了胜利。"一九一七年十月社会主义革命，突破了世界帝国主义的阵线，在占地球六分之一的土地上建立了世界上第一个社会主义国家，工农劳动群众掌握了政权。于是，开始了人类历史的新纪元。三十五年来，苏联人民在马克思列宁主义思想的照耀下，经过了外国武装干涉与国内战争时期、经过了新经济政策和三个五年计划，又经过了伟大卫国战争和战后的和平建设年代，他们已经胜利地建成了社会主义并且正在向着人类最美好的理想——共产主义社会前进。我之所以先谈谈这一点，是想使大家记得苏联劳动人民是经过了多少奋斗才争得自己的解放和幸福的。俄国革命和苏联社会主义建设的这一篇历史乃是世界上空前未有的最辉煌的历史，青年们好好学习这篇历史可以得到很大的教益。

当十月革命胜利的时候，我们中国还是一个半封建半殖民地的社会，帝国主义和封建主义两座大山仍然重压在人民身上。十月革命以前我国曾有过辛亥革命，这个资产阶级的旧民主主义革命是失败了的，当时以一部分先进分子为代表的我国人民群众迫切地想摆脱黑暗的命运。我自己是参加过辛亥革命的人，那时就曾经像毛主席所描述过的许多"寻找真理"的人们一样，痛切地感到旧式的革命的失败，总想找到一条解放的道路，那真是所谓"如饥思食、如渴思饮"一样。正是这个时候，十月革命像春雷惊蛰一样唤醒了被压迫的东方民族，给了当时在苦难中求解放的中国人民以极大的希望。苏维埃国家成立，马上就自动废除了帝俄政府对中国的一切不平等条约与特权，几次对华宣言都表达了对于中国民族解放的无限诚挚的热望，像一九一九年的宣言中就这样说过："我们对于东方民族，尤其是对中国人民想脱离帝国主义武力和财力羁绊的运动，是很想予以援助的。我们不仅想救助苏俄劳动阶级，而且想救助中国人民。"一九二四年中苏订立了中国近百年史上第一个平等的条约。人们从社会主义国家这里得到了从来没有想到过的国际友谊。更重要的是，十月革命使马克思列宁主义的真理得以传播到中国来，我还记得当我们真正接触到科学的社会主义理论时，真是如获至宝，高兴极了。我自己就是在那个时候抛弃了旧民主主义和某些无政府主义的影响，而坚决相信要有坚强的、战斗的无产阶级的党来担负消灭旧社会、建立新社会的任务。正如毛主席在《论人民民主专政》中所说："中国人找到马克思主义，是经过俄国人介绍的。在十月革命以前，中国人不但不知道列宁、斯大林，也不知道马克思、恩格斯。十月革命一声炮响，给我们送来了马克思列宁主义。"在十月革命和马克思列宁主义的影响下，产生了作为中国新民主主义革命起点的"五四运动"。以后，马克思列宁主义理论与我国工人运动相结合，就在一九二一年按照列宁、斯大林的布尔什维克党的榜样成立了中国无产阶级政党——中国共产党。在这里，青年们应该特别注意：决定着中国人民革命命运的最根本的东西，那是无产阶级的先锋队中国共产党的正确领导。没有了中国共产党这样一个"有纪律的有马、恩、列、斯的理论武装的采取自我批评方法的联系人民群众的"布尔什维克党来领导，中国革命的胜利就是不可能的。因此，当我们在谈到十月革命对于中国革命的影响的时候，应该认识到最根本的关键正是在这里。

在这里，我想特别提到列宁、斯大林对于中国革命的伟大关怀和英明指示。列宁从一九〇〇年即义和团运动的时候起，就发表了许多有关中国问题的论文，同情中国人民的革命斗争，他在临终以前不久所写的一篇文章中指出："斗争底结局归根到底是取决于这个情况：俄国、印度、中国等等占世界人口底极大多数。然而正是这大多数人口最近几年来非常迅速地卷入争取自身解放的斗争，所以在这个意义上，对于世界斗争问题最终将如何解决，不能有丝毫怀疑。在这个意义上，社会主义底最后胜利是完全和绝对有保证的。"斯大林在一九二五年也写道："中国革命运动底力量是不可计量的。这些力量还没有恰当地表现出来。它们将来还会表现出来。东方和西方的统治者看不到这些力量，不以应有的程度估计到这些力量，他们将因此而吃苦头。"伟大的革命导师对我们中国革命的巨大意义和必胜前途作了多么英明的论断和科学的预见，它们对我们是无穷的鼓舞力量。列宁、斯大林关于民族殖民地问题的理论，特别是关于中国革命的性质、特点、策略等一系列问题的全部理论，乃是我们在战胜敌人的斗争中具有不可估量的意义的武器。我在这里不多介绍了，希望好学的青年们认真地学习这些理论来武装自己。

在以毛主席为首的中国共产党的领导下，我们中国革命经过了三十年艰苦曲折的道路，才终于打倒了国内外的敌人，取得了继十月革命和苏联在第二次世界大战中的胜利以后最有历史性的伟大胜利。在这三十年长期的斗争过程中，以苏联为首的国际革命力量一直对我们作了正义的支援；而如果没有这种支援，革命的胜利也是不可能的。因此，这种支援将要使我国享受着革命成果的后代年青子弟们在心中永远不忘记。正是苏联和中国共产党，帮助了孙中山先生在失望之中找到道路，使他采取了联俄、联共、扶助农工的三大政策并改组了国民党。正是苏联，在中国第一次国内革命的年代中对当时的革命政府作了宝贵的帮助，并且用大量顾问人员、军火、物资等来帮助我们建立革命的军队，胜利地举行北伐进军。正是苏联，在蒋介石背叛革命，变成了帝国主义者反苏、反共、反人民的走狗的时候，仍然一贯地支援我们人民的革命斗争，在国际上严重地打击了日本帝国主义对我国的野心侵略。正是苏联，在抗日战争时期给了我们以最多的和尽力的援助，包括大批的人力、物资与借款，而大家知道，当时帝国主义者们行使的却是为了他们自己在华的利益而假称"同情"中国的"口蜜腹剑"的政策。也正是苏联，在消灭了德国法西斯以后，又回师东指，消灭了日本关东军，解放了东北；又在美蒋联合进行反人民的内战时从国际上和其他人民民主国家一起支援了人民解放战争。在这一段长时期中充满了令人难忘的历史事实，有许多动人的事迹将会永远流传在我们人民中间。我在这里举出青年们熟知的苏联诗人玛雅柯夫斯基来。他对中国人民革命的热爱充满在他的热情的诗句中。一九二七年上海工人武装起义夺取上海的消息传到莫斯科的时候，玛雅柯夫斯基正在一个工厂里被群众包围着要求他朗诵自己最好的一首诗。他听到了这个消息，立即站起来说：这就是"一切动人的诗歌都不能比"的诗！——"工人群众和广东的队伍取得了上海！"他在《滚出中国！》这首诗里大声疾呼地号召说：

喊得响亮些，中国人：

滚出中国！——

你们要及时地把这些

统治者赶出去。

把他们赶出中国的境外。

世界上的强盗们

滚出中国！——

我们乐意

帮助

所有被压迫的人民

来战斗，

指导你们

替你们筹划。

我们跟你们在一起，中国人！

他在逝世前不久还写道：

> 数万万
>
> 劳动人民的中国！
>
> 为了永恒的友谊
>
> 让我们
>
> 携手吧！
>
> 跟帝国主义者
>
> 算帐！

从这些火热的诗句里，使我们至今还能感受到当时苏联人民那种热情。我还要举出抗日战争中苏联空军志愿队的库里申科大队长。库里申科同志和他的大队在抗战初期就到中国来参加抗战，从空中严重地打击了日本强盗。他对于我国劳动人民的热爱可以从他的一番话里表现出来。他说："我像体验着我的祖国的灾难一样，体验着中国劳动人民正在遭受的灾难，我每当看到遭到日本飞机炸毁的建筑物和逃难的人群就难过。"他为了中国人民的解放事业而英勇奋战。有一次他在武汉上空击落了六架敌机后，不幸飞机受伤坠入长江，他壮烈地为中国人民牺牲了自己的生命。这是使我们永远不能忘记的崇高情谊。

中华人民共和国的成立，使我们和苏联的友谊进入了一个完全新的时代。我们的国家首先面临着的是十分艰巨的经济的恢复与改造任务。三年以来，在完成这个艰巨任务中，苏联的帮助具有特殊重大的意义。大家知道：在苏维埃共和国成立以后，受到的是资本主义世界的包围与攻击，而且苏联要在没有先例的情况下进行建设。而我们年青的国家所处的情况就方便得多了，我们有了世界和平民主阵营的支持，特别是苏联的强大存在与光辉榜样。在我们新中国刚刚成立不久，毛主席和斯大林作了有历史意义的伟大会见，在他们的亲自参加下，签订了《中苏友好同盟互助条约》及其他协定，使中苏两国人民始终不渝的友好团结经过条约而固定了下来。

三年来中苏两国并肩地站在保卫世界和平的最前列。我们两国的政府和人民在各种重大的国际问题上，都是亲密团结与友好合作的。中苏友好同盟是两个共拥有七万万人民的国家在如此广阔的土地上的兄弟同盟，它具有着人类历史上过去和现在都没有可以和它比拟的力量，无敌于天下的伟大力量。在古代我国的万里长城曾经抵抗过外族的侵略，现在我们的中苏同盟就是保卫世界和平的新的万里长城。我们这个伟大的同盟大大地加强了世界和平民主阵营的优势，并且成为这个阵营的中坚，严重地打击了以美帝国主义者为首的战争贩子们的侵略政策，特别是有力地防止着野蛮的日本军国主义侵略势力的复活；保障了我们自己国家的和平建设。不久以前我国政府代表团与苏联政府会谈以后，决定苏联军队延长从旅顺口撤退的期限一直到我国和日本、苏联和日本之间缔结和约的时候为止，我们两国强大的军事力量镇守在这个曾经被帝国主义当作侵略中国和亚洲的桥头堡垒的地方，这就是对于美帝国主义复活日本军国主义的又一次狠狠的打击。

根据《中苏友好同盟互助条约》的规定，苏联给予我们以十分迫切需要的宝贵贷款，进行了大宗的贸易和各种物资的援助，创设了两国合作的石油公司、有色金属及稀有金属公司与民用航空公司，一批一批的苏联专家来到我国忘我地参加各方面的建设工作，苏联的先进建设经验和知识在我们全国范围内得到广泛的研究和传播，并且在被有效地运用着。苏联人民崇高的共产主义道德品质与和平建设的成就也给了我们以卓越的榜样和极大的鼓舞。所有这些，是这样地影响深刻，以至关系着我们每一个人的生活，我想青年们对这一点是能体会得十分亲切的。现在已经可以看出：在我们国家建设事业中，凡是获得了苏联帮助和先进经验指导的地方，工作就现出一片新气象，就突飞猛进。青年们，尤其是参加实际工作的劳动青年们，对这一点也是体会得十分亲切的。大家都知道中国长春铁路，这是我国东北工业建设基地和沟通国际关系的一条大动脉。在中长铁路上，苏联专家几年来为我们培养了一万六千多个能掌握先进管理企业方法的职工，推广了一百三十多种苏联铁路工作先进方法，由于学习了苏联经验和铁路员工的努力，一九五一年中长路的劳动生产率比一九五〇年提高了百分之二十七点八，支出较原定计划节省了七百二十三亿余元，由于车辆周转的加速而获得的利润超过计划一万亿元。大家都知道治淮工程和荆江分洪工程，这是为千百万人民除灾兴利的大事，也是闻名世界的大规模水利建设。在这些水利建设工程中，苏联专家运用苏联水利事业的先进经验，帮助我们坚决贯彻毛主席把水患变成水利的指示，制订了优越的工程计划和各种技术设计。不但这样，他们还诚恳地教会我们的同志们自己掌握先进的科学技术，用自己的力量来建设。著名的水利专家布可夫同志为我们亲手制订了能控制一百六十亿立方公尺洪水量的水库工程和蓄洪工程计划，设计了建闸不打桩、进洪闸闸门的启闭和有名的"布可夫槽"等项重要工程。淮河和荆江分洪工程不但是"工农联盟的标志"，而且也是中苏友谊的标志。大家也都知道中国人民大学，这是新中国第一座完全新型的培养国家建设骨干的大学。中国人民大学就是在苏联专家的直接帮助下，学习苏联高等教育的经验而创办起来的。人民大学创办才两年，就已经初步树立起了一个万人左右的新型大学的规模，两年来毕业了两千多个学生，培养了五百多个教员和几百个研究生，编写与翻译了四百种以上的讲义，对全国高等教育的改进也有一定的帮助。苏联同志不远万里、不辞劳苦地来传播马克思列宁主义理论与先进科学知识，他们被同志们敬重地看作良师益友。三年来我国人民努力奋斗，我们国家的工业和农业生产都已达到和超过战前水平，财经状况得到了根本好转，文化教育事业有了空前的发展，为即将到来的大规模的建设高潮准备了很好的条件。这里面，苏联的热诚无私的帮助是起了很大的作用的。所以，当我们欢呼祖国的伟大成就和伟大前途的时候，同时要热烈地欢呼中苏友谊的胜利，对苏联的帮助怀着衷心的感谢和敬意。

为什么苏联这样热诚无私地援助我们，为什么两国的友谊又是这样亲密无间和日益巩固呢？一句话，这就是国际主义。我在这里来引一段刘少奇同志论国际主义的话。刘少奇同志说："无产阶级的国际主义对于民族的看法，及其处理世界民族问题的基本原则，是从本国人民群众的根本利益出发，同时也是从全世界各民族的人民群众即全人类共同的根本利益出发。民族的侵略，既然是阶级剥削制度的一种产物，无产阶级不剥削任何人，而且为追求一个人不剥削人的社会制度而斗争，它就必须反对一个民族去压迫另一个民族。无产阶级不能在人类社会上保存任何人压迫人的制度，否则，就不能使自己得到解放。因此，无产阶级坚决反对任何的民族压迫。"正是从这个原则出发，苏联人民自己争得了解放，也热诚帮助中国人民从帝国主义压迫下争得解放。苏联帮助中国人民，也就是加强了世界革命阵线，支持了自己；同样地，中国人民拥护苏联，也就是加强了世界革命阵线，支持了自己。这就叫做互相支持。当我们中国人民成了国家的主人以后，这种相互支持的局面就进而结成为苏联与中国两个国家之间牢不可破的同盟。现在，苏联正在经过由社会主义过渡到共产主义的道路走向共产主义，我们祖国也正在建设新民主主义并且准备走向社会主义与共产主义的前途。我们两个国家朝着共同一致的奋斗目标，一道并肩前进，这种情况正是志同道合。我们两国这种利益完全一致的兄弟的关系，一家人的关系，是资本主义国家那里从来不可能有过的。斯大林最近在联共第十九次代表大会的演说中说：

"任何兄弟党对我们党的和平愿望的一切支持，同时也就是对它自己人民的维护和平的斗争的支持。……产生这种互相支持的特点是因为，我们党的利益和爱好和平的各国人民的利益不但没有矛盾，而且是融合在一起的。至于苏联，它的利益是决不能跟世界和平的事业分开的。"道理就在这里。我想直率地说：过去许多青年们由于受了反动派的欺骗和狭隘民族主义思想的影响，他们曾经是不懂得这种道理的。他们一面摸不透帝国主义者的阴谋面目；一面又以怀疑的态度对待苏联。三年来，由于广泛的革命教育和为苏联对中国的各种无私的援助的具体事实说服的结果，青年们一般地是已经批判了那种错误态度，大大地提高了自己的政治认识，这的确是我们社会思想面貌变化的重要标志之一。不过，还要希望青年们，尤其是要求青年团员们，进一步地把自己的思想认识提高到无产阶级思想的水平，自觉地建立马克思列宁主义的阶级观点，养成一种深厚的国际主义感情。

末了，我想以一个希望来结束这一席家常话。这就是：希望青年们努力向苏联学习——不但学习苏联的先进知识和建设经验，而且学习苏联人民优秀的思想品质。青年们都是国家建设的后备力量，将来要担负起更大的任务，即经过国家工业化的道路，按照苏联今天的榜样，把国家引向社会主义、共产主义的前途。所以对于大家来说，向苏联学习是一种政治任务，也是增进中苏友谊的工作的具体内容。希望大家努力。

为了国家建设，教育工作者必须加强学习，提高工作质量！ *

（1953 年 1 月 11 日）

我们的国家已经胜利地完成了经济恢复的工作，从今年开始就要进行大规模的经济建设。从恢复进到大规模的建设，这是一个伟大的转变。为了适应经济建设的需要，并且在和经济建设同时，我们的国家也将要从今年开始在广阔的规模上进行有计划的教育建设，以提高人民的文化水平，培养建设人材。国家的教育建设事业是整个国家建设中一个十分重要的部份，它与国家的经济建设事业是密切配合的，如果教育建设的任务不能准确地完成，将必然对经济建设发生严重的影响。

在教育建设事业当中，我们教育工作者们，各级学校的教师们占着一个特别重要的地位，因为我们正是这个建设任务的直接担当者，正是国家教育政策的具体实行者。因此，国家将要继续进行系统的工作来提高我们的精神和物质生活，尽力发展一支强大的人民教育工作者的队伍，使之成为在马克思列宁主义、毛泽东思想的旗帜下的一支强大的国家建设的方面军。毫无疑问，我们的国家是一定要这样做的。但是，这还只是问题的一方面。问题还有重要的另一方面，就是广大教育工作者们自觉的积极精神方面。建设事业越是规模广阔和发展迅速，就越是要求我

---

* 录自《光明日报》1953 年 1 月 11 日，第 1 版。

们自觉地对国家担当起重大的责任，要求我们积极行动起来，发挥潜在能力，提高教育工作质量。

三年以来，教育工作者在共产党与人民政府的领导下，曾经在教育事业的改造与建设工作上做了不少事情，在自我教育和自我改造工作中也获得了很大的成绩。我们对于这些应该有足够的估计；但是同时又应该看得出自己的弱点，只要我们向前来看，就可以发现：一般地说，现在各级学校教育工作者们的思想政治水平和业务知识水平都还是赶不上客观形势飞速发展的需要。这就是困难。很显然，我们教育工作者们要是想真正成为建设事业中的一支没有愧色的方面军的话，就必须自觉地努力提高自己，克服这个困难。

教育工作者本身的质量问题乃是直接关系着整个教育质量的问题，我们应该把提高自己当作一个爱国主义的责任。无论什么时候我们都不要以为自己为国家所做的已经够了。大家知道，我们的革命导师马克思就是始终认为自己最好的东西对于劳动者也不会是够好的，他认为如果我们贡献给劳动者的东西有一点不够尽善尽美的话，那就要算是一种罪恶。马克思是我们伟大的模范。我们应该拿这种精神来严格地要求自己和提高自己，尽善尽美地贡献出自己所有的本领。如果自己的本领不够，就要决心去取得本领。这里问题的关键是在于学习，不疲倦地再三学习。我们一方面要继续努力学习马克思列宁主义、毛泽东思想，巩固与扩大思想改造运动的成果以及在有些地方继续展开思想改造工作，逐步地、坚决地以共产主义思想来武装自己；一方面要继续努力钻研和力求精深地通晓专门科学，总结自己教育工作中的经验教训，提高教育技能，尤其重要的是切实地学习与推广苏联先进经验，这样把学习坚持不懈地进行下去。在我们教育工作者的队伍中间，尤其是在中小学教师中间，有着许多新来的同志们，他们当然要下定决心，不畏困难地逐步熟习自己不懂的东西，使自己成为教育工作者中的优秀能手；已经有些经验的同志们，也同样要学习，决不能抱着保守自满的态度把自己束缚在固定的、落后的水平上，而应该把教育当作一种不断前进、不断创造的劳动，努力加深修养，并且用自己的有用经验给新人们以诚恳的帮助。至于曾经受过错误影响的同志们，尤其是高级教育工作者们，在已经初步抛弃了那些错误的累赘以后，还须要愉快地在新的方向上努力加深与扩大自己那个科学部门的成果，并且也经过这条道路来认识与坚信共产主义。事实上，现在各地教育工作者们已经进行了不少的在职进修和教学研究，而且有了可喜的显著成效，这些方面的经验对于推动我们提高工作质量是很有好处的，应该得到交流和推广。现在已经可以看得出来：如果我们学习的更好，就可以给国家带来更可贵的贡献，为建设事业造就出源源不绝的、质量优秀的人材。

一九五三年是国家伟大的建设时期开端的一年。在这个有历史意义的一年开始的时候，让我们大家预祝全国教育工作者们共同获得新的光辉成就。

《中苏友好同盟互助条约》签订的三周年 *

——为《真理报》作

（1953 年 2 月 19 日）

　　《中苏友好同盟互助条约》签订已经三周年了。中国人民怀着无比的欢欣和对于苏联人民、苏联政府和斯大林同志的感谢之忱来纪念这个日子。三年来，证明《中苏友好同盟互助条约》在发展中苏两国人民的友好和团结，在共同保卫远东和世界和平的事业上，起着极大的作用。在这三年来，中苏两国人民的伟大同盟日益巩固和发展了，以苏联为首和以中苏同盟为骨干的和平民主社会主义阵营日益壮大了；而以美帝国主义为首的侵略阵营则日益削弱和腐朽，它们的战争政策和侵略计划不断地受到沉重的打击，这一切完全证明了毛泽东同志在三年前的英明论断：中苏两大民族的"这种团结，不但必然要影响中苏两大国的繁荣，而且必然要影响到人类的将来，影响到全世界和平与正义的胜利"。

　　《中苏友好同盟互助条约》的主要目的是缔约国双方共同防止日本帝国主义或其他直接间接在侵略行为上与日本相勾结的国家的重新侵略与破坏和平。三年来，中苏两国本着这个条约的精神，在巩固远东和世界和平的国际斗争中团结一致，严重地打击了美帝国主义的战争阴谋。中苏两国政府和人民忠诚合作，为了反对美日间签订的片面和约和美国复

---

　　* 录自《光明日报》1953 年 2 月 19 日，第 1 版。

活日本军国主义的政策，进行了坚决的斗争。在朝鲜停战问题上，中苏两国政府和人民共同地坚持了在公平合理的基础上和平解决朝鲜问题的政策。中苏两国人民在保卫世界和平事业中的这种忠诚合作，赢得了全世界爱好和平人民的支持和拥护。

三年来，中苏两国进行了巨大的经济合作和文化交流。中国人民衷心地感谢苏联政府和人民在经济恢复和经济建设上给与我国的兄弟般的援助。苏联以优惠条件贷款给我国，帮助我国开发资源和兴建民用航空事业，以巨大的物质和技术上的援助来帮助我国恢复和发展生产，特别是大批苏联专家的来到我国，他们在我国工业、农业、林业、水利、教育、卫生等各个方面，都像在他们自己祖国一样地做出了杰出的贡献。这一切慷慨无私的援助，都是中国人民所永志不忘的。

去年年底，苏联政府根据中苏协定如期将共同管理的中国长春铁路的一切权利及属于该路的全部财产无偿地移交我国政府所有。同时根据我国政府的提议，经苏联政府的同意，延长共同使用旅顺口海军根据地的期限。这些事实说明了苏联对于盟约的信守不渝，说明了苏联对于我国的慷慨无私的援助。

三年来，中苏两国的这种亲密无间的互助合作，特别是苏联对中国的巨大的经济援助，生动地说明了斯大林同志在《苏联社会主义经济问题》中所分析的这种国际间新型的友好关系的特征。斯大林同志说："这个合作的经验表明，没有一个资本主义国家能像苏联那样给予各人民民主国家以真正的帮助和技术精湛的帮助。问题不仅在于这种帮助是极度便宜的，技术上是头等的。问题首先在于这种合作的基础，是互相帮助和求得共同经济高涨的真诚愿望。"这种合作，使中国人民胜利地粉碎了美帝国主义对我国的经济封锁，加速了我国经济的恢复和改造工作，从而有力地巩固了和平民主社会主义阵营。

　　过去三年中，在苏联帮助下我国建设在各个方面所获得的巨大胜利，使我国有可能从今年开始执行国家建设的第一个五年计划。全国人民要在继续加强抗美援朝的条件下进行大规模的经济建设事业，以最快的速度使中国由落后的农业国变为先进的工业国。

　　去年十一月举行的"中苏友好月"，对于增进中苏两国人民的友谊和促进两国的文化交流起了巨大的作用。在"中苏友好月"中，苏联人民派遣的文化使节在我国各地和我国各界人民中间进行了广泛的接触。我国访问苏联的农民代表回国后，在广大农村中进行了广泛的宣传活动。全国各大城市和许多农村举行了苏联影片展览。这些在我国广大人民中留下了关于社会主义苏联、关于中苏友好的最深刻的印象。

　　中国人民在建设自己祖国的同时，以极大的关切注视着伟大盟邦苏联在由社会主义过渡到共产主义道路上所获得的一切成就。一系列伟大共产主义建设工程的开工，列宁伏尔加河－顿河运河的通航，以及伟大的改造自然计划的顺利实施，都极大地鼓舞着我国人民的劳动热忱，增强着我国人民为同样美好的未来而斗争的信心。联共（布）第十九次代表大会的召开，斯大林的《苏联社会主义经济问题》这一伟大著作的发表，斯大林在大会上的演说，这些重大事件都在中国人民中引起了广泛的兴趣和深切的注意。学习斯大林著作和联共（布）第十九次代表大会文件的热潮遍及全国，参加到这个学习热潮中的国家工作干部，青年积极分子，共产党员和非共产党员，已有数百万人。

　　在开始进行大规模的经济建设时，中国共产党人和中国人民把向苏联学习当作一个有决定意义的问题。毛泽东同志在人民政协第一届全国委员会第四次会议上说："我们要进行伟大的国家建设，我们面前的工作是艰苦的，我们的经验是不够的，因此，要认真学习苏联的先进经验。无论共产党内、共产党外、老干部、新干部、技术人员、知识分子以及工人群众和农民群众，都必须诚心诚意地向苏联学习。我们不仅要学习马克思、恩格斯、列宁、斯大林的理论，而且要学习苏联先进的科学技术。我们要在全国范围内掀起学习苏联的高潮，来建设我们的国家。"

在我们的工厂里，工人和技术人员们都在学习苏联先进的生产经验。在我们的学校里，正在根据苏联学校的先进经验，进行院系调整和课程改革。人们为了能够直接地阅读苏联的科学书籍，在学校里、在机关里、在工厂里广泛地展开了学习俄文的运动。中国人民深深地认识到，苏联的社会主义建设经验和苏联的科学技术是世界上最先进的，因此，我们要进行经济建设，就必须向苏联学习。

让中苏两国人民团结得更紧密吧！这七亿自由人民的伟大同盟必然是远东和世界和平的可靠保证，是一切被压迫人类争取自由解放的灯塔。

中苏两国人民的伟大的牢不可破的同盟万岁！

为了祖国，好好学习*

——开学时对同学们说几句话

（1953 年 2 月）

经过了一个寒假，我们全国二百四十万中学生又将高兴地走进自己的课堂。当你们坐在书桌面前又开始一个新学期生活的时候，可以听得见已经开端的大规模经济建设向你们响亮地呼唤的声音。你们这一批生气勃勃的年青人，是我们国家建设的一支重要后备力量。所以祖国正在殷切地期望着你们，愿你们早日长成有用的人材，将来像你们勇敢勤劳的父兄一样地工作，并且更好地继续他们的事业，根据科学法则来改变社会和自然的面貌，使我们的祖国向着社会主义与共产主义前进。

现在等待着你们的是一种伟大的、充满着高尚思想的生活。你们能够献身于自己祖国的事业，为实现毛主席的理想而斗争，这是最光荣不过的事情了。在旧社会里，一般青年学生们也是有着热烈求学的心愿和对于未来的美好想望的，但都总是不能实现，他们受尽了反动派的迫害摧残。我有一个学电机工程的儿子，他虽然有着满腔为人民建设大水电站的抱负，但是在四川搞了很多年头，却始终没有能够实现他的大愿望，直到当地解放前夕抱恨死去。不久以前我读了一位名叫严农的中学生写的自叙诗，他悲愤地回忆：自己一生下来就几乎被丢在便桶里淹死，从

---

* 录自《中学生》1953 年 2 月号，第 2～5 页。

小给地主放牛，吃糠吃树皮长大，后来又被敌人割去了一只耳朵，他的姐姐被地主糟蹋，两个哥哥被冻死和淹死，一个哥哥砍断了手指还被抓去当"壮丁"，他的童年是充满了血泪的日子。过去年青人所遭遇的那种悲惨命运是早已永远地完结了，现在你们面前伸展着的却是完全不同的康庄大道。我也曾经接触过一些可爱的年青人，并且通过《中学生》了解到一些中学生现在的心思，我知道你们中间许多人实际上已经怀有着远大的理想。例如许多人准备将来做优秀的工程师、地质勘察家、农业工作者、飞行员、医生、教师等等，都愿从事一种为人民谋幸福的高贵的职业，使自己的劳动成为整个祖国的劳动的一部分，而且希望在未来参加新生活的建设中间成为英雄。这是好得很的事。你们朝着伟大的目的前进的理想，将是使你们勇敢地走进生活中去的鼓舞力量。这种理想是一种美好的品质，是在毛主席的教育下形成的我国青年们的一种显著特色。祖国十分需要你们有这种理想。

但是，理想必须要人们去实现它。这就不但需要决心和勇敢，而且需要知识。我想：你们自己的和接受别人的实践经验都还很少，所以应该不隐瞒自己缺乏知识这个弱点。对于中学生来说，这并不是什么可笑的事情；但是，如果明明缺乏知识而又自暴自弃，那就是毫无道理的了。为了获得知识，就必须学习。只有学习，才能使你们健康地成长起来。你们今天的学习问题也就是明天担负实际任务时的工作本领问题，现在在学校里学习得好一些，将来就能工作得出色一些。所以，你们就应该自觉地努力，大家都把学习当作对祖国的一种责任，当作实现理想的必由之路。

在学习上要注意全面发展，使自己成为德才兼备、身体健康的人。这里我想特别谈谈关于学好各种功课的问题。除了中等专业学校以外，一般中学学生所要接受的教育乃是全面的普通的文化知识的教育。你们都是青少年，还只是刚刚进入知识的大门，对于你们，摆在面前的什么东西都是生疏的。你们现在所学的都是生活和工作所需要的起码的常识的东西，都不能不学好。例如学不好祖国的语文，就会不能通顺地表达自己的思想，更不用说高深的研究；学不好数学，就会什么科学之门都难走进去，同时也妨碍自己的思想系统化；学不好历史，就会不知道过去劳动人民怎样为改造世界和改造社会而斗争，也就很难接受到前人的经验。对于你们，哪一门功课中的知识又是所谓"不必要"的呢？同时，各种知识之间本来又都有着密切的关系，它们不可能被各自孤立地分开来。只有在全面的普通的文化知识的基础之上，才能真正掌握和精通一门科学。要想将来成为国家所需要的专家，那么在中学时代恰恰就应该准备好这个基础，以便将来去系统地钻研高级专门知识。听说有的中学生喜欢随便"丢掉"一门功课，就好像随便丢掉一团废字纸一样；有的人只爱看看文学作品，有的又认为只要学好数理化就可以。这些学生们自己，可能是受了旧社会遗留下来的一些旧影响，把某些知识作为取得个人利益的工具，像江苏黄桥中学一位学生自己检讨的那样："把知识当作做生意人的本钱"；也可能是由于缺乏生活经验和害怕学习上的困难，简单地从一种幼稚的喜恶出发，而不去想这种办法将会发生什么结果。不要认为"丢掉"是减轻了负担，而要知道其中包含着一种很坏的后果——将来可能成为知识上残缺不全的人，今天"丢掉"的东西，会是将来最感到缺乏的东西。现在许多曾经在艰苦斗争环境中没有机会学习文化的老干部，都要积极补课，为什么国家给了你们这样好的环境，你们反而这样白白地放弃呢？我希望你们好好地学习各门功课，牢固地掌握全面的普通的文化知识。只有在认真地把各门功课都学好的基础上，对于自己准备选择的那种业务的知识作比较多的注意与研究，才是可靠的。

关于怎样学习的问题，你们可以从各方面得到有益的指导，我只想说一点：最主要的是要努力学习。听说有的中学生还有一种懒惰的毛病，害怕困难，总是过度地无目的地玩玩乐乐，而把功课推到明天去，甚至想轻而易举地抄袭别人的学习成果来勉强应付老师，把学习当作一件迫不得已的事，好像学得越少倒越是痛快一样。应该知道，没有经过认真的努力是不可能得到真正的知识的，最多也不过是得到一些像浮游的云彩一样容易消散的东西；而没有真正的学识的青年人，将来在祖国的建设事业中又能够起到多少作用呢？国家又能够分配给他一些什么工作做呢？学习本身也是一种复杂的劳动，你们要用热爱劳动的态度来诚实地对待学习。诚实，就是要自觉地懂得自己的责任，不骄傲自满，认真专心，顽强不倦，勇于克服困难，按照国家所要求的努力前进。你们知道，伟大的列宁、斯大林和毛主席，都是从年青的时候起就热烈追求真理的知识，刻苦努力，学而不厌，这种精神对于他们成为学识精深渊博的马克思主义者都有着密切的关系。我们敬爱自己的革命导师，要把他们青年时代的学习精神也当作自己的榜样。

正是二十年前的春天，斯大林同志在给苏联集体农场的青年团员们的一次演说中曾经讲过这样的话："青年——是我们的将来，我们的希望。青年们应当替换我们这些老头子们。青年应当将我们的旗帜撑到最终点的胜利。……不错，青年缺乏知识。但是知识是可以取得的东西。今天没知识，明天会有知识。因此任务在于学习和再三学习列宁主义。"现在我引这几句话转赠给你们，希望大家：为了祖国，好好学习。

在首都人民追悼伟大导师斯大林同志大会上的悼词 *

——中苏友协总会副会长吴玉章的悼词

（1953 年 3 月 10 日）

同志们，朋友们：

伟大的斯大林——中国人民的最敬爱的朋友和导师，和我们永别了。我们大家都为这个不幸感到万分的悲痛。

斯大林的名字，对于我们中国人民，和对于苏联人民一样，是最亲切的。三十多年来，我们中国人民就是受着他的教导和关怀，他鼓舞和支持我们团结起来，为争取自己民族的解放和独立，前仆后继地英勇奋斗。在中国革命取得胜利并正开始大规模国家建设的今天，我们对于斯大林同志的逝世，更是感到无可比拟的深沉巨大的悲痛。

中苏两国人民三十年来如像兄弟般地互相友爱的。这种友爱，是在列宁和斯大林的旗帜下生长起来的。这种友爱，使我们在过去长期艰苦斗争的岁月里，得到无限的温暖，并从中吸取着力量和信心。这种友爱，在中国革命胜利以后，更加灿烂辉煌地发展了起来，成为我国人民心中根深蒂固的思想和感情。现在世界上，再没有一种力量能够破坏和阻止我们中苏两国人民的友谊与合作了。斯大林的名字，就是这种最伟大最神圣的友爱的最伟大最神圣的象征。

---

* 录自《光明日报》1953 年 3 月 10 日，第 2 版。

　　我们中国人民是在列宁的时代觉醒起来，又在斯大林时代站了起来。我们从列宁、斯大林那里学会了马克思列宁主义。列宁、斯大林帮助我们找到了革命的真理。对于我们中国人民说来，正像对世界一切被压迫被奴役的民族和人民一样，列宁和斯大林，就是光明，就是胜利。

　　在斯大林同志逝世之后，我们中国人民，中苏友好协会的全体会员，要像保护我们的眼睛一样，保护中苏两国人民的深厚友谊。我们要永远记住斯大林同志的教训："让中华人民共和国和苏维埃社会主义共和国联盟的伟大友谊——远东和平及安全的坚强堡垒永远巩固"。我们一定要紧紧地团结在中国共产党和毛主席的周围，把巩固中苏同盟、保卫世界和平与安全的事业更好地担当起来！

在中共中国人民大学第二届党代表大会上的开幕词 *

（1953 年 3 月 19 日）

同志们：

我们学校党的第二届代表大会开幕了。

这次代表大会，在学校成立三年后的今天召开，在祖国大规模经济建设业已开始的今天召开，就给这次代表大会以更加严重的任务。

三年来，在中央的领导下，在苏联同志的帮助下，由于全体同志的积极努力，我们已经取得了相当大的成绩。我们基本上已经掌握了苏联的教学制度和方法；大部分教员也已经比较系统地掌握了一二门专业的科学知识了。

但，这并不是说我们的工作进行得十分顺利；相反，我们曾经遇到过重重困难。三年来，经过几次运动，特别是经过"三反"和整党，开展了批评与自我批评，尤其是开展了自下而上的批评，曾发现了工作中的不少问题；从而才使某些问题得到了初步解决，并摸到了尚待解决的重要问题的基本环节。

今天看来，我们学校虽说已有一定基础，但这基础还不能说十分巩固。我们的学工人员对苏联先进经验的教学制度和方法运用得还是很不纯熟的。教员们对所教课程的科学知识还只能说具有了初步基础，思想

---

* 录自《人民大学周报》1953 年 3 月 19 日，第 2 版。

性、政治性与科学性都还不够高，还有待于大力提高。

我们怎样巩固既得成绩，又怎样在现有基础上继续提高呢？党在这方面又怎样保证呢？我想这些应当成为这次党代表大会的中心课题。

如果我们看看目前祖国建设的情况，就会使我们感觉责任的更加重大。祖国的经济和文化的建设，事事都在学习苏联的先进经验，都是突飞猛进地发展。三年前，中央就给了我们学习苏联先进建设经验的任务，为我们请了大批苏联专家。二三年来各地区和各机关不仅送了大批干部来校学习，且急切需要我们教材用以吸取苏联的经验。各地的高等学校经常来校参观、访问，以便从我们这里取得建设新型大学的经验。但我们对苏联的先进经验消化得怎样？目前所学得的一些先进的教学办法和科学知识怎样结合祖国建设的实际？怎样在祖国的经济和文化建设里起更大的作用呢？如果认真检查起来，我们做得还是远远落后于国家对我们要求的。

为了不辜负中央对我们的期望，为了在祖国建设中发挥应有的作用，就应当：一、系统地总结经验，巩固和发展既得的成绩；二、深入钻研先进科学和建设中的实际问题，以提高科学水平。

因此，从学校的发展和祖国建设的需要看，巩固和提高，应当是我们迫切的任务。

要想巩固成绩，要想在政治上思想上以及科学上继续提高，就必须认真总结工作，认真组织学习。在工作和学习中必须展开批评与自我批评，尤其是自下而上的批评。不然就不能使工作和学习得到进一步的发展。

同志们：党是推动工作的动力，由于过去我们学校的党在工作中起了一定的保护作用，在工作中团结了广大群众，所以能够取得一定成绩；这次大会，希望展开讨论，在大会上开展批评和自我批评，把关键问题弄得十分明确，达到思想一致意志一致，使党在我们学校中能起更大的推动作用。在这次代表大会之后，相信同志们更会在统一的思想领导之下，积极前进，团结一切力量，把巩固和提高工作做得更好。相信我们的代表大会一定能取得胜利。

预祝大会的成功！

青年们要做斯大林的好学生 *

（1953 年 3 月 20 日）

　　斯大林同志和我们永别了。我怀着难言的悲痛心情来给青年们写下这些话。

　　斯大林同志是全世界劳动人民和青年最伟大的领袖和导师。他和列宁在一起胜利地实现了伟大的十月社会主义革命，开辟了人类历史的新纪元。列宁死后，他继承了列宁的伟大事业，领导苏联人民辉煌地完成了社会主义的建设，并正在进行共产主义的建设。正如毛主席所说："斯大林同志代表了我们整个的一个新时代。"他的思想智慧和伟大功勋在所有正义的、人民民主的和社会主义的事业中放射着不朽的光辉。

　　斯大林同志给予了青年以亲切关怀和教导。他把青年看作革命的宝贵的后备军和新社会的积极建设者，看作人民的未来和希望，指引他们摆脱在旧社会的黑暗统治下被摧残毒害的那种悲惨命运和走上为人类美好生活的将来而作革命斗争的道路。斯大林和列宁在一起建立了以共产主义教育青年的完整的科学，建立了苏联列宁共产主义青年团，培养出了像奥斯特洛夫斯基、卓娅、马特洛索夫和"青年近卫军"那样整代整代的英勇的苏联青年，为他们开辟了社会主义的无限幸福的天地，并且号召他们把人民的旗帜"撑到最终点的胜利"。他深切地爱护青年，无微

---

　　* 原载于《中国青年报》，录自《东北日报》1953 年 3 月 24 日，第 4 版。

不至地关注到他们的生活的一切方面。就在他最后的伟大遗著《苏联社会主义经济问题》一书中，他还具体地指示了怎样为国内外的革命青年编写一本好的马克思主义政治经济学教科书。

我们中国现在的青年一代，正是在幸福的斯大林的时代诞生和成长起来，又在斯大林的时代受着马克思列宁主义革命的理论和实际教养的。远在我国人民革命运动的初期，斯大林同志在共产国际上的演说中就对中国青年为反对帝国主义压迫所进行的斗争作了英明的估计和指示。中国青年没有辜负斯大林的指示和鼓舞，在毛主席和中国共产党的领导之下，中国青年和全国人民在一起，争得了解放，建立了伟大的中华人民共和国。而当我们的国家面临恢复和建设任务的新时期，斯大林同志又派来了许多苏联专家，以先进技术和科学知识传授给我国的青年们。甚至在斯大林同志逝世以前不久，当他接见宋庆龄副主席的时候，他还一再详尽地垂询中国青年学习和生活的情况。

青年们要在自己的心中永远记着和永远爱戴斯大林。要学习斯大林，做斯大林的好学生。斯大林同志从年轻的时候起就是卓越的马克思主义者，他为无产阶级革命和世界共产主义事业而奋斗的伟大的一生，是所有劳动人民和青年最崇高的典范；他创造性地发展马克思列宁主义的理论而写成的天才著作，是遗留给我们的战无不胜的思想武器和行动纲领。青年们要好好学习斯大林永垂不朽的生平事业和学说，从中吸取前进的力量。这是大家首要的任务。

要像斯大林同志所教导的那样顽强地学习知识，向科学展开群众性的进军。因为如果没有知识，不掌握科学，就不可能进行建设。青年们如果愿意作有为的建设者，就不要落在科学发展的大道旁边，而必须把科学这座堡垒拿下来。

要像斯大林同志所教导的那样作热烈的爱国主义者。要紧紧地团结在共产党的周围，作党和劳动人民的忠诚儿女，坚定地站在自己平凡而又重要的劳动岗位上，贡献出全部精力和智慧，力求成为能够担当国家命运的自觉的战士。要像斯大林同志所教导的那样不使自己流于鼠目寸光、庸俗自安之辈的小人，而要怀着对伟大目的的理想生气勃勃地前进。

要像斯大林同志所教导的那样不断提高国际主义思想，和全世界人民团结起来。特别是要认识：由列宁斯大林所亲手栽培的百炼成钢的苏联共产党是我们中国共产党的模范，由列宁斯大林所亲手创造的苏联社会主义国家是我们祖国的远景。要热爱苏联，学习苏联，加强对苏联共产党、苏联政府和苏联人民的信任与支持，发展在斯大林的名义下的中苏兄弟友谊，不许任何人加以破坏。对于苏联的一切支持同时也就是对于我们自己人民的斗争的支持，——这是斯大林同志在他最后的一次演说中给我们的嘱咐。

要像斯大林同志所教导的那样去反对人民的敌人，丝毫也不留情。要警惕和再三地警惕，加强战斗准备，粉碎敌人任何幸灾乐祸地挑拨离间、破坏、进犯的阴谋诡计，不让它们钻到任何一个空子。如果敌人胆敢冒犯，就挺身而起，坚决消灭它们，就像我们抗美援朝志愿军英勇的青年们一样。

青年们，让我们把悲痛化为力量，让我们每个人站在自己的岗位上，为继续斯大林同志的事业而努力奋斗。

关于党对知识分子的政策*

——在中共中央宣传部宣传干部训练班上的演讲
（1953 年 3 月 28 日）

　　我党对知识分子的政策是以马克思列宁主义的普遍真理与中国革命的具体实践相结合而制定的。由毛泽东同志所规定的党对知识分子的政策的正确性，已经为数十年来的历史事实所证明了。

一

　　知识分子是一个历史范畴。在阶级社会内，由于体力劳动和智力劳动发生分化和对立的结果，才产生和形成了特殊的知识分子群。

　　知识分子是掌握着知识的人们。他们在社会物质财富的生产中并不占独立的地位，他们不是独立的社会力量。知识分子从来就不是也不能是一个特殊的阶级，他们是一个独特的社会阶层。斯大林同志说："知识界从来不是一个阶级，而且也不能是一个阶级，——它过去是，而且现在还是由社会里各阶级出身的分子组成的阶层。"（斯大林《论苏联宪法草案》）所以把知识分子当作一个特殊的阶级，即所谓"知识阶级"来对待是错误的。

　　但是知识分子又并不是超阶级的。他们隶属于不同的阶级。历史上任何一个社会阶级都是要提出自己的知识分子的。在奴隶社会中，有代

录自《吴玉章教育文集》，四川教育出版社 1989 年版，第 138～163 页。

表奴隶主的知识分子和代表奴隶的知识分子；在封建社会中，有代表封建地主的知识分子和代表农民的知识分子；在资本主义社会中，有代表资产阶级的知识分子和代表工人阶级的知识分子。在资本主义制度下，由于资本主义生产要求有更多的智力劳动者，所以知识分子在那里得到了比以前规模更大的发展。

在阶级社会内，知识分子主要是由统治阶级的代表所组成。被剥削阶级——奴隶、农民、工人——是被迫做体力劳动的，他们处在被剥削压迫的地位，生活穷困万分，要想使自己和子女去受教育是极其困难的。因此，知识分子队伍中所包括的主要是由剥削阶级出身和从他们所垄断的教育机关中训练出来的人们，如地主、贵族、官吏、资本家及其子女等等，以及一部分富裕农民出身的知识分子，只有极少数由工人出身的知识分子。而即使是从被剥削阶级出身的知识分子，通常也都是被培养出来为剥削阶级的统治利益服务。列宁曾经说过：在资产阶级的学校里，"工农青年所受到的与其说是教育，不如说是为迎合资产阶级利益的奴化训练。教育这些青年的目的就是要为资产阶级造成适用的奴仆，他既能替主人创造利润，同时又不会惊扰主人的安宁"（《论青年团的任务》）。各个阶级的知识分子，常常是充当各个阶级的代表人。他们的阶级意识，常常是本阶级中最为显著的。在阶级斗争尖锐时，总是各阶级的知识分子首先出来说话。列宁也说过："知识分子其所以称为知识分子，就是因为它是更加觉悟的，更加坚决的，更加确切地反映和表现在一切社会内各阶级利益和各政治集团的发展。"

那么，怎样来评断知识分子究竟属于什么阶级呢？

按照划分阶级的规定，知识分子的阶级出身依其家庭成分来决定：如家庭属于地主的是地主出身，家庭属于中农的是中农出身。知识分子本人的阶级成分依本人取得主要生活来源的方法来决定：如本人当地主的是地主，本人当资本家的是资本家。

　　但是，绝大多数的知识分子都是一种智力劳动者。他们的活动是智力劳动，从事非剥削别人的工作，或者只有轻微的剥削。他们为他们自己所鼓吹的思想、为他们所拥护的事业来服务。因此他们的阶级属性，就不能简单地从家庭出身状况和生活状况来决定，而要看他们为哪个阶级服务。例如资产阶级的知识分子，他本人并不一定就是资产阶级，但是他是为资产阶级服务的，就是说，他反对那与资产阶级利益相冲突的东西，拥护那与资产阶级利益相符合的东西，他所提出的要求只能符合于而决不会违背或超出资产阶级利益所要求的那个界限。相反地，也有一些从资产阶级和地主阶级出身的觉悟了的知识分子，可以变成工人阶级的知识分子。在我们革命队伍中和党内，就有不少这样的知识分子。

　　在革命的时代中，知识分子的队伍不能不发生分化。例如俄国十月社会主义革命及其以后的时期，一部分富有的上层知识分子顽强地仇视和抵抗革命，一部分接近小资产阶级的中间阶层长期采取骑墙态度，而人数众多的下层知识分子就很快与人民结合起来，为苏维埃政权服务。在现代资本主义社会中，资本主义社会的极端腐朽和文化衰颓的时候，工人阶级的斗争吸引着越来越多的知识分子，他们都转到共产主义方面来。如居里、法斯特、罗伯逊、毕加索等等。

　　在已经消灭了剥削阶级的社会主义社会里，知识分子的面貌是和在资本主义社会里完全两样的。苏联就是这样。斯大林说："我们苏联的知识界，是与工人阶级和农民骨肉相联的完全新的知识界。"（《论苏联宪法草案》）苏联的知识分子，他们极大部分都是由劳动人民出身，他们的活动性质也是为劳动人民服务。"它现在是苏维埃社会中享有平等权利的一员，在这里，它与工农携手建设着无产阶级的社会主义的新社会"（同上）。在苏联，体力劳动与智力劳动的对立已经消灭。"智力劳动和体力劳动对立的经济基础，是智力劳动者对体力劳动者的剥削。……显然，随着资本主义和剥削制度的消灭，体力劳动和智力劳动间利益的对立也必定消失。它在我国现今的社会制度下，确实也消失了。现在体力劳动者与领导人员并不是敌人，而是同志和朋友，都是一个统一生产集体的成员，都极端关心生产的进步和改善，他们之间过去的仇视连一点影子也没有了。"（《苏联社会主义经济问题》）而在过渡到共产主义社会的时候，体力劳动和智力劳动间的本质差别，还将要用提高工人文化水平技术水平到技术人员水平的办法，来逐渐地加以消灭，到了共产主义社会，这种本质差别就会消灭了。知识分子就将会不再是一个特殊的社会阶层。但非本质的差别还会保存。

二

在中国历史上几千年的封建社会中一直有着一个为统治阶级服务的士大夫阶层。封建社会的科举考试制度就是为训练和选拔这种知识分子的制度。但是同时，士大夫阶层中也有一些人出来站在人民的方面，特别是当社会急剧变化的时候，更是坚决地站在人民的方面来。例如历史上农民战争中的许多领袖就有不少的知识分子。

在半封建半殖民地的旧中国，数十年来也形成了一个很大的现代知识分子群。由于中国社会经济的复杂性，中国的知识分子也有多种多样的类型。帝国主义、封建地主和买办资产阶级在旧中国的统治，不会不寻找和培养为他们服务的、代表他们的利益的知识分子。帝国主义者对于中国的文化侵略是处心积虑、阴谋很大的，尤其是美国帝国主义者更特别热中于这种伎俩，例如，在1949年全国解放胜利的形势下，美帝国主义发表的《白皮书》还阴谋把一些所谓"民主个人主义者"拖过去。在中国，有代表帝国主义利益、代表封建地主阶级利益和买办资产阶级

利益的知识分子；同时，也有代表民族资产阶级利益的知识分子和代表
小资产阶级利益的知识分子；也有农民阶级的知识分子和工人阶级的知
识分子。

所以，把中国的知识分子一律看作小资产阶级的知识分子，是不对
的。这种看法，就会混淆了阶级界限，与党的政策是不符的。

但是，中国知识分子的多数、它的主体，却是小资产阶级。毛主
席在《中国革命与中国共产党》一书中分析中国农民以外的小资产阶级
时说："从他们的家庭出身看，从他们的生活条件看，从他们的政治立
场看，现代中国知识分子和青年学生的多数是可以归入小资产阶级范
畴的。"

中国的知识分子，除去一部分接近帝国主义和大资产阶级并为其服
务而反对民众的人以外，大部分具有小资产阶级的两面性。这就是说，
一方面具有革命性，另一方面又具有动摇性和落后性。

一般知识分子为什么具有革命性呢？毛主席在《论联合政府》中说：
"民族压迫和封建压迫所给予中国人民的灾难中，包括着民族文化的灾
难。特别是具有进步意义的文化事业和教育事业，进步的文化人和教育
家，所受灾难，更为深重。"又在《论反对日本帝国主义的策略》中说：
"中国的小资产阶级也是要反抗的……帝国主义和中国反革命势力，曾经
给了他们以重大的损害，使他们中的很多人陷于失业、破产或半破产的
境地。现在他们眼看就要当亡国奴了，除了反抗，再没有出路。"又在
《中国革命与中国共产党》中说：他们"一般地是受帝国主义、封建主义
和大资产阶级的压迫，遭受着失业和失学的威胁。因此，他们有很大的
革命性"。由于知识分子深受这种压迫，所以怀有不同程度的反帝反封
建的正义感，有民族民主革命的要求。他们有较高的文化水平和一些近
代的科学知识，容易有较敏锐的政治感觉。特别是帝国主义对中国的侵

略和压迫，促使中国知识分子民族意识的觉醒，产生对于民族解放的迫切要求。许多知识分子都是首先痛感到民族压迫的痛苦和在帝国主义支持之下的旧军阀和国民党的反动政权的腐败，然后接受革命的教育，逐步提高起来，而成为人民解放事业的战士。其中包括一些地主、资产阶级家庭出身的知识分子甚至个别的大地主、大资产阶级出身的知识分子。但主要的还是如毛主席所指出的：广大的比较贫苦的知识分子，他们能够和工农一道参加和拥护革命。旧民主主义革命，即辛亥革命，日本留学生起了很大的作用，这是大家所知道的。作为新民主主义革命的开始的五四运动，北京学生起了很大的作用，也是大家所知道的。

我们中国共产党，在毛泽东同志领导下，从来就没有低估革命的知识分子的作用；相反地，却强调他们在革命中的作用，把他们看作人民革命事业的可贵资本，看作革命的重要的方面军和无产阶级的同盟者。为了提醒大家重视知识分子的作用，毛主席曾经再三地教导我们说：

没有知识分子的参加，革命的胜利是不可能的。(《大量吸收知识分子》)

马克思列宁主义思想在中国的广大的传播和接受，首先也是在知识分子和青年学生中。革命力量的组织和革命事业的建设，离开革命知识分子的参加，是不能成功的。(《中国革命与中国共产党》)

在中国的民主革命运动中，知识分子是首先觉悟的成分。(《五四运动》)

中国是一个被民族压迫与封建压迫所造成的文化落后的国家，中国的人民解放斗争迫切地需要知识分子，因而知识分子问题就特别显得重要。而在过去半个世纪的人民解放斗争，特别是五四运动以来的斗争中，在八年抗日战争中，广大革命知识分子对于中国人民解放事业所起的作用，是很大的。在今后的斗争中，他们将起更

大的作用。(《论联合政府》)

概括地说来，革命知识分子在现阶段的中国革命中的作用，就是起了桥梁作用和先锋作用。

所谓桥梁作用，就是把马克思列宁主义、毛泽东思想的革命真理传播到广大革命群众中间去。大家知道，马克思列宁主义是在批判地接受了人类历史上一切最宝贵的知识遗产的基础上产生出来的，而不可能是工人运动自发的结果。列宁在《做什么？》一书里有一段有名的话，他说："社会民主主义的意识，只能从外面灌输进来。各国的历史告诉我们：工人阶级如果单靠自己的力量，就只能锻炼出工团主义的意识。……社会主义的学说，则是从有产阶级中受过教育的代表——知识分子所制造出来的哲学的、历史的、经济的各种理论中生长出来的。现代科学社会主义的创始者马克思和恩格斯本人，按其社会地位来说，也是属于资产阶级的知识分子。俄国也是如此，俄国社会民主派理论学说的产生，完全无关工人运动之自发增长，它的产生，乃是革命社会主义的知识分子底思想发展之自然的和必然的结果。"斯大林同志也曾经批判了那种认为工人阶级自己就创造了科学的社会主义思想体系的错误，他说："要创造科学的社会主义，就必须领导科学，就必须以科学知识武装起来，并善于深刻地研究历史发展规律；而工人阶级，只要仍然是工人阶级，就不能够领导科学，把它推向前进，科学地研究历史规律，他们没有时间和手段来从事这个。"(《略论党内的意见分歧》)接着他引了考茨基（变成机会主义者以前的考茨基）的话说：科学的社会主义"只有在深刻的科学知识底基础上才能产生出来……科学底代表人物不是无产阶级，而是资产阶级知识阶层"。

这两段话很明白地说明了革命的知识分子在把科学的社会主义意识灌输到工人群众中去，使之与工人运动相结合的工作中的作用。在中国革命过程中，情形也正是这样。工人阶级和劳动人民在旧中国受着残酷的剥削和压迫，由于生活的极端穷困，造成了严重的文化落后的状况，绝大多数的劳动人民是文盲，他们就连识几个字也是十分困难的，更不用说接触系统的科学知识了。所以，中国的革命知识分子，就担当了把革命理论传播到革命群众中去的桥梁作用。十月革命以后，马克思列宁主义在中国的传播，首先也是在中国的知识分子中间，因为只有具备了相当的文化科学知识水平，才有可能学习科学知识和理论。五四运动时期，成长了中国的第一批具有初步共产主义思想的知识分子，如李大钊同志等，他们在工人和劳动群众中进行革命的宣传鼓动工作，传布用马克思列宁主义指导中国革命的思想，促成了中国工人运动和马克思列宁主义的结合，因而准备了党的产生。从当时起这个方面的最卓越的代表就是毛泽东同志。

革命的知识分子在革命中的"先锋作用"，毛泽东同志曾经解释为："就是带头作用，就是站在革命队伍的前头。"（《青年运动的方向》）他们富于政治感觉，总是比较敏锐地首先提出政治斗争的要求。在中国革命的各个阶段上，都有大批的知识分子站到革命的方面和站在革命队伍的前面来。作为中国新民主主义革命开端的五四运动，在其开始，就是共产主义的知识分子、革命的小资产阶级知识分子和资产阶级知识分子（他们是当时运动中的右翼）三部分人的统一战线的革命运动，后来就发展到成为有广大的无产阶级、小资产阶级和资产阶级参加的全国范围的革命运动。1925年的五卅运动，当时的革命学生和工人在一起，坚持了英勇的反对帝国主义的斗争，因而推动了当时广东的革命化和准备了全国的大革命。1935年的一二·九运动，在党的号召下和刘少奇同志等的领导下，以当时北平为首的全国各大城市的学生掀起了爱国运动，反对日本帝国主义的侵略和国民党政府的投降政策，冲破了当时的白色恐怖，在国民党统治地区喊出了代表全国各阶层人民意志的"停止内战，一致抗日"与"争取民主"的口号，给了全国以巨大的震动，成为全国人民在我党领导下掀起抗日民族解放斗争高潮的标志，促成了抗日民族统一战线的组成。当时革命的学生们还走上了"到农村去"的道路，与广大的农民结合起来。在八年抗日战争中，广大的革命知识分子群众，宣传、动员和组织人民，积极参加和支援了战争。在抗战胜利以后，配合着人民解放战争的发展，国民党统治地区掀起了如火如荼的学生运动，在国民党反动统治残酷镇压之下连续地英勇地举行了反对美蒋的各种革命斗争。所以毛泽东同志说："中国反帝反封建的人民队伍中，有由中国知识青年们和学生青年们组成的一支军队。……这支几百万人的军队，是反帝反封建的一个方面军，而且是一个重要的方面军。"（《青年运动的方向》）

在中国革命胜利以后，知识分子是不是还有什么作用呢？还会起很大的作用，而且从某种意义上说来，还会起更大的作用。在中华人民共和国成立以来三年的经济恢复时期中，革命的知识分子在恢复工农业生产、参加政府工作、发展文化事业以及建设强大的现代国防军等各个方面的作用，都是非常显著的。今后国家要进行大规模的建设，正如斯大林所说，革命的建设是不能单靠骑兵似的猛打冲锋所能取胜的。为了建设，就必须要有知识，而因此，知识分子就有了十分的重要性。特别是由于知识分子在党的领导下逐步地改造自己，他们的作用就能比以前发挥得更大。关于这一点，早在 1948 年全国解放的前夕，任弼时同志在论及"土地改革中的几个问题"时，也曾经着重地作过一段很好的叙述。他说："我们要建设一个新民主主义国家，就必须要有知识。例如建立一个医院，要设内科、外科、妇科、小儿科、牙科等，就要有许多医生、医助、护士。这些人才，要经多年学习和实际工作锻炼，才能培养出来。

例如要修一条铁路，必须有工程师和其他的技术专门家，还要有大批段长、站长等。又如被战争破坏了铁路，将来要迅速建设，还要建设新的铁路……靠我们军队的工兵连当然是修建不起来的。又如土地改革后要提高农业生产力，我们就要有许多农业专家，来改良种子、肥料、工具和水利。我们办兵工厂和其他工厂，就需要许多工程师、专门家。开商店、搞贸易，需要很多会计。办学校，要教员。这一大批技师、专门家、科学家、教员等等，都不是一天可以培养出来的，要有专门的学校来培养，多年才能毕业。我们目前还没有如此多的有知识的专家，我们必须放手争取和使用中国原有的知识分子专门家来替人民办事。我们一面使用这批知识分子，一面教育和改造他们，纠正他们中许多人轻视人民脱离群众的习气。"这段话恐怕不需要什么解释，现实生活已经足够说明这个道理了。此外，还有一点，那就是工人阶级和劳动人民中间出身的新型知识分子的培养，也是离不开现有的知识分子的帮助的。

中国广大的革命知识分子在革命事业中的这种特点和作用，正是殖民地、半殖民地国家的知识分子和资本主义国家知识分子的区别。

但是，不能因为中国知识分子的这种特点而忘记了他们还有落后性与动摇性的一面。在旧社会里成长起来的知识分子，他们一般地都要受过地主、资产阶级比较长期的教育与影响，他们的生活又是在一种个人的、与体力劳动者分离和对立的智力劳动过程中进行的，他们中间很多人出身自剥削阶级的家庭，并且一般地都与剥削阶级有着复杂的联系。因此，正如毛泽东同志曾反复地教导我们的："知识分子在其未和群众的革命斗争打成一片，在其未下决心为群众利益服务并与群众相结合的时候，往往带有主观主义和个人主义的倾向，他们的思想往往是空虚的，他们的行动往往是动摇的。因此，中国的广大的革命知识分子虽然有先锋的和桥梁的作用，但不是所有这些知识分子都能革命到底的。其中一部分，到了革命的紧要关头，就会脱离革命队伍，采取消极态度；其中少数人，就会变成革命的敌人。知识分子的这种缺点，只有在长期的群众斗争中才能克服。"（《中国革命与中国共产党》）"知识分子如果不和工农民众相结合，则将一事无成。革命的或不革命的或反革命的知识分子的最后的分界，看其是否愿意并且实行和工农民众相结合。"（《五四运动》）

三

"对于知识分子的正确的政策，是革命胜利的重要条件之一。"（毛泽东：《大量吸收知识分子》）

党对旧知识分子的政策一贯地是争取、团结、教育、改造的政策。

既然中国一般的知识分子有着反帝反封建的革命性，是无产阶级的同盟军和革命的动力之一，人民革命事业需要大量知识分子贡献出他们的力量，所以，党必须争取他们、团结他们，使他们为人民服务。

应该知道：敌人是在利用各种方法来麻醉和收买中国的知识分子的，他们的目的就是把大批的知识分子都拖向反动阵营，作为他们反人民的工具。国民党曾经办了二十多年的党化教育，在抗日战争时期又组织了"三青团"，号召"知识青年从军"等。1946 年初国民党制造的以所谓"张莘夫事件"为借口的反苏运动，就是利用群众中，尤其是知识青年中间的民族主义观念的大规模反动活动。帝国主义者十分注意吸引中国的知识分子，尤其是上层的、高级的知识分子，他们的圈套很多，所谓"西方文明"与"中间路线"就是用得最臭的几种。的确也有不少知识分子成了为他们服务的走卒。

资产阶级也是在不断地与我们争取知识分子的。这种争取知识分子的斗争现在不是已经没有了，而是仍然存在。"三反"运动中所揭发出来的资产阶级思想在许多学校和文教机关中的盘据和它对于无产阶级思想的对抗，就是这种斗争的一种表现。

所谓争取、团结，就是要使知识分子站到反帝、反封建、反官僚资本主义的人民民主革命方面来，为人民服务。要大量地放手吸收他们。毛泽东同志在抗日战争时期所写的一篇《论政策》的指示中曾经说过："应该放手地吸收、放手地任用和放手地提拔他们。不要畏首畏尾，惧怕反动分子混进来。"又在《大量吸收知识分子》一文中说："一切战区的党和一切党的军队，应该大量吸收知识分子加入我们的军队，加入我们的学校，加入政府工作。"又在《论联合政府》中说："为着扫除民族压迫和封建压迫，为着建立新民主主义的国家，需要大批的人民的教育家和教师，人民的科学家、工程师、技师、医生、新闻工作者、著作家、艺术家和普通文化工作者，他们必须具有为人民服务的精神，从事艰苦的工作。一切知识分子，只要是在为人民服务的工作中著有成绩的，应受到尊重，把他们看作国家和社会的宝贵的财富。"对于这些知识分子，应该使他们"有说话做事的权利"，充分发挥他们的学识能力，照顾和爱护他们，对于有困难的还要予以救济。根据党的政策，在我们人民共和国成立以后，各级政府和人民代表会议中都有知识分子的代表参加管理国家和地方的事务，广大的智力劳动者参加了工人阶级的群众组织——工会，在恢复与发展国民经济的工作上坚决地采取团结技术人员发展生产的方针，对于旧的学校和文教机关采取保护和改革的方针，对于从旧社会所遗留下来的无专门技能的失业的知识分子，也都采取改造使用的方针，并予以适当的救济，对于年老力衰的知识分子也予以救济和照顾，对于从来被束缚在家庭事务上而没有工作机会的家庭妇女中的知识分子，也逐步地、有组织有计划地以适当办法吸收。这样，就使人民内部的知识分子在政治上、经济上都得到应有的保障，有了学习和工作的机会。对于知识分子自己来说，历史上就没有过也不可能有过任何一个政府和一个党，像我们毛泽东同志所领导的人民政府和共产党这样好地对待他们。

在争取、团结知识分子的时候，当然要严肃地明确阶级界限。我们应该团结的是人民的知识分子，而决不能包括反人民的知识分子在内。对待反动的知识分子，应该按照对待反动阶级的政策办事。有些人把知识分子看作有特殊位置的人，因此划分不清这个界限，以为我们的团结政策是无原则的。例如在镇压反革命的时候，有些人们就认为对于有知识才能的反革命分子要特殊宽待，这显然是错误的。对于敌人派遣到人民队伍中来的、坚持与人民为敌的知识分子，应该提高革命警惕性，不能让他们来破坏。当然，还应该把反动思想的影响和反动行为分开来。这种严肃的方针，其结果正是加强了争取、团结知识分子的工作。

为了贯彻争取、团结知识分子的方针，就要切实地说服那些反对吸收知识分子的人，克服恐惧知识分子甚至排斥知识分子的心理。对于知识分子的这种"左"的态度的发生，固然是有某些客观原因（在旧社会内不少知识分子为地主、资产阶级服务，压迫工农群众，因而引起了工农劳动群众的仇恨），但是这种"左"的态度仍然是错误的，是与党的政策和人民事业的要求不符的。大家知道，即使是在苏联、在十月革命以后社会主义国家的建设过程中，也还是曾经团结了从旧的知识界分化出来的大多数知识分子，使他们为苏维埃政权服务，并且逐渐地结合于劳动人民的知识界之中。

但是，知识分子还有其落后的一面，必须加以教育改造。什么是知识分子的落后的一面呢？这主要就是指由于他们的阶级出身、生活状况和旧教育长期训练所造成的不同程度的反动思想影响与各种落后思想。知识分子一般地没有生产资料，他们的改造，一般地不需要什么经济上的转变，即使有，也不是主要的，主要的是把他们在旧社会里所形成的思想作一个彻底的转变。所以对于知识分子说来，主要的、具有特别意义的是思想上的教育和改造。毛主席说："思想改造，首先是知识分子的思想改造，是我国在各方面彻底实现民主改革和逐步实现工业化的重要条件之一。"

中国一般知识分子可以划入小资产阶级的范畴，他们的思想特点也多半是带有小资产阶级的色彩。这些思想特点，像我们经常所看到的是：（一）与无产阶级的阶级观点相对立的超阶级观点，不承认或者是调和阶级斗争，"中间路线"的思想等；（二）与无产阶级的劳动观点相对立的轻视劳动的态度，看不起劳动人民，知识分子的优越感；（三）与无产阶级的群众观点相对立的个人主义意识，轻视群众，反对集体，无政府主义性质的观点；（四）与无产阶级的唯物主义观点相对立的唯心观点，强调个人思想在社会历史发展上的决定作用，脱离实际，主观幻想，个人英雄主义；（五）与无产阶级的组织观点相对立的自由主义，反对组织纪律，小资产阶级急躁的革命思想等。

但是决不能以为：因为一般知识分子这种思想上突出的小资产阶级色彩，就断定中国知识分子的思想里面没有什么别的思想影响，这种简单的归纳是不合事实的。恰恰相反，中国知识分子中有不少人（特别是不少上层的知识分子），还是资产阶级的知识分子，此外也还有一些反动思想严重的知识分子今天仍然留在我们社会内部；而小资产阶级知识分子们，他们的思想也不可能是那么纯粹，他们实际上非常容易接受资产阶级的思想，并且自发地倾向于资产阶级，很多人也都受过不同程度的反动影响。因此，在教育改造知识分子的时候，就应该分别情况作具体的对待。

知识分子的思想改造要达到什么标准呢？最低限度是《共同纲领》

所要求的："肃清封建的、买办的、法西斯主义的思想，发展为人民服务的思想。"反动思想在我们国家社会内部是没有自由的。最高的标准则是工人阶级的共产主义的思想。对于知识分子自己来说，无论谁都可以自由地选择自己的标准，而对于人民的事业来说，则要按照整个人民事业的利益来努力争取和教育知识分子进步，并且选择那些愿意并实行为人民服务的知识分子来参加共同的事业。对于现在多数的知识分子，可以希望和教育他们达到工人阶级知识分子的水平。这种要求是客观上需要的，也是可以实现的。因为他们不占有生产资料，他们的生活条件便于他们进行这种改造，如果他们能够在思想上彻底改造，就可以成为工人阶级的知识分子。

在知识分子思想改造的长期过程中，可以指出一定时期和一定问题上的具体要求。例如在去年各学校的思想改造运动中，中央指出的就是要求彻底打击学校中的封建的、买办的、法西斯的思想（如崇美、亲美、恐美、反共、反苏、反人民的思想），划清敌我界限；暴露和批判教师中的资产阶级思想（如宗派主义、自由主义、个人主义等），划清工人阶级和资产阶级的思想界限，初步树立工人阶级的思想领导。

知识分子的教育改造是人民内部的一种斗争，它的方法应该是采取人民内部的、民主的方法，批评与自我批评的方法。毛主席在《论人民民主专政》中说："人民的国家是保护人民的。有了人民的国家，人民才有可能在全国范围内和全体规模上，用民主的方法，教育自己和改造自己，使自己脱离内外反动派的影响（这个影响现在还是很大的，并将在长时期内存在着，不能很快地消灭），改造自己从旧社会得来的坏习惯和坏思想，不使自己走入反动派指引的错误道路上去，并继续前进，向着社会主义和共产主义社会前进。"又在人民政协第一届全国委员会第二次会议上说："不是用强迫的方法，而是用民主的方法，就是说必须让他们参与政治活动，不是强迫他们做这样做那样，而是用民主的方法向他们进行教育和说服的工作。这种教育工作是人民内部的自我教育工作，批评与自我批评的方法就是自我教育的基本方法。"

怎样引导知识分子进行自我教育和改造呢？大体上有三个途径：第一，是学习，就是学习马克思列宁主义。作为改造的根本武器，马克思列宁主义是科学的客观真理，没有这个武器或者不用这个武器，就没有对于事物处理判断的真理的标准。在学习马克思列宁主义的时候，要引导作认真的具体的研究，把重心摆在目前实际的斗争问题上，摆在目前全世界人民反对帝国主义的斗争上，摆在中国人民为建设新民主主义并准备实现社会主义的事业方面。第二，是要开展批评与自我批评，以马克思列宁主义的武器来展开思想斗争，没有这种斗争，新思想是不可能发展起来的。要帮助他们学习和善于进行批评与自我批评，而不要害怕批评与自我批评。第三，是实践，在实际工作岗位上和实际斗争中去考验和锻炼。中央曾经作过再三的指示，说：要"使他们在战斗和工作中去磨炼"。"在长期的斗争中逐渐克服他们的弱点。""这种缺点，只有在长期的群众斗争中才能克服。""我们解放区的知识分子，绝大多数都是好人，他们的缺点甚至错误，可以在工作中改造。"因为知识分子普遍具有脱离实际的坏习气，引导他们在实际斗争中去锻炼就特别重要。例如参加土地改革及去年的反细菌战和爱国卫生运动，对于广大教授、教员及民主人士和卫生医学工作者就是一次很深刻的教育。又如赴朝参观团、慰问团等，使他们接触了残酷的、激烈的战斗生活，提高了他们爱国主义和国际主义的认识。现在客观上的有利条件是我们国家事业各方面的蓬勃发展和新气象，不断地具体证明了马克思列宁主义的正确，因而更能吸引知识分子与劳动人民相结合，参加建设事业。

思想改造是一种长期的复杂工作。在一定时期和一定条件下，集中地进行思想改造运动，进行猛烈的思想斗争以达到某些具体目的，是可以而且有效的，例如在解放初期各地大量地举办知识分子短期政治训练班，去年在教育界、文艺界和科学界结合"三反"运动所进行的思想改造运动等。但是不能因为经过这些运动就以为解决了所有的问题，而忘记了思想工作的长期性。

关于党对旧知识分子的政策还有几个问题。

（一）争取、团结、教育、改造的方针，应该统一起来认识和执行，而不能分割开来。不去争取、团结知识分子是不对的，只知道争取、团结而不教育、改造也是不对的。

在不同的历史时期和具体情况下，对于政策的具体掌握也可以有不同的重点。例如当反动势力还很强大，我们的局面还很小，知识分子参加革命的还很少的时候，就比较强调首先要广泛地争取团结他们，"大量吸收知识分子"。当然，那时也是应该教育和改造他们。而在现在我们已经取得了国家政权，知识分子基本上已经站在革命的方面来的时候，就应该把重点放在教育和改造上，只有通过这种教育改造，才能使人民内部的知识分子更加团结在党的领导的周围。

（二）对于不同的知识分子，应不应该分别对待的问题。对于我们人民内部的知识分子，基本方针就是争取、团结、教育、改造。但是既然知识分子之间本身有差别，因而对待知识分子的具体方式、步骤等等方面，也就应该有所分别，不能千篇一律，采取依样画葫芦的形式主义和公式主义做法。例如知识分子中的上层人物和一般群众就是有区别的，我们要特别注意在知识界具有代表性的上层人物中间的工作，更慎重地对待他们，因为他们在其所联系的群众中，尤其是知识分子群众中有很大的影响。对于成年的旧知识分子和青年学生，也要有不同的对待，前者旧思想的包袱很重，教育改造需要经过更艰苦的斗争过程和更多的工作，而后者所受旧影响一般不深，他们更容易倾向和积极参加革命，很容易接受新鲜事物。这种情况，在许多学校里表现得十分明显，形成学生拖着先生进步的现象，也有儿女拖着父母走的现象。对于在科学技术上有一定造诣的专门家，重要的是使他们经过他们自己在科学上所达到的实际成果，循着自己的实践来认识共产主义与承认共产主义，使他们逐渐作到以马克思列宁主义来武装自己。对于宗教界的知识分子，重要的是进行爱国主义教育，要求他们发挥爱国精神，参加反对帝国主义和保卫和平民主的斗争，而不能粗暴地要他们放弃自己的宗教信仰，相信无神论。各种知识分子所从事的职业不同，例如有文艺工作、教育工作、工程技术工作等等，他们在思想改造上的具体步骤和内容也要根据各自职业的特点有所区别。对于少数民族的知识分子特别是上层知识分子，要更慎重对待。

（三）对待知识分子的工作，要防止两种偏向。一种可以叫做右的偏向，这就是只讲抽象的团结，不去改造他们，不敢去宣传马克思列宁主义并和错误思想进行应有的斗争，盲目地信任各种知识分子，迁就他们的落后性，任其自流，以一种单纯文化观点来偏爱知识分子的某种才能等等。这种偏向，就是放弃了党对知识分子的领导。

另一种可以叫做"左"的偏向，这就是不敢放手争取和团结知识分子，采取排斥甚至仇视的态度，不愿吸收旧知识分子参加工作，讨厌"旧人员"。或者在改造教育的工作上过于性急，企图用粗暴的方式来进行，把我们党内的一套做法搬到一般知识分子群众中去，要求他们立即都改造成为马克思列宁主义的知识分子，而不知道在某些具体条件下和某些非马克思主义的思想的知识分子联合，简单地排斥和抛弃知识分子所掌握的文化科学知识遗产，以及某些宗派主义的态度。这种偏向，也是违反了党的政策，因而也一定会把事情搞坏的。

四

在改造旧知识分子的同时，还要从工农劳动人民中间培养新的知识分子。培养新知识分子，从来就是我们党对于知识分子的政策的一个重要方面。毛主席在《大量吸收知识分子》中就说过：要"切实地鼓励工农干部加紧学习，提高他们的文化水平。使工农干部的知识分子化和知识分子的工农群众化，同时实现起来"。如果只知道利用旧的，而不着重去注意从工人农民中的优秀分子和他们的子弟中培养出新型的知识分子，使他们担负起建设的任务来，那末就会犯错误。

从工人农民中培养新知识分子，这是一件具有重大政治意义的事情。我们的国家是工人阶级领导的、以工农联盟为基础的国家，工人农民是社会物质财富的生产者。工人阶级要领导自己的国家，工农劳动人民要作为国家的主体来掌握政权，管理自己的国家，发展生产事业，不提高自己的文化科学知识，并从自己的阶级群众中培养出新的知识分子来是不行的。也正如斯大林所说："工人阶级如果不能摆脱无文化的状况，如果它不能造就它自己的知识分子，如果它不掌握科学，不能用科学做基础来管理经济，它就不能成为国家底真正主人。"这道理是很明显的。工农劳动人民虽然也从其他阶级出身的有教养的人们中间找到自己的拥护者，并且使他们转到自己的方面来，把他们的命运与劳动人民联结在一起，成为工农知识分子，但是，工农劳动人民却不可能永远只从这一方面找到自己的知识分子而使自己继续保持那种文化知识落后的地步。为了巩固与发展人民民主专政，为了建立强大的人民的经济力量以及国防力量，必须提高工农群众的文化知识水平，并培养出新知识分子来。从长远来说，我们党是一定要领导劳动人民使我们的国家在将来走入社会主义和共产主义的。这就是说，将来要逐步地消灭了体力劳动和智力劳动的对立以至最后消灭其本质差别，消灭知识分子这个特殊的社会阶层，而使所有的劳动人民都无例外地成为具有高度文化技术水平的"知识分子"。这是我们的当然目标，而现在就是向着这个远大目标前进的准备步骤。同时，获得了解放的劳动人民自己也在越来越迫切地提出文化要求，这种要求只要看一看当前劳动人民那种学习运动热烈高涨的情形就可以知道。

在几十年来的革命斗争过程中，在党的教育之下，我们的革命队伍中和革命根据地内曾经逐渐地培养和产生了一批工农知识分子，他们中间许多人现在已经成了我们国家事业各方面的重要骨干，也是劳动人民的一部分优秀的代表者。但是在过去那种艰苦的革命斗争环境中，客观条件限制了我们这种工作还不可能很大规模地进行。但是在现在劳动人民已经取得了政权以后，国家大规模的建设时期已经到来，劳动人民群众的学习热潮又在全国范围内展开起来，培养新知识分子的工作就越来越具有更加巨大的重要性和更加广阔的规模。国家的建设需要各种各样的建设人才，许多新式的经济工作者、工程技术人员、文化教育工作者等等，需要各方面的领导人员。"没有新的领导人员就不能建设新社会，正像没有新的指挥人员就不能建设新的军队一样。"（斯大林：《给第一次全苏联无产阶级学生代表大会的信》）这种新的人员的优点是什么呢？就在于"他们从事建设的使命，不是为了一小撮富人的利益而剥削劳动者，而是为了解放劳动者，反对一小撮剥削者"（同上）。

由于我们的国家是人民民主国家，还不是社会主义国家，所以国家的教育事业还是对各民主阶级实行人民的教育，提高人民的文化水平，包括民族资产阶级和小资产阶级在内。不过，在国家的教育事业中，首先是要培养工农劳动人民，教育机关都要贯彻"向工农开门"这个根本方针。而现在受教育的青年学生们，包括非工农阶级出身的子弟在内，国家也希望他们将来都能成为为劳动人民服务的知识分子，即劳动人民的知识分子。

三年多来，我们党领导着国家的教育事业，在工农教育方面进行了巨大的工作。例如在工农群众中进行了广泛的识字运动，有步骤地扫除文盲，业余工人的文化、技术教育，农民的冬学和长年民校，人民解放军全军的文化学习运动以及机关干部的业余学习等。各级学校逐步贯彻了为工农开门的方针，小学开始实行了五年一贯制。全国各地开办了工农速成中学，创办了以培养工农干部为主的新型大学，工农子弟和工农干部在各级学校学生中的人数比重已经逐年地增高起来。正如毛主席所说："随着经济建设的高潮的到来，不可避免地将要出现一个文化建设的高潮。"而大批的从工农劳动人民出身的新型知识分子的产生，则正是这个文化高潮到来的一个重要标志。

*　　　　*　　　　*

中华人民共和国成立三年多以来，在毛泽东同志的领导下，我们党对知识分子的政策实施的结果，已经有了很大的成绩。除了少数甘心为帝国主义、封建主义和官僚资本主义服务到底的反动知识分子以外，绝大多数旧中国的知识分子都越来越巩固地团结在人民革命的队伍之内，他们对于共产党的领导现在是更加拥护，知识分子进行了各种思想改造工作和参加了各种的人民革命斗争，他们对人民革命事业的认识和政治积极性都有相当程度的提高，许多人正在改造成为新时代的知识分子，一部分已经有了共产主义觉悟，合乎共产党员的条件的人还光荣地加入了工人阶级的先锋队——共产党；同时，从工农劳动人民出身的新型知识分子也在很大的规模上被培养起来，成为国家事业中的优秀人才。这是毛泽东同志的政策、党的政策的成功。只要我们继续努力正确地执行党的政策，我们的工作是一定会做得更有成绩的。

最后简单地总结下面几点：

（一）知识是生产斗争与阶级斗争实践经验的总结。知识分子，从普通的意义上说来，就是由掌握着知识的人们所形成的一个特殊的社会阶层，他们从语言文字上接受与传播前人的知识成果，同时也参加发展新的知识，所以他们被称为社会中的"先知先觉"，受到社会尊崇。

（二）在阶级社会中，知识分子的阶级性是很明显的。特别是帝国主义法西斯主义时代，为剥削阶级利益服务的知识分子从事造谣诬蔑、歪曲事实，如戈培尔等及现在美帝国主义的走狗们利用新闻、广播、电影、戏剧等等来欺骗和麻痹人民群众，虽然他们是终归要失败的，但一时受欺骗的人也不少。因此，宣传教育战线也是阶级斗争的一个重要部分。

（三）党对社会上原有知识分子的政策是争取、团结、教育、改造的政策，以使他们为人民服务。这个政策要按照不同的时间、地点和条件具体地、正确地掌握和执行。在全国未解放前注重在吸收、争取、团结，要求他们不必太高；在全国解放后注重在教育、改造，使他们在新的环境和新的实践中认识旧知识的错误，接受新的知识。同时，党还要从工农劳动人民中间培养新的知识分子。

（四）教育、改造知识分子不仅在党外要进行，在党内也要进行。因为我们党内有不少的知识分子。党内改造知识分子的运动是 1942 年开始的整风运动，毛主席发表的《改造我们的学习》，整顿党风、学风、文风等等宝贵文献是改造我们党内知识分子的"换骨金丹"，我们必须熟读。对于党外人士也是非常有用的。近几年来党对一般知识分子，使他们在实践中认识真理，如参加土改，参加抗美援朝斗争，参加"三反"运动、改造思想运动和今年的"新三反"运动，使他们在激烈的斗争中得到教育和改造。

（五）在社会主义社会中，如现在的苏联，体力劳动与智力劳动的对立是消灭了的，知识分子与工农劳动人民友爱、团结并为他们服务；而到了共产主义社会，体力劳动与智力劳动的本质差别也将要消灭，但非本质的差别还会保存下来。比方：作教育宣传工作的人和哲学、历史、文学、艺术等专家就是一个例子。

（六）党的宣传教育工作者，应该是工人阶级的知识分子，他们担负着"用马克思列宁主义来教育党员和人民"这个光荣而重要的任务。他们是新文化的建设者。所以党的宣传教育工作者要特别加紧努力前进，要"学而不厌，诲人不倦"，以便更好地完成党所给予的任务。

在中国工会第七次全国代表大会上的发言 *

（1953 年 5 月 7 日）

主席、各位代表、各位来宾、各位同志：

我完全拥护刘少奇同志代表中共中央庆贺大会的祝词中英明的指示，完全同意刘宁一同志的开幕词、赖若愚同志关于中国工会工作的报告、许之桢同志关于修改中国工会章程的报告和栗再温同志关于财务工作的报告，并坚决为实现大会所规定的方针任务而努力。

我们人民的教育事业是服务于新社会经济基础的一种极大的积极力量。三年半以来，在毛主席、中国共产党和中央人民政府的领导下，按照《共同纲领》所规定的国家教育政策，全国的教育工作者以爱国主义精神积极工作的结果，使教育事业和其他各种事业一样有了很大的发展和成就。目前全国有小学校学生五千万人，中等学校学生三百零九万五千余人，高等学校学生二十万二千余人。若以国民党统治时期学生人数最高年份的数字为一百，则现有小学学生为百分之二百一十一点三，中学学生为百分之一百六十四点八，高等学校学生为百分之一百五十六点三。现在所有高等学校、中等技术学校、师范学校、工农速成中学全部学生都享受人民助学金，中学生中得到助学金的人数也已扩大。中央人民政府进行了系统的工作来改革旧的教育制度、内容和教

---

* 录自《光明日报》1953 年 5 月 7 日，第 2 版。

学方法，坚持地在各级学校贯彻向工农开门的方针。从学生的社会成份来说，工农干部和工农子女的比重正在逐年增加，例如在全国初等学校学生中，工农子女达百分之八十以上。工农群众的业余教育也有很大的发展，职工业余学校的学生已达二百三十四万余人，农民业余学校的学生已达二千七百余万人，参加农村冬学的人数则有四千八百万人，扫除文盲运动在人民解放军中已经有了很大的成绩，在城乡人民群众也已开始有重点地进行。对于少数民族的教育，国家给予了极大的关怀。新创办了九所培养少数民族干部的民族学院，并在各地开办了各种民族干部训练班和民族干部学校，少数民族的儿童已大量入学，如内蒙古自治区学龄儿童入学者已达百分之七十以上，东北地区朝鲜民族的学龄儿童入学者则达百分之九十二。三年多来人民教育事业的发展和成就，是过去中国历史上所没有过也不可能有过的，这就生动地用事实证明了我们工人阶级领导的新民主主义社会制度的优越性和以毛泽东思想为基础的国家教育方针政策的正确性。毫无疑问，只要我们继续努力正确贯彻国家教育的方针政策，有计划地工作，我们人民的教育事业必将更宏大地发展起来，正如毛泽东主席所英明预见的一样："随着经济建设的高潮的到来，不可避免地将要出现一个文化建设的高潮。"

　　教育工作者是我国工人阶级的一部分。在一九五〇年六月《中华人民共和国工会法》公布之后，我们即在同年八月召开了中国教育工会第一次全国代表大会，建立了中国教育工会，作为在中华全国总工会的直接领导下的产业工会之一。从此，我国的教育工作者就更加巩固地团结在工人阶级的队伍之中，改造自己，以便更好地为人民服务。教育工作者都以参加工会为光荣，现在全国教育工会已有会员七十六万七千八百余人，基层工会组织二万一千九百九十九个。

　　教育工会的各级组织，在各地党委、各地人民政府和各地方总工会

的领导下，推动了广大的教育工作者进行政治、文化与业务的学习，以
改造和提高自己。教育工作者积极地参加了伟大的抗美援朝、土地改革、
"三反"、"五反"等政治运动，特别是响应毛主席在中国人民政治协商会
议第一届全国委员会第三次全体会议上的号召，参加了思想改造运动。
通过这些实际运动和初步的系统的马克思、列宁主义、毛泽东思想的学
习，大大地提高了自己的觉悟程度。同时，教育工作者响应毛主席的号
召，认真学习苏联。事实证明：苏联教育工作的先进经验，对于发展我
们年青的人民教育事业有着极大的指导作用。在苏联专家直接指导和大
力帮助下，我国已经创办了像中国人民大学一类的新型的高等学校。全
国高等学校教师为了学习苏联的先进经验，都在普遍地学习俄文。教育
工会还特别以农村小学教师为重点，帮助他们提高政治和业务水平。各
地大量地建立了各种形式的业余学习组织，现在已有四百三十一个县、
市建立了业余进修班和星期学校，参加学习的人数达二十余万人。由于
教育工作者们不断地学习和提高，明确了为人民教育事业服务的思想，
大大地发挥了自己在教育工作上的积极性和创造性，因而不断地涌现出
大批模范教师，现在全国已有模范教师四千一百五十二名。

　　教育工作者的生活福利经常地受到人民政府深切的关怀。解放以来，
由于国家生产的恢复和发展，财政经济情况的根本好转，我们的物质生
活和文化生活都有了显著的改善。例如全国学校教师们的实际工资，以
一九五二年和一九五一年比较，高等学校增加了百分之十八点六，中等
学校增加了百分之二十五点五，初等学校增加了百分之三十七点四。从
一九五二年秋季开始，全国教师已经普遍享受疾病公费医疗和预防待遇，
在患病期间照发工资，此外，政府还在逐步推行福利费补助、年老退休
金、女教师的婴儿补助等各方面的措施。在生活福利这一方面，教育工
会也予以很大的注意，例如协同教育行政部门，在全国各大中城市里举

办了四百九十多个小型托儿所，各地教育工会组织采取友爱互助的方式，帮助教师们成立了四千九百七十多个互助会，为了满足教师们文化娱乐的要求，成立了许多教师俱乐部，照顾了教师的假期休息，经常组织和选派了教师到有名的风景区去休养等。

新中国人民教育工作者的社会地位也大大提高了，受到了人民政府的尊重和人民的敬爱。人民教师，这是我们新社会中的一个光荣称号。许多教育工作者参加了全国人民政治协商会议和各级地方人民代表会议，并且有不少人参加了中央和各级地方政权的工作。仅在一九五一年，就有二十二位教育成绩卓著的教师被邀请列席中国人民政治协商会议第一届全国委员会第三次全体会议。

教育工作者和全国人民一样，都以保卫世界和平事业为自己的神圣职责。以教育工作为保卫和平的岗位，以作为和平运动的宣传战士为光荣。我们教育工作者全体都在《斯德哥尔摩和平宣言书》和《要求五大国缔结和平公约宣言书》上签了名。并且通过自己直接联系的数千万学生以及他们的家长，向广大群众进行宣传动员工作。这种宣传动员工作发生了极大的作用和力量。

教育工作者三年来曾作了不少的工作，但我们还有很多的缺点。我们还有许多非工人阶级的思想和作风，严重地阻碍着人民教育事业的建设，损害着年青一代的成长。同时，在教育工会的工作方面，也还存在着方针任务不明确，不实事求是等主观主义和形式主义的倾向和作风。

现在，国家有计划建设的新时期已经到来。整个国家的建设事业以经济建设为基础，而同时又包括着各个互相密切关联的部门，其中教育建设占着重要的地位。我们国家的教育事业首先要为经济建设服务，为工农劳动人民服务。国家建设向教育工作者提出了重大的任务：必须继续提高人民群众的文化水平和政治觉悟，大量地培养各方面的建设人才，而着重地要培养合乎规格的高级和中级的生产建设人才，其中要特别注意的是从工人阶级和劳动人民中间培养出自己的新式人才，自己的生产技术和科学的知识分子，使他们成为建设社会和管理国家的坚强骨干。毛主席曾经教导我们：培养干部，首先是技术干部，是国家的根本之图。形势的发展使我们越来越深刻地体会到毛主席的指示的伟大意义，越来越深刻地体会到培养干部和教育人民的工作在国家建设时期的重要性。

我们中国的工人阶级是国家的领导阶级，以英雄的姿态站在国家建设的最前列。这次全国工会代表大会的中心任务，就是要动员全国的工人阶级，为保证完成和超额完成国家建设计划而奋斗。我们教育工作者，作为伟大的工人阶级的一部分，作为国家教育建设任务的主要的、直接的担当者，深深知道自己对工人阶级和对人民国家所担负的责任的重大。我们在这全国工会代表大会上兴奋地表示：我们一定要把教育建设这个政治任务自觉地担当起来。全国教育工作者一定要更加紧密地团结起来，开展批评与自我批评，坚决克服自己的缺点，努力学习马克思列宁主义、毛泽东思想，学习苏联教育工作的先进经验，发挥劳动热情和创造精神，提高教育质量，准确地完成教育建设计划。伟大的理想在鼓舞着我们前进。在毛主席、中国共产党、中央人民政府和中华全国总工会的领导下，我们全国教育工作者和在经济战线上的工人阶级弟兄们一道，和全国人民一道，坚决地为完成国家建设时期的伟大历史任务而奋斗。为争取朝鲜问题的和平解决，为保卫远东和世界持久和平而奋斗。

编者的话 *

（1953 年 5 月 21 日）

《人民大学周报》自一九五〇年十一月七日创刊，到现在已经两年半了，前后共出版七十期。在这一工作过程中，虽然存在着不少缺点，但就总的方面来说，它在推动教学和科学研究工作以及保证党的思想政治领导等方面，是起了一定的作用，完成了一定的历史任务。

三年来，中国人民大学各方面的发展和进步是飞快的。现在学校的教学组织、计划、制度与方法，都已初具规模，科学研究工作也有初步的开展。但这些成绩，还远远赶不上客观形势发展的需要。因此，我校第二次党代大会一致通过了"提高"的方针。为了贯彻这个方针，刊物的任务就是要以提高教学与开展科学研究工作为中心，有计划地系统地介绍苏联先进经验，结合中国实际情况，组织有关理论的业务的以及文化方面的学习与科学研究工作的指导，加强党的思想政治领导。这是合乎当前实际需要的。但这一新的任务要依靠《人民大学周报》来完成，却有很大的困难，因为《人民大学周报》的内容和形式，很难满足今天客观的发展与党所提出的新任务的要求。为此，我校党组和党委决定，把《人民大学周报》改为《教学与研究》，作为指导与推动教学和科学研究工作的理论上、思想上的武器。

---

* 录自《教学与研究》1953 年第 1 期，第 2 页。

本刊的发展方向，在初期拟以一定的篇幅，通过总结和报道典型等方式，介绍教学和科学研究工作等经验来推动工作；以后逐渐过渡到以全力适应广大师生和干部的需要，着重介绍政治理论和专业科学以及文化各方面的知识，从而提高教学质量和有效地开展科学研究工作。

为了加强本刊的领导，校部党政领导方面已组成专门的编辑委员会，进行方针与原则的领导以及重要稿件的审阅等工作。

现在《教学与研究》创刊号和大家见面了。今后本刊是否能够办得好，关键问题就是要贯彻大家办刊的方针。只要大家能够自觉地经常地关心和支持它，不断提出批评和建议，那么就一定会办得好；即使在具体实践过程中遇到困难，也必然会逐步克服的。事实上，我校确是具备了许多优越条件和很大的潜在力量，问题在于怎样充分地挖掘与发挥。当然，本刊编辑部的专职干部应该有计划有重点地深入到各教学和研究单位中去，根据各时期的中心任务和领导意图，主动和有关部门切实研究，订出编辑计划。同时，在组织力量方面，我们具体的要求是：每期社论请党组负责撰写；关于教学方面的，由教务部负责组织；科学研究方面的，由研究部负责组织；有关党的生活及思想工作的，由党委和本刊编辑部负责组织；"问题解答"按性质请有关教研室负责解答；"翻译学习"由编译室负责组织。希望各级党委和行政领导切实重视这个刊物，有计划充分地利用它，以作为重要的领导方法之一。只有动员全党和全校的力量，群策群力，才能把《教学与研究》办好，从而发挥它的应有作用——"帮助学校把工作做好"。

《教学与研究》发刊词*

（1953 年 5 月）

本刊主要地是把本校科学研究报告和科学研究工作的情况以及国内外的重要科学论著学术讲演等编印出来，以交流经验，从而提高科学研究工作。

我们应该怎样来进行科学研究呢？我认为：

第一，必须端正科学研究的态度。科学是最真实的东西，来不得丝毫虚伪。毛泽东同志说："知识的问题是一个科学问题，来不得半点的虚伪和骄傲，决定地需要的倒是其反面 —— 诚实和谦虚的态度。"（《实践论》，《毛泽东选集》第 1 卷 276 页）我们要建立脚踏实地的科学研究态度，有计划、有系统、切实的、经常的、专门的、精深的，如抽丝、如剥笋，力求深入的研究作风。必须克服旧知识分子浮夸虚伪，不切实际的恶习。

第二，必须用马克思的辩证唯物论来作科学研究工作。毛泽东同志说："这种基于实践的由浅入深的辩证唯物论的关于认识发展过程的理论，在马克思主义以前，是没有一个人这样解决过的。马克思主义的唯物论，第一次正确地解决了这个问题，唯物地而且辩证地指出了认识的深化的运动，指出了社会的人在他们的生产和阶级斗争的复杂的、经常反复的实践中，由感性认识到论理认识的推移的运动。列宁说过：'物质

---

* 录自《吴玉章文集》上，重庆出版社 1987 年版，第 422～425 页。

的抽象，自然规律的抽象，价值的抽象以及其他等等，一句话，一切科学的（正确的，郑重的，非瞎说的）抽象，都更深刻、更正确、更完全地反映着自然'。马克思列宁主义认为：认识过程中两个阶段的特性，在低级阶段，认识表现为感性的，在高级阶段，认识表现为论理的，但任何阶段，都是统一的认识过程中的阶段。感性和理性二者的性质不同，但又不是互相分离的，它们在实践的基础上统一起来了。我们的实践证明：感觉到了的东西，我们不能立刻理解它，只有理解了的东西才更深刻地感觉它。感觉只解决现象问题，理论才解决本质问题。这些问题的解决，一点也不能离开实践。无论何人要认识什么事物，除了同那个事物接触，即生活于（实践于）那个事物的环境中，是没有法子解决的。"（《毛泽东选集》第 1 卷 275 页）我们必须深刻体会这个意义来作我们科学研究工作的方法。

第三，科学的研究必须敢于打破旧的东西，创造新的东西。斯大林同志说："科学的原理向来都是由实践，由经验来考验的。如果科学和实践断绝了关系，和经验断绝了关系，那它还算是什么科学呢？如果科学就是像我们某些保守主义同志所形容的那样的一种东西，那他对于人类岂不是早已没有什么作用了么？科学所以叫作科学，正是因为它不承认偶像，不怕推翻过时旧物，却很仔细倾听实践经验的呼声。"（斯大林著：《列宁主义问题》外文出版局版 664 页）两年来我们全国大陆解放了，全国工农也得到了解放，因此，就出了不少劳动模范、劳动英雄，他们不仅提高了劳动生产率，而且有许多发明创造获得了惊人的成就。千百万劳动者，工人和农民是在劳动和奋斗中积蓄着很丰富的实践经验。我们科学研究工作者必须向他们学习，把科学知识与生产实践结合起来。这样来认真研究，科学才能有较大的收获。

第四，社会历史科学必须有指导和促进社会发展和前进的作用。斯大林同志说："社会历史科学，不管社会生活中的现象怎样复杂，都能成为例如生物学一样的准确科学，能利用社会发展规律来供实际的应用"。"科学和实际活动间的联系，理论和实践间的联系，它们的一致，应当成为无产阶级党底南针"（《联共（布）党史简明教程》外文出版局版 145 至 146 页）。马克思列宁主义的真理告诉我们，社会思想、社会理论、政治观点和政治制度是社会物质生活条件的反映。虽然，社会思想、理论、观点和政治制度的产生是起源于社会物质生活，但不能否认它们将转过来在社会生活和社会历史上有重大的作用和意义。有旧的思想和理论，它们是已经衰颓，并为社会上那些衰颓着的势力服务的东西，起着阻碍社会发展和前进的作用；同时有新的思想和理论，它们是先进的，并为社会上先进势力服务的东西，起着促进社会发展和前进的作用。科学工作者的任务就是在于能在新的社会物质生活发展过程中，掌握新的社会思想和理论来解决新的问题，并和当前的社会思想和理论作斗争，以促进社会的发展和前进。这种新的先进的社会思想和理论能发动广大人民，能动员他们、组织他们、改造他们成为一支伟大军队来打破反动势力，并为社会先进势力开辟道路。中国革命斗争和伟大胜利的过程证明了这个真理。

中国许多年来受了外国帝国主义和本国反动统治的联合压迫，使我们的科学不能发达，以致中国成为落后的国家。最近美国的战争贩子艾奇逊在联合国第六届大会上，还公然诬蔑我们为："比野蛮更低劣的人"。这是多么无耻，令人愤怒的狂吠。但这一无耻的事实，我们要从两方面来认识：一方面是由我国科学不发达成为落后的国家，帝国主义从来就不把中国人当成人来看待，任意侮辱和践踏；另一方面是美帝国主义以为他们有美元又有原子弹，世界一切反动势力都在其指挥豢养下，可以为所欲为。他们看不到，也不愿意看到新时代、新中国的产生和发展。

但是他们大错而特错了。"在辩证法看来，只有正在产生，正在发展的东西，才是不可战胜的。"（斯大林）说他们不认识这个真理吧，而他们看到中国革命的胜利，就大嚷大叫共产主义的"威胁"，妄图动员一切反动力量来消灭它。说他们认识这个真理吧，而他们坚决不承认我中华人民共和国存在的事实，并横蛮地剥夺我国在联合国的权利。为什么他们有这样矛盾的行动呢？因为他们有没落阶级利益的限制和没落阶级意识的偏见，不敢正视现实，只迷信金钱武力，胡作非为，自欺欺人，这正是历史上一切没落阶级和狂妄的人所走的必然死亡的道路。他们的悖谬行为是反科学的，然而从整个社会发展的规律看来也正合乎科学。

现在我们中国革命已经获得了空前的伟大的胜利。一切帝国主义和反动统治的势力已被打倒了，中国人民作了国家的主人，中国的面貌已焕然一新。中华人民共和国成立不过两年，时间虽然很短，而我们各方面进步的速度却超过了旧时代的数十年。中国人民站起来了！不仅工农业生产和国家一切建设事业都在飞跃的前进，而且国防也有了极大的巩固和保障，我们抗美援朝的人民志愿军英勇善战，打败了美国帝国主义及其帮凶武装到牙齿的现代化的侵略军队，获得了辉煌的胜利就是一个证明。我们以清醒冷静的头脑，无产阶级的立场，辩证唯物论的方法，实践与经验的考验，诚实与谦虚的态度来努力研究科学，迅速的作出成绩来以供应我们新国家的经济建设和国防建设，是我们科学研究工作者今天的迫切任务。中国是地大物博、资源丰富的国家，又有我们勤劳、勇敢、聪明、智慧的五万万人民，在中国共产党毛泽东同志的英明领导下，在苏联先进经验帮助下，一定能够在短时期内，在科学和各种建设事业的发展上，不仅赶上而且要超过帝国主义国家。让那些将要死亡的战争贩子去盲目叫嚣吧！最后的胜利一定是我们的。

加强马克思列宁主义理论和苏联先进经验的学习 *

（1953 年 7 月 3 日）

    中国人民在毛泽东同志和中国共产党的领导下，经过长期英勇的斗争，战胜了外国帝国主义和国内的封建主义、官僚资本主义，赢得了人民大革命的伟大胜利。革命胜利后，毛泽东同志和中国共产党，又领导全国人民经过了三年多的坚定努力和对敌人的坚决斗争，消灭了二百万以上的土匪，在全国四亿五千万农业人口地区实行了土地改革，支持了抗美援朝的胜利斗争，实现了我国空前未有的人民的统一和团结，巩固了人民民主专政，加强了国防力量，完成了国民经济的恢复工作。这样就为祖国的工业化创造了必要的条件，为逐步过渡到社会主义社会奠定了基础。

    今天，伟大的祖国正进入经济建设的新的历史时期，在全国人民面前提出了新的历史任务，这就是逐步地实现国家工业化，并在这个基础上由新民主主义逐步过渡到社会主义。党领导全国人民去完成新的历史任务，亦即领导全国人民去实现我们党当前的重要政治路线。斯大林同志说："为了实现正确的政治路线，就需要干部，就须要有懂得党底政治路线……能够为它而奋斗的人材。"（注一）而我国现今的情况，像斯大林同志所说那样的国家建设人材，显然是十分缺乏的。因此，教育干部和培养干部，就不能不是当前的重要问题之一。

---

    * 录自《教学与研究》1953 年第 3 期，第 3～5 页。

新的历史任务是一个艰巨任务，非有大量的优秀建设干部不能完成。这种优秀干部，需要具有马克思列宁主义、毛泽东思想的修养，懂得各种科学知识特别是苏联的先进科学技术的知识，否则是不可能完成这样的艰巨任务的。

为什么完成新的历史任务，必须要以马克思列宁主义、毛泽东思想来武装干部的头脑？

应该知道，马克思列宁主义是科学，"是关于社会发展的科学，关于工人运动的科学，关于无产阶级革命的科学，关于共产主义建设的科学"（注二）。我们伟大的领袖毛泽东同志，不但是运用这一科学的能手，而且教导我党党员和革命干部认真学习这一"放之四海而皆准"的真理，要求同志们把马克思列宁主义看作行动的指南，系统地而不是零碎地、实际地而不是空洞地学会马克思列宁主义。（注三）

"没有革命的理论，就不会有革命的运动。"（注四）这是列宁的著名教言。马克思列宁主义的理论，不但对革命运动有着伟大的指导作用，在胜利后的建设时期，同样有着巨大的指导作用。斯大林同志说："理论如果是真正的理论，就能赋予实际工作者确定方针的能力，明白认识的前途，进行工作的把握，确信我们事业必胜的信念。凡此种种在我国社会主义建设事业中是有巨大的意义，而且是不能不有巨大的意义。"（注五）又说："在国家工作和党工作任何一个部门中，工作人员底政治水准和马列主义觉悟程度愈高，工作本身也愈高，愈有成效，工作底结果也愈有效力；反过来说，工作人员底政治水准和马列主义觉悟程度愈低，工作中的延误和失败也愈多，工作人员本身也会愈加变为鼠目寸光的小人，堕落成为一些只图眼前利益的事务主义者，而他们也就愈易蜕化变节，——这要算是一个定理。"（注六）

在我国这样一个新时期里执行新的历史任务的国家建设干部，必须积极提高自己的政治水准和马克思列宁主义的自觉性，避免成为鼠目寸光的小人，才能胜利地完成党和人民交付我们的巨大任务。

最注意正确地以马克思列宁主义教育干部和培养干部的，要算毛泽东同志。毛泽东同志经常强调马克思列宁主义"理论与实践统一"的特点，反对以主观主义的态度对待马克思列宁主义，教导我们以实事求是的精神学习马克思列宁主义，把革命气概和实际精神结合起来，通过马克思列宁主义胜利的历史来学习马克思列宁主义，而不要割断历史。基于这样的观点，毛泽东同志认为：研究马克思列宁主义，应该以《苏联共产党（布）历史简要读本》为中心的材料。《苏联共产党（布）历史简要读本》是一百年来全世界共产主义运动的最高的综合和总结，是理论结合实际的最完全的典型。（注七）

《苏联共产党（布）历史简要读本》，任何时候都是我们获得马克思列宁主义基础知识的重要教材，都是我们学习苏联革命经验与建设经验的经典。我党中央委员会，为了适应全党进入经济建设时期的需要，特规定全党干部理论学习的高级组和中级组，在一九五三年七月到一九五四年十二月的一年半时间内，学习《联共（布）党史》第九章到第十二章和列宁、斯大林论社会主义经济建设的一部分著作。我党中央这一规定是适时的，也是极其重要的。因为学习《联共（布）党史》第九章至第十二章和列宁、斯大林论社会主义经济建设的一部分著作，即是学习列宁、斯大林关于苏联社会主义建设的理论，学习苏联共产党领导社会主义建设的经验；即是系统地学习苏联是怎样实现国家工业化、农业集体化，又怎样完成社会主义建设的基本规律。苏联走过的道路，也是我国要走的道路。学习苏联社会主义建设的理论和经验，以便在我国大规模的经济建设中，根据我国的具体条件正确地运用这些经验，乃是我们一切在职干部和正在培养中的未来的干部刻不容缓的任务。

　　毛泽东同志要求我们认真学习马克思列宁主义，当然不是要求我们只知背诵马克思、恩格斯、列宁、斯大林著作中的若干词句，而是要求我们"要有目的地去研究马克思列宁主义的理论，要使马克思列宁主义的理论和中国革命的实际运动结合起来"；学习马克思列宁主义，"是为着解决中国革命的理论问题和策略问题而去从它找立场、找观点、找方法的"（注八）。

　　毛泽东同志就是这样把马克思列宁主义的普遍真理和中国革命的实际斗争结合起来，产生了作为我党一切工作指针的毛泽东思想。刘少奇同志说："毛泽东思想，就是马克思列宁主义的理论与中国革命的实践之统一的思想，就是中国的共产主义，中国的马克思主义。""就是马克思主义民族化的优秀典型。"（注九）

　　毛泽东同志在坚固的马克思列宁主义的理论基础上，在半殖民地半封建社会的特殊条件下，研究了中国的历史，并研究了中国的经济、政治、军事和文化，以中国共产党领导全国人民大革命的极端丰富的经验为依据，经过科学的分析综合，建设了马克思列宁主义的，同时又适合于指导中国革命的各种理论和政策。这些理论和政策，曾经引导中国革命达到了巩固的胜利，也必将引导和正在引导新中国的建设事业获得光辉的成就。因此，学习毛泽东思想，以毛泽东思想来武装干部和革命人民，增强我党全体党员和全国人民从事国家建设的信心和战斗力量，同样是我们当前刻不容缓的职责。

　　学习毛泽东思想，就是学习以毛泽东同志为代表的中国共产党的历史，就是学习毛泽东同志的著作，学习以毛泽东同志为领导的党和国家的各种政策的知识，学习毛泽东同志怎样正确而生动地把马克思列宁主义的普遍真理和中国具体的革命实践相结合，解决了中国革命中一系列的理论问题和实际问题，从而以马克思列宁主义和中国具体的革命实践相结合的毛泽东思想来指导我们的工作，并借以改进我们的工作和提高我们的工作。

为什么在新的历史时期担负新的历史任务的干部，还必须学习各种科学知识特别是苏联的先进的科学技术？

苏联进入社会主义的建设时期，斯大林同志对于国家建设人员和党的工作者，不但要求他们要有马克思列宁主义的理论修养，而且要求他们"精通技术"，"成为工作内行"，指出只有这样，才有可能在十年以内跑完五十以至一百年的距离，"赶上并超过先进资本主义国家"（注十）。

苏联建设社会主义的干部同志们，就是在列宁、斯大林的教养下，根据不以人们的意志为转移的经济发展过程的客观法则，经过了数十年的奋斗，在经济建设的速度上早已超过了各资本主义强国。到现在，其科学技术亦成为人类最先进的科学技术了。斯大林同志在《苏联社会主义经济问题》一书中，对于社会主义基本经济法则的主要特点和要求作了科学的阐述："用在高度技术基础上使社会主义生产不断增长和不断完善的办法，来保证最大限度地满足整个社会经常增长的物质和文化的需要。"我们从社会主义基本经济法则的特点可以看出，苏联社会主义生产的不断增长和不断完善，使能最大限度地满足整个社会经常增长的物质和文化的需要，乃是有高度发展的科学技术作基础的。马林科夫同志说道："我们的科学在促进技术的进一步发展方面起着巨大的作用；……在战争结束以后的时期中，我们的科学家已经成功地解决了许多具有巨大国民经济意义的科学问题。在这个时期中苏联科学的一个最重要的成就就是发现了一个生产原子能的方法。这样，我们的科学与技术就结束了美国在这方面的垄断局面，给予战争挑拨者以严重打击……"在一个短短的时期中，苏联科学技术之所以有这样伟大的成就，亦如马林科夫同志精辟的分析："在资本主义国家中，技术发展有周期性的中断，伴随这种中断的现象是，社会生产力因经济危机而遭到破坏；与资本主义国家的情况恰成对照，苏联并没有经济危机，它的生产正依靠高度的技术和先进的苏维埃科学的成就而不断地益臻完善。"（注十一）

我们的毛泽东同志，同样是最注意鼓励我党党员和所有干部乃至全国人民学习苏联的。今年二月，他在中国人民政治协商会议第一届全国委员会第四次会议上，对于学习苏联曾作了重要的指示："我们要进行伟大的国家建设，我们面前的工作是艰苦的，我们的经验是不够的。因此，要认真的学习苏联的先进经验。无论共产党内、共产党外、老干部、新干部、技术人员、知识分子以及工人群众和农民群众，都必须诚心诚意地向苏联学习。我们不仅要学习马克思、恩格斯、列宁、斯大林的理论，而且要学习苏联先进的科学技术。我们要在全国范围内掀起学习苏联的高潮，来建设我们的国家。"接着又在悼念斯大林时所作的《最伟大的友谊》一文中指出："中国共产党人和中国人民将更加紧学习斯大林的学说，学习苏联的科学和技术，以建设我们的国家。"

长期处于半封建半殖民地经济地位的中国，从来没有过大规模经济建设的经验，科学技术更为落后。第一次世界大战以前的俄国工业，犹占全部国民经济的百分之四十二点一，而我国工业在全部国民经济中所占的比重，革命胜利时才只有百分之十左右。我国要在经济上不依赖外国，实现经济上的真正独立，使逐渐过渡到社会主义成为可能，只有积极发展中国的现代工业。我国要实现国家工业化，要在一个比较短的时间里，赶上并超过各资本主义强国，无疑地，困难是会很多的。可是，今天和苏联十月革命以后的情况完全不同了，世界上已经有了一个科学技术远远超过资本主义国家的苏联存在，它为了恢复国民经济、实现国家工业化和农业集体化，曾经进行了胜利的斗争，并积累了极其丰富的经验。只要我们加强中苏友好合作，不断取得苏联对我国的援助（苏联已经而且一定会继续援助我们），积极学习苏联经济建设的经验，学习苏联先进的科学技术的成果，我们就能在今后的建设事业中，少走很多弯路，避免或减少许多错误，缩短摸索过程并克服盲目性。所以毛泽东同志说："联共就是我们的最好的先生，我们必须向联共学习。"（注十二）

三年多来的事实，再再表明：苏联的先进经验和先进的科学技术，对我国的经济文化建设已经起了巨大的作用。

苏联专家在我们的高等学校里，用最新的科学成就和教学经验帮助我们培养有用的建国人才。我们中国人民大学，一开始就聘请苏联专家，帮助我们建设一个新型的正规大学。全体师生都以极大的热情学习苏联的各种科学知识，并虚心地向苏联专家学习，因而获得很大的成绩。

我国在各方面学习苏联的建设经验和科学技术，时间虽然不长，但成效则是显著的。因此，进一步学习苏联的先进经验和先进的科学技术，使苏联的先进经验和先进的科学技术今后能起更多更大的作用，在大规模经济建设业已开始的今天，已成为我党党员、全体干部和全国人民的当务之急。但无可讳言，推广苏联的先进经验和先进的科学技术，还存在着各色各样的障碍，其中主要的就是盲目崇拜资本主义国家腐朽科学技术的落后观点，拘泥于自己本国陈腐经验的保守思想。这种落后观点和保守思想不克服，那就不能很好的学习苏联的先进经验和先进的科学技术，其结果就是不能很好地推动祖国大规模经济建设的迅速发展。

学习苏联的先进经验和先进的科学技术，一方面是向苏联的科学文献学习，一方面是向苏联专家学习。几年以来，若干从英、美、德等国技术书籍解放出来，而又从苏联的科学技术书籍中吸取了无限知识的科学研究人员，都赞不绝口地称道："苏联科学文献就是我们的指路明灯。"（注十三）向苏联专家学习，除了虚心地学习他们的科学技术以外，他们赖以发挥科学技术作用的优良品质，也是我们必须学习的模范。我们要真正学到苏联的先进经验及其科学技术，就必须学习他们伟大的国际主义精神，学习他们忘我的劳动态度，学习他们对科学的刻苦钻研和对人民负责的高尚品格，学习他们爱护公共财产的美德和革命的人道主义。

新中国的建设事业已经在我们面前展开了一幅光明灿烂的图景。让我们依照列宁、斯大林、毛泽东指示的方向，努力提高自己马克思列宁主义、毛泽东思想的理论水平，认真向苏联学习人类最先进的科学技术，我们就将成为最优秀的国家建设的生力军。

【注】

（一）斯大林：《在第十八次党代表大会上关于联共（布）中央工作的总结报告》。

（二）《联共（布）党史简明教程》结束语。

（三）毛泽东：《中国共产党在民族战争中的地位》。

（四）列宁：《做什么？》。

（五）斯大林：《论苏联土地政策底几个问题》。

（六）斯大林：《在第十八次党代表大会上关于联共（布）中央工作的总结报告》。

（七）毛泽东：《改造我们的学习》。

（八）毛泽东：《改造我们的学习》。

（九）刘少奇：《论党》。

（十）斯大林：《论经济工作人员底任务》。

（十一）马林科夫：《在苏联共产党（布）第十九次代表大会上的报告》。

（十二）毛泽东：《论人民民主专政》。

（十三）中国科学院长春综合研究所夏诵娴：《苏联先进经验给我们解决了工作中的难题》，载《中国青年》一九五三年第六期。

纪念季米特洛夫同志逝世四周年

——在中央人民广播电台的广播词 *

（1953 年 7 月 3 日）

同志们、同胞们：

今天是季米特洛夫同志逝世的四周年纪念日。季米特洛夫同志是世界工人阶级伟大的共产主义者、杰出的和平战士、保加利亚人民的领袖。我们怀着崇高的敬意，来纪念这位国际工人运动杰出的领袖。

季米特洛夫同志的一生是战斗的一生。因为他在工人运动中表现了坚贞不屈的自我牺牲精神，和他对马克思、恩格斯、列宁、斯大林学说的无限忠诚，博得了全世界劳动人民的热爱。

我还清楚地记得：一九三四年我们在莫斯科欢迎他从希特勒魔掌中脱险出来的时候，全世界对于他在莱比锡法庭上当场斥责法西斯匪徒的英勇斗争，表现了无限的崇敬。接着在一九三五年八月，又听到他在共产国际第七次大会上为建立和巩固工人阶级的统一战线和人民阵线，以抵抗和消灭法西斯主义的著名报告。他说："法西斯主义——就是资产阶级向劳动群众施行的最残酷的进攻；法西斯主义——就是横行无忌的民族侵略主义和强盗战争；法西斯主义——就是疯狂猖獗的反动和反革命；法西斯主义——就是工人阶级和全体劳动群众的死敌！"这样就指出了

---

* 录自《人民日报》1953 年 7 月 3 日，第 3 版。

法西斯政权的反动实质。

就在那时候，他根据马克思列宁主义的策略原理，在斯大林同志的领导之下，对各种不同国度的千百万劳动者回答了如何阻止法西斯专政，和如何防止法西斯战争的问题。季米特洛夫同志号召组织反法西斯统一战线，"不仅要包括工人阶级、农民群众、劳动知识分子和其他劳动者，而且还要包括被压迫民族以及受战争挑拨者威胁其国家独立的人民"，并且号召把这种反法西斯战线扩大到全世界去，以形成全世界反法西斯的营垒。为了反对法西斯和保卫世界和平，季米特洛夫同志说："仅仅希望和平，是不够的，还应当为和平而斗争。"要为争取和平而斗争，就需要组织者和领袖。因此，他特别着重指出：只有团结一致的无产阶级，才能成为这一和平战线的组织者，成为这一战线的领导和骨干。

季米特洛夫同志是中国人民的朋友，他对中国革命曾经给予很大的同情和鼓舞。在一九三五年八月共产国际第七次大会上，季米特洛夫同志对于在中国组成抗日民族统一战线问题，曾作了重要的原则指示。他并且在大会上代表全体代表说："我们很诚恳地向中国人民说：我们坚决拥护你们的英勇的民族解放的斗争。决意帮助你们打倒一切帝国主义强盗及其中国走狗的压迫。帮助你们谋得完全的解放。"曾经博得了全体代表的热烈欢呼。

一九三六年季米特洛夫同志在《中国共产党十五周年纪念》一文中，对中国人民正在进行的解放斗争予以热情的赞扬，他说："中国共产党在十五年来已经证明自己忠实于中国人民的利益，并证明自己善于为中国人民的利益和解放而斗争……必须对正在进行解放斗争的中国人民予以亲热的爱护和真正精神上、政治上的拥护。……这个伟大的中国人民正在全世界反法西斯主义与反战争战线的一个最严重的阵地上进行为自己民族独立生存的斗争"。一九四八年在保加利亚工人党（共产党）第五次全国代表大会的报告中，他又强调指出中国人民在伟大的中国共产党领导之下所赢得的解放战争的光辉的历史意义。

季米特洛夫同志是一个伟大的国际主义者和爱国主义者。他说过："在每一个国家里，无产阶级的国际主义都应当'适应本地的气候'，以便在本地种下自己的根基。个别国家里无产阶级斗争和工人运动的民族形式是不违反无产阶级的国际主义的，恰恰相反，正是在这种形式里，同时还可以胜利地拥护无产阶级的国际主义的利益。"季米特洛夫同志在反法西斯战争中领导了保加利亚人民反抗德国侵略者的斗争。在保加利亚解放以后，他又以不倦的精力，贡献于保加利亚的社会主义建设事业和保苏的友好。在他的领导下，保加利亚人民于一九四八年完成了两年经济计划，接着又从事于五年经济计划。季米特洛夫同志逝世后，保加利亚人民在契尔文科夫同志的领导下，遵循着季米特洛夫同志所规定的道路，学习苏联的先进经验，使五年计划在四年内提前完成了，因而改变了保加利亚国家的面貌。

为着纪念这位伟大的共产主义者、杰出的保卫世界和平的战士，我们应该把保卫世界和平的事业更勇敢地担负起来。大家知道，在朝鲜停战谈判中，由于中朝两国所作的努力，使战俘遣返问题达成了协议，并为朝鲜停战准备了条件。正在这个时候，南朝鲜李承晚匪帮在美国纵容下，制造了"释放"战俘实即强迫扣留战俘的严重事件，同时，美国政府还企图与李承晚缔结所谓"共同防御条约"，来鼓励李承晚匪帮继续破坏朝鲜停战。与此同时，西德的法西斯匪徒也在美国特务机关的指使之下，在柏林的民主区制造了可耻的暴乱。虽然西德的阴谋分子是失败了，李承晚破坏停战的行为也受到了世界广大舆论的斥责，但是这些事实表明，和平的敌人还在进攻，我们必须坚决地打垮他们威胁全人类的阴谋！

季米特洛夫同志关于反对法西斯、反对战争、保卫国际和平以及关于国际和平统一阵线所作的号召，在今天保卫世界和平的斗争中，依然有很大的指导意义。我们应该学习季米特洛夫同志为国际和平统一阵线所做的巨大努力，更坚强地团结在以苏联为首的和平民主社会主义阵营内，对和平的敌人保持高度的警惕，争取世界的持久的和平。战争挑拨者、法西斯匪帮的一切阴谋企图，必将归于失败；和平民主一定得到胜利！

季米特洛夫同志的精神永垂不朽！

庆祝朝鲜停战协定的正式签字 *

（1953 年 7 月 31 日）

　　当我校全体教师、学生及工作人员获知了全世界人民渴望已久的朝鲜停战协定已全部达成协议，并于七月廿七日在板门店进行了签字的消息后，每一个人的内心都感到有说不出的兴奋和鼓舞。回想起朝鲜停战谈判在两年多来的过程中，由于美国好战分子和李承晚反动集团为了达到其野蛮的侵略目的而实行一贯的拖延阻挠政策，使朝鲜停战协定迟迟不能达成协议；直到今天，只是因为朝中人民及其保卫和平的不可动摇的意志的忠实执行者——朝中人民武装力量，以及全世界爱好和平的人民所作的种种非凡的努力，才使朝鲜停战协定得以签字，才赢得了这一有世界历史意义的光荣胜利。我校全体教师、学生及工作人员对所达成的停战协定的全部条款，表示热烈的拥护。

　　在朝鲜问题上，我国人民与全世界爱好和平的人民的意见一致，是一贯主张以协商精神，通过和平方式来解决的，因为这是完全符合于远东及世界各国人民的切身利益的，是所有和平人民的共同愿望。这样一种充满人民性的和平思想，就是全世界进步人类的伟大导师斯大林同志的思想，也就是我国人民最敬爱的领袖毛主席的思想。我们在他们的领导和不断教育下，坚持了这一思想，我们才在和平解决朝鲜的问题上获

---

　　* 录自《光明日报》1953 年 7 月 31 日，第 3 版。

得了胜利的第一步。

我们最可爱的人——中国人民志愿军是集中地代表了中国人民的意志，三年来他们和朝鲜人民军一起，以伟大的忘我精神和无比英勇，粉碎了美帝国主义和李承晚反动集团想以武力统一朝鲜的狂妄企图，争取了"和平解决朝鲜问题的第一步"。我们应向中国人民志愿军和朝鲜人民军全体同志们致以热烈的祝贺和崇高的敬意。

在我们因朝鲜停战实现而欢欣鼓舞的同时，一部分美国好战分子尤其是李承晚集团对朝鲜停战所抱的敌对态度和各种反对言论，使得朝鲜停战协定条款的实施有继续遭受破坏的可能。为了切实保障协定中各项条款的实施，朝中人民及其武装力量和全世界人民必须继续提高警惕，防止任何来自对方的破坏活动，以有效地捍卫着这一庄严的和平协定的实行，并争取整个朝鲜问题进一步获得和平解决。

我们现在是站在保卫远东及世界和平的最前列。我们既赢得了和平解决朝鲜问题的第一步，我们就应当而且必须充满信心地继续前进，将这一和平斗争坚持并进行到最终胜利。我校全体教师、学生和工作人员坚决保证在为全部实现朝鲜停战协定及和平解决朝鲜问题的伟大正义斗争中贡献出我们所有的全部力量。

在中国人民大学学生毕业典礼上的讲话（节选）*

（1953 年 7 月）

　　我们中国人民大学今年有本科第一届毕业，有专修科第三期毕业，同时研究生，马列主义研究班、预科和工农速成中学也有一部分同学毕业。今天我们举行毕业典礼，来祝贺 3 300 多位同学胜利完成了自己的学习任务。这一批同学的毕业是我们学校生活中一件重大事情，对于我们国家的经济建设也是一种重大贡献；同时也是对于我们学校工作的一个实际考验。

　　今天参加毕业典礼的学生，都已经经过了严格认真的毕业考试。从考试的结果看来，各科、各系、各班的成绩一般都是良好的。因此，我们可以说，这一批毕业生是可以成为国家建设中起积极作用的人才的，无疑地对国家建设是一支巨大的生力军。

　　应该强调提出的是，在毕业学生中间，不仅有青年学生，还有大部分是经过不同年限的实际工作锻炼的革命干部和相当数量的产业工人。就本科的这第一届毕业生来说，其中干部占百分之六十，产业工人占百分之十二。这是我们培养干部的基本特点之一。我们学校过去两年来和今年的毕业生，都用事实证明了党和国家所规定的培养工农知识分子的方针是完全正确的。革命干部和产业工人，不仅应该培养而且可以成功

　　* 录自《吴玉章教育文集》，四川教育出版社 1989 年版，第 164～171 页。

地培养，他们进步很快，成绩一般是优良的。问题的关键是在于领导上要坚定不移地坚持这个方针，采取各种有效措施热诚地帮助他们。今后我们还应该继续努力坚持这个方针。

同志们，今年我们学校三千多人一同毕业，这是我国高等教育史上空前的事情。我们三千多毕业学生的学习任务之所以能够胜利完成，我们在培养干部上所以能够对国家作出如此的贡献，有着下列的主要原因。首先，是由于毛主席和党中央对我们的亲切关怀和教导，其次是由于中央人民政府教育部的直接领导以及各业务部门的积极帮助的结果。大家知道，从我们学校筹备和创办的时候起，毛主席和党中央就经常关心着我们学校的发展和学工人员的学习和教学生活。这是我们一切成绩的泉源，是我们前进的伟大的领导力量。我们怀着无限的敬意，来感谢毛主席和党中央的领导。我们感谢高等教育部和中央各部门的领导与帮助。不该忘记，我们的成就，也是由于苏联专家同志们热诚帮助的结果。我们的成就也是由于我们的全体教员、翻译人员和为教学服务的各级工作人员努力的结果。他们为了同学们的学习和进步，以高度的劳动热情进行了辛苦的工作。我们也应该感谢他们。最后，这也是由于同学们自己顽强不倦地努力学习的结果。应该说明，我们学校中的学习是并不容易的，这也是一种艰苦的持久的劳动。而我们的同学们的学习情绪始终是饱满的，他们是在"为了祖国，必须学好"的口号下，克服了极大的困难，才得到了现有的成绩。对于原来文化基础差的同学尤其是这样。所以，当我们现在回顾学习过程的时候，也应该感谢同学们自己为了国家所作的努力。

从明天起，除了预科和速成中学的毕业生还将要继续升学深造以外，绝大多数的毕业生就要陆续走上光荣的工作岗位。大家可以兴奋地感觉得到：你们是正好赶上这样的时候走上工作岗位的，这就是我们国家国民经济的恢复时期已经基本结束，我们伟大的祖国已经开始进入国民经济的有计划建设的新时期。这个新的历史时期摆在全国人民面前的新的历史任务就是按照毛主席所指示的道路，逐步地实现国家的工业化，并在这个基础上使我们的祖国稳步地过渡到社会主义。这也就是我们的国家和我们的党当前的总路线和总任务。你们大家就要迎接这个光荣而伟大的任务走上自己的工作岗位。

大家已经学过关于国家工业化的理论，已经知道在为国家工业化和逐步地过渡到社会主义而斗争的时期，干部问题具有多么重大的意义；已经知道："人才、干部是世界上所有一切宝贵资本中最宝贵最有决定意义的资本。"现在我们国家建设的各个战线上的实际经验也在不断地表明，干部问题已经成为了一个头等重要的，迫切的现实性问题。如果没有大量的忠实于人民事业而又掌握着科学精通业务的人才，我们的建设事业就不能够完成任务。因此，毛主席和我们的党再三地强调要十分爱护干部、重视干部和培养干部，我们的国家对正在成长中的新干部身上寄予着极大的信任和期待。这就意味着你们所担负的任务是格外重大的。现在对于你们要紧的是不要限于抽象地了解这个干部的重要性，而要在现实生活中，在你们自己身上体现出干部的重要作用，努力发挥出最大的作用。国家的深厚期望是鼓舞你们前进的伟大动力，希望你们真正成为注入到建设事业中去的新鲜血液，成为精壮的、有战斗力的生力军。昨天我怀着喜悦的心情，读到了一篇文章，这是工厂管理系毕业的一位同学写给校刊的一篇文章。他说："我过去是一个普通的工人，而今天在党的直接教育下，经过三年多的学习，成为了一个有科学知识的，能够为人民服务的有用人才，今年暑假毕业后将要走向祖国经济建设的最前线，我将要贡献出自己的最大力量，为祖国的工业化而斗争，为祖国实现社会主义而斗争，以不辜负党和毛主席对我的教导和关心。"同志们！

我认为这几句朴素的和充满信心的话是可以代表全体毕业生的共同心愿的。你们大家都要不辜负毛主席和党对自己的教育和关怀。

许多同志都要我讲讲怎样担负起自己的工作任务来。为了回答大家的意思，我想代表学校对全体毕业同学提出几点希望：

首先，毕业同学应该服从组织分配，安心工作，把工作作好，使自己成为自觉的建设者。这就是说，你们在工作中要有明确的目的性，把伟大的社会主义与共产主义的理想和自己的实际工作结合起来，懂得自己的作用，心甘情愿地去完成自己的任务。也就是说，你们要以一种忠于祖国、忠于人民、忠于党的事业的革命品质来进行工作。这种革命品质是新的专门人才区别于旧的专门人才的根本特点。如果你们希望成为我们新时代的新人才的话，首先就得要继续加强马克思列宁主义、毛泽东思想的武装，加强这种革命品质的锻炼。这是需要你们在今后工作中谨慎记住的。具有这样的革命品质的人，也就自然有良好的组织性和纪律性。在接受工作任务的时候，一定会毫无折扣地服从国家分配。我们国家在培养和分配干部上是适应着建设计划的需要而有计划和有重点地进行的，政府机关给你们分配工作的时候，当然会尽量考虑到照顾各人之所长，但是因为这是从国家建设的需要出发，所以也很可能和个人的愿望发生某种差异。在这个时候，毕业生当然是要自觉地放弃个人的利益来适应整体的利益。同时，建设工作的每一个地方、每一个岗位都是具有重要意义的，我们的有为的同志总是勇于接受最艰苦的任务的，他们无论在什么地方，都能够在自己的工作中放射出革命英雄主义的光芒。要成为具有革命品质的自觉的建设者，首先就要服从国家的分配，也就是学校对你们的第一个希望，也是学校教育对你们的第一个实际考验。

其次，要把你们自己所学的知识用到实际工作中去，并在实际工作中检验和丰富它们，继续来加深学习。你们现在所学到的系统的知识是十分宝贵的，是马克思列宁主义的基本原理和先进的专门科学，这是国家建设所迫切需要的。但是这些知识主要地还是抽象化了的理性方面的书本上的知识，如果不拿到实际工作中去运用，而只是摆摆样子，那就既不会有什么发展，也不会有什么用处。实际工作，特别是当前国家有计划建设时期的实际工作，有着无限生动丰富的内容，是供你们发展学识的最好的用武之地，如果能够把在学校所学得的知识和实际工作密切结合起来，那么，你们这些用辛勤的劳动得来的知识就将显现出极其巨大的、生气勃勃的指导力量，你们自己也就能日益进步。对于我们，理论与实际相结合的观点，无论何时都是一个基本的观点。必须用理论知识来指导实际工作，同时又在实际工作过程中不断开辟知识的道路。当然，也不能想像这种结合是一种轻而易举的简单事情，恰恰相反，过去毕业同学的经验证明，实行这种理论与实际的结合是一个长期的奋斗过程。我想，你们是不会害怕这个奋斗过程的。如果你们真正实行把所学的知识和实际工作结合起来的话，你们就一定能够做出成绩来的。这就是学校对你们的第二个希望。

当你们走上任何一个工作岗位的时候，那里的同志们将会热情地欢迎你们，你们也将要参加不同程度上的领导工作。但是，你们却千万不要因为自己将是领导干部了，而就骄傲起来脱离群众。你们现在当然是比较有些知识的，但是在伟大的国家建设任务面前，仅仅靠你们的知识还是不够的，还必须得到劳动群众方面的信任和赞助。知识分子的最大弱点就是总是把自己看成超乎劳动群众之上的特殊人物，既不重视群众的智慧，也不重视群众的赞助，所以他们就既得不到群众的信任，也得不到群众的赞助，所以他们也就总是做不出什么出色的群众的事业来。你们如果要想在工作中有所成就的话，就必须严格地、干脆地和这种旧思想旧作风绝缘，而且像防止病菌那样警惕其对自己的侵袭，坚持奉行毛主席所反复教导我们大家的走群众路线。这就是学校对你们的第三点希望。

你们还应该切实记住：要戒骄戒躁、谨慎谦虚、继续努力学习。你们在人民大学受到良好的教育，现在毕业了，这自然是一件令人兴奋的事情。你们完全应该对自己的学习收获抱有信心。但是同时也应该知道，"人民大学毕业生"这个称号，决不能表示什么知识都完备了。只有那种极端自高自大的狂妄的人，才这样夸大自满。从人民大学毕业，这一方面固然是一个学习阶段的结束，但另一方面却也是一个新的更长远得多的学习阶段，即实际工作与生活中的学习阶段的开始。开展在你们前面的是十分广阔的道路。我们的任何一个毕业生都不应该在走出人民大学的校门以后就或多或少地骄傲自大起来。这里，我想引用斯大林同志也是对一批毕业生所讲过的名言，他在1935年，在克里姆林宫举行的红军学院学生毕业典礼大会上曾经向毕业生这样说过："同志们，你们已在最高学府毕了业，并在那里受到了初步的锻炼。可是，学校还只是一个预备阶段。干部的真正锻炼，是要在活的工作中，在学校以外，在和困难作斗争中，在克服困难的过程中取得的。同志们，请记着吧：只有那些不害怕困难，不躲避困难，反而前去迎接困难，以求克服和消灭困难的干部，才是优良的干部。真正的干部，只能在和困难作斗争中锻炼出来。"我想，把斯大林同志的这一段嘱咐当作给我们今天在场的毕业生的临别赠言，是再好不过的了。希望大家接受这几句赠言，希望大家做到像斯大林同志所称赞的那样的干部，那样永远不疲倦地学习的干部。这就是学校对你们的第四点希望。

最后，愿你们在离别我们学校以后，还经常地和母校保持密切联系。我愿意在这个大会上代表学校向大家表示：学校将继续给你们以一切可能的帮助。同时也要求你们在工作岗位上不断地向母校报告你们的消息，多多介绍你们实际工作的经验，使学校的教学与研究更密切地适应国家建设的需要，也使今后的同学们得到更好的帮助。我认为，学校和毕业生之间的这种联系乃是一种集体主义精神的体现，是理论和实际结合的一种重要方式，对于我们的事业来说是非常有益的。希望你们经常地和母校保持联系，这就是学校对你们的第五点希望。

同志们，大家满怀信心地勇敢地前进吧，发挥出你们的才能和智慧，发挥出你们不倦的劳动积极性和创造性，响应党和国家的伟大号召，站到为国家工业化而斗争的最前列，为人民建立光荣的功勋。

中国人民大学三年来工作的基本总结 *

（1953 年 10 月 4 日）

（一）

　　中国人民大学是中华人民共和国成立后创办的新型正规大学。这个大学最早得到苏联专家直接的帮助，从制定教学计划、编写教学大纲与教材到规定教学组织、教学制度等，都认真地、系统地采取了苏联高等学校的先进经验和最新的科学成就。同时，我们还继承了老解放区为人民服务的和理论联系实际的革命教育的优良传统，我们的教学干部是以老干部为骨干带动和团结大批革命的进步的并经过思想改造的年青知识分子以及少数过去的旧大学的教学人员。这些老干部虽然有的文化水平较低，但是他们均有一定的实际斗争经验和马克思列宁主义的基础知识，比较容易了解党和国家的政策，他们和党与国家有着思想上、组织上、历史上长远的联系。我们培养的对象除了进步的青年学生以外，主要是培养产业工人和工农干部，他们曾经受过各种实际斗争的考验，有着实际斗争的经验。所有这些，都给我们接受苏联先进科学和先进工作经验以及将其与中国实际相结合上提供了极为有利的条件。我们的学员都是为完成党的任务而坚决地向科学进军，所以他们就不是为学习而学习，而是为国家建设而学习，这种学习很自然地就容易和实际联系起来。

---

　　* 录自《人民日报》1953 年 10 月 4 日，第 3 版。

这就又为我们建校工作正确的和健全的发展提供了极为有利的条件。

（二）

中国人民大学三年来的教育工作是有成绩的。毕业学生四千五百八十七人，其中专修科三千九百九十六人，本科五百九十一人。今年在本科经济计划、统计、工厂管理、财政信用借贷、贸易、合作社等六系毕业学生四百四十三人，其中产业工人占百分之十二，革命干部占百分之六十，知识青年占百分之二十八；而其中党团员占百分之九十以上。这批毕业生成份及政治质量好，同时系统地学习了政治理论和各种专业知识，学有专长，从而就引起了各有关业务部门的重视。国家根据"学以致用"的原则将他们分配了工作，他们正在各工作岗位上为国家建设发挥了与发挥着重大的作用，许多人应用自己学到的知识和理论，提高和改进了工作。例如：我校专修科毕业学生，现任塘沽新港工程局第一修船厂厂长马金城、东北机械三厂副厂长车振国、中国人民银行西北区行划拨清算科科长萧煌等都曾经根据在校所学的"会计""统计""工业企业组织与计划"等专业课程结合中国具体情况，运用苏联先进经验改进了企业的组织管理，建立了新的会计制度，对工作起了决定性的良好的影响，受到各方面的赞许。这就基本上改变了旧中国高等教育数十年来"学非所用""用非所学"的教育脱离实际的传统毛病，并为新中国高等教育的建设树立了良好的榜样。

在全国高等学校改造的工作中，中国人民大学曾经给了有益的帮助。首先是帮助解决高等学校的教师，特别是政治理论课的教师问题。三年来从本校毕业的研究生有九百人，其中校外的五百四十八名，他们被分配到全国四十二个高等学校工作，在教学上一般地都受到学生的欢迎以及领导的重视；同时我们还抽调了教员和其他教学干部到其他高等学校工作，直接帮助建立教学组织，进行教学工作。其次，三年来我们不但陆续接待了全国各地高等学校来校参观者和他们交谈，赠送各种材料，利用文字较系统地向全国介绍了学习苏联的经验，而且还有计划地供给有关机关和学校的业务教材参考材料，以及较普遍地供给了政治理论教材和参考材料。据不完全统计：三年来供给各地业务教材、政治理论教材及参考材料一百余种，一百六十六万余册。最后，我们应京津部分高等学校及工业部门的邀请，曾经派不少政治理论教员和业务教员去讲课，据反映对各单位的政治理论学习和业务工作都有了不少的帮助。虽然如此，但是我们所进行的工作，对高等学校的需要说来，还是十分不够的，今后将尽一切可能继续加强这方面的工作。

中国人民大学经过三年的努力，现在已有相当的规模。现在在校学生约五千人，另为全国高等学校培养研究生约二千人，校外函授学生二千七百人。如果说教学力量开始是薄弱的，那么，现在业已培养能够掌握某一门专业的教员约七百人，培养俄文翻译一百四十人，他们无论口译或笔译均达到一定的质量。三年来我们翻译教材一千三百余种，印八十九万余册，编写教材五百多种，印七十万二千九百十一册，这就能够使我们学生获得较多的学习资料。但是，客观情况迅速的发展，国家建设工作迅速的进步，要求我们在今后一定时期内不是继续在数量上大量发展，而是要在原有的基础上提高工作的质量，首先是提高领导骨干和教员的质量。因此，本校在上学年提出了巩固和提高的方针，然后在此基础上逐渐转向更加健全的发展的道路。

（三）

中国人民大学的这些成绩，就生动地证明了党中央和中央人民政府决定成立中国人民大学的方针是完全正确的。这些成绩的取得是由于党中央和中央人民政府的正确领导和经常关怀，由于中央各有关业务部门不断的指导和帮助，由于苏联专家热忱无私的援助和教诲以及全体干部的艰苦努力得来的。

中央人民政府政务院曾经规定中国人民大学的教育方针是"教学与实际联系，苏联经验与中国情况相结合"，三年来我们执行了这一正确的教育方针。我们在领导思想上不但是强调系统地学习苏联先进的经验，而且还强调系统地和密切地注意中国各方面的实际问题，并从实际出发规定我们的教学计划、教学内容以及各种教学制度等。我们第一届教学计划是在苏联专家的直接帮助下，依据苏联有关各系教学计划为蓝本，并考虑到中国恢复时期的特点、学生和教员水平低的特点等制定的。第一届教学计划较苏联有关各系的教学计划减少了不急需的课程和时数，增加了在中国急需的课程；专业化的课程也没有苏联分的仔细；在教学大纲上也进行了必要的精减。随着我们国家建设的发展，学生和教员条件逐渐的变化，今年的教学计划就是比较更为全面地反映了客观的需要。在专业化的课程中又分专门化；在教学大纲和教材中逐渐反映了中国的材料。所以我们的教学计划与其说是开始时和苏联教学计划更靠近，不如说是现在和苏联教学计划更靠近更为正确些（当然现在的教学计划和苏联的教学计划还是有很大距离）。虽然开始由于缺乏经验，第一届教学计划在执行中，曾经发生课程较重的现象，但由于基本上是正确的，就很快得到了合理的纠正。苏联高等学校中规定生产实习是异常优越的制度。本校进行了两次大规模的生产实习，师生一致认为在理论联系实际上得到了巨大的收获。

我们认为首先必须学习苏联的经验、学习理论，如果还不知道苏联的经验和理论是怎么一回事，就企图联系实际是不正确的，往往会弄出错误。但是随着教师对苏联经验和理论逐步的学得和掌握，就要系统地注意实际问题，对实际问题感到强烈的兴趣。因为不学习理论固不能对实际问题加以分析和说明，然而只学习理论不去研究实际问题，理论也是无法深入和无法学好的。我们为了在这一方面取得各部门的帮助，曾进行了一系列的工作，采取了有效的办法。还在一九五一年初，我们就请示中央批准由中央人民政府财政经济委员会通知所属各业务部门切实帮助解决这个问题，因此，我们与各业务部门直到厂矿的关系日益密切。起初是我们单纯要求帮助，主要是教学计划的修订、教学大纲与教材讲义的编写、科学研究等方面要求他们参与审阅，请他们作报告、供给材料与互相参加会议，这对于教学联系实际上是在经常起着作用的。以后逐渐发展由一般联系合同的形式进入科学合作：第一种是科学研究小组，即由教研室与业务部门指定一定负责人共同组织研究。第二种是企业管理训练班与生产实习相结合。例如我们在天津与市委工业部建立起极为广泛的联系，教员可以随时下厂搜集材料，同时给工厂解答问题，进行辅导。去年九月天津市委工业部组织企业管理训练班，主要是工厂厂长、车间主任、党委书记以上的在职干部一千六百余人进行业余学习，我们派教员王嘉谟讲课一学期，每周四小时，由于讲授内容切合他们的需要，提高和改进了他们的工作，因而受到他们的热烈欢迎。主要地是教员结合目前厂矿计划管理方面所存在的问题，运用苏联先进的经验进行系统的讲授，特别是讲授"技术组织措施计划"一课，更多地帮助了他们进行生产改革，加强计划管理。这样就把科学合作向前推进了一步。这是科学与生产结合的一种新形式，我们准备加以推广。第三种是派教员参加一定部门或厂矿一定时期的具体工作，或随同一定部门的负责人检查工作，进行专题的调查研究等。

随着教员实际知识的丰富，对于实际材料逐步的掌握，我们曾经强调指出教员要认真研究中国的实际材料，结合已学到的理论，把实际材料系统化，逐步提升到理论上面来，而不能够满足于表面的了解，停留在片面的联系实际上面。在这种情况下，我们的教员在讲课和讲义中，都逐渐增加中国的材料，分析国家建设中有关的实际问题，从而就提高了我们的教学水平。

三年来，我们坚持了政治理论与业务相结合的方针。斯大林同志说过，工业建设需要培养两种人材，即"工业指挥人材和工程技术人材"。中国人民大学主要是培养"工业指挥人材"及其他建设人材，这种工业指挥人材及其他建设人材"是能了解我国工人阶级底政策，能领会这个政策，并决意诚恳把它实现起来的那种人材"。因此，我们就必须把业务教学和政治理论教学很好地结合起来。我们在教学计划中规定"马克思列宁主义"、"政治经济学"和"中国革命史"为所有学生、研究生必修的科目，有的学生和研究生还有专门的"辩证唯物主义与历史唯物主义"课程。这些政治理论课程本科占百分之二十，专修科占百分之三十，事实证明这种比例是适当的。由于我们系统地进行了政治理论的教学，就有可能使大家对各种业务知识的了解提高到马克思列宁主义的理论和政策水平上，而不是停留在技术的水平上。同时，我们把这种政治理论教育，与党的日常思想工作，尤其是在课堂内外进行批判资产阶级思想教育以及政策教育相互结合起来进行。我们的政治理论教学是收到了巨大效果的。据专修科毕业生反映，他们不但搞通了业务，而且了解了基本理论和政策，提高了应付事变的能力。

三年来，我们坚持了以培养工农知识分子为主，尤其是产业工人的方针。现在我们学生中的干部与产业工人大体上占总人数百分之七十左右（知识青年占百分之三十左右），我们认为，要吸收产业工人、工农干部学习，不但要有坚定的为工农服务的思想，而且要为工农学习创造种种有利的条件。因为工农虽然政治觉悟高，有学习热情，但在目前情况下，一般说来文化程度较低，家庭生活困难，年纪较大，身体较弱。为此，我们曾经成立了预科，按其原有文化基础和专业所学情况决定补习文化期间的长短。指导工农学习，应该掌握他们本身的特点。他们理解力较强，有比较丰富的生产斗争的经验，我们应该充分利用他们这些有利的条件。在教学计划上加入一些国文及数学、理化等基础课程，教员要采取特殊的耐心的教学方法，帮助他们解决学习中的困难，这样他们是可以在大学学习的。我们今年毕业的工农干部学生是合于国家要求规格的，他们基本上已经实现了"工农分子知识化"的口号。我们必须与轻视工农的观点作斗争，既反对在吸收工农入学时过分降低入学的标准（这样其效果是适得其反的），又要反对不为工农学习创造条件，不解决他们学习的困难（这样实际是拒绝工农入大学学习的），因此，对于工农学习中的实际困难，必须给予适当的解决。过去曾经有人要降低工农干部在学校内的生活待遇，把他们与知识分子拉平，所谓"一个学校内不能有两种待遇"的意见是错误的。此外，我们附设有工农速成中学，培养工农优秀分子升入大学。

三年来，我们建立起了一套新的教学组织、教学制度和教学方法，从而就保证了我们的教学质量日益提高。主要是有计划、有领导、有组织地进行教学和科学研究工作，这与旧式高等学校的自由主义的、无政府状态的、各自为政的教学是根本不同的。首先，我们实行全面计划管理，全校制定了统一的教学计划，然后教研室以及其他教学组织都要根据总计划定出具体的工作计划，使我们的工作能够有条不紊地按计划进行；其次，我们的教学从讲授到自习、辅导、课堂讨论或练习、生产实习、测验或考试等各个教学环节不但是紧密联系的，构成了严密的和系统的体系，而且在各个教学环节上教员都要负责任，实行教员负责制，这就大大地提高了教学的效果；再其次，我们有严格的检查制度，对于学生学习成绩的检查不但有学期和学年终结的测验或考试，而且还注重平时的检查，对于教员和教学行政工作的检查，我们不但有计划地听课和巡视，而且建立了一套科学的表报制度，准确简便易行；最后，建立了严格的劳动纪律，学生上课出勤率一般在百分之九十七以上，缺勤的多为病假事假，旷课的几乎绝迹。教员讲课迟到是很少的，早退是没有的，一般的事情是不允许请假的。这种严格的劳动纪律本校师生已经成为习惯。

（四）

三年来中国人民大学是在逐步发展起来的，教育方针是逐步贯彻的。一九五〇年暑假大批苏联专家陆续到校后，我们于九月一日正式开学。但在一九四九年末苏联顾问和俄文教员即已来到，我们就在思想上和组织上积极进行准备工作。我们集中了党和国家的一批优秀干部，要他们虚心向专家学习，作为教学的骨干。成立俄文大队，俄文专修班，大批培养俄文翻译人材；同时组织翻译苏联有关教育理论和高等学校方面的材料，如"高等学校"等。我们号召干部向苏联学习，明确提出苏联高等学校的经验就是我们学校办学的指针。因此，我们在建校过程中发展是比较顺利的，没有发生混乱的现象。虽然由于我们没有经验，开始时课程分量较重，但是在苏联专家帮助下，经过积极研究改进，对课程作了适当的精简，很快就得到了纠正。由于教员质量和学生程度的逐步提高，我们现在又有条件向前发展一步。

我们教学力量的培养是与培养学生的过程同时并进的。在开始我们的教员只有五十多人，远远不能适应教学的需要。我们采取了两种办法解决这个困难问题，一种办法是"边学边教"，另一种办法是组织研究生学习——这两种办法在当时都是需要的。但是随着教学质量的提高，教员力量的生长，对于教员的培养就必须逐渐过渡到更为正规的办法，使他们得到全面的和系统的提高。在培养教员中，苏联专家热忱无私的帮助起了重要的作用。为了合理而有效地发挥专家力量，我们一开始就不是把他们当成普通的教授给学生讲课，而是把他们当成"工作的母机"给教员、研究生讲课。三年来苏联专家的主要力量是放在培养教员、研究生和编写讲义方面。我们今天之所以能够培养出大批教员和出版大量的教材参考资料，为建校打下基础，是和这种正确地发挥苏联专家的力量分不开的。

在我们学校的师生中，对于苏联的先进经验持着怀疑、犹豫、敌视的态度者是根本没有的。因此，我们学习苏联的先进经验从不曾发生过是否应该学习的问题，而是如何学习的问题。我们师生三年来和苏联专家相处无间，团结友好，虚心向他们学习，是和这种思想基础分不开的。我们的干部虽有为人民服务的思想，但是缺乏系统的理论知识和科学知识以及长期习惯于手工业的工作方法，缺乏正规的工作方法，所以学习苏联的先进经验就必须逐渐克服我们这方面的不足或缺点。这是一个斗争的过程。同时，学习苏联经验必须是老老实实的，首先要把它学懂，真正领会和掌握其精神实质，逐步去解决实际问题。在这里完全照搬苏联的经验是错误的，随意修改和歪曲苏联的经验也是错误的。为着有效地学习苏联的先进经验，我们必须与这两种错误的、有害的思想和倾向作斗争。学习苏联先进经验和精深的科学成就不是轻而易举的事。

三年来我们虽然有了一定的成绩，但是还只是初步地学得了一点门径，离掌握和精通的程度还很远，不仅不敢骄傲自满，而且应当诚恳、虚心、加倍努力学习，以不负党和政府给我们的任务。我们学校无论在教学方面和行政方面缺点还很多，赶不上形势发展的需要。希望党和政府的领导同志及各方面同志随时加以批评和指正。

在首都各界庆祝十月社会主义革命三十六周年大会上的讲话 *

（1953 年 11 月 7 日）

亲爱的同志们，朋友们：

今天我们在这里集会庆祝伟大的十月社会主义革命三十六周年。今年我们庆祝十月革命节，正当着苏联人民胜利地向共产主义迈进的时候；也正当着我国人民开始执行第一个五年计划，沿着社会主义工业化的道路稳步前进的时候。今年我们庆祝十月革命节，也正当着中苏两国人民的历史悠久的伟大友谊和团结不断发展、巩固并取得更大成就的时候，中苏友谊日益有力地显示出对于中苏两大国的繁荣和人类的和平正义事业的巨大的影响。

中国人民以无限欢欣和感激的心情迎接了今年夏天中苏之间关于苏联援助中国建设的商谈的结果。在这次商谈中，苏联政府答应到一九五九年的时期内在我国改建与新建的一百四十一项规模巨大的工程中给以系统的经济的和技术的援助。这些工程中包括钢铁联合企业、有色冶金企业、煤矿、炼油厂、机器制造厂、汽车制造厂、拖拉机制造厂、电力站等等。而在这些规模巨大的工程中，苏联是从选择厂址、进行设计、供应设备、指导安装一直到制造新产品，从头到尾给予援助

---

* 录自《光明日报》1953 年 11 月 7 日，第 2 版。

的。苏联不仅帮助我们建设，而且帮助我们培养技术人员，来掌握这些企业。同志们可以想像，到了一九五九年那个时候的中国将成为怎样的情形：那时候我们将能自己生产各种各样最新式的机器，来建立和改造我们的工业；我们将能自己生产拖拉机等现代化的农业机械，来改造我们的农业；我国的国防将更为巩固；我国人民的生活将能得到更进一步的改善。正如毛泽东主席致马林科夫主席电中所说的："由于伟大的苏联政府同意在建设和改建中国的九十一个新的企业以及正在建设和改建的五十个企业中给以系统的经济的和技术的援助，中国人民将能够在学习苏联的先进经验和最新技术成就的努力之下，逐步地建立起自己的强大的重工业，这对于中国工业化、使中国逐步地过渡到社会主义和壮大以苏联为首的和平民主阵营的力量，都具有极其重大的作用。"

在中华人民共和国成立后四年多来，中苏两国的经济合作是日趋密切的。这种合作对我国经济的迅速恢复和走上有计划建设的道路起了重要的作用。

大家记得，在签订《中苏友好同盟互助条约》时，中苏曾签订了苏联给予我国长期低利贷款的协定；这批贷款是用以偿付我国从苏联取得的机器装备和器材的。中苏两国的贸易几年来也日益扩大。一九五二年我国对苏联的出口占出口总额的百分之五十四，由苏联的进口占进口总额的百分之五十三。今年我国与苏联之间的贸易又进一步扩大了。通过贷款和平等互利的贸易，我们从苏联获得了我们最急需的和最新式的工业装备和其他机器。

一九五○年成立的几个中苏合股公司——中苏民用航空公司、中苏石油公司和中苏有色金属及稀有金属公司——都在顺利地开展着业务。

原由中苏共管的中国长春铁路已按协定交给了我国。这条铁路的经营管理一直是我国各铁路学习的榜样。

应我国政府邀请来我国帮助建设的苏联专家，在我国各方面的建设事业中发挥了卓越的作用。我国有许多规模巨大的建设工程，如治淮工程、荆江分洪工程、成渝铁路、天兰铁路、阜新煤矿以及最近竣工的鞍钢无缝钢管厂、西安第二火力发电厂等，都是在苏联专家的帮助与指导下完成的，还有许多正在建设的巨大工程也在苏联专家的帮助与指导之下进行着。在我国经济机关、文化机关及其他机关工作的苏联专家都有卓越的贡献。苏联专家的工作受到了中国广大劳动人民的爱戴。他们不仅帮助我们解决了许多困难的问题，而且给我们培养了大批优秀的干部。由于苏联专家的传授以及通过其他的途径，苏联先进经验在我国广泛地传播着，它们给我国的经济事业带来难以计算的好处。

四年多来，中苏两国的文化交流同样日益频繁。苏联的先进文化，帮助了我国文化事业的前进。

列宁、斯大林的经典著作这几年来在我国广泛地传播着。列宁的著作自一九四九年十月到一九五二年底印数共达二百一十三万五千余册。斯大林的著作从一九四九年到一九五三年六月，印数达六百七十多万册。而《斯大林全集》的开始出版，更是我国出版事业中的一个重大的事件。

苏联的具有高度教育意义的文学艺术受到我国人民群众，特别是青年的热爱。苏联各种影片也在我国人民群众中拥有广大的观众。从一九四九年到今年六月，观众总数达五亿多人。

为了培养各方面的建设人才，我们往苏联派遣了大批的留学生，现在共有一千余人，今后还要更多地派遣。我国留学生在苏联各方面的亲切照顾下，在苏联教师的热心教导和苏联同学的帮助下，再加上自己的努力，一般都顺利地克服了种种困难，而取得优良的学习成绩。

我国各地文化团体和文化机关有许多已和苏联方面同样性质的机构建立了联系。我国科学界在今年中国科学院访苏代表团归来以后，更进一步地认识到苏联科学的先进性和苏联科学研究工作结合国家建设需要的方向，开始认真地改进着自己的工作。我国医学界在广泛学习巴夫洛夫学说并推行苏联先进的医疗方法和医疗理论。苏联经验也是我国学校教育改革的重要指示。在学习苏联教育经验方面获得特别巨大的成就的是中国人民大学。

苏联的社会主义和共产主义建设的各方面的成就，对于我国人民群众，是一个巨大的鼓舞的力量，伟大的苏联就是我国建设的光辉榜样。四年多来，随着中苏友谊的增进，随着我们国家建设事业的开展，我国人民学习苏联的运动在日益高涨。现在，摆在我们面前的任务是：在一个相当长的时期内，逐步实现国家的社会主义工业化，逐步实现国家对农业、对手工业和对私营工商业的社会主义改造。这就是在过渡时期内我们国家建设的总路线和总任务。在这个艰巨的任务面前，学习苏联的重要性就更为突出了。我们要响应毛主席的伟大号召："在全国范围内掀起学习苏联的高潮，来建设我们的国家。"几年来的经验无可置疑地证明，学习苏联，学习苏联的社会主义建设的经验，学习苏联的先进的科学技术，对于我们的各项工作都具有紧迫而重大的意义。这是因为从基本的意义来说，十月革命以后苏联所走过的道路也就是我们现在要走的道路。学习苏联就是学习正确地建设我们伟大祖国的本领，就是学习实现国家建设总路线和总任务的本领。为要学习得好，我们必须克服保守思想和自满情绪，而以高度的革命热情和科学的求实精神，结合国家建设的任务，诚心诚意地孜孜不倦地进行学习。除此以外，我们还要学习苏联人民在社会主义建设时期那种艰苦奋斗的精神，以个人的眼前的、局部的利益服从国家建设的根本的、长远的、整体的利益，来完成我们新的伟大的历史任务。

中苏两国人民的伟大友谊和团结不仅是加速我国建设的可靠保证，而且是保卫远东和世界和平的最强大的力量。过去几年来的事实完全证明了毛泽东主席的话："中苏两国强大的同盟是不可战胜的力量，是反对帝国主义侵略和维护远东和平及安全的坚强保证，也是争取世界和平的伟大事业胜利的保证。"美帝国主义发动的侵朝战争的失败是一个最有说服力的例子。由于朝中人民在苏联及全世界爱好和平人民支援下的英勇奋斗，由于苏联为和平解决朝鲜问题进行了不懈的努力，朝鲜停战终于违背美帝国主义的意志得到了实现。帝国主义者在远东这一冒险的可耻下场，说明了由于中苏友好同盟的强大存在，由于亚洲各国人民的团结一致，帝国主义者在东方横行霸道的时代已经永远地结束了。毫无疑问，中苏两国的坚强团结，在争取世界持久和平和缓和国际局势的斗争中将取得更大的成就。正如马林科夫和莫洛托夫同志所说的："苏联人民和中华人民共和国人民的伟大同盟和兄弟般的友谊，今后仍然是保证远东的和平与安全和巩固世界和平的可靠基础。"

中苏友好协会的工作，随着我国人民群众学习苏联运动的高涨，几年来也有了巨大的进展。现在，中华全国总工会、中华全国民主妇女联合会、中国新民主主义青年团、中华全国文学艺术界联合会、中华全国合作社联合总社等拥有广大会员群众的团体都已经加入中苏友好协会为团体会员，因而使中苏友好协会的工作获得更广大的群众基础。

同志们，所有的事实都说明了中苏友好的事业的光辉成就。中苏友谊不仅深入了中苏两国七亿以上人民的心里，而且得到了全世界进步人类的热烈拥护，看作是有关自己切身利益的事业。我们的友谊所产生的力量是无穷无尽的，是真正无敌的。帝国主义战争贩子们的任何阴谋诡计将继续在我们的强大的友好同盟面前被粉碎，这是肯定无疑的。

伟大的十月社会主义革命万岁！

中苏两国人民的伟大的牢不可破的友谊万岁！

以马林科夫同志为首的苏联领袖们万岁！

中国人民的伟大领袖毛泽东主席万岁！

十月社会主义革命的旗帜是永远不可战胜的 *

（1953 年 11 月 23 日）

　　一九一七年十月，俄罗斯工人阶级在伟大的列宁和斯大林的领导下，挣断了资本主义统治的锁链，建立了世界上第一个社会主义国家。从此，全世界劳动人民看到了人类历史的曙光，旧的资本主义世界一天天走向它的末日，新的社会主义世界一天天强大了起来。

　　在短短的三十六年中，伟大的苏联人民在苏联共产党的领导下，已经将一个落后的贫困的俄罗斯改变成为一个最先进的强大的社会主义工业国。这个劳动人民的国家，已经接受了两次战争的严重考验，而证明了社会主义制度的无比优越性和无限的生命力。在她还是年青的时候，她就战胜了帝国主义国家的武装干涉；在第二次世界大战中，她又取得了战胜法西斯侵略势力的伟大胜利，不但使自己变得更加强大，并且拯救了全世界人民免于法西斯奴役的巨大灾难。

　　苏联人民的光荣历史证明了一个伟大的真理：被压迫被剥削的工人阶级和劳动人民，在马克思列宁主义的革命政党的领导下，一旦挣脱了资本主义的枷锁，将国家的命运掌握到自己手里以后，便会产生无穷无尽的不可战胜的力量。苏联人民的伟大胜利增加了全世界劳动人民为自己的命运而斗争的信心和力量，鼓舞了他们为挣脱帝国主义枷锁而坚决

---

　　* 录自《教学与研究》1953 年第 6 期，第 3～4 页。

奋斗的勇气和决心。

在伟大的十月社会主义革命的影响下，在列宁－斯大林的旗帜下，世界人民的和平、民主和社会主义的事业一往直前地发展了起来。世界各国工人阶级的共产主义运动不断地增长。各国工人阶级的先锋队——共产党已在绝大多数国家建立了起来，共产党人的队伍已经增加到二千五百万人以上。各资本主义国家人民争取民主自由的斗争和各殖民地附属国人民的争取民族解放的斗争都在各国共产党的领导下得到强大的发展。全世界已有八亿人口摆脱了帝国主义的奴役和压迫，组成了以苏联为首的世界和平民主社会主义阵营。世界形势中力量的对比已经发生了根本的变化。和平、民主、社会主义的光芒正照耀着全世界工人阶级和一切劳动人民的前进的道路。

苏联正在从社会主义逐步过渡到共产主义。在苏联共产党第十九次代表大会以后，苏联人民更加充满信心地朝着共产主义建设的道路胜利前进。苏联共产党中央委员会最近所通过的《关于进一步发展苏联农业的措施》的决议以及苏联部长会议和苏共中央《关于进一步发展苏联贸易的措施》的决议，将进一步提高苏联人民的物质福利和文化水平，使苏联工人阶级和集体农民的联盟更加巩固。苏维埃国家和苏联共产党已因清除了贝利亚这个内奸而更为加强。苏联在原子武器方面的最新成就严重地打击了实行原子讹诈的战争贩子集团而鼓舞了争取和平的各国人民。苏联的每一步向前的发展都引起全世界劳动人民的欢呼，因为他们知道苏联的利益就是他们自己的利益。

伟大的苏联共产党和苏联人民，正在以热烈的关怀和无私的援助，帮助各人民民主国家进行社会主义建设。各人民民主国家现在都同样地走着苏联走过的道路，它们在这条道路上已经取得了重要的成就。

中国人民的革命事业和建设事业从苏联人民那里得到无比珍贵的精

神鼓舞和物质援助。在中华人民共和国成立以后，由于苏联的巨大无私的援助，我国国民经济在过去的四年中有了迅速的恢复和发展。目前我国正在执行第一个五年建设计划，这个计划的基本任务是集中主要力量发展重工业，建立社会主义的国家工业化的基础，保证社会主义成份在国民经济中的比重和领导作用不断地增长。在我国实现社会主义工业化的事业中，苏联帮助我国新建和改建一四一个巨大的现代化企业一事具有特别重大的意义。正如毛泽东同志在致马林科夫同志的谢电中指出的，苏联的这种援助"对于中国工业化、使中国逐步过渡到社会主义和壮大以苏联为首的和平民主阵营的力量，都具有极其重大的作用"。我国人民由于苏联政府和苏联人民这种伟大的、全面的、长期的无私的援助，获得无限的鼓舞。我国人民正在响应毛泽东同志的号召，努力学习苏联建设社会主义的经验，来建设我们的国家。

苏联的强大和巩固，各人民民主国家的进步，中国人民建设事业的蓬勃发展，以苏联为首的世界和平民主社会主义阵营的团结一致，这一切说明：新的社会主义的世界在反对帝国主义侵略阵营的战斗阴谋和政治反动的斗争中，正在不断取得伟大的胜利。

苏联的和平建设和和平外交有力地揭穿了美帝国主义的反苏诽谤。美国垄断资本妄图以准备和发动新战争来夺取世界的霸权，榨取最大限度利润，并借以逃脱自己的经济危机。美国正在疯狂地进行扩军备战，加紧压迫和奴役各国人民，向各国人民的生活水平和民主权利发动法西斯的进攻。它们不断制造国际紧张局势，进行各种国际挑衅，并顽固地拒绝采用和平协商方法来解决国际争端。而为了掩盖它们的侵略政策的罪恶目的，它们不但使用一切伪善的和平词句，而且像巫婆一样把一切恶毒的诽谤加于和平民主阵营，首先是加于苏联。它们从破产了的法西斯大骗子戈培尔的武库里去搜集陈旧不堪的武器，捏造所谓"共产主义的威胁""苏联的扩张"等等谎话。但是一切这些谎话都在事实面前站不住脚。

人人都可以看到，是美国而不是苏联在疯狂地进行扩军备战，拒绝普遍裁减军备，拒绝禁止使用一切大规模毁灭人类的原子武器、化学武器和细菌武器。是美国而不是苏联在干涉别国内政，侵犯别国主权，在世界各地不断建立军事基地，拼凑对付爱好和平人民的侵略集团，进行各种军事示威和挑衅。是美国而不是苏联不顾世界爱好和平人民的反对，在东方复活日本军国主义，在西方扶植西德军国主义。是美国而不是苏联破坏《联合国宪章》，把联合国变为执行帝国主义侵略政策和所谓"冷战"政策的工具。是美国而不是苏联采取"冷战"政策和封锁禁运政策，制造国际紧张局势，顽固地拒绝采用和平协商的方法来解决一切国际争端。是美国而不是苏联发动了对朝鲜民主主义人民共和国的武力侵略，在战争中犯了对和平人民集体屠杀、对和平城市滥施轰炸、使用化学武器和细菌武器的残暴罪行，而且至今还在遣返战俘和政治会议的问题上继续横蛮地阻挠停战协定的实施和朝鲜问题的和平解决。

和美国帝国主义相反，苏联和民主阵营各国是始终不渝地坚持国际和平政策，主张社会制度不同的国家可以和平共处，反对侵略和干涉外国内政，主张在平等互利的基础上发展各国人民之间的经济文化关系，主张采用和平协商方法解决一切国际争端。苏联保卫和平的坚定努力已经使全世界善良人民一致公认苏联是世界和平的堡垒。

过去的三十六年的历史经验使我们确信，伟大的十月革命所开始的事业将要获得一年比一年巨大的胜利，各国劳动人民将以一年比一年扩大的队伍来支持苏联并且按照苏联人民的道路来争取自己的幸福。毫无疑义，苏联的榜样将要引导全世界走向社会主义和共产主义。

学习和宣传总路线是教育工作者的重要政治任务 *

（1953 年 12 月 25 日）

　　毛主席指示我们："从中华人民共和国成立，到社会主义改造基本完成，这是一个过渡时期。在这个过渡时期的总路线和总任务，是要在一个相当长的时期内，逐步实现国家的社会主义工业化，并逐步实现国家对农业、对手工业和对私营工商业的社会主义改造。这条总路线是照耀我们各项工作的灯塔，各项工作离开它，就要犯右倾或'左'倾的错误。"我们的国家循着毛主席所指示的总路线的轨道前进，已经完成了经济恢复阶段而进入了有计划的经济建设和对非社会主义成分实行有系统的改造的阶段。正是在这个时候，中央号召党和国家的干部学习总路线，并在全国广大人民群众中大张旗鼓地展开宣传。不久以前，中华全国总工会也发出了关于学习、宣传与贯彻过渡时期总路线的指示。这是具有迫切的实践意义的。我们教育工作者应该把学习和宣传总路线当作一个重要的政治任务。

　　我们党和国家的政策是以马克思列宁主义为理论基础的。马克思列宁主义关于过渡时期的理论的正确性已经为苏联社会主义建设的光辉经验所充分地证实了。现在，我们国家过渡时期的总路线也正是根据马克思列宁主义关于过渡时期的理论结合中国的具体情况而规定的。这条总

---

　　* 录自《光明日报》1953 年 12 月 25 日，第 2 版。

路线就是党领导全国人民在新民主主义革命完成以后在当前社会主义改造的历史阶段中奋斗的根本纲领。这是使我国从落后的农业国变为先进的工业国和逐步地过渡到社会主义的唯一正确的路线，是代表全国人民最高利益的路线，是对于提高广大人民群众的物质生活和文化生活的水平有决定作用的路线。动员一切力量来实现这条路线，把我国建设成为伟大的社会主义国家，这就是摆在全国人民面前的伟大的、光荣的任务；而作为国家领导阶级的工人阶级，更担负着特殊重大的使命。

总路线像灯塔一样照耀着国家建设中各项工作的道路。在整个国家建设事业中，教育事业是一个不可忽视的重要环节。和各项工作一样，教育工作也必须切实地依据总路线来确定自己这一部门工作的具体路线和具体政策，规划发展的方针和办法；否则，我们的教育工作就会是盲目的和混乱的，就会像毛主席所警告我们的，"犯右倾或'左'倾的错误"。过去几年，教育事业的恢复和发展已经有了不小的成绩，但是也曾经发生过一种表现为盲目冒进倾向的主观主义的错误，违反了教育与经济的正确关系的规律。因此，中央曾经提出了"整顿巩固、重点发展、提高质量、稳步前进"这个改进文教工作的具体方针。可以说，这个方针就是保证教育工作贯彻总路线所必须遵循的基本原则。在总路线的光芒的照耀之下，我们的教育工作必须贯彻这个方针，密切结合国家经济建设，很好地为经济建设服务，随着经济建设而按比例地、有计划地发展，根据第一个五年建设计划，相应地培养建设人才和逐步提高人民文化水平。这就是教育工作的光荣任务。

总路线是马克思列宁主义在中国的具体化，是我们思想的指针。总路线的宣传教育也就是具体的、实际的马克思列宁主义教育。在过渡时期的头三年中，经过各种政治运动和学习，特别是思想改造运动，我们教育工作者的觉悟水平是已经无可置疑地大大提高了。但是，也应该看到：知识分子在思想上的进步以至工人阶级化不能不是一个相当长期的斗争过程；而总路线的形势又要求我们教育工作者不能不首先教育自己，继续提高思想政治水平。因此，就应该一方面重视已有的政治学习的成果，作为学习总路线的一种准备；一方面通过学习总路线进一步接受和掌握马克思列宁主义，这样使自己的思想政治水平不断提高到总路线的形势所要求的程度。

我们教育工作者是国家的干部和工作人员，是工人阶级的一部分，又是教育工作的直接的担当者。为了认识整个国家形势和革命发展的进程，为了自觉地在教育工作岗位上贯彻总路线，也为了不断地提高自己的社会主义觉悟，我们教育工作者都应该认真地学习总路线。各级教育工会组织必须提起高度的注意，把这一学习当作当前政治工作的中心任务和在过渡时期根本的思想建设；要在各地党委的统一领导下，配合学校行政，积极地用过渡时期的总路线和总任务来团结和教育广大的教育工作者们。现在有不少地方的教育工作者已经开始进行了这一学习，例如首都各高等学校和中学的教职员已经在北京市委的统一领导下普遍展开了学习，情绪非常高涨，并已获得显著成效。但是，也还有一些人们还没有予以应有的重视，把总路线看作仅仅是经济工作的问题而与自己没有多少关系，把总路线的学习看作是可有可无的事情。这是不对的。必须首先把这一学习从思想上重视起来，然后在学习时间、步骤、方式等具体问题上作适当的安排。必须认识"总路线是照耀我们各项工作的灯塔"，它不仅照耀着经济工作，也照耀着教育工作。不学习是没有理由的。

学习总路线是一个长时期内的经常任务，而现在又有必要在短时期内进行集中的学习。在不妨碍经常教学工作的条件下，在最近用一定的时间集中地学习，以求得对总路线的基本内容、精神与实质有一个正确的了解，这样就可以为经常学习和改进工作打下一个基础，也可以准备参加向群众宣传的工作。学习总路线应该注意全面和有适当的重点。总路线是一个完整的体系，它的各个方面是互相联系而不可分离的。应该了解总路线的全面的内容以及各个组成部分之间的相互关系，特别是首先要对基本问题了解清楚，而不要简单地局限于某一个方面的内容或纠缠于个别细节和不必要的问题。在全面了解的基础上才可以和应该着重深入钻研与教育工作有特别密切的关系的问题。学习总路线还应该贯彻我们政治理论学习的一个基本的原则，即联系实际的原则，使之和我们的思想与工作结合起来。结合思想，就是要用总路线的光芒来检查自己的思想，继续进行经常的思想改造的学习，逐步划清社会主义与资本主义这两个对立的思想体系的界限，批判违反总路线的各种思想倾向，从而充分发挥我们的劳动积极性和潜在力量。结合工作，就是要以总路线的光芒来检查自己的工作，继续贯彻中央关于文教事业的具体方针，认真学习苏联，巩固教育工作者的团结，发扬艰苦奋斗、厉行精简节约和服从国家计划的精神，使教育工作在数量方面按比例、有计划地发展，把总路线的精神贯彻到教学内容中去，加强以建设社会主义为中心的爱国主义教育和逐步改进科学和技术的教育，以便为国家建设培养出合乎规格的人才。

教育工作者还要向广大的青年学生以及自己所联系的其他群众宣传总路线。在学校中，要在课内外教育青年学生认识总路线和准备为国家建设服务，执行毛主席关于"身体好、学习好、工作好"的指示；要向学生传授苏联社会主义建设的先进经验和科学成就；小学教师要向学生更好地进行"五爱"教育，特别是要强调进行劳动生产的教育。此外，教育工作者还应该根据具体情况适当地参加一些社会宣传活动。尤其重要的是广大农村教育工作者要用明白易懂而为农民能够接受的道理和办法，用实际例子向农民宣传总路线，宣传经过合作化逐步实现农业的社会主义改造的道路，宣传个人利益与国家利益的正确关系，宣传把余粮卖给国家。教育工作者本身就担负着教育青年和人民群众的任务，文化水平比一般群众为高，在城乡各地散布甚广并与群众有较密切的联系，由于这些特点，所以我们有责任成为党和政府向广大人民群众宣传总路线的一支有力的队伍。当然，在具体布置和进行这一工作时，应该在党委的统一领导和教育行政部门的统一计划下进行，并切实注意不要妨碍经常的教学工作和教师们的健康。

大家知道，当正确的路线决定以后，就应该使它和广大人民群众相结合，即以它来教育群众和掌握群众，使群众接受为自己行动的指针，从下面来赞助和争取这个路线的实现。这样，就会发生生气勃勃的伟大的物质力量。所以，我们国家过渡时期的总路线愈是大张旗鼓地宣传，就会产生愈大的力量，社会主义工业化和社会主义改造任务的实现就愈有保证。完全可以相信，我们教育工作者认真学习和宣传总路线的结果，一定会使我们思想更加提高，方向明确起来，工作得以改进，使我们有把握地完成国家和人民所交付的任务。全国教育工作者在总路线的伟大旗帜下更密切地团结起来，和全国人民一道，为将我国建设成一个伟大的社会主义国家而斗争！

在七届四中全会上的发言*

（1954 年 2 月 6 日）

　　我完全同意刘少奇同志的报告，这个报告特别注重增强党的团结，并根据毛泽东同志的建议，提出《关于增强党的团结的决议（草案）》，这是适时的、极为必要的，我完全拥护。

　　我们每个同志，特别是负领导责任的同志，都必须以这决议（草案）的精神，来检查自己的言论和行动，来改正自己的缺点和错误。现在我想提出一些我自己认识到的缺点和错误，作我的自我批评，尚望同志们给我予批评和帮助。

　　（一）一九四八年中央决定把华北联合大学和北方大学合并成立一个华北大学，派我担任校长的职务。当时恩来同志告诉我，中央派我去的主要任务是要使两个学校的干部能够团结，把工作做好，具体事务可让两位副校长担任。进北京后，华北大学改为中国人民大学，我仍担任校长，中央对于我校团结问题，也经常注意，但团结工作没有做好，到"三反"时就爆发出来，使学校受到很大的损失，使党受到很大的损失，这是我未能尽到中央付托的责任，是我应当负责的。我没有尽到责任的原因，正如报告中所说，没有充分发展党内民主和批评与自我批评，对于同志们的缺点和错误，没有尽到责任来帮助他们克服缺点，改正错误。

---

　　* 录自荣县吴玉章故居陈列展档案，原文为手稿。

没有发展同志式的互相帮助，使每个同志都能在我们这个团结和睦的大家庭里，得到共同的进步，共同把党的工作做好。我校受到"三反"的严重教训，并经过整党以后，现在我校基本上是团结的，但还是不够的。中央这个决议通过后，我们当在全校党员中深刻地学习，并切实执行。

（二）中国人民大学是中央要以苏联的先进建设经验与中国经验相结合来创办一所新式的正规大学，以培养建设的干部。因此，特聘了四五十苏联专家到人民大学，一切照苏联的办法。四年来，学校发展很快，有了一些成绩，因而我就有一些骄傲的情绪，这种骄傲情绪，在其它有些领导干部中也存在，以至于全学校都有一种优越感。我们也听到一些校外来的批评，说我们骄傲。我也常警告我们的同志说，我们学校能有一些成绩，完全是由于中央和毛泽东同志的经常关怀指导，与苏联专家热忱无私地帮助，以及全校工作人员和学生的努力才能获得的。我们认识到这些优越条件，如果我们可以做得更好些，收效还要更大。我们想到这些，应当虚心学习，力求改进，何敢骄傲！尽管有这些批评和警告，但是骄傲情绪还是未能彻底改变。我自己检讨起来，是由于我未能以身作则，从思想上，从言论、行动上改变过来，因而警告收效不大。现在细读了中央《关于增强党的团结的决议（草案）》和少奇同志的报告，其中痛切地说明了骄傲情绪的危害性，使我受到深刻的教育。当以这两个文件为座右铭来切实慎行，以改正我的错误。今后当遵照这次中央的决议，教育全校同志必须切实遵行。

（三）中央创办人民大学的计划，应注重在建设一个按照苏联经验的新式大学来办理的大学，以此作为重点，推广到全国去。因此，我们就负有帮助各高等学校推行新教育、新经验的义务。人民大学学习苏联经验的经验，应加以很好的总结，使之成为苏联经验与中国实际相结合的典型。现在我们正在作总结，以便本年三月间高教部在我校召开的学习苏联经验的讨论会上报告。虽然几年来我们也给了其它学校一些帮助，如教学大纲，及各种讲义和教材等，并且给各高等学校输送了少数领导骨干和一批教学人员，但还是很不够的。今后我们当积极和其它学校联系，并帮助其它学校改进工作。除上面所说的以外，我的缺点和错误还不少，希望同志们批评和帮助我改正。

编后记

　　《吴玉章全集》经中国人民大学党委书记张东刚教授和校长林尚立教授的科学决策和精心规划，在中国人民大学重大规划项目"吴玉章全集"（批准号23XNLG07）获准立项的基础上，于2023年由中国人民大学出版社出版发行。回顾《全集》的出版，离不开中国人民大学党委副书记郑水泉教授、副校长王轶教授的科学统筹，离不开中国人民大学信息学院吴本立教授及其家人的全力支持，离不开中国人民大学图书馆、档案馆和校史馆的文献史料收藏和整理，更离不开中国人民大学复校以来历届领导和广大师生的共同期待。

　　《全集》的面世，使编者想起1984年夏秋，面对迫在眉睫的高校学分制教学改革，许多令人费解的困惑亟待解答。后来我们从当年1月发表的两篇回忆吴玉章老校长的文章中找到了答案。这年的1月14日，《人民日报》刊登了中共中央党校第一副校长、教育部原部长蒋南翔的文章《纪念我国无产阶级教育家吴玉章同志》。文章写道："吴玉章同志既是一位革命家，又是一位教育家"，也是"中国新型高等教育的开拓者"；"他不是'为教育而教育'，也不是抱有'教育救国'的空想"，更不"走旧中国盲目抄袭欧美教育的老路"①。不久，《人民日报》刊登中国人民大学名誉校长郭影秋的文章《吴老与中国人民大学——纪念吴玉章同志诞辰

---

　　① 蒋南翔. 纪念我国无产阶级教育家吴玉章同志. 人民日报，1984-01-14（4）.

一百零五周年》。郭影秋回忆："少奇同志说：中国人民大学'与过去旧大学有本质的不同，是为工农服务，是要教育出为工农服务的干部；只有用马克思列宁主义的基本观点，实事求是的精神，才能把工作做好，学习搞好，学校办好'。"①正是这两篇文章使我们解开心结，引导我们制定和实施了中国特色的学分制改革办法。我们敢于下这个决心，其中的力量源自吴老与时俱进的办学思想，源自吴老始终坚持党的领导者赋予中国人民大学的办学精神。此后，每当遇到难题我们都会想到吴老，想到从他的办学思想中寻找前行的路径和解疑释惑的方法。

1984 年 4 月 4 日，《人民日报》刊登中央军委副主席杨尚昆的署名文章《一辈子做好事 一贯的有益于革命——缅怀吴玉章同志》。他说："吴老从参加辛亥革命起，一生坚持革命，总是站在革命斗争的最前列，不断跟着时代前进。他一生勤奋工作和学习，孜孜不倦，从不松懈。他作风民主，和蔼可亲，十分关心爱护干部。他全心全意为人民服务，一贯有益于革命，是我们的光辉榜样，是建设社会主义精神文明的楷模。他的名字将与人民同在。"②这段话，使编者时时想到吴老的谆谆教诲，想到怎样从他那里获得面对和解决问题的方式方法。1987 年 10 月 15 日，邓小平"为建在中国人民大学的吴玉章雕像题字：'我国杰出的无产阶级革命家、教育家、历史学家、语言学家吴玉章'"③。这一崇高的评价，更使编者懂得了怎样完整准确地理解毛泽东那段感人肺腑的话，即："一个人做点好事并不难，难的是一辈子做好事，不做坏事，一贯的有益于广

① 郭影秋. 吴老与中国人民大学：纪念吴玉章同志诞辰一百零五周年. 人民日报，1984-01-23（5）.

② 杨尚昆. 一辈子做好事 一贯的有益于革命：缅怀吴玉章同志. 人民日报，1984-04-04（5）.

③ 中共中央文献研究室. 邓小平年谱：第 5 卷. 北京：中央文献出版社，2020：509.

大群众，一贯的有益于青年，一贯的有益于革命，艰苦奋斗几十年如一
日，这才是最难最难的啊！"①学习吴老，不仅要学习他时刻以传承中华
民族优秀文化律己为人，更要学习他有始有终、追求真理、与时俱进、
养成育人、融通中外、依史鉴人、继往开来等精神品格和思想观念。诸
如：1917 年 5 月 27 日，他在《在北京留法俭学预备学校开学典礼上的演
说》中谈道："留法俭学会……其目的约有四端：一曰扩张国民教育，二
曰输入世界文明，三曰阐扬儒先哲理，四曰发达国民经济。"1940 年 1
月，他在《六十自述》中说："俗话说：'作饭不难洗碗才难。'人都喜欢
作热闹事不愿作冷背事。我以为前一事的善后作得好，后一事的发展才
有望，所谓历史事件有连续性。只看见事的表面，而不考究其根基，是
不能了解事之所以荣枯的根源。所以我认为：前事之结束，是后事的开
始，特别更要重视。"1942 年，他在《吴玉章自传》中写道："我奋斗不
懈，为的是追求人生的真理，人类的解放，常人颇难了解，而我终于得
到了人类最宝贵的马列主义，彻底了解了宇宙和人生的究竟，比那些糊
涂一生的人快活得多。"1948 年 8 月 24 日，他在华北大学成立大会上的
讲话中说："世界在不断地进步，不是与日俱进，而是与时俱进"。1955
年 11 月 18 日，他在《为贯彻执行提高教育质量的方针而斗争》中写道：
"我们不但要在政治生活和教学工作中养成勤恳朴实的作风，而且也要在
科学研究和学习方面养成勤恳朴实的作风。"1956 年 5 月，他在《为迅速
赶上世界科学先进水平而奋斗》中提出："……使我国的科学技术特别是
那些最急需的部门接近或达到世界先进水平！"同年 8 月，他又在《让
青年发挥更多的独立精神》中讲道："如果青年能懂得中外古今更多的新
知识，就会感觉世界的变化无穷，一人的知识有限，那末他也就骄傲不

---

① 吴玉章同志六秩寿诞 中共中央举行祝贺大会 毛泽东同志等亲临致祝词"学
习他对于革命的坚持性". 新中华报，1940-01-24（4）.

起来了。"1964 年 1 月 1 日，他在《新年话家常》中说："把我们的后代培养成经得起风险的、真正可靠的革命事业接班人。"1966 年 10 月底，他在《给青年的话》中谈道："看问题，就要学会看历史，看历史发展。"

进入新世纪，编者在搜集整理吴老相关文献史料的过程中，时刻注重吴老"一面养成自治，一面接近社会"①的养成育人思想，应用其研究和解决实践党办大学的相关问题，并且有了许多收获，先后形成了《高校学生素质养成研究》《高校学生素质养成实践》《管理理论新探》《西学东渐三十年：关于建设中国特色世界一流大学的观察和思考》等成果。此间，为使吴老的思想观念受益于人，编者与中国人民大学校史馆的领导和同事通力合作编辑整理了《吴玉章论教育》一书，此书于 2021 年由中国人民大学出版社出版；同年，编者与四川荣县吴玉章故居陈列馆合作印发《吴玉章教育箴言（五十条）》（以下简称《箴言五十条》）。中国人民大学原党委书记程天权教授为《箴言五十条》题词："真理明白，大道至简。就吴老的五十条语录，一个人能照着实践了，所向无阻，一世无碍。"多年以来，编者收藏整理各类吴老相关文献史料等约 300 万字。因此，编者期待着能够编纂出版《全集》。万事俱备，只欠东风。

张东刚书记指出："红色基因是人大的底色、本色和亮色，其内核就是坚持教育为党和人民事业服务的方向，坚守为党育人、为国育才。传承好革命传统和红色基因的核心就在于让听党话、跟党走的信念成为师生的自觉追求。"②正因如此，在弘扬吴老红色教育家精神，努力建设中国特色世界一流大学的今天，《全集》的出版可谓顺势而成。在编纂《全集》的过程中，编者无时不感念延安五老之一的谢觉哉老人于 1948 年 8月写的《走笔答吴玉章老》一诗："高清不肯染纤尘，垂老犹然日省身。

---

① 吴玉章. 吴玉章教育文集. 成都：四川教育出版社，1989：36.
② 涂铭，魏梦佳. 走新路 创新知 育新人. 瞭望，2023（18）：17.

石比坚兮松比直，谷论虚更海论深。童颜谁谓年龄暮，鹤发同迎世界新。况有三千诸弟子，东西南北立功勋。"这首诗不能不使人想起孔子晚年回乡，一面整理典籍、专修《春秋》，一面开展教育事业，收弟子三千人，其中精通六艺的著名弟子有 72 人的经历。吴老一生不断跟着时代前进，他不仅始终投身于中国的革命和建设事业，更从未离开中国的文化教育事业。为了这个国家，他成功地培养了万千干部人才。回看吴老一生，先后任四川荣县小学教员、北京／四川留法俭学预备学校校长、成都高等师范学校校长、重庆中法大学（中学部）校长、四川嘉陵高中校长、黄埔军校校务委员、苏联科学院远东分院中国部主任及海参崴远东工人列宁主义学校教员、莫斯科东方大学中国部主任和教员、陕北公学筹备委员会委员和董事会成员、延安鲁迅艺术学院院长、延安自然科学研究会主任、延安新文字干部学校校长、延安大学校长、陕甘宁边区政府文化工作委员会主任、华北大学校长、中国人民大学校长兼中央社会主义学院院长、中国教育工会全国委员会主席、中国科学院学术评审委员会委员、中国文字改革委员会主任等职务。吴老坚持始终的自律精神、通古达今的人文智慧、中西合璧的思想结晶，以及他科学总结的经典语录，无不值得后辈学人永远学习、研究、总结和传承。

在《全集》文献史料的准备阶段，中国驻摩尔多瓦共和国大使、中国人民大学校友闫文滨及时提供了相关文献史料及来源信息；与此同时，中国人民大学科研处、北京理工大学校史馆、四川大学档案馆和延安大学校史馆等单位，尤其是四川荣县吴玉章故居陈列馆，均给予了无私的援助。在实现《全集》文献史料电子版转化的阶段，中国人民大学党委宣传部陈卓副部长和杨默副编审等组织师生，以高度自觉和辛勤的工作，确保了《全集》达到编纂出版所需的时间要求和质量标准。在《全集》编辑出版阶段，中国人民大学出版社的编校团队，以严肃认真、加班加点、连续作战的方式，按时保质地实现了《全集》的顺利出版；校史馆王丹馆长和吕鹏军副编审更是自始至终于百忙中仍坚持为保障《全集》的编纂质量竭尽心力。令人难忘的是，每当编者遇到疑难请教专家学者时，他们都以不厌其烦的态度给予科学审慎的回复。他们是：中国人民大学哲学院张立波教授，马克思主义学院王向明教授、邱吉教授，中共党史党建学院刘辉教授、董佳教授和李坤睿副教授；复旦大学马克思主义学院杨德山教授；北京体育大学马克思主义学院李庚全教授；北京联合大学马克思主义学院郜世奇教授；延安大学历史文化学院张雪梅教授；四川荣县吴玉章故居陈列馆吕远红馆长；等等。需要特别感谢的还有那些为《全集》出版默默奉献的亲属、同人和朋友，是他们为《全集》的顺利出版提供了最有力的后援。在此，一并由衷致谢。

最后，需要说明的是，《全集》所收内容，均有鲜明的时代印记，反映了特定时代的思想观念，具有独特的史料研究价值，故在编纂中我们保持文献原貌，以给研究者提供可靠的研究资料。虽然已作诸多努力，但是《全集》编纂尚有不充分之处，待出版补集时进一步完善。

王学军　周石

2023 年 10 月 10 日

图书在版编目（CIP）数据

吴玉章全集.第三卷/王学军，周石主编.--北京：
中国人民大学出版社，2023.12
（中国人民大学校史文库/张东刚，林尚立总主编）
ISBN 978-7-300-32349-7

Ⅰ.①吴… Ⅱ.①王…②周… Ⅲ.①吴玉章（
1878-1966）－全集 Ⅳ.① C52

中国国家版本馆 CIP 数据核字（2023）第 221221 号

中国人民大学校史文库
总主编 张东刚 林尚立
吴玉章全集 第三卷
主 编 王学军 周 石
Wu Yuzhang Quanji Di-san Juan

出版发行	中国人民大学出版社				
社 址	北京中关村大街 31 号		**邮政编码**	100080	
电 话	010-62511242（总编室）		010-62511770（质管部）		
	010-82501766（邮购部）		010-62514148（门市部）		
	010-62515195（发行公司）		010-62515275（盗版举报）		
网 址	http://www.crup.com.cn				
经 销	新华书店				
印 刷	北京尚唐印刷包装有限公司				
开 本	720 mm×1000 mm 1/16		**版 次**	2023 年 12 月第 1 版	
印 张	30 插页 4		**印 次**	2024 年 5 月第 2 次印刷	
字 数	367 000		**定 价**	1180.00 元（全 6 卷）	